NEW 성경문제집

NEW 성경문제집

kmc

발간사

깊은 성숙으로 이끄는 주의 말씀

"이스라엘아 들으라 우리 하나님 여호와는 오직 유일한 여호와이시니
너는 마음을 다하고 뜻을 다하고 힘을 다하여
네 하나님 여호와를 사랑하라
오늘 내가 네게 명하는 이 말씀을 너는 마음에 새기고
네 자녀에게 부지런히 가르치며 집에 앉았을 때에든지 길을 갈 때에든지
누워 있을 때에든지 일어날 때에든지 이 말씀을 강론할 것이며
너는 또 그것을 네 손목에 매어 기호를 삼으며 네 미간에 붙여 표로 삼고
또 네 집 문설주와 바깥 문에 기록할지니라." (신명기 6:4~9)

오래전, 신학교 '성경 해석학' 첫 시간에 담당 교수님은 칠판에 이렇게 쓰고 강의를 시작했습니다.

"Stick to the TEXT!"

성경을 이해하고 깨닫고 해석하고 선포하는 설교자가 되기 위해서는 평생 성경을 꼭 붙잡고 살아야 한다는 설명이 이어졌습니다. 그리고 강의를 듣는 학생들에게 이렇게 상상하도록 요청했습니다. "두 손에 강력 접착제를 바르고 성경책을 붙잡으면 쉽게 떨어지지 않는다. 그런 마음으로 성경의 구절구절을 붙잡고 단락의 교훈을 붙잡고 성경 전체를 품에 안고 살아가라."는 권면이었습니다.

이런 절박한 심정으로 성경 말씀을 붙잡고 살아가는 사람들에게는 특별한 신앙의 경험들이 있습니다. 교회 공동체를 섬기는 교역자와 사역자들은 이와 같은 경험을 통해 깊어지고 성숙해집니다. 특별히 어렵고 힘든 시간을 지날 때 나를 살리시는 놀라운 은혜를 경험합니다.

"이 말씀은 나의 고난 중의 위로라
주의 말씀이 나를 살리셨기 때문이니이다." (시편 119:50)

시편 119편의 고백처럼, 믿음의 길을 걸어가는 사람들에게 성경은 인생의 갈림길에 세워진 이정표와 같습니다. 어느 편을 선택할지 고민하는 사람들에게 성경은 생명의 길을 알려주고, 구원의 길로 이끌어 줍니다. 십자가의 길을 걸어가는 사람에게 성경은 어두운 밤바다를 비추는 등대와 같습니다. 나아갈 길을 찾지 못하는 사람들에게 말씀의 등대를 통해 새로운 길을 열어줍니다.

새롭게 발간한 성경 문제집은 일차적으로 목회를 시작하는 감리교회 수련목회자들을 위해서 만들었습니다. 이 책이 목회자들과 신학생들에게 성경의 구절구절을 묵상하는 훈련이 되고, 성경 전체를 깊이 있게 바라보는 통로가 되기를 바랍니다. 아울러 이 책을 교재로 사용하는 다양한 그룹의 그리스도인들에게는 더욱 성숙한 믿음의 문을 여는 계기가 되기를 기대합니다.

성경 문제집을 발간하기까지 수고해 주신 성경 문제집 발간위원회 이환재 위원장, 서예석 위원, 이재훈 위원, 김영민 위원 그리고 집필에 참여하신 이사야, 박성호, 이긍재, 박찬웅, 박해령, 양재훈 교수님께 감사를 드립니다.

교역자 수급 및 고시위원회

차 례

구약성경

신약성경

구약성경

창세기

1. 다음 ( ) 안에 들어갈 말은 무엇입니까?

"( )에 하나님이 ( )를 창조하시니라 땅이 ( )하고 ( )하며 흑암이 ( ) 위에 있고 ( )은 수면 위에 운행하시니라"(창 1)

2. 하나님의 천지 창조 때에 밤낮이 구분되고, 해와 달과 별들이 만들어진 날은 언제입니까?(창 1)

① 첫째 날 ② 둘째 날 ③ 셋째 날 ④ 넷째 날

3. 다음 ( ) 안에 들어갈 말은 무엇입니까?

"하나님이 이르시되 ( )을 따라 ( )대로 우리가 ( )을 만들고 그들로 바다의 물고기와 하늘의 새와 가축과 온 땅과 땅에 기는 모든 것을 ( ) 하자"(창 1)

4. 하나님은 최초의 인간에게 무엇을 먹을거리로 주셨습니까?(창 1)

5. 에덴 동산 가운데에 있던 두 종류의 나무는 무엇 무엇입니까?(창 2)

6. 여호와 하나님은 사람을 에덴 동산에 두시고 어떤 일을 맡기셨습니까?(창 2)

7. 여호와 하나님이 아담에게 먹지 말라고 하신 것은 무엇입니까?(창 2)

① 생명을 주는 나무의 열매 ② 선악을 알게 하는 나무의 열매
③ 믿음을 주는 나무의 열매 ④ 사랑을 알게 하는 나무의 열매

8. 다음 ( ) 안에 들어갈 말은 무엇입니까?

"이러므로 남자가 ( )를 떠나 그의 아내와 ( )하여 둘이 ( )을 이룰지로다"(창 2)

9. 다음 중 하나님이 아담과 하와에게 내리신 저주가 아닌 것은 무엇입니까?(창 3)

① 임신과 출산의 고통 ② 얼굴에 땀을 흘려야 먹을 것을 얻음
③ 종신토록 흙을 먹어야 함 ④ 땅이 가시덤불과 엉겅퀴를 냄

10. '하와'라는 이름의 뜻은 무엇입니까?(창 3)

① 여자 ② 생명을 주는 자 ③ 갈빗대 ④ 흙

11. 가인이 여호와께 드린 제물은 무엇입니까?(창 4)

① 땅의 소산 ② 염소의 첫 새끼 ③ 양의 첫 새끼 ④ 양의 기름

12. 가인의 자손 중 수금과 퉁소를 잡는 자의 조상이 된 사람은 누구입니까?(창 4)

① 유발 ② 야발 ③ 두발가인 ④ 아다

13. 하나님께서 죽은 아벨 대신에 아담에게 주신 아들은 누구입니까?(창 4)

① 에노스 ② 셋 ③ 셈 ④ 야벳

14. 다음 ( ) 안에 들어갈 말은 무엇입니까?

"에녹은 육십오 세에 ( )를 낳았고 므두셀라를 낳은 후 삼백 년을 하나님과 ( )하며 자녀들을 낳았으며 그는 삼백육십오 세를 살았더라 에녹이 하나님과 ( )하더니 하나님이 그를 데려가시므로 ( )에 있지 아니하였더라"(창 5)

15. 창세기에 나오는 사람 중 가장 오래 살았던 므두셀라의 향년은 몇 세입니까? (창 5)

16. 다음 ( ) 안에 들어갈 말은 무엇입니까?

"노아는 ( ) 된 후에 셈과 ( )과 ( )을 낳았더라"(창 5)

17. 다음 내용 중 노아에게 해당하지 않는 내용은 무엇입니까?(창 6, 9)

① 의인 ② 하나님과 동행한 자 ③ 용사 ④ 포도나무를 심은 자

18. 노아의 방주에 대한 설명으로 옳지 못한 것은 무엇입니까?(창 6)

① 길이 삼백 규빗, 너비 오십 규빗, 높이 삼십 규빗

② 문은 옆으로 내고 상, 중, 하 삼층으로 설계되었다

③ 칸들을 만들고 밖에는 역청을 칠했다

④ 고페르 나무로 만들었다

19. 홍수로 내리는 비는 노아가 몇 세 되던 해, 며칠 동안 쏟아졌습니까?(창 7)

20. 노아의 홍수 때 물이 며칠 동안 땅에 넘쳤습니까?(창 7)

① 130일 ② 140일 ③ 150일 ④ 180일

21. 노아가 방주에서 나온 후 가장 먼저 한 일은 무엇입니까?(창 8)

① 하늘을 우러러 보았다 ② 여호와께 번제를 드렸다

③ 동물들을 밖으로 내보냈다 ④ 자신의 집을 지었다

22. 하나님께서 다시는 홍수로 모든 생물을 멸망시키지 않으리라는 언약의 증거로 인류에게 주신 것은 무엇입니까?(창 9)

23. 노아의 세 아들 중에서 가나안의 아버지가 된 사람은 누구입니까?(창 9)

① 셈 ② 함 ③ 야벳 ④ 아간

24. 노아가 포도주를 마시고 취하여 벗었을 때, 아버지의 하체를 보고 밖으로 나가서 다른 형제들에게 말한 사람은 누구입니까?(창 9)

① 함 ② 셈 ③ 야벳 ④ 가나안

25. 구스의 아들로, 세상의 첫 용사이자 사냥꾼이 된 사람은 누구입니까?(창 10)

① 스바 ② 라아마 ③ 드단 ④ 니므롯

26. 다음 구절은 어느 사건의 시작을 알려주는 말씀입니까?

"온 땅의 언어가 하나요 말이 하나였더라"(창 11)

① 인간의 타락 ② 바벨탑 사건 ③ 노아의 홍수 ④ 소돔과 고모라 사건

27. 바벨탑에 대한 설명으로 틀린 것은 무엇입니까?(창 11)

① 동방으로 옮기던 중 시날 산지에 세운 탑이다
② 벽돌과 역청이 재료로 사용되었다
③ 꼭대기가 하늘에 닿도록 높게 쌓을 계획이었다
④ 이름을 내고 지면에서 흩어지지 않기 위한 목적으로 세운 성읍과 탑이었다

28. 노아의 자손들이 성읍과 탑을 건설하여 그들의 이름을 내고 온 지면에 흩어짐을 면하고자 한 곳은 어디입니까?(창 11)

① 모압 평지 ② 소라 평지 ③ 시날 평지 ④ 싯딤 평지

29. 다음 ( ) 안에 들어갈 말은 무엇입니까?(창 11)

① 아브라함과 나홀과 하란의 아버지는 ( )입니다
② ( )은 아브라함의 형제이고 롯의 아버지이며, 갈대아 우르에서 아버지보다 먼저 죽었습니다

30. 여호와께서 아브람에게 고향, 친척, 아버지의 집을 떠나 어디로 가라고 하셨습니까?(창 12)

① 모리아 땅 ② 하란 ③ 애굽 ④ 여호와께서 보여주실 땅

31. 아브람이 여호와를 위하여 제단을 쌓고 여호와의 이름을 부른 곳과 관계 있는 나무는 무엇입니까?(창 13)

① 올리브나무 ② 상수리나무 ③ 포도나무 ④ 아카시아나무

32. 살렘 왕 멜기세덱에 대한 설명으로 옳지 못한 것은 무엇입니까?(창 14)

① 아브람이 그 얻은 것 중에서 십분의 일을 그에게 주었다
② 아브람을 위해 천지의 주재 하나님께 복을 빌어주었다
③ 멜기세덱은 아브람 일행을 위해 떡과 포도주를 가지고 찾아왔다
④ 멜기세덱은 예루살렘 왕이었고 이방신의 대제사장이었다

33. 다음 ( ) 안에 들어갈 말은 무엇입니까?

"아브람아 두려워하지 말라 나는 네 ( )요 너의 지극히 큰 ( )이니라"(창 15)

34. 다음 ( ) 안에 들어갈 말은 무엇입니까?

"여호와의 사자가 또 그에게 이르되 내가 네 씨를 크게 번성하여 그 수가 많아 셀 수 없게 하리라 여호와의 사자가 또 그에게 이르되 네가 임신하였은즉 아들을 낳으리니 그 이름을 ( )이라 하라 이는 여호와께서 네 고통을 들으셨음이니라 그가 사람 중에 ( ) 같이 되리니 그의 손이 모든 사람을 치겠고 모든 사람의 손이 그를 칠지며 그가 모든 형제와 대항해서 살리라 하니라"(창 16)

35. 다음은 하나님이 아브라함에게 하신 말씀입니다. ( ) 안에 공통으로 들어갈 말은 무엇입니까?

"내가 내 ( )을 나와 너 및 네 대대 후손 사이에 세워서 영원한 ( )을 삼고 너와 네 후손의 하나님이 되리라"(창 17)

36. '아브라함'이라는 이름의 뜻은 무엇입니까?(창 17)

37. 다음 중 할례에 관한 설명으로 옳은 것은 무엇입니까?(창 17)

① 모든 남자는 난 지 8일 만에 할례를 받아야 했다
② 할례는 레위인이 지킬 언약의 표징이었다
③ 이스라엘 사람이 부리는 종들은 받지 않아도 되었다
④ 할례는 오로지 이방인과 하나님 사이에 맺는 영적 언약의 표시였다

38. 아브라함과 그의 아들 이스마엘이 할례를 받을 때 그들의 나이는 각각 몇 세입니까?(창 17)

① 90세, 10세 ② 95세, 13세 ③ 99세, 10세 ④ 99세, 13세

39. 소돔 성읍의 구원을 위해 호소한 사람은 누구이며, 의인 몇 명이 없어서 멸망하였습니까?(창 18)

40. 롯의 일가족이 소돔과 고모라의 심판을 피해 들어간 작은 성의 이름은 무엇입니까?(창 19)

41. 그랄 왕 아비멜렉에 대한 설명으로 옳지 못한 것은 무엇입니까?(창 20)

① 아브라함의 아내 사라를 자기 아내로 삼으려고 데려갔다

② 하나님이 그에게 현몽하셔서 아브라함의 아내를 데려온 것을 경고하셨다

③ 그는 하나님께 사라가 아브라함의 누이동생인 줄 알았다고 항변하였다

④ 그랄 왕 아비멜렉은 아브라함의 아내 사라를 빼앗은 애굽 왕 바로의 다른 이름이다

42. 다음에서 언급되는 여종의 아들은 누구입니까?

"아이가 자라매 젖을 떼고 이삭이 젖을 떼는 날에 아브라함이 큰 잔치를 베풀었더라 사라가 본즉 아브라함의 아들 애굽 여인 하갈의 아들이 이삭을 놀리는지라 그가 아브라함에게 이르되 이 여종과 그 아들을 내쫓으라 이 종의 아들은 내 아들 이삭과 함께 기업을 얻지 못하리라 하므로"(창 21)

① 이스마엘 ② 에서 ③ 야곱 ④ 요셉

43. 아브라함은 아비멜렉에게 양과 소, 그리고 암양 새끼 일곱 마리를 따로 떼어 놓았다가 주면서 아비멜렉의 종들이 빼앗은 우물은 아브라함의 소유라는 증거로 삼고 서로 언약을 맺었습니다. 맹세의 우물이라는 뜻을 가진 그 곳 이름은 무엇입니까?(창 21)

44. 아브라함이 브엘세바에 심은 나무의 이름은 무엇입니까?(창 21)

45. 아브라함이 이삭을 번제로 바치는 아케다(Aqedah)로 불리는 사건은 창세기 몇 장에 나옵니까?

46. 하나님께서 아브라함에게 100세에 낳은 아들을 제물로 바치라고 명령하신 이유는 무엇입니까?(창 22)

47. 다음 중 '여호와 이레'와 관련이 없는 내용은 무엇입니까?(창 22, 대하 3)

① 모리아 땅의 한 산으로 후에 솔로몬의 성전이 세워진 산
② 이삭 대신 하나님이 예비하신 숫양을 번제로 드렸다
③ 여호와의 산에서 준비되리라!
④ 아브라함이 그의 종들과 함께 모리아 산에서 번제를 드렸다

48. 다음 ( ) 안에 들어갈 말은 무엇입니까?

"여호와께서 이르시기를 내가 나를 가리켜 맹세하노니 네가 이같이 행하여 네 아들 네 독자도 아끼지 아니하였은즉 내가 네게 큰 ( )을 주고 네 씨가 크게 번성하여 하늘의 ( )과 같고 바닷가의 ( )와 같게 하리니 네 씨가 그 대적의 성문을 차지하리라 또 네 씨로 말미암아 천하 만민이 ( )을 받으리니 이는 네가 나의 말을 준행하였음이니라"(창 22)

49. 아브라함의 아내 사라는 어디에서 죽었습니까?(창 23)

50. 다음 중 사라의 죽음에 관한 설명으로 옳지 않은 것은 무엇입니까?(창 23)

① 127세를 살았다
② 브엘세바 근처의 막벨라 동굴에 묻혔다
③ 헷 족속인 에브론의 밭과 거기에 속한 막벨라 굴을 사서 매장지로 삼았다
④ 사라가 묻힌 마므레는 헤브론의 다른 이름이다

51. 헷 족속 소할의 아들 에브론의 밭에 있는 것으로, 아브라함이 그의 아내와 함께 장사된 굴의 이름은 무엇입니까?(창 25)

52. 에서와 야곱 사이에 일어났던 일에 대한 서술로 옳은 것은 무엇입니까?(창 25)

① 야곱이 에서에게 떡을 주고 장자의 명분을 샀다
② 야곱이 에서에게 팥죽을 주고 장자의 명분을 샀다
③ 야곱이 에서에게 떡과 팥죽을 주고 장자의 명분을 샀다
④ 에서는 사냥한 고기를 야곱의 팥죽과 바꾸어 먹었다

53. '야곱'이라는 이름의 뜻은 무엇입니까?(창 25)

54. '에서'라는 이름의 뜻과 별명은 무엇입니까?(창 25)

55. 아브라함처럼 해를 당할까 두려워 자기 아내를 누이동생이라고 속인 인물은 누구입니까?(창 26)

① 이삭 ② 에서 ③ 야곱 ④ 요셉

56. 에서는 무슨 일로 부모의 마음에 근심이 되었습니까?(창 26)

① 형제 간의 반목 ② 사냥 ③ 자신의 경솔함 ④ 이방 여인과의 결혼

57. 야곱이 하나님의 사자가 오르내리는 환상을 본 지명과 그 옛 이름은 무엇입니까?(창 28)

58. 다음 중에서 야곱의 서원과 관계없는 것은 무엇입니까?(창 28)

① 내가 기둥으로 세운 돌이 하나님의 집이 될 것이다
② 여호와께서 나의 하나님이 될 것이다
③ 내게 주신 것의 십분의 일을 하나님께 드리겠다
④ 벧엘을 위해 항상 기도하겠다

59. 야곱의 자녀는 모두 몇 명입니까?(창 30)

① 10명 ② 12명 ③ 13명 ④ 15명

60. 다음 중에서 야곱과 라반이 언약을 맺은 장소가 아닌 것은 무엇입니까?(창 31)

① 미스바 ② 길르앗 ③ 갈르엣 ④ 여갈사하두다

61. 야곱이 하나님의 사자들을 만난 후에 '하나님의 군대'라는 뜻의 이름을 붙인 지명은 어디입니까?(창 32)

62. 야곱이 얍복 나루터에서 경야할 때, 형 에서에게 화해의 예물로 보낸 가축(소, 양, 염소, 낙타, 나귀 등)의 수는 모두 몇 마리였습니까?(창 32)

63. 요셉이 애굽으로 팔려갔을 때의 나이와 애굽에서 총리가 되었을 때의 나이는 각각 몇 세였습니까?(창 37, 41)

64. 요셉의 아내가 된 온 제사장 보디베라의 딸 이름은 무엇입니까?(창 41)

65. 요셉의 두 아들 이름은 무엇입니까?(창 41)

66. 곡식을 사러 온 형제들의 의리를 시험하기 위해 요셉은 누구를 볼모로 잡아두었습니까?(창 42)

67. 두 번째 곡식을 사가지고 돌아가던 중, 베냐민의 자루에서 은잔이 나왔을 때 베냐민 대신 자기가 종이 되겠다고 말한 사람은 누구입니까?(창 44)

68. 다음 ( ) 안에 들어갈 말은 무엇입니까?

"요셉이 그들에게 이르되 두려워하지 마소서 내가 ( )을 대신하리이까 당신들은 나를 ( )하려 하였으나 하나님은 그것을 ( )으로 바꾸사 오늘과 같이 많은 백성의 ( )을 구원하게 하시려 하셨나니 당신들은 두려워하지 마소서"(창 50)

출애굽기

1. 흉년과 기근을 피하여 애굽으로 내려온 야곱의 혈속은 요셉을 포함하여 모두 몇 명입니까?(출 1)

2. 다음 중에서 이스라엘 자손이 바로를 위하여 건축한 국고성은 어디입니까?(출 1)
   ① 비돔과 고센　② 비돔과 라암셋　③ 바알스본과 에담　④ 비하히롯과 숙곳

3. '모세'라는 이름의 의미는 무엇입니까?(출 2)

4. 모세의 장인이 된 미디안의 제사장은 2장과 3장에서 각기 다른 두 이름으로 나옵니다. 각각 무슨 이름으로 나옵니까?(출 2~3)

5. 모세가 십보라와 결혼하여 낳은 첫아들의 이름은 무엇입니까?(출 2)

6. 여호와께서 이스라엘 백성에게 주시겠다고 하신 땅에 살고 있던 여섯 부족의 이름을 모두 써 보십시오.(출 3)

7. 다음 ( ) 안에 공통으로 들어갈 말은 무엇입니까?

"하나님이 모세에게 이르시되 나는 ( )이니라 또 이르시되 너는 이스라엘 자손에게 이같이 이르기를 ( )가 나를 너희에게 보내셨다 하라"(출 3)

8. 다음 ( ) 안에 들어갈 말은 무엇입니까?

"나는 ( )이 뻣뻣하고 ( )가 둔한 자니이다 여호와께서 그에게 이르시되 누가 사람의 ( )을 지었느냐 누가 말 못 하는 자나 못 듣는 자나 눈 밝은 자나 맹인이 되게 하였느냐 나 여호와가 아니냐 이제 가라 내가 네 ( )과 함께 있어서 할 말을 가르치리라"(출 4)

9. 모세의 부모의 이름은 무엇입니까?(출 6)

10. 다음 ( ) 안에 들어갈 말은 무엇입니까?

"내가 아브라함과 이삭과 야곱에게 ( )의 하나님으로 나타났으나 나의 이름을 ( )로는 그들에게 알리지 아니하였고"(출 6)

11. 다음 중에서 아론의 아들이 아닌 사람은 누구입니까?(출 6)

① 게르손 ② 나답 ③ 아비후 ④ 이다말

12. 바로와 애굽에 내려진 열 가지 재앙 중에 첫째 재앙과 마지막 재앙은 각각 무엇이었습니까?(출 7~12)

① 첫째 재앙 ( )

② 마지막 재앙 ( )

13. 다음 중 유월절에 먹은 음식의 종류끼리 짝지어진 것은 무엇입니까?(출 12)

① 누룩 없는 떡과 나물과 소고기 ② 누룩 없는 떡과 쓴 나물과 양고기

③ 양고기와 누룩 없는 떡과 산나물 ④ 쓴 나물과 소고기와 누룩 없는 떡

14. 이스라엘 백성이 출애굽할 때 애굽에서 출발한 곳은 어디입니까?(출 12)

① 라암셋　② 숙곳　③ 고센　④ 믹돌

15. 이스라엘 자손이 출애굽 한 것은 애굽에 거한 지 몇 년 만의 일이었습니까? (출 12)

① 400년　② 430년　③ 450년　④ 500년

16. 하나님은 왜 애굽에서 나온 이스라엘 백성을 가까운 블레셋 땅으로 인도하지 않고 홍해의 광야 길로 인도하셨습니까?(출 13)

① 블레셋 군인의 수비대가 너무 강해서

② 새로운 길을 마련하기 위하여

③ 백성이 전쟁을 보면 변심하여 애굽으로 돌아갈 것을 염려하셔서

④ 불기둥과 구름기둥으로 인도하시기 위하여

17. 다음 ( ) 안에 공통으로 들어갈 말은 무엇입니까?

"모세가 백성에게 이르되 너희는 두려워하지 말고 ( ) 서서 여호와께서 오늘 너희를 위하여 행하시는 구원을 보라 너희가 오늘 본 애굽 사람을 영원히 다시 보지 아니하리라 여호와께서 너희를 위하여 싸우시리니 너희는 ( ) 있을지니라"(출 14)

18. 홍해 앞에 서있는 출애굽한 이스라엘 백성을 애굽 군대의 추격으로부터 막아서 애굽 군대 쪽을 어둡게 한 것은 무엇입니까?(출 14)

19. 하나님께서 홍해에서 애굽 군대를 물리쳐 주신 것을 찬양하며 손에 소고를 잡고 춤춘 여인은 누구입니까?(출 15)

20. 출애굽 한 이스라엘 백성들은 '마라'에 도착했으나 물이 써서 마시지 못했습니다. 하나님이 가르쳐 주신 이 문제의 해결 방법은 무엇이었습니까?(출 15)

① 바위에서 물이 나오게 하였다　② 소금을 뿌렸다

③ 한 나무를 물에 던졌다　④ 큰 비를 내려주셔서 물 샘이 터지게 하였다

21. 이스라엘에게 만나가 내리기 시작한 곳의 지명은 무엇입니까?(출 16)

① 마라 ② 엘림 ③ 가데스 바네아 ④ 신 광야

22. 이스라엘 백성이 광야에서 거둔 하루 분의 만나의 양은 얼마였습니까?(출 16)

① 임의대로 ② 한 사람당 한 오멜 ③ 한 가족이 한 됫박 ④ 한 에바

23. 출애굽 여정 중, 마실 물과 관련하여 이스라엘 자손이 다투었던 장소를 무엇이라 불렀습니까?(출 17)

24. 아말렉과 싸울 때 기도하던 모세의 손을 양쪽에서 붙들어 올려준 두 사람은 누구입니까?(출 17)

25. 다음 중 옳지 않은 내용은 무엇입니까?(출 12~17)

① '여호와 닛시'란 '여호와는 나의 기'라는 뜻이다

② 마라는 이스라엘 백성이 시내 산을 지난 직후에 만났던 쓴 물 나는 연못이다

③ 만나는 깟씨 같이 희고 둥글었다

④ 이스라엘 자손은 애굽에 430년간 거주했다

26. 천부장, 백부장, 오십부장, 십부장을 세우는 기준으로 이드로가 언급한 내용이 아닌 것은 무엇입니까?(출 18)

① 외모가 출중한 자 ② 하나님을 두려워하는 자

③ 진실한 자 ④ 불의한 이익을 미워하는 자

27. 다음 ( ) 안에 들어갈 말은 무엇입니까?

"세계가 다 내게 속하였나니 너희가 내 말을 잘 듣고 내 ( )을 지키면 너희는 모든 민족 중에서 내 ( )가 되겠고 너희가 내게 대하여 ( ) 나라가 되며 ( ) 백성이 되리라"(출 19)

28. 십계명은 출애굽기와 신명기에 나옵니다. 출애굽기에서는 몇 장에 나옵니까?

출

29. 십계명 중 제4계명과 제8계명을 써 보십시오.(출 20)

30. 제단을 쌓는 돌은 어떠해야 합니까?(출 20)

① 정으로 잘 다듬은 돌 ② 반듯하게 깨뜨린 돌
③ 정으로 다듬지 아니한 돌 ④ 거룩한 산에서 가져온 돌

31. 구약의 율법에 의하면 자기 아버지나 어머니를 치는 자는 어떤 형벌을 받습니까?(출 21)

① 집에서 쫓겨난다 ② 노예가 된다 ③ 반드시 죽인다 ④ 재산을 몰수한다.

32. 다음 중 율법의 내용으로 옳지 않은 것은 무엇입니까?(출 22)

① 무당을 살려두지 말고, 짐승과 행음하는 자는 반드시 죽여라
② 여호와 외에 다른 신에게 희생을 드리는 자는 멸하라
③ 재판장뿐 아니라 백성의 유사도 저주하면 안 된다
④ 들에서 짐승에게 찢긴 고기는 먹어도 된다

33. 다음 ( ) 안에 들어갈 말은 무엇입니까?

"너는 이방 나그네를 압제하지 말며 그들을 학대하지 말라 너희도 애굽 땅에서 나그네였음이라 너는 ( )나 ( )를 해롭게 하지 말라 네가 만일 그들을 해롭게 하므로 그들이 내게 부르짖으면 내가 반드시 그 부르짖음을 들으리라"(출 22)

34. 다음 중 율법의 내용으로 옳지 않은 것은 무엇입니까?(출 22~23)

① 원수의 길 잃은 소를 만나거든 반드시 그에게 돌려보내라
② 뇌물을 받지 말라
③ 염소 새끼는 그 어미의 젖으로 삶아라
④ 이방 나그네를 압제하지 말라

35. 하나님께서 학대하거나 해롭게 하지 말하고 한 대상이 아닌 사람은 누구입니까?(출 22)

① 나그네 ② 과부 ③ 홀아비 ④ 고아

36. 이스라엘이 매년 지켜야 할 삼대 절기는 무엇입니까?(출 23)

37. '거룩한 제비'였던 우림과 둠밈은 각각 무슨 뜻을 가진 말입니까?(출 28)

38. 아론이 쓰는 관 위에 붙은 패에 새긴 글은 무엇입니까?(출 28)

① 여호와께 성결 ② 여호와께 충성 ③ 여호와께 순종 ④ 여호와께 헌신

39. 모세가 하나님의 명령에 따라 아론과 그의 아들들에게 행한 제사장 위임식의 기간은 얼마였습니까?(출 29)

① 1일 ② 3일간 ③ 7일간 ④ 40일간

40. 다음 중 생명의 속전에 관한 설명으로 옳지 않은 것은 무엇입니까?(출 30)

① 일종의 인두세로, 20세 이상의 남자에게 부과되었다

② 속전의 액수는 반 세겔이었다

③ 부자는 더 내야 했고 가난한 자는 덜 내어도 되었다

④ 이스라엘 회중 가운데에 질병을 없앨 목적으로 드렸다

41. 다음 구절은 무엇을 설명하는 말씀입니까?

"그 날을 더럽히는 자는 모두 죽일지며 그 날에 일하는 자는 모두 그 백성 중에서 그 생명이 끊어지리라"(출 31)

42. 출애굽 후 모세가 시내 산에 올라가 있는 동안 이스라엘은 어떤 죄를 범했습니까?(출 32)

① 남색하였다 ② 이방 여인과 음란히 관계하였다

③ 애굽으로 돌아가려고 계획하였다 ④ 금송아지를 만들고 숭배하였다

43. 모세가 시내 산에서 내려왔을 때 금송아지 우상을 섬기는 자 중에서 몇 명가량이 죽임을 당했습니까?(출 32)

① 4,000명 ② 3,000명 ③ 5,000명 ④ 2,000명

44. 회막을 떠나지 않고 지키던 모세의 수종자는 누구입니까?(출 33)

① 아론　② 여호수아　③ 게르솜　④ 나답

45. 다음 (　) 안에 들어갈 말은 무엇입니까?

"나는 은혜 베풀 자에게 (　　)를 베풀고 (　　) 여길 자에게 긍휼을 베푸느니라"(출 33)

46. 모세가 십계명 돌판을 받기 위하여 두 번째 시내 산에 올라갔을 때 머문 기간은 얼마입니까?(출 34)

47. 양편에서 마주보며 날개를 높이 펴서 속죄소를 덮고 있는 것은 무엇입니까?(출 37)

① 그룹　② 향단　③ 금색 휘장　④ 연기

48. 성막 뜰에 위치한 성막 기구 두 가지는 무엇입니까?(출 38)

49. 서로 관련이 있는 것끼리 연결해 보십시오.

① 오홀리압	㉠ 조각목으로 궤를 만듦
② 아론을 위한 거룩한 옷	㉡ 이스라엘 백성의 행진
③ 브살렐	㉢ 재능 있는 조각가
④ 성막 위에 구름이 떠오를 때	㉣ 에봇

50. 다음 (　) 안에 들어갈 말은 무엇입니까?

"그는 또 (　　)을 궤 속에 넣고 채를 궤에 꿰고 속죄소를 궤 위에 두고"(출 40)

51. 회막 세우는 일을 마친 직후에 여호와의 영광이 충만했을 때 그곳에 들어갈 수 있었던 사람은 누구입니까?(출 40)

① 유다지파 사람들　② 모세　③ 레위지파 사람들　④ 아무도 못 들어감

52. 이스라엘 백성은 광야에서 무엇을 신호로 하여 행진하였습니까?(출 40)

① 모세의 명령　② 나팔소리　③ 구름이 떠오르는 것　④ 불기둥

레위기

1. 레위기에 나오는 5대 제사는 무엇입니까?(레 1~7)

2. 제물의 전부를 제단 위에서 불살라 드리는 제사는 무엇입니까?(레 1)

3. 고운 가루 위에 기름을 붓고 유향을 놓은 후 불사르는 제사는 무엇입니까?(레 2)

4. 다음 (　) 안에 들어갈 말은 각각 무엇입니까?
"너희가 여호와께 드리는 모든 (　　)에는 누룩을 넣지 말지니 너희가 누룩이나 꿀을 여호와께 (　　)로 드려 사르지 못할지니라"(레 2)

5. 모든 제물에 소금을 치는 제사는 무엇입니까?(레 2)

6. 다음 중 '감사제'라고도 할 수 있는 제사는 무엇입니까?(레 3)
① 번제　② 소제　③ 화목제　④ 속죄제

레

7. 다음 (   ) 안에 들어갈 말은 각각 무엇입니까?

"너희는 (   )과 (   )를 먹지 말라 이는 너희의 모든 처소에서 너희 대대로 지킬 영원한 규례니라"(레 3)

8. 여호와의 계명 중 하나라도 그릇되게 범하였을 때 드리는 제사는 무엇입니까?(레 4)

① 번제 ② 소제 ③ 화목제 ④ 속죄제

9. 부정한 것을 만졌음을 깨달았을 때 드리는 제사는 무엇입니까?(레 5)

10. 속죄제를 드릴 때, 형편이 안 되면 비둘기 대신 무엇을 예물로 드릴 수 있습니까?(레 5)

① 고운 가루 ② 양 ③ 돼지 ④ 염소

11. 여호와의 성물에 대하여 부지 중 범죄하였을 때 드리는 제사는 무엇입니까?(레 5)

① 번제 ② 소제 ③ 화목제 ④ 속건죄

12. 훔친 물건을 이웃에게 되돌려줄 때, 본래 물건에 얼마를 더하여 주어야 했습니까?(레 6)

① 1/2 ② 1/3 ③ 1/4 ④ 1/5

13. 다음 (   ) 안에 공통으로 들어갈 말은 무엇입니까?

"제단 위의 (   )은 항상 피워 꺼지지 않게 할지니 제사장은 아침마다 나무를 그 위에서 태우고 번제물을 그 위에 벌여 놓고 화목제의 기름을 그 위에서 불사를지며 (   )은 끊임이 없이 제단 위에 피워 꺼지지 않게 할지니라"(레 6)

14. 다음 (   ) 안에 공통으로 들어갈 말은 무엇입니까?

"너희가 사는 모든 곳에서 새나 짐승의 (   )나 무슨 (   )든지 먹지 말라 무슨 (   )든지 먹는 사람이 있으면 그 사람은 다 자기 백성 중에서 끊어지리라"(레 7)

15. 속건제와 규례가 같은 제사는 무엇입니까?(레 7)

① 번제 ② 소제 ③ 화목제 ④ 속죄제

16. 서로 관련이 있는 것끼리 연결하십시오.(레 1~7)

① 번제	㉠ 금전적 보상을 부과할 수 있는 죄에 대한 속죄
② 화목제	㉡ 번제나 화목제에 수반되는 헌물
③ 소제	㉢ 제단에 피를 뿌리고 희생 제물을 태운다.
④ 속죄제	㉣ 가족적 경사를 축하하는 제사, 속죄와 교제의 뜻
⑤ 속건제	㉤ 우연한 사건, 부주의나 무지로 인한 죄

17. 제사장이 입는 에봇의 흉패 안에는 무엇을 넣었습니까?(레 8)

18. 이스라엘의 첫 번째 제사장인 아론과 그의 아들들의 위임식을 거행한 사람은 누구입니까?(레 8)

19. 다음 ( ) 안에 들어갈 말은 무엇입니까?(레 9)

① ( )는 가축을 예물로 드리는 제사입니다

② ( )는 식물을 예물로 드리는 제사입니다

20. 다음 ( ) 안에 들어갈 말은 무엇입니까?

"너와 네 자손들이 회막에 들어갈 때에는 ( )나 ( )를 마시지 말라 그리하여 너희 죽음을 면하라 이는 너희 대대로 지킬 영영한 규례라"(레 10)

21. 아론의 두 아들 나답과 아비후가 하나님 앞에서 죽임당한 이유는 무엇입니까?(레 10)

① 에봇을 입지 않아서

② 여호와께서 명령하지 않은 다른 불을 담아 분향해서

③ 아론의 말에 순종하지 않아서

④ 교만하여서

22. 짐승 중에서 먹을 수 있는 것은 어떤 것입니까?(레 11)

23. 물에 사는 물고기 중에서 먹을 수 있는 것은 어떤 것입니까?(레 11)

24. 다음 ( ) 안에 공통으로 들어갈 말은 무엇입니까?

"나는 너희의 하나님이 되려고 너희를 애굽 땅에서 인도하여 낸 여호와라 내가 ( ) 하니 너희도 ( )할지어다"(레 11)

25. 남자아이의 할례 의식은 출생 후 며칠 만에 행합니까?(레 12)

26. 병 있는 동안 늘 부정했던 나병 환자에게 취해진 조치는 무엇입니까?(레 13)

① 진영 밖에서 혼자 살아야 했다
② 집 밖으로 한 발자국도 나가지 말아야 했다
③ 나을 때까지 늘 제사장을 만나야 했다
④ 아무도 모르게 비밀로 지키도록 했다

27. 나병의 여부는 누가 결정했습니까?(레 13)

28. 나병이 나은 후 정결함을 받기 위해 속건제를 드리는 제사 방법은 무엇입니까?(레 14)

① 화제 ② 전제 ③ 거제 ④ 요제

29. 유출이 깨끗해진 후 정결하게 되기 위해 하나님께 드리는 제사는 무엇입니까?(레 15)

① 속죄제와 번제 ② 화목제와 번제
③ 속죄제와 속건제 ④ 화목제와 소제

30. 다음 중 하나님께서 친히 나타나신 곳은 어디입니까?(레 16)

① 분향단 ② 떡상 ③ 속죄소 ④ 물두멍

31. 아사셀을 위하여 제비 뽑은 염소는 어떻게 처리하였습니까?(레 16)

① 다른 한 마리의 염소처럼 제단에서 태웠다
② 제사장의 몫으로 구별하여 드렸다
③ 가난한 사람들을 위하여 사용하였다
④ 아사셀을 위하여 광야로 보냈다

32. 이스라엘 자손의 모든 죄를 속죄하기 위하여 일 년에 한 번씩 지켰던 속죄일은 언제입니까?(레 16, 23, 25)

33. 안식일 중의 안식일이라고 할 수 있는 날은 언제입니까?(레 16)

34. 다음 ( ) 안에 공통으로 들어갈 말은 무엇입니까?

"육체의 생명은 ( )에 있음이라 내가 이 ( )를 너희에게 주어 제단에 뿌려 너희의 생명을 위하여 속죄하게 하였나니 생명이 ( )에 있으므로 ( )가 죄를 속하느니라"(레 17)

35. 여호와께서 가나안에 거주하는 족속들을 그 땅에서 쫓아내신 이유는 무엇입니까?(레 18)

① 그들의 문란한 행위로 그 땅이 더러워졌으므로
② 그들이 싸우기를 좋아해서
③ 그들의 인구가 많아져서
④ 그들이 택한 백성이 아니므로

36. 곡식을 거둘 때 밭 모퉁이까지 다 거두지 말고 떨어진 이삭도 줍지 말라고 한 것은 누구를 위한 배려였습니까?(레 19)

37. "네 이웃 사랑하기를 네 자신과 같이 사랑하라"라는 계명이 있는 본문은 어디입니까?

① 출 3:14　② 레 19:18　③ 레 20:9　④ 대하 16:9

38. 다음 ( ) 안에 들어갈 말은 무엇입니까?

"너는 센 머리 앞에서 일어서고 노인의 얼굴을 ( )하며 네 하나님을 ( )하라 나는 여호와이니라"(레 19)

39. 다음 ( ) 안에 들어갈 말은 무엇입니까?

"만일 누구든지 자기의 아버지나 어머니를 저주하는 자는 반드시 ( ) 그가 자기의 아버지나 어머니를 저주하였은즉 그의 피가 자기에게로 돌아가리라"(레 20)

40. 다음 ( ) 안에 들어갈 말은 무엇입니까?

"너희는 나에게 거룩할지어다 이는 나 여호와가 거룩하고 내가 또 너희를 나의 ( )로 삼으려고 너희를 만민 중에서 ( )하였음이니라"(레 20)

41. 다음 중 '제사장'이 지켜야 할 규례로 맞지 않는 것은 무엇입니까?(레 21)

① 부모의 시체를 만져서는 안 된다
② 머리털을 대머리처럼 깎으면 안 된다
③ 살을 베지 말아야 한다
④ 자기의 수염 양쪽을 깎지 말아야 한다

42. 다음 중 성물을 먹을 수 없는 사람은 누구입니까?(레 22)

① 과부가 된 제사장의 딸
② 제사장의 집에서 출생한 자
③ 아론의 자손 중 부정했으나 몸을 물로 씻은 자
④ 일반인이나 품꾼

43. 다음 중에서 이스라엘 자손이 서원제물이나 자원제물로 번제를 드릴 때 드리는 예물은 무엇입니까?(레 22)

① 소, 양, 염소의 흠 없는 수컷　② 소, 양, 염소, 비둘기
③ 소, 양, 비둘기의 흠 없는 수컷　④ 소, 양, 염소의 흠 없는 암컷

44. 다음 ( ) 안에 들어갈 말을 〈보기〉에서 골라 써넣으십시오.

보기	피, 생명, 희년, 원수, 토지

① (   )를 영구히 팔지 말 것은 토지는 다 내 것임이니라(레 25)

② 그 (   )를 먹는 그 사람에게는 내 얼굴을 대하여 그를 백성 중에서 끊으리니(레 17)

③ 오십 년째 해를 거룩하게 하여 그 땅에 있는 모든 주민을 위하여 자유를 공포하라 이 해는 너희에게 (   )이니(레 25)

④ (   )를 갚지 말며 동포를 원망하지 말며 네 이웃 사랑하기를 네 자신과 같이 사랑하라(레 19)

45. 다음 내용 중 옳지 않은 것은 무엇입니까?(레 22)

① 지체가 더하거나 덜한 소를 서원 제물로 드려도 된다

② 암소와 암양을 막론하고 어미와 새끼를 같은 날에 잡지 말라

③ 감사 제물은 그 날로 먹어야 한다

④ 하나님의 성호를 속되게 하지 말아야 한다

46. 다음 ( ) 안에 들어갈 말은 무엇입니까?

"첫째 달 열나흗날 저녁은 여호와의 유월절이요 이 달 열닷샛날은 여호와의 (   )이니 이레 동안 너희는 무교병을 먹을 것이요"(레 23)

47. 하나님께서 이스라엘 자손을 애굽 땅에서 인도하여 내던 때에 초막에 거주하게 하신 것을 기억하면서 지켰던 이레 동안의 절기는 무엇입니까?(레 23)

48. 성막에 있는 등잔불의 순결한 기름은 무엇입니까?(레 24)

① 무화과유 ② 감람유 ③ 백향유 ④ 아카시아유

49. 애굽 사람인 아버지와 이스라엘 여인인 어머니 사이에서 태어난 아들로, 여호와의 이름을 모독하며 저주하다가 돌에 맞아 죽은 사람은 누구입니까?(레 24)

① 이다말 ② 나답의 아들 ③ 슬로밋의 아들 ④ 엘리의 아들

50. 다음 ( ) 안에 공통으로 들어갈 말은 무엇입니까?

"일곱째 해에는 그 땅이 쉬어 ( )하게 할지니 여호와께 대한 ( )이라"(레 25)

51. 이스라엘 백성이 가나안 땅에 들어가 매 6년마다 거둘 수 있는 수확량은 얼마입니까?(레 25)

① 2년분 ② 평년작 ③ 3년분 ④ 반년분

52. 다음 ( ) 안에 들어갈 말은 무엇입니까?

"너희는 오십 년째 해를 거룩하게 하여 그 땅에 있는 모든 주민을 위하여 ( )를 공포하라 이 해는 너희에게 ( )이니"(레 25)

53. 다음 중 희년에 관한 설명으로 틀린 것은 무엇입니까?(레 25)

① 일곱 안식년 후의 오십 년째 해로, 파종을 하지 않는다
② 가난하여 몸이 팔린 형제들은 가족과 그의 조상의 기업으로 돌아가게 해야 한다
③ 성벽 있는 성내의 가옥은 판 지 만 일 년 내에 무르지 못하면 산 자의 소유로 확정된다
④ 레위 족속이 소유한 성읍의 가옥은 무르지 아니하면 산 자의 소유로 확정된다

54. 다음 ( ) 안에 들어갈 말은 무엇입니까?

"너희가 내 ( )와 ( )을 준행하면 내가 너희에게 철따라 비를 주리니 땅은 그 ( )을 내고 밭의 나무는 ( )를 맺으리라"(레 26)

55. 다음 ( ) 안에 들어갈 말은 무엇입니까?

"내가 내 성막을 너희 중에 세우리니 내 마음이 너희를 싫어하지 아니할 것이며 나는 너희 중에 행하여 너희의 ( )이 되고 너희는 내 ( )이 될 것이니라"(레 26)

56. 사람의 값을 여호와께 드리기로 서원하였을 때, 20세부터 60세까지의 남녀가 드려야 하는 금액은 각각 얼마였습니까?(레 27)

① 은 50세겔, 은 30세겔
② 은 40세겔, 은 30세겔
③ 은 30세겔, 은 20세겔
④ 은 20세겔, 은 10세겔

57. 서원자가 가난하여 정한 값을 감당하지 못할 때는 어떻게 하였습니까?(레 27)

① 정한 값의 5분의 1만 드린다

② 면제받는다

③ 제사장이 서원자의 형편대로 값을 정한다

④ 다른 사람이 대신하여 드린다

58. 다음 (　) 안에 들어갈 말은 무엇입니까?

"그리고 그 땅의 (　　　　) 곧 그 땅의 곡식이나 나무의 열매는 그 (　　　　)은 여호와의 것이니 여호와의 (　　　　)이라"(레 27)

민수기

1. 하나님께서 누구를 대상으로, 무슨 목적으로 인구조사를 실시하라고 모세에게 명령하셨습니까?(민 1)

2. 이스라엘이 광야에서 첫 인구조사를 한 장소는 어디입니까?(민 1)
   ① 가데스 바네아 ② 르비딤 ③ 시내 광야 ④ 모압 평지

3. 다음 중 계수에서 제외된 지파는 어느 지파입니까?(민 1)
   ① 레위 ② 유다 ③ 시므온 ④ 르우벤

4. 이스라엘의 열두 지파 가운데 야곱의 아들이 아니면서 지파를 형성한 자들은 누구누구입니까?(민 1)

5. 다음 중 레위 지파가 해야 할 일에 해당하지 않는 것은 무엇입니까?(민 1)
   ① 성막과 그 모든 기구를 운반해야 한다 ② 성막 주위에 진을 쳐야 한다
   ③ 외인이 오면 맞이해야 한다 ④ 성막을 걷고 세워야 한다

6. 다음 중 동쪽 해 돋는 쪽에 진 칠 지파는 어느 지파입니까?(민 2)

① 유다 - 잇사갈 - 스불론　　② 르우벤 - 시므온 - 갓

③ 에브라임 - 므낫세 - 베냐민　　④ 단 - 아셀 - 납달리

7. 다음 중 아론의 장자는 누구입니까?(민 3)

① 나답　② 아비후　③ 엘르아살　④ 이다말

8. 다음 레위 자손과 그 역할을 서로 관련이 있는 것끼리 연결하십시오.(민 4)

① 게르손 자손　　㉠ 성물

② 고핫 자손　　㉡ 휘장과 줄

③ 므라리 자손　　㉢ 널판과 기둥

9. 회막 일을 위해 계수된 레위 자손은 몇 세부터 몇 세까지였습니까?(민 4)

10. 광야에서 행진하기 위해 진영을 떠날 때 성소와 성소 기구들을 메는 일을 맡은 이들은 누구입니까?(민 4)

① 아론과 그 아들들　　② 게르손 자손

③ 고핫 자손　　④ 므라리 자손

11. 다음 중 남편이 아내를 의심할 때 그 의심의 타당성 여부를 밝히는 절차로 틀린 것은 무엇입니까?(민 5)

① 아내를 제사장에게로 데리고 가서 '기억의 소제'를 드린다

② 제사장은 토기에 거룩한 물을 담고 성막 바닥의 티끌을 취하여 물에 넣는다

③ 제사장은 여인에게 저주가 되게 하는 쓴 물을 마시게 한다

④ 아내에게 전혀 이상이 없으면 남편이 대신 벌을 받아야 한다

12. 다음 중 나실인의 서원을 하고 자기 몸을 구별하여 여호와께 드리려는 자가 지켜야 할 사항으로 옳지 않은 것은 무엇입니까?(민 6)

① 포도주와 독주를 멀리해야 한다

② 삭도를 머리에 대지 말아야 한다

③ 시체를 가까이 하지 말아야 하나 부모 형제가 죽은 때는 그렇지 않다

④ 누가 갑자기 곁에서 죽어서 나실인의 머리를 더럽히면 몸을 정결하게 하는 날에 머리를 밀어야 한다

13. 다음 (   ) 안에 들어갈 말은 무엇입니까?

"여호와는 네게 복을 주시고 너를 지키시기를 원하며 여호와는 그의 얼굴을 네게 비추사 (   ) 베푸시기를 원하며 여호와는 그 얼굴을 네게로 향하여 드사 (   ) 주시기를 원하노라 할지니라 하라"(민 6)

14. 모세가 장막 세우기를 마친 후에 그 모든 기구를 어떻게 거룩하게 구별하였습니까?(민 7)

① 피를 뿌려서　② 물로 씻어서　③ 기름을 발라서　④ 속죄제를 드려서

15. 다음 (   ) 안에 공통으로 들어갈 말은 무엇입니까?

"모세가 수레와 소를 받아 레위인에게 주었으니 곧 게르손 자손들에게는 (   ) 수레 둘과 소 네 마리를 주었고 므라리 자손들에게는 (   ) 수레 넷과 소 여덟 마리를 주고 제사장 아론의 아들 이다말에게 감독하게 하였으나"(민 7)

16. 다음 (   ) 안에 들어갈 말은 무엇입니까?

"모세가 회막에 들어가서 여호와께 말하려 할 때에 (   ) 위 (   ) 위의 두 (   ) 사이에서 자기에게 말씀하시는 목소리를 들었으니 여호와께서 그에게 말씀하심이었더라"(민 7)

17. 이스라엘의 12지파 중에서 제사장이 선출된 지파는 어느 지파입니까?(민 8)

18. 다음 중에서 레위인을 여호와께 드릴 때 정결하게 하는 의식이 아닌 것은 무엇입니까?(민 8)

① 속죄의 물을 뿌린다　② 전신을 삭도로 밀게 한다
③ 의복을 빨게 한다　④ 기름을 머리에 붓는다

19. 회막에 들어가서 복무하고 봉사할 수 있는 레위인의 나이는 몇 세부터였습니까?(민 8)

① 20세　② 25세　③ 30세　④ 35세

20. 이스라엘 자손 중에서 레위인을 구별해야 하는 이유는 무엇이었습니까?(민 8)

① 모세의 가문이기 때문에

② 하나님께서 특별히 사랑하셨기 때문에

③ 하나님께서 모든 처음 난 자 대신 레위인을 취하셨기 때문에

④ 레위인들이 강력히 원했기 때문에

21. 이스라엘 백성이 애굽에서 나온 후에 처음으로 유월절을 지킨 곳과 그곳에 머문 기간을 쓰십시오.(민 9~10)

22. 광야 생활을 하는 동안 이스라엘 백성들이 행진하거나 멈추는 기준이 되었던 것은 무엇입니까?(민 9)

23. 하나님은 모세에게 회중을 소집하며 진영을 출발하게 하기 위하여 무엇을 만들라고 명령하셨습니까?(민 10)

24. 다음 중 나팔을 불어야 할 때에 해당하지 않는 것은 무엇입니까?(민 10)

① 지휘관들을 모을 때　② 진영이 출발하거나 대적을 치러 나갈 때

③ 초하루 번제물을 드릴 때　④ 하나님께서 현현하실 때

25. 다음은 무엇에 대한 설명입니까?

"깟씨와 같고 모양은 진주와 같은 것이라 … 맷돌에 갈기도 하며 절구에 찧기도 하고 가마에 삶기도 하여 과자를 만들었으니 그 맛이 기름 섞은 과자 맛 같았더라"(민 11)

26. 다음 중 '기브롯 핫다아와'의 뜻은 무엇입니까?(민 11)

① 불사름　② 탐욕의 무덤

③ 하나님께서 여기까지 도우셨다　④ 은혜의 자리

27. 모세의 누이 미리암이 나병에 걸린 이유는 무엇입니까?(민 12)

28. 다음 (　　) 안에 들어갈 말은 무엇입니까?

"이 사람 모세는 (　　　)이 지면의 모든 사람보다 더하더라"(민 12)

29. 모세가 가나안 땅으로 정탐꾼을 보낸 곳은 어디입니까?(민 13)

① 바란 광야　　② 시내 광야　　③ 모압 평지　　④ 시날 평야

30. 여호수아는 어느 지파 소속이며, 그 아버지의 이름은 무엇입니까?(민 13)

31. 가나안 땅의 정탐꾼은 몇 명이었으며, 정탐은 며칠 동안 이루어졌습니까?(민 13)

32. 가나안 땅을 정탐한 사람들이 돌아올 때 가지고 온 것은 무엇입니까?(민 13)

33. 가나안 정탐꾼들 가운데 긍정적인 보고를 한 사람은 누구누구였습니까?(민 14)

34. 하나님이 가나안 정탐 후 이스라엘 백성에게 40년 동안 광야에서 방황하게 될 것이라고 하셨는데, 왜 40년을 말씀하셨습니까?(민 14)

① 정탐한 날 수인 40일의 하루를 1년으로 쳐서

② 모세가 40년 동안 광야 생활을 했으므로

③ 40년은 한 세대의 의미가 강하기 때문에

④ 백성들이 요청했으므로

35. 레위의 증손이요 고핫의 손자요 이스할의 아들로서, 다단, 아비람 및 다른 250명의 지휘관과 함께 모세에게 반역을 일으켰던 사람은 누구입니까?(민 16)

36. 고라가 반역을 일으킨 이유는 무엇입니까?(민 16)

① 가나안으로의 여정이 너무 느려서

② 지휘권에 불만을 품어서

③ 제사장의 직분 때문에

④ 제물의 분배 때문에

37. 고라와 그의 무리는 어떤 식의 죽음을 맞이하였습니까?(민 16)

38. 지휘관의 지팡이 열둘을 취하여 증거궤 앞에 두었을 때, 순이 나고 꽃이 피어 살구 열매를 맺은 것은 누구의 지팡이였습니까?(민 17)

39. 하나님은 이스라엘 자손의 땅에 기업이 없었던 레위인들을 위해 대신 무엇을 기업으로 주셨습니까?(민 18)

① 이스라엘의 십일조　② 제사장 몫의 십일조

③ 화목제의 일부　④ 속건제의 일부

40. 다음 중에서 레위인이 이스라엘 자손에게 받은 십일조로 여호와께 드리는 거제물은 무엇입니까?(민 18)

① 십일조의 1/5　② 십일조의 십일조

③ 무조건 초태생　④ 좋은 것만 골라서

41. 레위인들이 기업으로 받은 십일조의 십일조는 누구에게 돌렸습니까?(민 18)

① 모세　② 아론　③ 이스할　④ 시므이

42. 다음의 청원은 누가 누구에게 한 것입니까?

"청하건대 우리에게 당신의 땅을 지나가게 하소서 우리가 … 왕의 큰길로만 지나가고 당신의 지경에서 나가기까지 왼쪽으로나 오른쪽으로나 치우치지 아니하리이다"(민 20)

43. 여호와의 명령을 따라 모세는 아론의 옷을 벗겨 누구에게 입혔습니까?(민 20)

44. 하나님께서는 왜 모세와 아론이 가나안 땅에 들어가지 못할 것이라고 하셨습니까?(민 20)

45. 홍해 길을 따라 에돔 땅을 우회할 때 길로 인해 하나님과 모세를 원망한 이스라엘 백성에게 하나님이 내리신 심판은 무엇입니까?(민 21)

① 하늘에서 불을 내려 진을 태웠다　② 천둥 번개로 백성을 죽게 했다
③ 불뱀을 보내어 물려 죽게 했다　④ 염병과 기근으로 고생하게 했다

46. 불뱀에 물린 사람들이 살아날 수 있는 방법은 무엇이었습니까?(민 21)

47. 이스라엘 백성들이 요단 동쪽을 점령했을 당시, 아모리 왕과 바산 왕은 각각 누구였습니까?(민 21)

48. 모압 왕 발락이 이스라엘 자손의 많음으로 인하여 심히 두려움을 느꼈을 때, 그가 불러오게 한 사람은 누구이며, 그 목적은 무엇이었습니까?(민 22)

49. 다음 (　) 안에 공통으로 들어갈 말은 무엇입니까?

"하나님이 (　　)하지 않으신 자를 내가 어찌 (　　)하며 여호와께서 꾸짖지 않으신 자를 내가 어찌 꾸짖으랴"(민 23)

50. 다음은 발람이 이스라엘에 대하여 축복한 내용입니다. (　) 안에 들어갈 말은 무엇입니까?

"너를 축복하는 자마다 (　　)을 받을 것이요 너를 저주하는 자마다 (　　)를 받을지로다"(민 24)

51. 제사장 아론의 손자이자 엘르아살의 아들로, 이스라엘 백성 사이에 있었던 염병을 그치게 했던 의분의 사람은 누구입니까?(민 25)

① 나답　② 아비후　③ 엘리에셀　④ 비느하스

52. 하나님께서 비느하스에게 평화의 언약, 곧 그와 그의 후손에게 영원한 제사장 직분의 언약을 주신 이유는 무엇입니까?(민 25)

① 율법을 잘 가르쳤으므로

② 하나님을 위하여 질투하여 이스라엘을 속죄하였으므로

③ 제사장의 본을 보였으므로

④ 아론이 특별히 사랑했으므로

53. 다음 (　　) 안에 들어갈 말은 무엇입니까?

"아므람의 처의 이름은 (　　　　)이니 레위의 딸이요 애굽에서 레위에게서 난 자라 그가 아므람에게서 아론과 모세와 그의 누이 미리암을 낳았고"(민 26)

54. 르우벤의 자손 중 고라의 무리에 들어가 모세를 반역하다가 결국 죽임을 당한 자들의 이름은 무엇입니까?(민 26)

① 다단 - 아비람　　② 하녹 - 발루　　③ 엘리압 - 느무엘　　④ 야민 - 야긴

55. 고라가 땅이 갈라져서 죽을 때 그의 가족들과 소유물은 어떻게 되었습니까?(민 26)

① 모두 땅속에 묻혔다

② 가족들만 죽고 소유물은 그대로 있었다

③ 그의 아들들만 제외하고 모두 묻혔다

④ 가족들은 살고 소유물만 묻혔다

56. 어떤 사람이 아들 없이 죽으면 그의 기업은 딸에게 돌려야 합니다. 이러한 판결 규례가 나오도록 동기를 제공한 사람은 누구입니까?(민 27)

① 엘르아살　　② 비느하스　　③ 여호수아　　④ 슬로브핫의 딸들

57. 매일 아침과 저녁마다 드리는 번제를 무엇이라고 합니까?(민 28)

58. 다음 (　　) 안에 들어갈 말은 무엇입니까?

"또 그들에게 이르라 너희가 여호와께 드릴 화제는 이러하니 일 년 되고 (　　　　　)을 매일 두 마리씩 상번제로 드리되"(민 28)

59. 다음 ( ) 안에 들어갈 말은 무엇입니까?

"사람이 여호와께 ( )하였거나 결심하고 ( )하였으면 깨뜨리지 말고 그가 입으로 말한 대로 다 이행할 것이니라"(민 30)

민

60. 다음 중 서원에 관한 설명으로 옳지 않은 것은 무엇입니까?(민 30)

① 서원한 것은 모두 이행해야 한다

② 남편이 듣고 허락하지 않은 아내의 서약은 무효다

③ 아버지가 듣고 허락하지 않은 처녀의 서약은 무효다

④ 남편이 들은 지 얼마 후에 그것을 무효하게 하면 아내가 죄를 담당해야 한다

61. 이스라엘 자손 중 요단 동쪽 길르앗 땅을 기업으로 받기를 요구했다가, 정복 전쟁에 참여한 후 돌아와 받기로 약속받은 이스라엘의 세 지파는 어느 지파 입니까?(민 32)

62. 요단 동편에 기업을 요구한 세 지파가 이를 위해 약속한 조건은 무엇입니까? (민 32)

① 여호와의 율법을 그대로 준수하기로 서약했다

② 요단강 서편에서 기업을 얻게 될 지파들과 긴밀한 관계를 유지하기로 약속했다

③ 무장하고 다른 지파들보다 앞서 나가서 그들이 기업을 얻을 때까지 돌아오지 않겠다고 약속했다

④ 해마다 수백 마리의 가축을 다른 지파들에게 제공하기로 했다

63. 아론은 호르 산에서 몇 세에 죽었습니까?(민 33)

① 110세 ② 113세 ③ 120세 ④ 123세

64. 이스라엘이 행진한 노정 가운데 샘물 열둘과 종려 칠십 그루가 있던 곳은 어디입니까?(민 33)

65. 이스라엘 자손 중 몇 개의 지파가 요단 서편에서 기업을 받았습니까?(민 34)

① 9지파 ② 9지파 반 지파 ③ 10지파 ④ 10지파 반 지파

66. 다음 중 모세에게 요단강 동쪽을 기업으로 받지 않은 지파는 어느 지파입니까?(민 34)

① 베냐민 지파 ② 르우벤 지파 ③ 갓 지파 ④ 므낫세 지파

67. 다음 ( ) 안에 들어갈 말은 무엇입니까?

"너희가 레위인에게 줄 성읍은 살인자들이 피하게 할 도피성으로 ( ) 성읍이요" (민 35)

① 4 ② 6 ③ 8 ④ 10

68. 다음 중 도피성에 관한 설명으로 옳지 않은 것은 무엇입니까?(민 35)

① 부지중에 살인한 자가 피하는 곳이다

② 살인자가 회중 앞에 서서 판결을 받을 때까지 죽음을 피할 수 있었다

③ 세 성읍은 요단 동편에, 세 성읍은 요단 서편에 두었다

④ 타국인과 이스라엘 중에 거류하는 자들에게는 해당되지 않았다

69. 다음 ( ) 안에 공통으로 들어갈 말은 무엇입니까?

"너희가 거주하는 땅을 더럽히지 말라 ( )는 땅을 더럽히나니 ( ) 흘림을 받은 땅은 그 ( )를 흘리게 한 자의 ( )가 아니면 속함을 받을 수 없느니라"(민 35)

70. 딸들이 지파의 기업을 이어받은 경우, 그들이 조상의 기업을 보전하기 위해 지켜야 할 사항은 무엇이었습니까?(민 36)

① 그 기업을 포기해야 했다

② 자기 조상 지파의 종족에 속한 사람에게만 시집갈 수 있었다

③ 반드시 지파의 우두머리에게 허락을 받아야 했다

④ 결코 시집가서는 안 되었다

신명기

1. 신명기는 누가 어디에서 설교한 내용입니까?(신 1)

2. 다음 ( ) 안에 들어갈 말은 무엇입니까?

"내가 너희 지파의 수령으로 ( )가 있고 인정 받는 자들을 취하여 너희의 수령을 삼되 곧 각 지파를 따라 ( )과 ( )과 오십부장과 ( )과 ( )을 삼고"(신 1)

3. 다음은 이스라엘 백성이 요단 동편 쪽을 통과할 때 그곳 세 족속과 전쟁을 하지 말 것을 당부한 말씀입니다. ( ) 안에 해당하지 않는 나라(족속)는 어디입니까?

"여호와께서 내게 이르시되 ( )을 괴롭히지 말라 그와 싸우지도 말라 그 땅을 내가 네게 기업으로 주지 아니하리니"(신 2)

① 에서의 자손(에돔) ② 모압

③ 암몬 ④ 아모리

4. 다음 ( ) 안에 들어갈 말은 무엇입니까?

"가데스 바네아에서 떠나 세렛 시내를 건너기까지 ( )년 동안이라"(신 2)

① 30 ② 33 ③ 35 ④ 38

5. 다음은 하나님이 모세에게 하신 말씀입니다. (　) 안에 알맞은 말은 무엇입니까?

"너는 (　　) 산 꼭대기에 올라가서 눈을 들어 동서남북을 바라고 네 눈으로 그 땅을 바라보라 너는 이 요단을 건너지 못할 것임이니라"(신 3)

① 비스가 산　② 호르 산　③ 호렙 산　④ 갈멜 산

6. 다음 (　) 안에 들어갈 말은 무엇입니까?

"내가 나의 하나님 여호와께서 명령하신 대로 규례와 (　　)를 너희에게 가르쳤나니 이는 너희가 들어가서 (　　)으로 차지할 땅에서 그대로 행하게 하려 함인즉 너희는 지켜 행하라 이것이 여러 민족 앞에서 너희의 (　　)요 너희의 (　　)이라"(신 4)

7. 다음 (　) 안에 들어갈 말은 무엇입니까?

"네 하나님 여호와는 소멸하는 (　　)이시요 (　　)하시는 하나님이시니라"(신 4)

8. 다음은 무엇에 관한 설명입니까?

"그 때에 모세가 요단 이쪽 해 돋는 쪽에서 세 성읍을 구별하였으니 … 하나는 광야 평원에 있는 베셀이라 르우벤 지파를 위한 것이요 하나는 길르앗 라못이라 갓 지파를 위한 것이요 하나는 바산 골란이라 므낫세 지파를 위한 것이었더라"(신 4)

9. 제9계명은 무엇입니까?(신 5)

10~11. 쉐마(Shema)로 불리는 다음 구절의 (　) 안에 들어갈 말을 순서대로 쓰십시오.

"이스라엘아 들으라 우리 하나님 (　　)는 오직 (　　) 여호와이시니 너는 (　　)을 다하고 (　　)을 다하고 (　　)을 다하여 네 하나님 여호와를 사랑하라 오늘 내가 네게 명하는 이 말씀을 너는 (　　)에 새기고 네 자녀에게 부지런히 가르치며 (　　)에 앉았을 때에든지 (　　)을 갈 때에든지 누워 있을 때에든지 일어날 때에든지 이 말씀을 (　　)할 것이며 너는 또 그것을 네 (　　)에 매어 기호를 삼으며 네 (　　)에 붙여 표로 삼고 또 네 집 (　　)와 바깥 문에 기록할지니라"(신 6)

12. 가나안 일곱 족속의 이름을 모두 쓰십시오.(신 7)

13. 하나님이 가나안 일곱 족속에 대하여 이스라엘 백성에게 당부하신 말씀에 해당되지 않는 것은 무엇입니까?(신 7)

① 어떤 언약도 하지 말라 ② 그들의 소유를 잘 활용하여 구제하라

③ 그들과 혼인하지 말라 ④ 그들을 진멸하라

신

14. 다음 ( ) 안에 들어갈 말은 무엇입니까?

"네 하나님 여호와께서 이 ( ) 년 동안에 네게 ( ) 길을 걷게 하신 것을 기억하라 이는 너를 낮추시며 너를 ( )하사 네 마음이 어떠한지 그 ( )을 지키는지 지키지 않는지 알려 하심이라"(신 8)

15. 다음 ( ) 안에 들어갈 말은 무엇입니까?

"너를 낮추시며 너를 주리게 하시며 또 너도 알지 못하며 네 조상들도 알지 못하던 ( )를 네게 먹이신 것은 사람이 ( )으로만 사는 것이 아니요 ( )의 입에서 나오는 모든 ( )으로 사는 줄을 네가 알게 하려 하심이니라"(신 8)

16. 다음 ( ) 안에 들어갈 말은 무엇입니까?

"이 사십 년 동안에 네 ( )이 해어지지 아니하였고 네 ( )이 부르트지 아니하였느니라"(신 8)

17. 다음 ( ) 안에 들어갈 말은 무엇입니까?

"또 네 소와 양이 번성하며 네 은금이 증식되며 네 소유가 다 풍부하게 될 때에 네 마음이 ( )하여 네 하나님 여호와를 잊어버릴까 염려하노라"(신 8)

18. 모세는 언약의 돌판들을 받기 위해 며칠간 시내 산에 머물렀습니까?(신 9)

19. 모세가 여호와께 받은 십계명의 두 돌판을 깨뜨린 이유는 무엇입니까?(신 9)

20. 아론이 죽은 후 그를 이어 제사장 직임을 행한 사람은 누구입니까?(신 10)

① 엘르아살 ② 엘리에셀 ③ 이다말 ④ 비느하스

21. 다음 ( ) 안에 들어갈 말은 무엇입니까?

"애굽에 내려간 네 조상들이 겨우 ( )인이었으나 이제는 네 하나님 여호와께서 너를 하늘의 ( ) 같이 많게 하셨느니라"(신 10)

22. 야훼 하나님의 성품에 관한 설명으로 옳지 않은 것은 무엇입니까?(신 10)

① 질투하지 않으시는 분
② 사람을 외모로 보지 않으시는 분
③ 뇌물을 받지 않으시는 분
④ 고아와 과부를 위하여 정의를 행하시는 분

23. 다음 ( ) 안에 들어갈 말은 무엇입니까?

"내가 오늘 너희에게 명하는 내 명령을 너희가 만일 ( )하고 너희의 하나님 여호와를 ( )하여 마음을 다하고 뜻을 다하여 섬기면 여호와께서 너희의 땅에 ( ) 비, ( ) 비를 적당한 때에 내리시리니 너희가 곡식과 포도주와 기름을 얻을 것이요"(신 11)

24. 다음 ( ) 안에 들어갈 말은 무엇입니까?

"네 하나님 여호와께서 네가 가서 차지할 땅으로 너를 인도하여 들이실 때에 너는 ( )에서 축복을 선포하고 ( )에서 저주를 선포하라"(신 11)

25. 다음 ( ) 안에 들어갈 말은 무엇입니까?

"너희가 만일 내가 오늘 너희에게 명하는 너희의 하나님 여호와의 명령을 들으면 ( )이 될 것이요"(신 11)

26. 다음 중 이스라엘 백성이 준수해야 할 사항과 거리가 먼 것은 무엇입니까?(신 13~14)

① 어떤 선지자가 말한 이적과 기사가 이루어졌을지라도, 그가 다른 신들을 섬기자고 말할 때에는 청종하지 말아야 한다
② 죽은 자를 위하여 자기 몸을 베면 안 된다
③ 가증한 것은 무엇이든지 먹지 말아야 한다
④ 스스로 죽은 것은 먹어도 된다

27. 다음 중 먹을 수 있는 짐승은 무엇입니까?(신 14)

① 네 발 가진 짐승
② 굽이 갈라진 짐승
③ 새김질하는 짐승
④ 굽이 갈라지고 새김질도 하는 짐승

신

28. 다음 중 십일조에 관한 설명으로 옳지 않은 것은 무엇입니까?(신 14)

① 매년 토지 소산의 십일조를 드려야 한다

② 포도주와 기름의 십일조는 드리지 않아도 된다

③ 하나님의 이름을 두려고 택하신 곳이 너무 멀 경우 돈으로 바꾸어 가져갈 수 있다

④ 같은 성읍에 거주하는 레위인을 저버리면 안 된다

29. 다음 ( ) 안에 해당되는 내용이 아닌 것은 무엇입니까?

"매 삼 년 끝에 그 해 소산의 십분의 일을 다 내어 네 성읍에 저축하여 너희 중에 ( ) 이 와서 먹고 배부르게 하라 그리하면 네 하나님 여호와께서 네 손으로 하는 범사에 네게 복을 주시리라"(신 14)

① 제사장

② 기업이 없는 레위인

③ 성중에 거류하는 객

④ 고아와 과부들

30. 다음 중 옳지 않은 것은 무엇입니까?(신 15)

① 매 칠 년 끝에는 면제하라

② 가난한 형제가 있으면 반드시 네 손을 펴서 그에게 필요한 대로 쓸 것을 꾸어주되, 면제년 한 해 전에는 안 된다

③ 6년 동안 종으로 섬겼던 동족은 일곱째 해에는 놓아 자유롭게 하라

④ 종이 주인을 떠나지 않겠다고 하면 송곳을 가져다가 그의 귀를 문에 대고 뚫으라

31. 다음 ( ) 안에 들어갈 말은 무엇입니까?

"너희 타작 마당과 포도주 틀의 소출을 거두어 들인 후에 이레 동안 ( )을 지킬 것이요"(신 16)

32. 재판장의 판결에 불복하는 사람은 어떻게 해야 합니까?(신 17)

33. 왕의 자격과 준수 사항으로 옳지 않은 것은 무엇입니까?(신 17)

① 타국인도 왕이 될 수 있다

② 병마를 많이 두지 말아야 한다

③ 아내를 많이 두어 마음이 미혹되게 하지 말아야 한다

④ 자기를 위하여 은금을 많이 쌓지 말아야 한다

34. 다음 레위 사람에 관한 설명 중, ( ) 안에 공통으로 들어갈 말은 무엇입니까?

"그들이 그들의 형제 중에서 ( )을 가지지 않을 것은 여호와께서 그들의 ( )이 되심이니 그들에게 말씀하심 같으니라"(신 18)

35. 다음 ( ) 안에 들어갈 말은 무엇입니까?

"만일 선지자가 있어 여호와의 이름으로 말한 일에 ( )도 없고 ( )도 없으면 이는 여호와께서 말씀하신 것이 아니요 그 선지자가 제 마음대로 한 말이니 너는 그를 두려워하지 말지니라"(신 18)

36. 다음 ( ) 안에 들어갈 말은 무엇입니까?

"네 하나님 여호와께서 네게 주어 차지하게 하시는 땅 곧 네 소유가 된 기업의 땅에서 조상이 정한 네 이웃의 ( )를 옮기지 말지니라"(신 19)

37. 다음 ( ) 안에 들어갈 말은 무엇입니까?

"사람의 모든 악에 관하여 또한 모든 죄에 관하여는 한 증인으로만 정할 것이 아니요 ( ) 증인의 입으로나 또는 ( ) 증인의 입으로 그 사건을 확정할 것이며"(신 19)

38. 적군과 싸우려 할 때에 집으로 돌아가야 할 자가 아닌 사람은 누구입니까?(신 20)

① 새 집을 건축하고 낙성식을 행하지 못한 자

② 포도원을 만들고 그 과실을 먹지 못한 자

③ 여자와 약혼하고 그와 결혼하지 못한 자

④ 전쟁 경험이 없는 자

39. 하나님은 이스라엘 백성에게 어떤 성읍을 치려고 할 때 먼저 그 성읍에 대해 어떤 행동을 취하라고 하셨습니까?(신 20)

① 화평을 선언함 ② 선전포고를 함

③ 정탐꾼을 보냄 ④ 유아나 여자를 도피케 함

40. 다음은 여러 가지 규정에 관한 내용입니다. 옳지 못한 것은 무엇입니까?(신 21)

① 무죄한 자의 피 흘린 죄를 이스라엘 중에서 제해야 한다

② 미움 받는 여자의 아들이 장자이면 그에게 기업의 두 몫을 주어야 한다

③ 패역한 아들이 있으면 성문에 이르러 성읍 장로들에게 나아가 말하고 성읍의 모든 사람이 그를 돌로 쳐 죽여야 한다
④ 죽을 죄를 범한 사람은 죽여서, 본보기가 되도록 사흘간 나무 위에 달아놓는다

41. 다음 ( ) 안에 들어갈 말은 무엇입니까?

"여자는 남자의 ( )을 입지 말 것이요 남자는 여자의 ( )을 입지 말 것이라 이같이 하는 자는 네 하나님 여호와께 ( ) 자이니라"(신 22)

42. 다음 ( ) 안에 들어갈 말은 무엇입니까?

"만일 남자가 약혼하지 아니한 처녀를 만나 그를 붙들고 동침하는 중에 그 두 사람이 발견되면 그 동침한 남자는 그 처녀의 아버지에게 ( )을 주고 그 처녀를 아내로 삼을 것이라 그가 그 처녀를 욕보였은즉 평생에 그를 버리지 못하리라"(신 22)

① 은 30세겔 ② 은 40세겔 ③ 은 45세겔 ④ 은 50세겔

43. 다음 중 총회에 들어올 수 있는 사람은 누구입니까?(신 23)

① 고환이 상한 자 ② 사생자
③ 암몬 사람의 삼 대 후 자손 ④ 에돔 사람의 삼 대 후 자손

44. 다음 중 옳지 못한 것은 무엇입니까?(신 23)

① 이스라엘 여자 중 창기가 있으면 안 된다
② 창기가 번 돈은 서원하는 일로는 사용해도 된다
③ 형제에게 꾸어주면 이자를 받지 말아야 한다
④ 타국인에게 꾸어주면 이자를 받아도 된다

45. 다음 ( ) 안에 공통으로 들어갈 하나의 단어는 무엇입니까?

"네가 형제에게 꾸어주거든 ( )를 받지 말지니 곧 돈의 ( ), 식물의 ( ), ( )를 낼 만한 모든 것의 ( )를 받지 말 것이라"(신 23)

46. 다음 ( ) 안에 들어갈 말은 무엇입니까?

"네가 밭에서 곡식을 벨 때에 그 한 뭇을 밭에 잊어버렸거든 다시 가서 가져오지 말고 ( )와 ( )와 ( )를 위하여 남겨두라 그리하면 네 하나님 여호와께서 네 손으로 하는 모든 일에 복을 내리시리라"(신 24)

47. 다음 (　) 안에 들어갈 말은 무엇입니까?

"그의 부모를 경홀히 여기는 자는 (　　　)를 받을 것이라 할 것이요 모든 백성은 아멘 할지니라"(신 27)

48. 다음은 하나님의 말씀에 순종할 때 받는 복입니다. 다음 (　) 안에 들어갈 말은 무엇입니까?

"(　　　)에서도 복을 받고 (　　　)에서도 복을 받을 것이며 네 몸의 (　　　)와 네 토지의 (　　　)과 네 짐승의 새끼와 소와 양의 새끼가 복을 받을 것이며 네 광주리와 떡 반죽 그릇이 복을 받을 것이며 네가 들어와도 복을 받고 나가도 복을 받을 것이니라"(신 28)

49. 다음은 하나님의 말씀에 불순종할 때 받는 저주입니다. 다음 (　) 안에 들어갈 말은 무엇입니까?

"네 머리 위의 하늘은 (　　　)이 되고 네 아래의 땅은 (　　　)이 될 것이며 여호와께서 비 대신에 (　　　)과 (　　　)를 네 땅에 내리시리니 그것들이 하늘에서 네 위에 내려 마침내 너를 멸하리라"(신 28)

50. 다음 (　) 안에 들어갈 말은 무엇입니까?

"오직 그 말씀이 네게 매우 가까워서 네 (　　　)에 있으며 네 (　　　)에 있은즉 네가 이를 행할 수 있느니라"(신 30)

51. 다음 (　) 안에 들어갈 말은 무엇입니까?

"보라 내가 오늘 (　　　)과 복과 (　　　)과 화를 네 앞에 두었나니 곧 내가 오늘 네게 명령하여 네 하나님 여호와를 (　　　)하고 그 모든 길로 행하며 그의 명령과 (　　　)와 법도를 지키라 하는 것이라 그리하면 네가 생존하며 (　　　)할 것이요 또 네 하나님 여호와께서 네가 가서 차지할 땅에서 네게 (　　　)을 주실 것임이니라"(신 30)

52. 다음 (　) 안에 들어갈 말은 무엇입니까?

"내가 오늘 하늘과 땅을 불러 너희에게 (　　　)를 삼노라 내가 생명과 (　　　)과 복과 (　　　)를 네 앞에 두었은즉 너와 네 자손이 살기 위하여 (　　　)을 택하고 네 하나님 여호와를 사랑하고 그의 말씀을 (　　　)하며 또 그를 의지하라 그는 네 생명이시요 네 (　　　)이시니 여호와께서 네 조상 아브라함과 이삭과 야곱에게 주리라고 맹세하신 땅에 네가 거주하리라"(신 30)

53. 여호와의 면제년은 언제입니까?(신 31)

① 매 3년 끝 해 ② 매 4년 끝 해
③ 매 7년 끝 해 ④ 매 12년 끝 해

신

54. 모세는 율법을 기록한 후에 어디에 두라고 하였습니까?(신 31)

① 언약궤 곁에 ② 분향단 옆에
③ 속죄소 위에 ④ 지성소 옆에

55. 다음 ( ) 안에 들어갈 말은 무엇입니까?

"내 교훈은 ( )처럼 내리고 내 말은 ( )처럼 맺히나니 연한 풀 위의 가는 ( ) 같고 채소 위의 ( ) 같도다"(신 32)

56. 다음 중 모세에게 가나안 입성이 허락되지 않은 이유와 연관이 있는 사건은 무엇입니까?(신 32)

① 고라의 반역 ② 다베라에서의 사건
③ 기브롯 핫다아와에서의 사건 ④ 므리바 물 사건

57. 모세가 죽기 전에 마지막으로 한 일은 무엇입니까?(신 33)

① 이스라엘 자손에게 율법을 낭독함 ② 이스라엘 자손을 위하여 기도함
③ 이스라엘 자손을 위하여 축복함 ④ 이스라엘 자손을 위하여 제사 드림

58. 다음은 누구에 대한 축복의 말씀입니까?

"주의 법도를 야곱에게, 주의 율법을 이스라엘에게 가르치며 주 앞에 분향하고 온전한 번제를 주의 제단 위에 드리리로다"(신 33)

① 유다 ② 레위 ③ 베냐민 ④ 요셉

59. 다음 ( ) 안에 공통으로 들어갈 말은 무엇입니까?

"( )에 대한 축복은 이러하니라 일렀으되 여호와여 ( )의 음성을 들으시고 그의 백성에게로 인도하시오며 그의 손으로 자기를 위하여 싸우게 하시고 주께서 도우사 그가 그 대적을 치게 하시기를 원하나이다"(신 33)

① 유다 ② 레위 ③ 베냐민 ④ 요셉

60. 다음은 누구에 대한 축복의 말씀입니까?

"여호와의 사랑을 입은 자는 그 곁에 안전히 살리로다 여호와께서 그를 날이 마치도록 보호하시고 그를 자기 어깨 사이에 있게 하시리로다"(신 33)

① 유다 ② 레위 ③ 베냐민 ④ 요셉

61. 모세는 몇 세에 죽었습니까?(신 34)

① 100세 ② 110세 ③ 120세 ④ 130세

62. 모세의 죽음에 관한 설명으로 옳지 않은 것은 무엇입니까?(신 34)

① 죽을 때의 나이는 120세였다

② 모압 땅에 있는 골짜기에 장사 되었는데 오늘까지 그의 묻힌 곳을 아는 자가 없다

③ 그가 죽을 때 눈이 흐리지 않았고 기력이 쇠하지 않았다

④ 아론과 함께 죽었다

여호수아

1. '여호수아'는 누구의 아들입니까?(수 1)

2. 가나안 정복 이전에 미리 요단 동편의 땅을 기업으로 받았던 지파들로 바르게 짝지어진 것은 무엇입니까?(수 1)

① 르우벤, 갓, 아셀 ② 르우벤, 므낫세, 아셀
③ 르우벤, 갓, 므낫세(반지파) ④ 르우벤, 납달리, 단

3. 여호수아가 가나안 땅으로 두 정탐꾼을 보낸 곳은 어디입니까?(수 2)

① 실로 ② 길갓 ③ 싯딤 ④ 세겜

4. 이스라엘의 정탐꾼들을 숨겨준 여리고 성의 기생은 누구입니까?(수 2)

5. 라합은 하나님을 어떤 분으로 고백하고 있습니까?(수 2)

① 복을 주시는 하나님 ② 은혜가 풍성하신 하나님
③ 하늘에서도 땅에서도 하나님 ④ 사랑이 많으신 하나님

6. 여리고 정탐꾼들과 라합이 서로 약속한 암호는 무엇이었습니까?(수 2)

① 창에 자색 줄을 맨다　② 창에 붉은 줄을 맨다
③ 문에 자색 줄을 맨다　④ 문에 붉은 줄을 맨다

7. 여리고를 정탐하러 왔다가 기생 라합의 집에 숨었던 이스라엘 정탐꾼은 몇 명입니까?(수 2)

① 두 명　② 세 명　③ 네 명　④ 다섯 명

8. 이스라엘 백성은 여리고 점령에 앞서 요단강을 어떻게 건너갔습니까?(수 3)

① 언약궤가 들어서니 물이 좌우로 갈라졌다
② 언약궤가 들어서니 물이 위에서 끊어졌다
③ 언약궤가 들어서니 물이 말랐다
④ 모세가 지팡이를 내미니 물이 갈라졌다

9. 이스라엘 백성들이 요단강을 건널 때, 강의 상황은 어떠했습니까?(수 3)

① 곡식 거두는 시기였기에 물이 언덕에 넘쳤다
② 곡식 거두는 시기였기에 물이 거의 말라 있었다
③ 그 해에는 3년 반 동안 비가 오지 않아서 수위가 낮았다
④ 갈대가 많은 지형이었기에 백성의 진로에 어려움이 있었다

10. 이스라엘 백성이 요단강을 건널 때 가장 마지막으로 요단강에서 올라온 사람은 누구였습니까?(수 4)

① 여호수아와 갈렙　② 요단 동편 세 지파의 용사들
③ 백성의 유사와 지도자들　④ 언약궤를 멘 제사장들

11. 요단강을 건넌 후 여호수아와 이스라엘 백성들이 열두 돌을 세워 놓은 곳은 어디입니까?(수 4)

① 에벤에셀 평지　② 길갈　③ 엣 바알　④ 마하나임

12. 하나님이 이스라엘 백성에게 마른 요단강을 건너는 기적을 행하신 목적은 무엇입니까?(수 4)

수

13. 여호와께서 이스라엘 백성이 할례 받은 곳을 '길갈'이라 하신 이유는 무엇입니까?(수 5)

14. 다음 ( ) 안에 들어갈 말은 무엇입니까?

"여호와의 군대 대장이 여호수아에게 이르되 네 발에서 신을 벗으라 네가 선 곳은 ( ) 하니라 하니 여호수아가 그대로 행하니라"(수 5)

15. 여호수아와 이스라엘 백성에게 만나가 그친 것은 언제부터였습니까?(수 5)

① 아론의 아들들이 제단에 잘못된 불을 바치고 죽은 후부터
② 백성이 애굽의 고기 가마를 그리워하며 만나에 대해 불평한 후부터
③ 백성이 가나안 땅의 소산물을 먹은 다음 날부터
④ 백성이 요단을 건너 약속의 땅을 밟게 된 후부터

16. 여호수아와 이스라엘 백성은 어떤 방식으로 여리고 성을 돌았습니까?(수 6)

① 하루에 한 바퀴씩 칠일 동안
② 하루에 한 바퀴씩 육일 동안, 그리고 마지막 날에는 일곱 바퀴
③ 하루에 일곱 바퀴씩 칠일 동안
④ 하루에 일곱 바퀴씩 육일 동안, 그리고 마지막 날에는 한 바퀴

17. 여리고 성을 도는 제사장들의 모습과 관련이 있는 내용은 무엇입니까?(수 6)

① 제사장 일곱은 각각 양각 나팔을 들고 앞서 행하였다
② 제사장 일곱은 각각 손에 병기를 들고 앞서 행하였다
③ 제사장 일곱은 각각 지팡이를 들고 앞서 행하였다
④ 제사장 일곱은 각각 성을 둘러싸고 저주하였다

18. 여리고 성을 도는 이스라엘 백성들의 모습과 관련이 있는 내용은 무엇입니까?(수 6)

① 백성은 찬양하며 성을 돌고, 진중에서도 찬양하였다
② 백성은 찬양하며 성을 돌고, 진중에서는 침묵하였다
③ 백성은 기도하며 성을 돌고, 진중에서도 기도하였다
④ 백성은 성을 돌 때나, 진중에서나 침묵하였다

19. 여리고 성의 함락 시 살아남은 사람들은 누구입니까?(수 6)

20. 여호수아가 여리고 성을 재건하는 자에 대해 선포한 저주의 내용은 무엇입니까?(수 6)

① 그 기초를 쌓을 때에 죽으리라
② 그 기초를 쌓을 때에 장자를 잃으리라
③ 그 기초를 쌓을 때에 장자를 잃을 것이요 문을 세울 때에 막내 아들을 잃으리라
④ 그 기초를 쌓을 때에 장자를 잃을 것이요 문을 세울 때에 둘째 아들을 잃으리라

21. 아이 성 공격을 위해 이스라엘 백성이 취한 첫 번째 방법은 무엇이었습니까?(수 7)

① 여리고 성과 같은 방법으로 성을 돌았다
② 온 백성이 올라가 공격하였다
③ 백성 중에서 뽑은 자 일천 명쯤을 보냈다
④ 백성 중에서 뽑은 자 삼천 명쯤을 보냈다

22. 여리고 성 전투 후 바친 물건을 도둑질한 아간은 누구입니까?(수 7)

① 유다 지파 세라의 증손 삽디의 손자 갈미의 아들
② 유다 지파 삽디의 증손 세라의 손자 갈미의 아들
③ 유다 지파 갈미의 증손 삽디의 손자 세라의 아들
④ 부정적인 보고를 한 열 명의 정탐꾼들 중 하나의 자손

23. 아이 성과의 첫 번째 전투에서 실패한 것은 누구의 죄 때문입니까?(수 7)

24. 아간은 바친 물건을 훔친 죄로 어떤 벌을 받았습니까?(수 7)

① 아간을 죽이고, 재물을 멸했으며, 자녀들도 죽였다
② 아간을 죽이고, 재물은 일곱 배씩 갚았으며, 자녀들도 죽였다
③ 아간을 죽이고, 재물들은 멸했으나 자녀들은 살려 주었다
④ 아간을 죽이고, 재물들은 일곱 배씩 갚았으며, 자녀들을 살려주었다

25. 아이 성 함락 후 하나님과 이스라엘 사이의 언약 갱신에 관한 설명으로 옳지 못한 것은 무엇입니까?(수 8)

① 율법 책에 기록된 대로 철 연장으로 다듬은 새 돌로 단을 세웠다
② 여호수아는 모세가 기록한 율법을 이스라엘 자손의 목전에서 돌에 기록했다
③ 백성의 절반은 그리심 산 옆에, 절반은 에발 산 옆에 섰다
④ 본토인뿐 아니라 이방인들도 함께 언약에 참가하였다

수

26. 기브온 사람들이 여호수아를 만나러 올 때 갖추고 있지 않았던 것은 무엇입니까?(수 9)

① 낡아서 기운 신
② 낡은 옷
③ 마르고 곰팡이 난 떡
④ 병들고 지친 나귀

27. 이스라엘을 속인 기브온 사람들은 어떤 저주를 받게 되었습니까?(수 9)

① 하나님의 백성을 속인 그들을 진멸한다
② 그들과 화친을 맺고 가나안 정복 전쟁을 함께 수행한다
③ 그들과 화친을 맺되, 10분의 1을 죽인다
④ 그들을 살려두되, 하나님의 집을 위해 나무 패고 물 긷는 자가 된다

28. 다음 (　) 안에 들어갈 말은 무엇입니까?

"여호수아가 여호와께 아뢰어 이스라엘의 목전에서 이르되 태양아 너는 (　　) 위에 머무르라 (　　)아 너도 (　　) 골짜기에서 그리할지어다"(수 10)

29. 다음 (　) 안에 들어갈 말은 무엇입니까?

"여호수아가 그들에게 이르되 (　　) 말며 놀라지 말고 (　　) 담대하라 너희가 맞서서 싸우는 모든 대적에게 (　　)께서 다 이와 같이 하시리라"(수 10)

30. 다음 (　) 안에 공통으로 들어갈 말은 무엇입니까?

"(　　)의 하나님 여호와께서 (　　)을 위하여 싸우셨으므로 여호수아가 이 모든 왕들과 그들의 땅을 단번에 빼앗으니라"(수 10)

31. 다음 ( ) 안에 들어갈 말은 무엇입니까?

"여호수아가 그 모든 왕들과 싸운 지가 오랫동안이라 기브온 주민 ( ) 족속 외에는 이스라엘 자손과 화친한 성읍이 하나도 없고 이스라엘 자손이 싸워서 다 점령하였으니"(수 11)

① 하솔 ② 마돈 ③ 시므론 ④ 히위

32. 다음 ( ) 안에 들어갈 말은 무엇입니까?

"이스라엘 자손의 땅에는 아낙 사람들이 하나도 남지 아니하였고 가사와 ( )와 아스돗에만 남았더라"(수 11)

33. 가나안 북부의 왕으로서 다른 왕들을 선동하여 여호수아와 이스라엘 백성을 대적하러 온 사람은 누구입니까?(수 11)

34. 여호수아의 죽음 전까지 이스라엘이 정복한 왕의 수는 모두 몇 명입니까?(수 12)

① 30명 ② 31명 ③ 32명 ④ 33명

35. 다음 ( ) 안에 들어갈 말은 무엇입니까?

"( )은 이스라엘 자손이 쫓아내지 아니하였으므로 ( )이 오늘까지 이스라엘 가운데에서 거주하니라"(수 13)

① 아모리 민족 ② 르바 족속 ③ 그술 족속과 마아갓 족속 ④ 답부아 사람

36. 모압의 사주를 받아 이스라엘을 저주하려고 했던 브올의 아들 점술가 발람의 최후의 모습은 어떠했습니까?(수 13)

① 가나안 정복 전쟁 중 이스라엘 백성에게 잡혀 죽임을 당했다
② 이스라엘을 제대로 저주하지 못했으므로 모압 왕에게 죽임을 당했다
③ 이스라엘의 미래를 옳게 예견했으므로 인정받는 점술가로 여생을 보냈다
④ 이스라엘을 축복하였으므로 하나님의 축복을 받아 여생을 보냈다

37. 다음은 갈렙의 말입니다. 다음 ( ) 안에 들어갈 말은 무엇입니까?

"내 나이 사십 세에 여호와의 종 모세가 ( )에서 나를 보내어 이 땅을 정탐하게 하였으므로 내가 성실한 마음으로 그에게 보고하였고"(수 14)

38. 갈렙이 자기의 기업으로 분배받은 헤브론의 옛 이름은 무엇입니까?(수 14)

① 아스몬 ② 기럇 아르바 ③ 에브론 ④ 가데스 바네아

39. 다음 중 갈렙에 대한 설명으로 옳지 않은 것은 무엇입니까?(수 15)

① 그나스 사람으로 여분네의 아들이다
② 유다 지파 사람으로 여호수아와 함께 가나안을 정탐했다
③ 여호수아와 더불어 죽지 않고 가나안에 들어가는 복을 받았다
④ 가나안 정복 전쟁을 위하여 일생을 독신으로 보냈다

40. 다음 ( ) 안에 공통으로 들어갈 말은 무엇입니까?

"예루살렘 주민 ( )을 유다 자손이 쫓아내지 못하였으므로 ( )이 오늘까지 유다 자손과 함께 예루살렘에 거주하니라"(수 15)

① 히위 족속 ② 아모리 족속 ③ 블레셋 족속 ④ 여부스 족속

41. 이스라엘의 지파 중 두 몫을 받은 지파는 어느 지파입니까?(수 16)

① 르우벤 지파 ② 유다 지파
③ 요셉 지파 ④ 레위 지파

42. 이스라엘 자손 중에서 가나안 족속을 쫓아내지 않고 종으로 삼은 지파는 어느 지파입니까?(수 16)

① 에브라임 지파 ② 시므온 지파 ③ 레위 지파 ④ 유다 지파

43. 가나안 땅에서 길르앗과 바산을 차지한 지파는 어느 지파입니까?(수 17)

① 시므온 지파 ② 르우벤 지파 ③ 므낫세 지파 ④ 에브라임 지파

44. 슬로브핫의 딸들에게 기업을 분배해 준 제사장은 누구입니까?(수 17)

① 아론 ② 멜기세덱 ③ 엘르아살 ④ 엘리

45. 다음 ( ) 안에 들어갈 말은 무엇입니까?

"이스라엘 자손의 온 회중이 ( )에 모여서 거기에 회막을 세웠으며 그 땅은 그들 앞에서 돌아와 정복되었더라"(수 18)

46. 다음 (   ) 안에 들어갈 말은 무엇입니까?

"(   ) 사람은 너희 중에 분깃이 없나니 여호와의 제사장 직분이 그들의 기업이 됨이며"(수 18)

① 에브라임 ② 유다 ③ 르우벤 ④ 레위

47. 12지파 중에서 가장 나중에 기업을 분배받은 지파는 어느 지파입니까?(수 19)

48. 여호수아가 기업으로 받은 성읍은 어디입니까?(수 19)

① 에브라임 산지 딤낫 세라 ② 바산 골란 ③ 벳산 ④ 가데스 바네아

49. 도피성은 어떤 사람들을 위한 피난처가 되었습니까?(수 20)

① 죽일 마음을 품고 사람을 죽인 자
② 죽일 마음이 있었으나 맨손으로 사람을 죽인 자
③ 죽일 마음은 없었으나 실수로 사람을 죽인 자
④ 빚 갚을 길이 없는 채무자

50. 도피성에 피한 사람은 언제까지 도피성에 머물 수 있었습니까?(수 20)

① 채무자가 죽거나 안식년이 오기까지
② 자신에게 보수하려는 자가 모두 죽을 때까지
③ 자신에게 보수하려는 자가 용서를 선포할 때까지
④ 당대의 대제사장이 죽을 때까지

51. 이스라엘 백성은 모두 몇 개의 도피성을 마련했습니까?(수 20)

① 요단 동편에 둘, 요단 서편에 둘
② 요단 동편에 셋, 요단 서편에 셋
③ 헤브론 남방에 둘, 헤브론 북방에 둘
④ 헤브론 남방에 셋, 헤브론 북방에 셋

52. 다음 중 도피성에 해당하지 않는 것은 무엇입니까?(수 20)

① 갈릴리 게데스 ② 기럇 아르바 곧 헤브론
③ 평지 광야의 베셀 ④ 에브라임 산지 딤낫 세라

수

53. 다음 (   ) 안에 들어갈 말은 무엇입니까?

"레위 사람들이 이스라엘 자손의 기업 중에서 받은 성읍은 모두 (   ) 성읍이요 또 그 목초지들이라"(수 21)

54. 다음 (   ) 안에 들어갈 말은 무엇입니까?

"르우벤 자손과 갓 자손이 그 제단을 (   )이라 불렀으니 우리 사이에 이 제단은 여호와께서 하나님이 되시는 증거라 함이었더라"(수 22)

① 엘 엘로이 이스라엘 ② 엣 ③ 에벤에셀 ④ 길갈

55. 다음 (   ) 안에 들어갈 말은 무엇입니까?

"내가 (   )을/를 너희 앞에 보내어 그 아모리 족속의 두 왕을 너희 앞에서 쫓아내게 하였나니 너희의 칼이나 너희의 활로써 이같이 한 것이 아니며"(수 24)

① 사자 ② 천사 ③ 왕벌 ④ 지진

56. 세겜에서 모든 이스라엘 백성이 모여 하나님 앞에 언약한 것을 지파 동맹이라고 합니다. 다음 (   ) 안을 채워 지파 동맹시의 언약 내용을 완성해 보십시오.

"너희가 (   ) 자를 오늘 택하라 오직 나와 내 집은 (   )를 섬기겠노라 하니 백성이 대답하여 이르되 우리가 결단코 여호와를 버리고 다른 (   )들을 섬기기를 하지 아니하오리니 … 그는 우리 (   )이심이니이다"(수 24)

57. 여호수아가 말년에 이스라엘 백성과 더불어 언약을 맺고 율례와 법도를 제정한 곳은 어디입니까?(수 24)

58. 여호수아는 몇 세에 죽었습니까?(수 24)

① 95세 ② 100세 ③ 105세 ④ 110세

59. 여호수아가 죽어서 장사된 곳은 어디입니까?(수 24)

① 딤낫 세라 ② 막벨라 ③ 헤브론 ④ 세겜

60. 요셉의 뼈는 어디에 묻혔습니까?(수 24)

① 라암세스 ② 실로 ③ 헤브론 ④ 세겜

사사기

1. 다음 ( ) 안에 들어갈 말은 무엇입니까?

"여호수아가 죽은 후에 이스라엘 자손이 여호와께 여쭈어 이르되 우리 가운데 누가 먼저 올라가서 가나안 족속과 싸우리이까 여호와께서 이르시되 유다가 올라갈지니라 보라 내가 이 땅을 그의 손에 넘겨 주었노라 하시니라 유다가 그의 형제 ( )에게 이르되 내가 제비 뽑아 얻은 땅에 나와 함께 올라가서 가나안 족속과 싸우자"(삿 1)

① 시므온 ② 에브라임 ③ 베냐민 ④ 납달리

2. 여호수아가 죽은 후에 어느 지파가 가장 먼저 가나안 족속과 싸웠습니까?(삿 1)

① 유다와 에브라임 지파 ② 유다와 시므온 지파
③ 유다와 스불론 지파 ④ 유다와 단 지파

3. 이스라엘군은 아도니 베섹을 붙잡아 어떻게 했습니까?(삿 1)

① 엄지손가락과 엄지발가락을 자르고 예루살렘에 끌고 가 죽였다
② 수족의 엄지가락을 끊고 상 아래에서 먹을 것을 줍게 하였다
③ 굴에서 끌어내어 나무에 달아죽였다
④ 창에 붉은 줄을 매어 두었으므로 살려주었다

4. 갈렙의 딸 이름은 무엇입니까?(삿 1)

5. 갈렙이 출가하는 딸에게 선물로 준 것은 무엇입니까?(삿 1)

① 각각 일백 마리의 우양과 염소

② 이백 세겔 중 은덩이 하나와 오십 세겔 중 금덩이 하나

③ 헤브론 성에서부터 요단 동편까지의 땅

④ 남방 땅의 윗샘과 아랫샘

6. 다음 ( ) 안에 들어갈 말은 무엇입니까?

"유다가 그의 형제 시므온과 함께 가서 스밧에 거주하는 가나안 족속을 쳐서 그 곳을 진멸하였으므로 그 성읍의 이름을 ( )라 하니라"(삿 1)

7. 다음 ( ) 안에 들어갈 말은 무엇입니까?

"그 세대의 사람도 다 그 조상들에게로 돌아갔고 그 후에 일어난 다른 세대는 ( )를 알지 못하며 ( )께서 이스라엘을 위하여 행하신 ( )도 알지 못하였더라"(삿 2)

8. 다음 ( ) 안에 공통으로 들어갈 말은 무엇입니까?

"여호와께서 ( )을 세우사 노략자의 손에서 그들을 구원하게 하셨으나 그들이 그 ( )에게도 순종하지 아니하고 오히려 다른 신들을 따라가 음행하며 그들에게 절하고 여호와의 명령을 순종하던 그들의 조상들이 행하던 길에서 속히 치우쳐 떠나서 그와 같이 행하지 아니하였더라"(삿 2)

9. 다음 ( ) 안에 들어갈 말은 무엇입니까?

"여호와께서 메소보다미아 왕 구산 리사다임을 그의 손에 넘겨 주시매 ( )의 손이 구산 리사다임을 이기니라"(삿 3)

10. 사사 에훗이 죽인 사람은 누구입니까?(삿 3)

① 바산 왕 옥 ② 모압 왕 에글론

③ 하솔 왕 야빈 ④ 마돈 왕 요밥

11. 사사 에훗의 신체적인 특징은 무엇이었습니까?(삿 3)

① 왼손이 불구였다 ② 오른손이 불구였다

③ 왼손잡이였다 ④ 왼쪽 발을 절었다

12. 사사 에훗은 어느 지파에 속한 사람이었습니까?(삿 3)

① 유다　② 에브라임　③ 베냐민　④ 단

13. 사사 삼갈은 다음 중 무엇으로 블레셋 사람들을 죽였습니까?(삿 3)

① 물맷돌 다섯 개　② 부싯돌로 만든 검
③ 여호수아의 단창　④ 소 모는 막대기

14. 가나안 왕 야빈에 관한 설명으로 옳지 않은 것은 무엇입니까?(삿 4)

① 왕자 시스라를 거느리고 전장에 나갔다
② 시스라는 이방 하로셋에 거주하였다
③ 야빈의 도읍은 하솔에 있었다
④ 20년 동안 이스라엘 자손을 심히 학대하였다

15. 가나안 왕 야빈은 몇 대의 철 병거를 가지고 있었습니까?(삿 4)

① 1,600대　② 1,200대　③ 1,000대　④ 900대

16. 이스라엘 사사 가운데 유일한 여성 사사는 누구입니까?(삿 4)

17. 이스라엘의 사사 드보라에 관한 설명으로 옳지 않은 것은 무엇입니까?(삿 4)

① 레위 지파다
② 그의 남편의 이름은 랍비돗이다
③ 그녀는 에브라임 산지에서 거주하였다
④ 그녀는 이스라엘 군대와 함께 전쟁에 나아갔다

18. 드보라에게 승리를 예언받고 야빈의 군대와 싸우러 나간 장수는 누구입니까? (삿 4)

19. 드보라 시절에 가나안 왕 야빈과의 전투에 주도적으로 참가한 이스라엘 지파는 어느 지파입니까?(삿 4)

① 유다와 베냐민　② 스불론과 납달리　③ 단과 아셀　④ 에브라임과 므낫세

20. 야빈 왕의 군대장관 시스라를 죽인 용감한 여인의 이름은 무엇입니까?(삿 4)

① 야엘 ② 아비노암 ③ 아히노암 ④ 한나

21. 이스라엘의 드보라와 바락이 가나안 왕 야빈의 군대와 싸울 때, 날씨와 일기는 어떠했습니까?(삿 5)

① 화창하게 개인 날이었다 ② 하늘에서 큰 우박이 내렸다
③ 구름이 끼고 비가 내렸다 ④ 안개가 짙게 끼었다

삿

22. 다음 ( ) 안에 들어갈 말은 무엇입니까?

"이스라엘 자손이 또 여호와의 목전에 악을 행하였으므로 여호와께서 ( ) 동안 그들을 미디안의 손에 넘겨 주시니"(삿 6)

23. 이스라엘 자손이 미디안의 압제를 피하기 위해 취한 행동은 무엇이었습니까?(삿 6)

① 산에서 웅덩이와 굴과 산성을 만들었다
② 요단강 동편에서 철수하여 강을 자연 방어막으로 삼았다
③ 해변 지방으로 몰려날 수 밖에 없었다
④ 애굽의 고센 지역으로 이주하였다

24. 여호와의 사자가 기드온에게 나타났을 때 그는 무엇을 하고 있었습니까?(삿 6)

① 밀을 타작하고 있었다
② 성루에 올라 금식하며 기도하고 있었다
③ 사사로 뽑힐 것이 두려워 수레 아래에 몸을 숨기고 있었다
④ 성전에 앉아 율법학자들과 서기관들과 이야기를 나누고 있었다

25. 기드온은 어느 지파 무슨 가문에 속한 사람입니까?(삿 6)

26. 여호와의 사자가 기드온을 부르면서 사용한 칭호는 무엇입니까?(삿 6)

27. 기드온이 여호와의 사자를 대면한 후에 제단을 쌓고 붙인 이름은 무엇입니까?(삿 6)

28. 기드온이 바알의 제단을 훼파(파괴)한 후 얻은 별명은 무엇이며, 그 뜻은 무엇입니까?(삿 6)

29. 기드온이 목격한 첫 번째 표징은 무엇이었습니까?(삿 6)

① 이슬이 양털에만 있고 사면이 마른 현상

② 이슬이 양털에는 없고 사면이 젖은 현상

③ 하나님의 사자에게 바친 음식물이 불에 살라졌고 천사는 사라진 일

④ 바알 우상이 무너져 파괴된 일

30. 다음 ( ) 안에 들어갈 말은 무엇입니까?

"여룹바알이라 하는 기드온과 그를 따르는 모든 백성이 일찍이 일어나 ( )에 진을 쳤고 미디안의 진영은 그들의 북쪽이요 모레 산 앞 골짜기에 있었더라"(삿 7)

31. 다음 ( ) 안에 들어갈 말은 무엇입니까?

"여호와께서 기드온에게 이르시되 너를 따르는 백성이 너무 많은즉 내가 그들의 손에 미디안 사람을 넘겨 주지 아니하리니 이는 이스라엘이 나를 거슬러 스스로 자랑하기를 내 손이 나를 구원하였다 할까 함이니라 이제 너는 백성의 귀에 외쳐 이르기를 누구든지 ( )는 길르앗 산을 떠나 돌아가라 하라"(삿 7)

① 두려워 떠는 자

② 아내를 얻고 동침하지 못한 자

③ 집을 짓고 아직 그곳에서 살아보지 못한 자

④ 포도원을 짓고 아직 과실을 맛보지 못한 자

32. 미디안 군사의 꿈에 나타난 기드온의 보리떡 한 덩어리가 상징하는 것은 무엇입니까?(삿 7)

① 기드온의 칼 ② 기드온의 방패 ③ 기드온의 군대 ④ 기드온의 부하

33. 기드온의 일차 병력 감축 시 떠난 자와 남은 자는 각각 몇 명이었습니까?(삿 7)

① 떠난 자 이만 이천 명, 남은 자 일만 명

② 떠난 자 이만 이천 명, 남은 자 이만 명

③ 떠난 자 일만 명, 남은 자 이만 이천 명

④ 떠난 자 이만 명, 남은 자 이만 이천 명

삿

34. 하나님께서 두 번째로 기드온에게 명령하신 병력 감축의 기준은 무엇이었습니까?(삿 7)

① 300명만 제외하고 모두 돌려보내라

② 700명만 제외하고 모두 돌려보내라

③ 기도하듯 무릎 꿇고 물을 마시는 자를 불러라

④ 개가 핥는 것 같이 혀로 물을 핥는 자를 불러라

35. 미디안과의 전투를 앞둔 기드온 용사들이 갖고 있지 않았던 것은 무엇입니까?(삿 7)

① 횃불　　② 지팡이　　③ 항아리　　④ 나팔

36. 에브라임 사람들이 죽인 미디안의 두 방백 이름은 무엇입니까?(삿 7)

① 홈니와 비느하스　　② 오렙과 스엡

③ 아도니세덱과 아도니베섹　　④ 세바와 살문나

37. 다음 (　　) 안에 들어갈 말은 무엇입니까?

"(　　) 사람들이 기드온에게 이르되 네가 미디안과 싸우러 갈 때에 우리를 부르지 아니하였으니 우리를 이같이 대접함은 어찌 됨이냐 하고 그와 크게 다투는지라"(삿 8)

① 아셀　　② 스불론　　③ 납달리　　④ 에브라임

38. "에브라임의 끝물 포도가 아비에셀의 맏물 포도보다 낫지 아니하냐"라는 말씀은 무슨 뜻입니까?(삿 8)

① 전투의 끝 무렵에 도착한 에브라임에 대한 원망

② 전투의 시작부터 참가한 아비에셀에 대한 칭찬

③ 그토록 풍성하게 식량을 지원해 준 에브라임에 대한 칭찬

④ 에브라임이 아비에셀보다 더 큰 공을 세웠다는 칭찬

39. 다음 ( ) 안에 들어갈 말은 무엇입니까?

"기드온이 그들의 뒤를 추격하여 미디안의 두 왕 ( )을/를 사로잡고 그 온 진영을 격파하니라"(삿 8)

① 홈니와 비느하스 ② 오렙과 스엡

③ 아도니세덱과 아도니베섹 ④ 세바와 살문나

40. 기드온이 숙곳 방백들을 적대시한 이유는 무엇입니까?(삿 8)

① 세바와 살문나를 숨겨주었다 ② 오렙과 스엡을 숨겨주었다

③ 식량(떡)의 공급을 거절하였다 ④ 군사의 제공을 거절하였다

41. 기드온이 숙곳 사람들을 징벌한 수단은 무엇입니까?(삿 8)

① 메뚜기와 황사 ② 들가시와 찔레 ③ 파리와 개구리 ④ 염병과 칼

42. 다음 중 기드온이 망대를 헐어버리고 적대시했던 사람들은 누구입니까?(삿 8)

① 숙곳과 브누엘 사람들 ② 브니엘 사람들

③ 미디안 사람들 ④ 아모리 족속들

43. 기드온이 미디안 전투의 전리품으로 백성들에게 요청했던 것은 무엇입니까?(삿 8)

① 목걸이 ② 반지 ③ 코걸이 ④ 금 귀고리

44. 다음 ( ) 안에 들어갈 말은 무엇입니까?

"기드온이 그 금으로 에봇 하나를 만들어 자기의 성읍 오브라에 두었더니 온 이스라엘이 그것을 ( )하게 위하므로 그것이 기드온과 그의 집에 ( )가 되니라"(삿 8)

45. 다음 중 기드온의 첩의 아들 아비멜렉은 어디에서 왕으로 등극하였습니까?(삿 9)

① 요아스의 집 ② 아비에셀 동네 ③ 세겜의 상수리나무 기둥 곁 ④ 예루살렘

46. 기드온의 첩의 아들 아비멜렉이 죽인 기드온의 아들들은 모두 몇 명입니까?(삿 9)

① 삼십 명 ② 사십 명 ③ 육십 명 ④ 육십구 명

47. 아비멜렉의 손을 피해 유일하게 살아남았던 기드온의 아들은 누구입니까?(삿 9)

48. 요담의 우화에서 아비멜렉은 다음 중 무엇으로 비유되었습니까?(삿 9)

① 감람나무 ② 가시나무 ③ 포도나무 ④ 백향목

삿

49. 기드온의 서자 아비멜렉의 최후에 대한 묘사로 적절한 것은 무엇입니까?(삿 9)

① 그는 쫓겨 들어간 장막에서 말뚝에 박혀 죽었다

② 그는 물맷돌에 양 미간 사이를 맞고 쓰러져 죽었다

③ 그는 화살을 맞고 쫓기다가 칼 위에 넘어지는 방법으로 자결했다

④ 그는 한 여인이 던진 맷돌에 맞아 중상을 입고, 병사에게 부탁하여 칼에 찔려 죽었다

50. 다음 중 사사와 그 출신 지파를 바르게 연결한 것은 무엇입니까?(삿 10)

① 삼손 - 베냐민 ② 돌라 - 잇사갈 ③ 옷니엘 - 단 ④ 드보라 - 시므온

51. 다음 ( ) 안에 들어갈 말은 무엇입니까?

"그 후에 길르앗 사람 ( )이/가 일어나서 이십이 년 동안 이스라엘의 사사가 되니라 그에게 아들 삼십 명이 있어 어린 나귀 삼십을 탔고 성읍 삼십을 가졌는데 그 성읍들은 길르앗 땅에 있고 오늘까지 하봇야일이라 부르더라"(삿 10)

① 입다 ② 돌라 ③ 야일 ④ 옷니엘

52. 길르앗 사람 입다에 관한 설명으로 옳은 것은 무엇입니까?(삿 11)

① 어머니가 기생이다

② 어머니가 기생 라합의 후손이다

③ 어머니가 이방 남자와의 사이에 둔 아들이다

④ 어머니가 서원하여 바친 나실인이다

53. 입다 아버지의 족속으로서, 입다를 그들의 장관으로 추대하는 데 앞장섰던 사람들은 누구입니까?(삿 11)

① 블레셋 사람들 ② 에돔 사람들 ③ 베냐민 사람들 ④ 길르앗 사람들

54. 입다는 주로 어느 민족과 싸웠습니까?(삿 11)

① 에돔 ② 블레셋 ③ 암몬 ④ 모압

55. 입다가 암몬과의 전쟁을 앞두고 하나님께 드린 서원기도의 내용은 무엇입니까?(삿 11)

① 전쟁에 승리하고 돌아오면 일천 번제를 드린다
② 전쟁에 승리하고 돌아오면 딸을 번제로 드린다
③ 전쟁에 승리하고 돌아오면 가장 먼저 영접하는 사람을 번제로 드린다
④ 전쟁에 승리하고 돌아오면 가장 먼저 눈에 띄는 제물을 번제로 드린다

56. 에브라임 사람들이 입다에게 행한 일 중 옳지 않은 것은 무엇입니까?(삿 12)

① 에브라임 사람들은 입다의 집에 불을 지르려 했다
② 에브라임 사람들은 전쟁 중 암몬 군대의 편을 들었다
③ 에브라임 사람들은 입다의 고향 길르앗 지방에 대하여 모욕을 했다
④ 에브라임 사람들은 입다의 도움 요청에 성실히 응답하지 않았다

57. 요단강 나루턱에서 길르앗 사람들에 의해 죽임을 당한 에브라임 사람들은 몇 명입니까?(삿 12)

① 3만 5천 명 ② 3만 8천 명 ③ 4만 명 ④ 4만 2천 명

58. 다음 중 삼손에 관한 설명으로 옳지 않은 것은 무엇입니까?(삿 13)

① 삼손은 단 지파 사람이다
② 삼손의 아버지는 마노아다
③ 삼손의 어머니는 아버지보다 하나님의 사자를 먼저 보았다
④ 삼손의 아버지는 하나님의 사자를 만난 적이 없다

59. 다음 중 탄생 고지를 받고 태어난 사사는 누구입니까?(삿 13)

① 돌라 ② 삼손 ③ 기드온 ④ 바락

60. 다음 중 나실인의 금지사항에 해당하지 않는 것은 무엇입니까?(삿 13)

① 삭도를 대는 것 ② 포도주를 마시는 것
③ 무교병을 먹는 것 ④ 시체를 만지는 것

61. 삼손이 첫 번째로 사랑했던 여인은 다음 중 어느 곳 출신입니까?(삿 14)

① 블레셋 ② 미디안 ③ 단 지파 ④ 베냐민

62. 삼손이 결혼식에서 낸 수수께끼의 정답은 무엇입니까?(삿 14)

① 사자와 꿀 ② 사자와 꽃
③ 뱀과 비둘기 ④ 성령과 비둘기

63. 다음 ( ) 안에 들어갈 말은 무엇입니까?

"삼손이 그들에게 이르되 이제 내가 너희에게 수수께끼를 내리니 잔치하는 이레 동안에 너희가 그것을 풀어 내게 말하면 내가 ( )을/를 너희에게 주리라"(삿 14)

① 우양 삼십 마리와 암염소 삼십 마리 ② 약대 삼십 마리와 낙타 삼십 마리
③ 베옷 삼십 벌과 겉옷 삼십 벌 ④ 금화 삼십 개와 은화 삼십 개

64. 다음 중 삼손이 블레셋 사람 천 명을 쳐 죽일 때 사용한 무기는 무엇입니까?(삿 15)

① 물맷돌 ② 단창 ③ 소 모는 막대기 ④ 나귀의 턱뼈

65. 다음 ( ) 안에 들어갈 말은 무엇입니까?

"하나님이 레히에서 한 우묵한 곳을 터뜨리시니 거기서 물이 솟아나오는지라 삼손이 그것을 마시고 정신이 회복되어 소생하니 그러므로 그 샘 이름을 ( )라/이라 불렀으며 그 샘이 오늘까지 레히에 있더라"(삿 15)

① 실로암 ② 엔학고레 ③ 브엘세바 ④ 디베라

66. 삼손을 꾀어 블레셋 사람에게 잡히게 만든 여자의 이름은 무엇입니까?(삿 16)

67. 들릴라가 삼손의 힘을 빼기 위해 시도했던 방법이 아닌 것은 무엇입니까?(삿 16)

① 삼손의 팔에 부적을 묶었다
② 삼손의 머리카락을 삭도로 밀었다
③ 삼손의 머리털 일곱 가닥을 베틀의 날실에 섞어 짰다
④ 쓰지 않은 새 밧줄들로 삼손을 결박했다

68. 다음 중 삼손의 최후 모습을 묘사한 것은 무엇입니까?(삿 16)

① 삼손은 맹수들과 싸우며 순교했다
② 삼손은 블레셋 신전을 무너뜨리며 함께 죽었다
③ 삼손은 블레셋과의 전투에서 전사했다
④ 삼손은 결국 약속의 땅을 밟지 못하고 죽었다

69. 삼손이 이스라엘 사사로 있었던 기간은 얼마입니까?(삿 16)

① 20년 ② 30년 ③ 40년 ④ 50년

70. 다음 중 에브라임 사람 미가와 그의 가족에 관한 내용으로 옳지 않은 것은 무엇입니까?(삿 17)

① 미가는 어머니의 은 천백을 도둑질했다가 되돌려주었다
② 어머니는 되찾은 은의 일부로 신상을 만들었다
③ 미가의 가족은 한 레위인을 그 집의 제사장으로 맞이했다
④ 레위인은 미가의 집에 있는 우상을 부수어 버렸다

71. 사사 시대에도 거주할 기업의 땅을 구하던 지파는 어느 지파입니까?(삿 18)

① 시므온 지파 ② 아셀 지파
③ 단 지파 ④ 잇사갈 지파

72. 다음 중 단 지파 사람들의 행적에 관한 설명으로 옳지 않은 것은 무엇입니까?(삿 18)

① 그들은 약속의 땅에 싫증을 내고 북쪽으로 올라갔다
② 그들은 미가의 집에서 레위인 제사장을 납치한다
③ 그들은 미가의 집에서 신상을 훔쳐간다
④ 그들은 미가의 집 사람들을 폭력으로 협박한다

73. 베냐민에 속한 기브아의 700용사는 무엇으로 유명했습니까?(삿 20)

① 막대기를 잘 쓰는 것으로 ② 물맷돌을 잘 던지는 것으로
③ 칼을 잘 쓰는 것으로 ④ 활을 잘 쏘는 것으로

74. 베냐민과의 전투에 앞서 있었던 미스바 총회에 참여하지 않았던 사람들은 누구입니까?(삿 21)

① 스불론 사람들 ② 납달리 사람들

③ 시므온 사람들 ④ 야베스 길르앗 사람들

75. 사사기 시대에 왕이 없으므로 사람들이 각기 어떻게 행동했습니까?(삿 21)

룻기

1. 룻기는 어느 시대에 있었던 이야기입니까?(룻 1)

① 족장 시대 ② 사사 시대

③ 통일 왕국 시대 ④ 바벨론 포로 시대

2. 나오미의 가족과 관계없는 이름은 무엇입니까?(룻 1)

① 말론 ② 기룐 ③ 오르바 ④ 아비후

3. 룻은 어느 민족 출신입니까?(룻 1)

① 유대인 ② 구스인 ③ 모압인 ④ 암몬인

4. 모압에서 돌아온 나오미는 고향 사람들이 자신을 무엇이라 불러주기를 원했습니까?(룻 1)

① 마라 ② 미라 ③ 마리아 ④ 나오미

5. 룻과 나오미가 모압 지방에서 돌아와 살게 된 곳은 어디입니까?(룻 1)

① 나사렛 ② 예루살림 ③ 베들레헴 ④ 예루살렘

6. 다음 낱말과 뜻이 바르게 연결된 것은 무엇입니까?(룻 1~4)

① 나오미 - 슬픔 ② 엘리멜렉 - 엘리야의 하나님

③ 마라 - 희락 ④ 유력한 자 - 부호

7. 시어머니에 대한 효성이 잘 드러나는 룻의 결심과 거리가 먼 것은 무엇입니까?(룻 1)

① 어머니가 가시는 곳에는 어디든지 가겠다

② 어머니의 하나님을 나의 하나님으로 삼겠다

③ 어머니가 죽으시는 곳에서 나도 죽어 거기 묻힐 것이다

④ 어머니가 돌아가실 때까지는 결코 재혼하지 않겠다

8. 룻은 누구의 밭에서 이삭을 주웠습니까?(룻 2)

9. 룻이 살던 당시에 보리(곡식) 수량을 나타내는 단위는 무엇이었습니까?(룻 2)

10. 보아스의 말로 보아 당시 베들레헴 성읍 사람들은 룻을 어떤 여자로 평가했습니까?(룻 3)

① 낯선 여자 ② 불행한 여자 ③ 이방 여자 ④ 현숙한 여자

11. 옛날 이스라엘에서 모든 것을 무르거나 교환하는 일을 확정하기 위해 그 증거로 행한 행위는 무엇이었습니까?(룻 4)

① 자기의 반지를 당사자에게 끼워 주었다

② 두 손을 들어 맹세했다

③ 자기의 신을 벗어 그 이웃에게 주었다

④ 증서를 써 주었다

12. 다음은 룻이 보아스와 결혼하여 아들을 낳았을 때 여인들이 나오미에게 한 말입니다. ( ) 안에 들어갈 말은 무엇입니까?

"여인들이 나오미에게 이르되 찬송할지로다 여호와께서 오늘 네게 ( )가 없게 하지 아니하셨도다 이 아이의 이름이 이스라엘 중에 ( )하게 되기를 원하노라"(룻 4)

13. 다말이 유다에게서 낳아 준 아들로, 다윗 가문의 조상이 된 사람은 누구입니까?(룻 4)

① 암미나답 ② 베레스 ③ 엘리멜렉 ④ 오벳

14. 보아스는 계보상 다윗과 어떤 관계입니까?(룻 4)

15. 다음 ( ) 안에 공통으로 들어가는 단어는 무엇입니까?

"보아스는 ( )을 낳았고 ( )은 이새를 낳고 이새는 다윗을 낳았더라"(룻 4)

사무엘상

1. '사무엘'이란 이름의 뜻은 무엇입니까?(삼상 1)
   ① 내가 여호와께 그를 구하였다 ② 나의 주, 나의 하나님
   ③ 나의 도우심은 여호와라 ④ 주여 나를 도우소서

2. 사무엘의 아버지는 누구입니까?(삼상 1)

3. 엘리의 두 아들 이름은 무엇입니까?(삼상 1)

4. 엘리가 거주하며 활동하던 중앙 성소는 어디에 있었습니까?(삼상 1)

5. 다음 ( ) 안에 들어갈 말은 무엇입니까?
   "한나가 기도하여 이르되 내 마음이 여호와로 말미암아 즐거워하며 내 ( )이 여호와로 말미암아 높아졌으며 내 ( )이 내 원수들을 향하여 크게 열렸으니 이는 내가 주의 ( )으로 말미암아 기뻐함이니이다"(삼상 2)

6. “너희는 어찌하여 내가 내 처소에서 명령한 내 제물과 예물을 밟으며 네 아들들을 나보다 더 중히 여겨 내 백성 이스라엘이 드리는 가장 좋은 것으로 너희들을 살지게 하느냐”는 누가 누구에게 한 책망입니까?(삼상 2)

7. 다음 중 엘리 집안이 하나님의 징계를 받아 망하게 된 원인에 해당하는 것을 모두 고르십시오.(삼상 2)

① 제사장이 된 두 아들을 잘못 길렀다

② 두 아들의 잘못을 알면서도 야단치지 않았다

③ 책망은 했지만 무섭게 징계하여 고치지 못했다

④ 엘리 자신이 나이가 들수록 비둔해져갔다

8. 에벤에셀에서의 패전 소식과 법궤를 빼앗겼다는 소식을 듣고 의자에서 뒤로 넘어진 엘리는 어디가 부러져 죽었으며, 그때의 나이는 몇 세였습니까?(삼상 4)

9. ‘이가봇’ 이란 이름의 뜻은 무엇입니까?(삼상 4)

10. 엘리의 두 아들 홉니와 비느하스가 죽임을 당한 격전지는 어디입니까?(삼상 4)

11. 블레셋은 이스라엘에게서 빼앗은 법궤를 처음에 아스돗의 어느 신전에 두었습니까?(삼상 5)

12. 기럇여아림 사람들은 벧세메스에서 옮겨온 법궤를 누구의 집에 안치하였습니까?(삼상 7)

13. 법궤를 지키도록 성별된 아비나답의 아들은 누구입니까?(삼상 7)

14. '에벤에셀'이란 말의 뜻은 무엇입니까?(삼상 7)

15. 블레셋에서 보낸 여호와의 언약궤는 20년 동안 어디에 있었습니까?(삼상 7)

① 벧세메스 ② 가드 ③ 기랏여아림 ④ 에그론

16. 사무엘이 미스바에서 여호와께 제단을 쌓고 물을 길어 붓고 금식하며 기도한 것에 대한 설명으로 옳지 않은 것은 무엇입니까?(삼상 7)

① 사무엘과 이스라엘 백성들은 물을 길어 부음으로 관제를 드린 것이다
② 이 의식은 물을 쏟아붓듯이 하나님께 마음을 쏟아붓는 의식이다
③ 제단을 쌓을 때 쓰인 돌에 묻은 더러운 진흙과 때를 씻어내기 위함이었다
④ 여호와의 제단에 물을 쏟아붓는 중에 백성들의 마음도 정결하게 준비되었다

17. 사무엘이 이스라엘을 다스리기 위해서 순회한 구역은 어디입니까?(삼상 7)

18. 이스라엘의 초대 왕이 된 사울은 어느 지파, 누구의 아들입니까?(삼상 9)

19. 이스라엘의 초대 왕 사울에 관한 설명으로 옳지 못한 것은 무엇입니까?(삼상 9)

① 키가 크고 성실한 사람이었다
② 처음에는 책임감도 있고, 겸손한 사람이었다
③ 하나님의 영에 감동된 적도 있는 사람이었다
④ 다윗을 질투하여 항상 미워하였다

20. 다음 (　) 안에 들어갈 말은 무엇입니까?

"사울이 대답하여 이르되 나는 이스라엘 지파의 가장 작은 지파 (　　)이 아니니이까 또 나의 가족은 베냐민 지파 모든 가족 중에 가장 (　　)하지 아니하니이까 당신이 어찌하여 내게 이같이 말씀하시나이까 하니"(삼상 9)

21. 사울은 누구와의 전쟁에서 승리하여 왕으로 인정받게 되었습니까?(삼상 11)

① 암몬 ② 블레셋 ③ 애굽 ④ 다메섹

22. 다음과 같이 말한 사람은 누구입니까?

"나는 너희를 위하여 기도하기를 쉬는 죄를 여호와 앞에 결단코 범하지 아니하고 선하고 의로운 길을 너희에게 가르칠 것인즉"(삼상 12)

23. 다음 ( ) 안에 들어갈 말은 무엇입니까?

"요나단이 자기의 무기를 든 소년에게 이르되 우리가 이 할례 받지 않은 자들에게로 건너가자 여호와께서 우리를 위하여 ( )하실까 하노라 여호와의 구원은 사람이 ( )에 달리지 아니하였느니라"(삼상 14)

24. 사울이 자기를 위하여 기념비를 세운 곳은 어디입니까?(삼상 15)

① 갈멜 ② 미스바 ③ 길갈 ④ 다메섹

25. 다음 중 블레셋의 도시가 아닌 것은 무엇입니까?(수 13, 삼상 6)

① 가드 ② 아스돗 ③ 에그론 ④ 벧세메스

26. 사울은 살려주었으나 결국 사무엘에 의하여 죽임을 당한 아말렉 왕은 누구입니까?(삼상 15)

27. 다음 ( ) 안에 들어갈 말은 무엇입니까?

"내가 ( )을 왕으로 세운 것을 ( )하노니 그가 돌이켜서 나를 ( ) 아니하며 내 ( )을 행하지 아니하였음이니라 하신지라"(삼상 15)

28. 다음 ( ) 안에 들어갈 말은 무엇입니까?

"이는 ( )하는 것은 점치는 죄와 같고 ( )한 것은 사신 우상에게 절하는 죄와 같음이라"(삼상 15)

29. 다음은 소년 다윗에 관한 말씀입니다. ( ) 안에 들어갈 말은 무엇입니까?

"이에 사람을 보내어 그를 데려오매 그의 ( )이 붉고 ( )이 빼어나고 ( )이 아름답더라 여호와께서 이르시되 이가 그니 일어나 ( )을 부으라 하시는지라"(삼상 16)

30. 다윗의 형제는 모두 몇이었으며, 맏형의 이름은 무엇입니까?(삼상 16)

31. 사무엘은 사울 왕 대신에 누구에게 기름을 부어 이스라엘 왕이 되게 하였습니까?(삼상 16)

32. 다음 ( ) 안에 공통으로 들어갈 말은 무엇입니까?

"여호와의 영이 사울에게서 떠나고 여호와께서 부리시는 ( )이 그를 번뇌하게 한지라 사울의 신하들이 그에게 이르되 보소서 하나님께서 부리시는 ( )이 왕을 번뇌하게 하온즉 원하건대 우리 주께서는 당신 앞에서 모시는 신하들에게 명령하여 수금을 잘 타는 사람을 구하게 하소서 하나님께서 부리시는 ( )이 왕에게 이를 때에 그가 손으로 타면 왕이 나으시리이다 하는지라"(삼상 16)

삼상

33. 다음 ( ) 안에 들어갈 말은 무엇입니까?

"다윗이 블레셋 사람에게 이르되 너는 칼과 창과 단창으로 내게 나아 오거니와 나는 ( )의 이름 곧 네가 모욕하는 이스라엘 군대의 ( )의 이름으로 네게 나아가노라"(삼상 17)

34. 다음 ( ) 안에 들어갈 말은 무엇입니까?

"여인들이 뛰놀며 노래하여 이르되 사울이 죽인 자는 ( )이요 다윗은 ( )이로다 한지라"(삼상 18)

35. 다음 ( ) 안에 들어갈 말은 무엇입니까?

"어떤 사람이 사울에게 전하여 이르되 다윗이 ( )에 있더이다 하매 사울이 다윗을 잡으러 전령들을 보냈더니 그들이 선지자 무리가 예언하는 것과 사무엘이 그들의 수령으로 선 것을 볼 때에 하나님의 영이 사울의 전령들에게 임하매 그들도 예언을 한지라"(삼상 19)

36. 다윗이 사울을 피하여 놉으로 가서 만난 제사장은 누구입니까?(삼상 21)

37. 다윗이 사울을 피하여 숨어 있던 굴의 이름은 무엇입니까?(삼상 22)

38. 놉의 제사장들이 몰살당할 때 다윗에게로 피해 갔다가 평생 다윗을 따르게 된 제사장 이름은 무엇입니까?(삼상 22)

① 아비멜렉 ② 아비아달 ③ 갓 ④ 나단

39. 나발의 아내였다가 나중에 다윗의 아내가 된 슬기로운 여인은 누구입니까? (삼상 25)

40. 다윗이 자기를 죽이러 십 광야 하길라 수풀로 들어온 사울 왕의 막사에 들어가서 가지고 나온 물품은 무엇입니까?(삼상 26)

① 칼과 창 ② 활과 창 ③ 물병과 칼 ④ 물병과 창

41. 다음 ( ) 안에 들어갈 말은 무엇입니까?

"오늘 왕의 ( )을 내가 중히 여긴 것 같이 내 ( )을 여호와께서 중히 여기셔서 모든 ( )에서 나를 구하여 내시기를 바라나이다 하니라"(삼상 26)

42. 다윗이 사울을 피해 숨어다녔던 곳이 아닌 것은 어디입니까?(삼상 23)

① 십 광야 ② 마온 광야 ③ 엔게디 요새 ④ 예루살렘 산지

43. 다윗이 망명하여 1년 4개월 동안 살았던 블레셋 성읍의 이름은 무엇입니까? (삼상 27)

44. 사무엘이 죽어서 장사된 곳은 어디입니까?(삼상 28)

① 아둘람 ② 엔게디 ③ 라마 ④ 시글락

45. 사울과 그의 세 아들은 어느 전투에서 죽었습니까?(삼상 31)

사무엘하

1. 사울과 요나단이 블레셋 군대와 싸우다 죽은 것을 다윗에게 알려 준 사람은 어느 민족 사람입니까?(삼하 1)

2. 다음 ( ) 안에 들어갈 말은 무엇입니까?

   "다윗이 이 슬픈 노래로 사울과 그의 아들 요나단을 조상하고 명령하여 그것을 유다 족속에게 가르치라 하였으니 곧 ( ) 노래라 ( )의 책에 기록되었으되"(삼하 1)

3. 다음 ( ) 안에 들어갈 말은 무엇입니까?

   "사울과 요나단이 생전에 사랑스럽고 아름다운 자이러니 죽을 때에도 서로 떠나지 아니하였도다 그들은 ( )보다 빠르고 ( )보다 강하였도다"(삼하 1)

4. 다윗에게 기름을 부어 자기들의 왕으로 삼은 족속은 어느 족속입니까?(삼하 2)

5. 다윗의 셋째 아들은 누구입니까?(삼하 3)

   ① 암논 ② 다니엘 ③ 압살롬 ④ 아도니야

6. 사울의 아들로서 자신의 부하들에게 암살당한 이스라엘의 왕은 누구입니까? (삼하 4)

7. 다윗은 헤브론과 예루살렘에서 각각 몇 년 동안 통치하였습니까?(삼하 5)

① 헤브론에서 3년, 예루살렘에서 7년

② 헤브론에서 7년, 예루살렘에서 20년

③ 헤브론에서 7년, 예루살렘에서 23년

④ 헤브론에서 7년 반, 예루살렘에서 33년

8. 다음 ( ) 안에 들어갈 말은 무엇입니까?

"다윗이 말하되 여호와께서 물을 흩음 같이 내 앞에서 내 대적을 흩으셨다 하므로 그 곳 이름을 ( )이라 부르니라"(삼하 5)

9. 다음 ( ) 안에 공통으로 들어갈 말은 무엇입니까?

"이에 이스라엘 모든 장로가 ( )에 이르러 왕에게 나아오매 다윗 왕이 ( )에서 여호와 앞에 그들과 언약을 맺으매 그들이 다윗에게 기름을 부어 이스라엘 왕으로 삼으니라"(삼하 5)

10. 다음 ( ) 안에 들어갈 말은 무엇입니까?

"( )의 하나님 여호와께서 함께 계시니 다윗이 점점 ( )하여 가니라"(삼하 5)

11. 다윗이 왕으로 취임할 당시의 나이는 몇 세였습니까?(삼하 5)

12. 다음 ( ) 안에 공통으로 들어갈 말은 무엇입니까?

"그들이 나곤의 타작 마당에 이르러서는 소들이 뛰므로 ( )이/가 손을 들어 하나님의 궤를 붙들었더니 여호와 하나님이 ( )이/가 잘못함으로 말미암아 진노하사 그를 그 곳에서 치시니 그가 거기 하나님의 궤 곁에서 죽으니라"(삼하 6)

① 비느하스 ② 홉니 ③ 아미나답 ④ 웃사

13. 다음 (   ) 안에 공통으로 들어갈 말은 무엇입니까?

"여호와의 궤가 가드 사람 (   )의 집에 석 달을 있었는데 여호와께서 (   )과 그의 온 집에 복을 주시니라"(삼하 6)

① 오벧에돔　　② 바알레유다　　③ 아비나답　　④ 나다나엘

14. 다음 중 다윗 왕의 치적이 아닌 것은 무엇입니까?(삼하 6~8)

① 수도를 예루살렘으로 정하였다
② 빼앗겼던 법궤를 찾아 예루살렘으로 옮겨 놓았다
③ 블레셋을 비롯한 이웃 나라들을 차례로 점령하여 국경을 넓혔다
④ 하나님의 성전을 건축하였다

삼하

15. 다윗의 첫 번째 부인으로 언약궤를 모셔오던 축제일에 다윗을 멸시한 일로 평생 무자하였던 여인은 누구입니까?(삼하 6)

16. 다음은 다윗이 하나님께 받는 영원한 언약의 내용입니다. (   ) 안에 들어갈 말은 무엇입니까?

"그는 내 (   )을 위하여 집을 건축할 것이요 나는 그의 나라 왕위를 영원히 (   )하게 하리라"(삼하 7)

17. 다음 내용과 관계가 있는 사람은 누구입니까?(삼하 9)

- 요나단의 아들로 항상 다윗 왕의 상에서 식사를 했다.
- 5세 때 유모와 도망하다가 떨어져 다리를 절게 되었다.

① 므비보셋　　② 이스보셋　　③ 아비새　　④ 아사헬

18. 우리아의 아내로 다윗과 동침하여 아들을 낳은 여인은 누구입니까?(삼하 11)

19. 다윗의 간통과 살인을 준엄하게 질책한 예언자는 누구입니까?(삼하 12)

20. 다음 (　　) 안에 들어갈 말은 무엇입니까?

"다윗이 그의 아내 밧세바를 위로하고 그에게 들어가 그와 동침하였더니 그가 아들을 낳으매 그의 이름을 (　　　　)이라 하니라 여호와께서 그를 사랑하사 선지자 나단을 보내 그의 이름을 (　　　　)라 하시니 이는 여호와께서 사랑하셨기 때문이더라"(삼하 12)

21. 다윗은 우리아의 아내 밧세바를 취하는 등으로 십계명의 어떤 계명들을 어긴 결과가 되었습니까?(삼하 11~12)

22. 다윗이 랍바를 점령하고 랍바 사람들에게 시켰던 일이 아닌 것은 무엇입니까?(삼하 12)

① 톱질　　② 물 긷기　　③ 철도끼질　　④ 벽돌구이

23. 다음 (　　) 안에 들어갈 말은 무엇입니까?

"다윗이 모든 군사를 모아 랍바로 가서 그 곳을 쳐서 점령하고 그 왕의 머리에서 보석 박힌 왕관을 가져오니 그 중량이 금 (　　　)라 다윗이 자기의 머리에 쓰니라"(삼하 12)

① 한 달란트　　② 두 달란트　　③ 세 달란트　　④ 십 달란트

24. 나단 선지자가 다윗 왕을 책망할 때 사용한 비유는 무엇입니까?(삼하 12)

① 양 이야기　　② 소 이야기　　③ 여인 이야기　　④ 전쟁 이야기

25. 이복누이 다말을 욕보이고 쫓아낸 일로 인해 압살롬에게 죽임을 당한 왕자는 누구입니까?(삼하 13)

26. 다윗 왕과 압살롬을 화해시키려고 요압이 이용한 지혜로운 여인은 누구입니까?(삼하 14)

27. 다윗 시대에 다윗을 따랐던 제사장 집안 사람들이 아닌 사람은 누구입니까?(삼하 15)

① 사독　　② 아히마아스　　③ 아비아달　　④ 후새

28. 다음 중 압살롬이 반란을 일으킨 곳은 어디입니까?(삼하 15)

① 예루살렘 ② 헤브론 ③ 드고아 ④ 엔게디

29. 압살롬의 반란 때 예루살렘에 남은 사독과 아비아달의 아들들은 누구입니까?(삼하 15)

30. 압살롬의 반란으로 바후림에 쫓겨온 다윗에게 돌을 던지며 저주한 사람은 누구입니까?(삼하 16)

① 시므이 ② 시바 ③ 므비보셋 ④ 아히도벨

31. 다음 ( ) 안에 들어갈 말은 무엇입니까?

"다윗 왕이 바후림에 이르매 거기서 사울의 친족 한 사람이 나오니 게라의 아들이요 이름은 ( )라 그가 나오면서 계속하여 저주하고 또 다윗과 다윗 왕의 모든 신하들을 향하여 돌을 던지니 그 때에 모든 백성과 용사들은 다 왕의 좌우에 있었더라"(삼하 16)

① 요나단 ② 시므이 ③ 므비보셋 ④ 게라

32. 압살롬의 모사가 된 아히도벨의 계략을 파하고 다윗 왕과 일행을 위기에서 구해낸 다윗 왕의 모사는 누구입니까?(삼하 17)

① 사독 ② 아비아달 ③ 후새 ④ 바르실래

33. 다윗이 압살롬의 반란을 피하여 마하나임에 유할 때, 80세 된 노인으로서 다윗 왕 일행을 공궤(대접)한 길르앗의 부자는 누구입니까?(삼하 17, 19)

① 김함 ② 바르실래 ③ 소비 ④ 마길

34. 당대 이스라엘 최고의 전략가요 모사였으나 결국 압살롬 편에 섰다가 스스로 목매어 죽은 사람은 누구입니까?(삼하 17)

① 갓 ② 나단 ③ 아히도벨 ④ 후새

35. 압살롬이 전사한 곳은 어디입니까?(삼하 18)

① 에브라임 수풀 ② 길르앗 ③ 마하나임 골짜기 ④ 헤브론

36. 다윗에 반역하여 난동을 부리다가 죽은 불량배는 누구입니까?(삼하 20)

37. 다윗의 군장 요압에 의해 죽임을 당한, 사울의 아들 이스보셋의 군대 총사령관 이름은 무엇입니까?(삼하 20)

38. 다윗 시대에 3년 동안 흉년이 든 이유는 무엇입니까?(삼하 21)

① 사울의 일곱 아들을 죽인 죄 ② 요나단을 죽인 죄
③ 사울이 기브온 사람을 죽인 죄 ④ 사울의 딸 미갈을 죽인 죄

39. 기브온 사람들이 죽인 사울 자손 일곱 명의 시신을 지킨 여인은 누구입니까?(삼하 21)

40. 다음 ( ) 안에 들어갈 말은 무엇입니까?

"이르되 여호와는 나의 ( )이시요 나의 ( )시요 나를 위하여 나를 건지시는 자시요 내가 피할 나의 반석의 하나님이시요 나의 방패시요 나의 ( )이시요 나의 높은 망대시요 그에게 피할 나의 피난처시요 나의 ( )시라 나를 폭력에서 구원하셨도다"(삼하 22)

41. 다음 중에서 다윗이 메시아 왕국을 노래하면서 스스로에 대해 표현한 말이 아닌 것은 무엇입니까?(삼하 23)

① 전쟁에 능한 자 ② 높이 세워진 자
③ 야곱의 하나님께로부터 기름 부음 받은 자 ④ 이스라엘의 노래 잘 하는 자

42. 다음은 다윗이 남긴 마지막 시입니다. ( ) 안에 들어갈 말은 무엇입니까?

보기 반석, 태양, 공의, 해, 광선, 구름

"이스라엘의 하나님이 말씀하시며 이스라엘의 ( )이 내게 이르시기를 사람을 ( )로 다스리는 자, 하나님을 경외함으로 다스리는 자여 그는 돋는 ( )의 아침 빛 같고 ( ) 없는 아침 같고 비 내린 후의 ( )으로 땅에서 움이 돋는 새 풀 같으니라 하시도다"(삼하 23)

43. 다음 중에서 다윗의 세 용사가 아닌 사람은 누구입니까?(삼하 23)

① 요셉밧세벳 ② 후새 ③ 엘르아살 ④ 삼마

44. 모압 왕 아리엘의 두 아들을 죽이고 구덩이의 사자를 죽인 용사로, 후에 다윗의 시위대장이 된 사람은 누구입니까?(삼하 23)

45. 인구 조사에 소요된 기간은 얼마였으며, 집계된 이스라엘과 유다의 장정 수는 각각 몇 명이었습니까?(삼하 24)

46. 다윗에게 여호와의 천사가 나타난 곳은 어디였습니까?(삼하 24)

47. 인구 조사로 인해 하나님께 죄를 지은 다윗은 세 가지 형벌 중 무엇을 선택했습니까?(삼하 24)

① 칠 년 기근 ② 원수에게 석 달간 쫓기는 것

③ 사흘 동안의 전국에 걸친 전염병 ④ 자식의 죽음

48. 하나님은 갓을 통해 회개한 다윗에게 무슨 명령을 하셨습니까?(삼하 24)

① 여호와를 위하여 제단을 쌓으라 ② 온 백성에게 금식을 선포하라

③ 여호와께 예물을 바치라 ④ 미스바에 모여 성회를 개최하라

49. 다윗에게 타작 마당과 소를 판 아라우나는 어디 사람입니까?(삼하 24)

① 가나안 사람 ② 여부스 사람 ③ 아모리 사람 ④ 기르가스 사람

50. 다윗은 제단을 쌓기 위하여 아라우나의 타작마당과 소를 사는 값으로 얼마를 지불하였습니까?(삼하 24)

① 은 10세겔 ② 은 20세겔 ③ 은 30세겔 ④ 은 50세겔

열왕기상

1. 늙은 다윗 왕을 섬기기 위해 뽑혀온 수넴 출신 처녀의 이름은 무엇입니까?(왕상 1)

2. 압살롬 다음에 태어난 자로, 스스로 왕이 되고자 했던 사람은 누구입니까?(왕상 1)

3. 아도니야 왕자 편에 섬으로써 다윗을 모반한 신하는 누구입니까?(왕상 1)
   ① 요압과 아비아달 ② 사독과 아비아달
   ③ 브나야와 나단 ④ 요압과 나단

4. 솔로몬을 왕으로 세우는 데 결정적 역할을 한 선지자는 누구입니까?(왕상 1)
   ① 사무엘 ② 갓 ③ 나단 ④ 아도니야

5. 다윗의 지시에 따라 솔로몬이 기름 부음을 받아 왕이 된 곳은 어디입니까?(왕상 1)
   ① 기혼 ② 예루살렘 ③ 단 ④ 랍바

6. 솔로몬이 왕위에 오를 때 아도니야가 솔로몬을 두려워하여 행한 행동은 무엇입니까?(왕상 1)

7. 다윗은 솔로몬에게 유언할 때 특별히 누구를 선대해 줄 것을 당부하였습니까? (왕상 2)

① 요압 ② 바르실래의 아들들 ③ 시므이 ④ 아브넬

8. 다윗이 솔로몬에게 유언할 때 벌을 받으리라고 지목한 사람으로 여호야다의 아들 브나야에 의해 죽은 사람은 누구입니까?(왕상 2)

① 요압 ② 바르실래의 아들들 ③ 시므이 ④ 아브넬

9. 다윗은 통치 기간 40년 동안 처음 칠 년은 ( )에서, 나중 삼십삼 년은 예루살렘에서 다스렸습니다.(왕상 2)

왕상

10. 아도니야 왕자는 밧세바를 통해 솔로몬에게 다음 중 무엇을 요청했습니까? (왕상 2)

① 왕위 ② 요압의 생명 ③ 영토 중 일부 ④ 아비삭

11. 솔로몬이 왕으로 등극한 후 파면당한 제사장은 누구입니까?(왕상 2)

① 아도니야 ② 사독 ③ 아비아달 ④ 갓

12. 아비아달이 솔로몬에게 파면 당해 돌아간 고향은 어디입니까?(왕상 2)

13. 요압을 죽이고 대신하여 솔로몬의 군사령관이 된 사람은 누구입니까?(왕상 2)

① 후새 ② 브나야 ③ 아마사 ④ 아브넬

14. 솔로몬이 왕위에 오른 후 아비아달을 대신하여 제사장이 된 사람은 누구입니까?(왕상 2)

15. 솔로몬의 첫 번째 부인은 어느 나라 사람입니까?(왕상 3)

① 블레셋 ② 애굽 ③ 암몬 ④ 아람

16. 솔로몬이 일천 번제를 드린 곳은 어디입니까?(왕상 3)

① 예루살렘 성전　② 기브온 산당　③ 다윗궁　④ 단

17. 솔로몬이 기브온 산당에서 일천 번제를 드린 후 여호와께 구한 문장을 완성해 보십시오.

"누가 주의 이 많은 백성을 재판할 수 있사오리이까 (　　　) 마음을 종에게 주사 주의 백성을 재판하여 선악을 분별하게 하옵소서"(왕상3)

18. 솔로몬 왕이 거느린 신하들의 이름과 직책을 연결한 것 중 틀린 것은 무엇입니까?(왕상 4)

① 요압-군사령관　② 사독의 아들 아사리아-제사장

③ 아힐룻의 아들 여호사밧-사관　④ 엘리호렙과 아히야-서기관

19. 나단의 아들로, 지방 관장의 두령은 누구입니까?(왕상 4)

① 사붓　② 아도니람　③ 벤훌　④ 아사리아

20. 솔로몬의 딸 바스맛을 아내로 둔 납달리의 관장은 누구입니까?(왕상 4)

① 아히마아스　② 벤데겔　③ 벤 아비나답　④ 아히나답

21. 솔로몬 시대에 옛 아모리 왕 시혼과 바산 왕 옥의 땅 길르앗의 지방 관장으로 임명받은 사람은 누구입니까?(왕상 4)

① 게벨　② 우리　③ 시므이　④ 엘라

22. 다음 중 솔로몬 시대의 지혜자가 아닌 사람은 누구입니까?(왕상 4)

① 에단　② 헤만　③ 갈골　④ 갓

23. 솔로몬이 말한 잠언은 몇 가지입니까?(왕상 4)

① 삼십 가지　② 삼백 가지　③ 삼천 가지　④ 천 가지

24. 다음 중 솔로몬의 딸 다밧을 아내로 삼은 지방 관리는 누구입니까?(왕상 4)

① 벤훌　② 벤데겔　③ 벤헤셋　④ 벤아비나답

25. 솔로몬 왕에게 왕궁 지을 재목을 보낸 이방 왕은 누구입니까?(왕상 5)

26. 솔로몬이 건축을 위해 불러일으킨 역군은 몇 명입니까?(왕상 5)

① 삼천 명 ② 삼만 명 ③ 십삼만 명 ④ 십오만 명

27. 솔로몬의 역군을 감독한 사람은 누구입니까?(왕상 5)

왕상

28. 솔로몬이 건축할 때 산에서 돌을 뜨는 자는 몇 명이었습니까?(왕상 5)

① 팔백 명 ② 팔천 명 ③ 팔만 명 ④ 만 명

29. 솔로몬의 성전 건축을 위해 백향목과 잣나무, 건축기술자들을 보내준 두로 왕의 이름은 무엇입니까?(왕상 5)

30. "오늘 여호와를 찬양할지로다 그가 다윗에게 지혜로운 아들을 주사 그 많은 백성을 다스리게 하셨도다"라고 말한 사람은 누구입니까?(왕상 5)

31. 솔로몬이 성전 건축을 시작한 때는 이스라엘 자손이 애굽 땅에서 나온 지 ( ) 년 되는 때였습니다.(왕상 6)

32. 다음 ( ) 안에 들어갈 말은 무엇입니까?

"솔로몬 왕이 여호와를 위하여 건축한 성전은 길이가 ( ) 규빗이요 너비가 이십 규빗이요 높이가 삼십 규빗이며"(왕상 6)

33. 솔로몬이 지은 성전의 주된 재목은 무엇입니까?(왕상 6)

① 백향목 ② 노송 ③ 잣나무 ④ 회향목

34. 솔로몬이 성전을 건축한 기간은 몇 년입니까?(왕상 6)

① 일 년 ② 삼 년 ③ 오 년 ④ 칠 년

35. 다음 ( ) 안에 들어갈 말은 무엇입니까?

"솔로몬이 자기의 왕궁을 ( ) 동안 건축하여 그 전부를 준공하니라"(왕상 7)

① 십 년 ② 십삼 년 ③ 십칠 년 ④ 이십 년

36. 히람이 만든 놋 바다는 모두 몇 마리의 소가 받치고 있었습니까?(왕상 7)

37. 솔로몬이 건축한 성전에는 두 개의 놋 기둥이 있었습니다. 이 기둥들의 이름은 무엇입니까?(왕상 7)

38. 성막 안에는 정금으로 만든 등잔대가 한 개 있었습니다. 솔로몬이 지은 성전 안에는 몇 개 있었습니까?(왕상 7)

39. 언약궤 안에 있는 것은 무엇입니까?(왕상 8)

40. 솔로몬은 며칠 동안 성전 봉헌식 절기를 지켰습니까?(왕상 8)

① 하루 ② 삼 일 ③ 칠 일 ④ 십사 일

41. 다음은 솔로몬이 성전 봉헌식에서 행한 기도입니다. ( ) 안에 공통으로 들어가는 말은 무엇입니까?

"주의 종과 주의 백성 이스라엘이 이 곳을 향하여 기도할 때에 주는 그 간구함을 들으시되 주께서 계신 곳 ( )에서 들으시고 들으시사 사하여 주옵소서 … 주는 ( )에서 들으시고 행하시되 주의 종들을 심판하사 악한 자의 죄를 정하여 그 행위대로 그 머리에 돌리시고 의로운 자를 의롭다 하사 그의 의로운 바대로 갚으시옵소서"(왕상 8)

42. 솔로몬은 성전 봉헌식에서 몇 마리의 소를 화목제의 희생제물로 드렸습니까?

(왕상 8)

① 일천 마리 ② 삼천 마리 ③ 만 마리 ④ 이만 이천 마리

43. 다음 ( ) 안에 들어갈 말은 무엇입니까?

"솔로몬이 두 집 곧 여호와의 성전과 왕궁을 이십 년 만에 건축하기를 마치고 갈릴리 땅의 성읍 ( )을 히람에게 주었으니 이는 두로 왕 히람이 솔로몬에게 그 온갖 소원대로 백향목과 잣나무와 금을 제공하였음이라"(왕상 9)

① 열 곳 ② 열다섯 곳 ③ 스무 곳 ④ 서른 곳

왕상

44. 솔로몬이 히람에게 준 성읍 스무 곳은 어느 지역에 속한 성읍입니까?(왕상 9)

① 에브라임 ② 갈릴리 ③ 이스르엘 ④ 요단 동편

45. 하나님이 솔로몬에게 두 번째로 나타나신 때는 언제입니까?(왕상 9)

46. 솔로몬과 관련된 일이 아닌 것은 무엇입니까?(왕상 9)

① 국고성과 병거성과 마병의 성들을 건축

② 밀로를 건축

③ 지방마다 성소를 건축

④ 이방인들을 노예와 역군으로 삼음

47. 히람은 솔로몬이 자기에게 준 갈릴리 성읍들을 보고 무엇이라고 하였습니까?(왕상 9)

① 가불 땅 ② 좋은 땅 ③ 쓸모 있는 땅 ④ 거룩한 땅

48. 솔로몬에게 갈릴리 성읍들을 받고 120달란트를 준 왕의 이름은 무엇입니까?(왕상 9)

49. 다음 ( ) 안에 들어갈 말은 무엇입니까?

"솔로몬 왕이 에돔 땅 홍해 물 가의 엘롯 근처 ( )에서 배들을 지은지라"(왕상 9)

① 기브온 ② 에시온게벨 ③ 가불 ④ 요단

50. 다음 (　) 안에 들어갈 말은 무엇입니까?

"솔로몬의 세입금의 무게가 금 (　　) 달란트요"(왕상 10)

① 백　② 일백이십　③ 삼백　④ 육백육십육

51. 다음 (　) 안에 들어갈 말은 무엇입니까?

"왕이 또 (　　)로/으로 큰 보좌를 만들고 정금으로 입혔으니 … 또 열두 사자가 있어 그 여섯 층계 좌우편에 서 있으니 어느 나라에도 이같이 만든 것이 없었더라"(왕상 10)

① 은　② 상아　③ 놋　④ 레바논 나무

52. 스바의 여왕이 솔로몬을 찾아온 이유는 무엇입니까?(왕상 10)

① 정책과 지식을 구하기 위해　② 어려운 문제로 시험하기 위해

③ 세금 문제 해결을 위해　④ 정략 결혼을 위해

53. 솔로몬 시대와 맞지 않는 것은 무엇입니까?(왕상 10)

① 주변 나라에서 세입금을 받았다　② 재산과 지혜를 백성들과 나누었다

③ 애굽에서 말들을 들여왔다　④ 은을 귀하게 여기지 않았다

54. 다음 중 솔로몬이 따랐던 이방신에 해당하지 않는 것은 무엇입니까?(왕상 11)

① 시돈의 아스다롯　② 암몬의 밀곰

③ 모압의 그모스　④ 애굽의 바로

55. 모압 사람의 대표적인 우상은 무엇입니까?(왕상 11)

56. 애굽으로 도망한 에돔 사람으로, 여호와께서 솔로몬의 대적이 되게 하신 이 사람은 누구입니까?(왕상 11)

57. 다윗 왕 때에 다메섹으로 도망한 후 수리아 왕이 된 솔로몬의 대적은 누구입니까?(왕상 11)

58. 솔로몬이 죽이려 하자 애굽의 시삭에게 도망하여 솔로몬이 죽기까지 그곳에 머물렀던 사람은 누구입니까?(왕상 11)

59. 솔로몬이 예루살렘에서 온 이스라엘을 다스린 햇수는 몇 년입니까?(왕상 11)

60. 여로보암과 온 무리가 르호보암에게 무거운 멍에를 가볍게 해달라고 요청한 도시의 이름은 무엇입니까?(왕상 12)

왕상

61. 다음 ( ) 안에 들어갈 말은 무엇입니까?

"대답하여 이르되 왕이 만일 ( ) 이 백성을 섬기는 자가 되어 그들을 섬기고 좋은 말로 대답하여 이르시면 그들이 ( ) 왕의 종이 되리이다 하나"(왕상 12)

62. 다음 ( ) 안에 들어갈 말은 무엇입니까?

"어린 사람들의 자문을 따라 그들에게 말하여 이르되 내 아버지는 너희의 멍에를 무겁게 하였으나 나는 너희의 멍에를 더욱 무겁게 할지라 내 아버지는 채찍으로 너희를 징계하였으나 나는 ( )으로 너희를 징치하리라 하니라"(왕상 12)

63. 다음 ( ) 안에 들어갈 말은 무엇입니까?

"온 이스라엘이 자기들의 말을 왕이 듣지 아니함을 보고 왕에게 대답하여 이르되 우리가 ( )과 무슨 관계가 있느냐 이새의 아들에게서 받을 유산이 없도다 이스라엘아 너희의 장막으로 돌아가라 다윗이여 이제 너는 네 집이나 돌아보라"(왕상 12)

64. 왕국이 분열된 후 남 왕국과 북 왕국의 첫 번째 왕은 각각 누구입니까?(왕상 11~12)

65. 여로보암이 북 왕국을 세운 후에 제사 드리게 한 두 장소의 이름은 무엇입니까?(왕상 12)

66. 여로보암의 범죄와 관련이 없는 것은 무엇입니까?(왕상 12)

① 산당들을 지었다

② 벧엘과 세겜에 두 금송아지를 두었다

③ 레위 자손이 아님에도 제사장을 삼았다

④ 절기를 마음대로 바꾸었다

67. 다음은 하나님의 사람이 분향하는 여로보암을 보고 했던 말입니다. (　) 안에 들어갈 말은 무엇입니까?

"하나님의 사람이 제단을 향하여 여호와의 말씀으로 외쳐 이르되 제단아 제단아 여호와께서 이와 같이 말씀하시기를 다윗의 집에 (　　　)라 이름하는 아들을 낳으리니 그가 네 위에 분향하는 산당 제사장을 네 위에서 제물로 바칠 것이요 또 사람의 뼈를 네 위에서 사르리라 하셨느니라"(왕상 13)

68. 다음 내용이 맞으면 O표, 틀리면 X표를 하십시오.(왕상 13)

- 벧엘의 늙은 선지자는 하나님의 사람을 속여 떡, 물도 마시지 말고 왔던 길로 돌아가지 말라는 하나님의 명령을 어기게 했다. (　)

69. 다음 내용이 맞으면 O표, 틀리면 X표를 하십시오.(왕상 13)

- 유다에서 온 하나님의 사람과 나귀를 물어죽인 사자는 시체를 남김없이 먹어치웠다. (　)

70. 다음 내용이 맞으면 O표, 틀리면 X표를 하십시오.(왕상 14)

- 여로보암은 아들 아비야가 병들었을 때 그를 살리기 위해 아히야를 직접 찾아갔다. (　)

71. 여로보암의 뒤를 이어 북 왕국의 왕이 된 사람은 누구입니까?(왕상 14)

72. 다음과 같이 여로보암을 저주한 예언자의 이름은 누구입니까?

"여로보암에게 속한 자가 성읍에서 죽은즉 개가 먹고 들에서 죽은즉 공중의 새가 먹으리니 … 여호와께서 여로보암의 죄로 말미암아 이스라엘을 버리시리니 이는 그도 범죄하고 이스라엘로 범죄하게 하였음이니라"(왕상 14)

73. 르호보암 때에 예루살렘을 공격해 성전의 보물들을 탈취한 나라와 왕은 누구입니까?(왕상14)

74. 르호보암의 어머니 나아마는 어느 민족 사람입니까?(왕상 14)

75. 아비얌의 아들로, 다윗과 같이 여호와 보시기에 정직히 행한 왕은 누구입니까?(왕상 15)

76. 북 왕국의 바아사에게 압력을 가하기 위해 성전의 보물들을 아람 왕에게 보낸 사람은 누구입니까?(왕상 15)

77. 북 왕국의 수도를 사마리아로 옮기고 사마리아 성을 건축한 왕은 누구입니까?(왕상 16)

78. 엘라를 죽이고 왕이 되었으나 칠 일 만에 오므리에게 왕권을 넘겨준 사람은 누구입니까?(왕상 16)

79. 시돈 왕 엣바알의 딸로 아합 왕의 아내가 된 사람은 누구입니까?(왕상 16)

80. 아합 왕 시절 큰 가뭄이 닥쳤을 때, 엘리야가 첫 번째로 숨어 있던 장소는 어디입니까?(왕상 17)

81. 엘리야와 엘리사를 대접하여 축복받은 여인은 각각 누구입니까?(왕상 17, 왕하 4)

82. 아합 왕 시대의 왕궁 맡은 자로 여호와를 경외하며, 선지자들을 숨기고 그들에게 떡과 물을 먹인 사람은 누구입니까?(왕상 18)

83. 다음은 아합과 누구의 대화입니까?

"이스라엘을 괴롭게 하는 자여 너냐 그가 대답하되 내가 이스라엘을 괴롭게 한 것이 아니라 당신과 당신의 아버지의 집이 괴롭게 하였으니 이는 여호와의 명령을 버렸고 당신이 바알들을 따랐음이라"(왕상 18)

84. 엘리야와 대결했던 바알의 선지자와 아세라의 선지자는 각각 몇 명이었습니까?(왕상 18)

85. 호렙산에서 엘리야를 찾아온 하나님과 동반된 현상을 순서대로 나열한 것은 무엇입니까?(왕상 19)

① 바람 - 불 - 지진 ② 바람 - 지진 - 불
③ 지진 - 바람 - 불 ④ 불 - 바람 - 지진

86. 하나님이 엘리야로 하여금 누구에게 기름을 부어 이스라엘의 왕이 되게 하라고 하셨습니까?(왕상 19)

87. 아합 왕 시대에 사마리아를 에워싸고 공격한 아람 왕은 누구입니까?(왕상 20)

88. 아합이 탐내었던 포도원 주인은 누구입니까?(왕상 21)

89. 이세벨에게 매수되어 거짓 증언으로 아합을 모함한 불량배는 몇 사람입니까?(왕상 21)

90. 나봇의 고향이자 개들이 이세벨을 먹은 성읍의 이름은 무엇입니까?(왕상 21)

91. 평소에 길한 일은 예언하지 않고 흉한 일을 예언하여 이스라엘 왕 아합이 미워했던 선지자의 이름은 무엇입니까?(왕상 22)

92. 미가야의 뺨을 치며 여호와의 영이 자기를 떠나 어디로 가서 말씀하시더냐고 말한 사람은 누구입니까?(왕상 22)

열왕기하

1. 다락 난간에서 떨어져 병들자 에그론의 신 바알세붑에게 치료 여부를 물어보게 한 이스라엘 왕은 누구입니까?(왕하 1)

2. 엘리야가 승천하기 전에 거쳐 간 장소가 아닌 곳은 어디입니까?(왕하 2)

① 길갈 ② 세겜 ③ 벧엘 ④ 요단

3. 다음 ( ) 안에 들어갈 말은 무엇입니까?

"엘리야가 엘리사에게 이르되 나를 네게서 데려감을 당하기 전에 내가 네게 어떻게 할지를 구하라 엘리사가 이르되 당신의 성령이 하시는 역사가 ( )이나 내게 있게 하소서 하는지라"(왕하 2)

4. 엘리야는 회오리바람을 타고 승천하면서 무엇을 제자 엘리사에게 던졌습니까?(왕하 2)

5. 엘리사는 마지막으로 엘리야에게 무엇을 요구하였습니까?(왕하 2)

6. 여리고 성읍의 나쁜 물을 좋은 물이 되도록 엘리사는 무엇을 새 그릇에 담아 샘물 근원에 뿌렸습니까?(왕하 2)

7. 엘리사에게 "대머리여 올라가라"고 조롱한 일로 암곰 두 마리의 공격을 받아 찢긴 벧엘의 버릇없는 아이들은 모두 몇 명입니까?(왕하 2)

8. 이스라엘, 유다, 에돔 세 왕의 연합군이 모압 왕과 전쟁을 벌일 때 절대적으로 불리한 전세 앞에서 모압 왕이 성 위에서 드린 번제물은 무엇이었습니까?(왕하 3)

9. 모압 왕 메사와의 전쟁을 앞두고 유다 왕 여호사밧이 찾아간 선지자는 누구입니까?(왕하 3)

10. 바알 살리사에서 온 한 농부가 보리떡 20개와 채소를 엘리사에게 주었을 때 몇 명이 먹고도 남았습니까?(왕하 4)

11. 선지자 엘리사의 사환으로 수넴 여인의 아들 얼굴에 지팡이를 놓았던 사람은 누구입니까?(왕하 4)

12. 엘리사가 사자를 통해 나아만 장군에게 명령한 치료 방법은 무엇입니까?(왕하 5)

13. 요단 강에 일곱 번 들어가 문둥병을 고친 나아만 장군은 어느 나라 사람입니까?(왕하 5)

① 아말렉 ② 앗시리아 ③ 아람 ④ 에돔

14. 나아만의 나병을 고쳐달라고 아람 왕의 전갈을 받은 이스라엘 왕은 다음 중 어떤 반응을 보였습니까?(왕하 5)

① 자기 옷을 찢었다 ② 자기 머리털을 뜯었다

③ 나아만에게 호통을 쳤다 ④ 뛸 듯이 기뻐했다

15. 나병을 고침 받은 나아만은 고국으로 돌아가면서 여호와께 제사를 드리기 위해 이스라엘에서 무엇을 가져갔습니까?(왕하 5)

① 두 마차 분량의 흙 ② 제단을 쌓을 큰 돌

③ 세 마차 분량의 흙 ④ 노새 두 마리 분량의 흙

16. 나아만의 예물을 횡령한 일로 벌을 받아 나아만의 나병이 옮아간 사람은 누구입니까?(왕하 5)

17. 나뭇가지를 물에 던져 쇠도끼를 떠오르게 한 사람은 누구입니까?(왕하 6)

18. 엘리사가 눈을 어둡게 한 군사들은 어느 민족입니까?(왕하 6)

19. 죽음을 각오하고 아람 군대 진영에 들어간 나병 환자는 모두 몇 사람입니까?(왕하 7)

20. 죽음을 각오하고 나병 환자가 들어간 진영은 어느 나라 군대입니까?(왕하 7)

21. 기근을 피하여 칠 년간 블레셋 땅에 갔다가 돌아온 뒤, 엘리사의 기적 사건 당사자임이 밝혀져 잃었던 재산을 모두 되찾은 사람은 누구입니까?(왕하 8)

22. 수넴 여인이 잃었던 재산을 되찾을 때에 왕에게 수넴 여인에 대해 설명한 사람은 누구입니까?(왕하 8)

23. 이불을 물에 적셔 벤하닷의 얼굴에 덮어 죽이고 아람의 왕이 된 사람은 누구입니까?(왕하 8)

24. 아합의 아들들과 이세벨과 그 모든 친척 등 아합에게 속한 모든 자를 죽이고, 바알 선지자들과 바알 산당을 훼파하여 전멸시킨 이스라엘 왕은 누구입니까?(왕하 9)

25. 엘리사가 문하생 하나를 길르앗 라못으로 보내어 기름을 붓게 한 여호사밧의 아들은 누구입니까?(왕하 9)

26. 예후가 이스르엘 사람 나봇의 토지에서 만나 죽인 이스라엘 왕와 유다 왕의 이름은 각각 무엇입니까?(왕하 9)

27. 아합의 아들 요람과 아합의 아내 이세벨을 죽임으로써 하나님의 예언을 성취한 사람은 누구입니까?(왕하 9)

① 엘리사 ② 벤하닷 ③ 아하시야 ④ 예후

28. 예후가 여호와를 위한 자신의 열심을 보라고 말해 주었던 레갑의 아들은 누구입니까?(왕하 10)

29. 예후가 죽인 아합의 아들은 몇 명입니까?(왕하 10)

30. 아달랴에 대한 설명으로 틀린 것은 무엇입니까?(왕하 11)

① 북 왕국 아합의 아내 이세벨의 딸이었다

② 남 왕국 여호람 왕의 아내가 되었다

③ 아들 아하시야 왕이 죽자 손자들을 죽이고 자기가 권력을 쥐었다

④ 요아스가 7세가 되었을 때 왕위를 그에게 물려주었다

31. 태후의 왕자 찬탈에서 살아난 요아스 왕자는 육 년 동안 어디에 숨어 있었습니까?(왕하 11)

32. 아달랴 7년에, 왕자에게 면류관을 씌우고 율법을 주고 왕으로 기름 부은 제사장은 누구입니까?(왕하 11)

33. 유다 여호람의 아내로 자신의 손자들을 죽이고 유다 왕이 된 사람은 누구입니까?(왕하 11)

① 아사 ② 아달랴 ③ 오므리 ④ 시므리

34. 유다 왕 요아스는 7세에 왕위에 올라 예루살렘에서 40년간을 치리하였습니다. 요아스로 하여금 정직히 행하도록 교훈한 제사장의 이름은 무엇입니까?(왕하 12)

35. 요아스 왕의 가장 큰 치적은 무엇입니까?(왕하 12)

① 이세벨의 딸 아달랴를 축출했다

② 산당과 지방 성소들을 폐쇄했다

③ 아세라 신과 우상들을 제거했다

④ 성전의 퇴락한 부분을 대대적으로 수리했다

36. 이스라엘 왕 요아스는 누구의 죽음에 대하여 "내 아버지여, 내 아버지여, 이스라엘의 병거와 마병이여" 하고 울면서 안타까워했습니까?(왕하 13)

37. 장례를 치르던 사람들이 모압 강도떼를 만나자 시신을 엘리사의 묘실에 던졌습니다. 시신은 엘리사의 뼈에 닿자마자 어떻게 되었습니까?(왕하 13)

38. 소금 골짜기에서 에돔 사람 만 명을 죽였으나 이스라엘 왕 요아스와의 전투에서 패한 남 유다의 왕은 누구입니까?(왕하 14)

39. 요아스의 아들로 사마리아에서 왕이 되어 사십일 년 간 다스리면서 하맛 어귀에서부터 아라바 바다까지 이스라엘 영토를 회복한 왕은 누구입니까?(왕하 14)

40. 통치 후반기에 나병에 걸려 별궁에 거하고 왕자 요담으로 치리하게 한 왕은 누구입니까?(왕하 15)

41. 앗수르 왕 불이 와서 북 이스라엘을 쳤을 때 은 일천 달란트를 주고 사마리아의 함락을 모면한 왕은 누구입니까?(왕하 15)

42. 아람 왕 르신과 이스라엘 왕 베가로 이루어진 연합군의 공격을 받자, 앗수르에 은금을 주며 원군을 청한 유다 왕은 누구입니까?(왕하 16)

43. 아하스 왕이 "나는 왕의 신복이요 왕의 아들이라"라고 하면서 도움을 요청한 앗수르 왕은 누구입니까?(왕하 16)

44. 아하스 왕이 다메섹에 있는 제단의 모든 구조와 제도의 양식을 그려 보낸 대로 제단을 만든 제사장은 누구입니까?(왕하 16)

45. 북 왕국 이스라엘의 최후 왕은 누구이며 어느 나라에게 멸망했습니까? (왕하 17)

46. 북 왕국 이스라엘 백성이 끌려간 장소가 아닌 곳은 어디입니까?(왕하 17)

① 고산 강 가 ② 알렉산드리아 ③ 하볼 ④ 메대

47. 앗수르에 조공 바치기를 중단했다가 자국의 멸망을 가져온 이스라엘 왕은 누구입니까?(왕하 17)

48. 이스라엘 멸망 후 앗수르 왕은 바벨론, 구다, 아와, 하맛, 스발와임의 사람들을 이스라엘 어디로 이주시켜 혼혈과 혼합종교의 지역이 되게 했습니까? (왕하 17)

49. 유다에서 주상과 놋뱀을 제거하고, 정직하게 행하고, 유다 제왕 중 전무후무한 선왕이자 계명 준수로 형통한 왕은 누구입니까?(왕하 18)

50. 히스기야가 모세가 만들었던 놋뱀을 부수고 붙인 이름은 무엇입니까?(왕하 18)

51. 예루살렘 성 밖에서 유다 방언으로 여호와를 훼방하는 연설을 한 앗수르의 장군은 누구입니까?(왕하 18)

52. 산헤립의 위협에 놀란 히스기야에게 예루살렘은 결코 함락되지 않을 것이라고 선언한 선지자는 누구입니까?(왕하 19)

53. 남 왕국 유다의 왕 중에서 하나님을 섬기며 종교개혁을 한 사람이 아닌 왕은 누구입니까?(왕하 12, 19, 22)

① 여호사밧 ② 히스기야 ③ 요시야 ④ 아몬

54. 유다와의 전쟁에서 군사 십팔만 오천 명을 잃고 니느웨로 돌아가 암살당한 앗수르 왕은 누구입니까?(왕하 19)

55. 산헤립의 뒤를 이어 앗수르 왕이 된 사람은 누구입니까?(왕하 19)

56. 히스기야는 병들었을 때 하나님께 간구함으로써 수명이 몇 년 더 연장되었습니까?(왕하 20)

57. 히스기야 왕은 병들어 죽게 되었을 때 기도를 통해 수명을 연장받았습니다. 그의 병은 어떻게 해서 치료되었습니까?(왕하 20)

① 태양 광선에 의해서 ② 무화과 반죽을 상처에 붙였더니
③ 이사야가 안수하여서 ④ 일천 번제를 드려서

58. 12세에 왕이 되어 예루살렘에서 55년을 치리했으며, 자기 아들을 불 가운데로 지나게 하는 등 여호와 보시기에 악을 많이 행한 유다 왕은 누구입니까?(왕하 21)

59. 므낫세의 아들로 아버지처럼 우상을 섬기다가 신복들에게 죽임당한 왕은 누구입니까?(왕하 21)

60. 요시야 왕 때 여호와의 성전을 수리하다가 무슨 책을 발견했습니까?(왕하 22)

61. 유다 왕 가운데 부서진 성전을 수리하다가 율법책을 발견하고 종교개혁을 감행한 사람은 누구입니까?(왕하 22)

62. 요시야 왕 때에 율법책을 발견한 대제사장 힐기야는 그 책을 요시야에게 가져다 주었습니다. 그 책을 왕 앞에서 읽은 서기관 이름은 무엇입니까?(왕하 22)

63. 요시야 왕이 종교개혁을 일으킨 후에 지킨 절기는 무엇입니까?(왕하 23)

64. 요시야 왕이 애굽의 왕 바로 느고의 군대와 맞서 싸우다가 전사한 장소는 어디입니까?(왕하 23)

65. 시드기야의 원래 이름은 무엇입니까?(왕하 23~24)

66. 다음 (   ) 안에 들어갈 말은 무엇입니까?(왕하 23~24)

요시야 - (   ) - 여호야김 - 여호야긴 - 시드기야

67. 남 왕국 유다는 어느 나라, 어느 왕에 의해 멸망당했습니까?(왕하 24)

68. 남 왕국 유다의 마지막 왕은 누구입니까?(왕하 25)

69. 느부갓네살 왕이 유다 땅에 남아있는 자들을 관할하도록 총독으로 삼은 사람은 누구입니까?(왕하 25)

70. 왕족 출신으로 부하 열 명과 함께 그달리야를 암살하고 애굽으로 도망한 사람은 누구입니까?(왕하 25)

71. 바벨론에 끌려왔지만 후에 바벨론 왕 에윌므로닥이 옥에서 풀어 주고 함께 양식을 먹었던 유다 왕은 누구입니까?(왕하 25)

역 대 상

1. 아브라함은 누구의 자손입니까?(대상 1)

   ① 가나안 ② 니므롯 ③ 셈 ④ 함

2. 유다의 며느리로 유다와 동침하여 베레스와 세라를 낳은 여인은 누구입니까?(대상 2)

3. 다윗의 아들이 아닌 사람은 누구입니까?(대상 3)

   ① 암논 ② 스바댜 ③ 여고냐 ④ 이드르암

4. 다음은 누구의 기도입니까?

   "주께서 내게 복을 주시려거든 나의 지역을 넓히시고 주의 손으로 나를 도우사 나로 환난을 벗어나 내게 근심이 없게 하옵소서"(대상 4)

5. 이스라엘(야곱)의 아들로서 장자는 아니지만 장자의 명분을 받은 자는 누구입니까?(대상 5)

6. 다음 중 그핫 자손 중에서 찬송하는 직무를 맡은 사람은 누구입니까?(대상 6)

① 고라 ② 아마새 ③ 헤만 ④ 시므아

7. 눈의 아들 여호수아는 누구의 자손입니까?(대상 7)

① 에브라임 ② 아셀 ③ 므낫세 ④ 납달리

8. 사울은 어느 지파 사람입니까?(대상 8)

9. 다음 중 사울의 아들이 아닌 사람은 누구입니까?(대상 9)

① 요나단 ② 말기수아 ③ 아비나답 ④ 기스

10. 길보아 전투에서 전사한 사울과 그의 아들들의 시체를 거두어 장사 지내준 사람들은 누구였습니까?(대상 10)

① 블레셋 사람 ② 베냐민 지파

③ 여부스 사람 ④ 길르앗 야베스 사람

11. 다윗이 장로들에게 기름 부음을 받고 왕이 된 곳은 어디입니까?(대상 11)

① 예루살렘 ② 베들레헴 ③ 헤브론 ④ 벧엘

12. 다윗이 예루살렘을 정복할 때 그곳에 살던 원주민 이름은 무엇입니까?(대상 11)

13. 다윗의 용사 가운데 여부스 원주민들을 치고 예루살렘 산성을 다윗에게 돌려줌으로써 우두머리와 지휘관이 된 사람은 누구입니까?(대상11)

① 요압 ② 아비새 ③ 야소브암 ④ 엘르아살

14. 다윗의 부하 중 시세를 알고 이스라엘이 마땅히 행할 것을 아는 우두머리가 이백 명이나 있었던 지파는 어느 지파입니까?(대상 12)

15. 가드 사람으로 하나님의 궤를 석 달 동안 자기 집에 모심으로써 하나님께 복을 받은 사람은 누구입니까?(대상 13)

① 아비나답　② 웃사　③ 오벧에돔　④ 아히오

16. "하나님이 물을 쪼갬 같이 내 손으로 내 대적을 흩으셨다"라는 뜻을 가진 장소는 어디입니까?(대상 14)

① 베레스 웃사　② 바알브라심　③ 게셀　④ 기럇여아림

17. 여호와의 언약궤가 다윗 성으로 들어올 때에 창으로 내다보다가 다윗 왕이 춤추며 뛰노는 것을 보고 그를 업신여긴 사울의 딸은 누구입니까?(대상 15)

18. 법궤를 모시는 사람과 그의 역할을 바르게 연결한 것은 무엇입니까?(대상 16)

① 아삽 - 문지기

② 오벧에돔 - 조석으로 번제를 드리는 제사장

③ 사독 - 언약궤 앞에서 섬김

④ 헤만과 여두둔 - 악기로 찬송을 드림

19. 다음은 누구의 고백입니까?

"여호와여 우리 귀로 들은 대로는 주와 같은 이가 없고 주 외에는 하나님이 없나이다"(대상 17)

① 다윗　② 솔로몬　③ 나단　④ 헤만

20. 다윗 왕궁의 내각 구성을 틀리게 연결한 것은 무엇입니까?(대상 18)

① 요압 - 군대사령관

② 여호사밧 - 행정장관

③ 사독과 아비멜렉 - 제사장

④ 브나야 - 왕을 모시는 사람들의 우두머리

21. 나하스의 아들로 암몬 왕이 되어 다윗이 보낸 조문 사절의 수염을 깎고 의복을 잘라 돌려보낸 사람은 누구입니까?(대상 19)

22. 골리앗과 그의 아우 라흐미는 어디 사람입니까?(대상 20)

① 랍바　② 가드　③ 암몬　④ 게셀

23. 다윗을 충동하여 이스라엘을 계수(인구조사)하게 한 자는 누구입니까?(대상 21)

① 사탄　② 요압　③ 브나야　④ 성령

24. 다윗이 인구조사를 마치고 회개했을 때 하나님이 보낸 선견자(=선지자)의 이름은 무엇입니까?(대상 21)

25. 인구조사 후 하나님이 내리신 징벌 가운데 다윗이 선택한 것은 무엇입니까?(대상 21)

① 삼 년 기근　② 석 달 동안 적군의 칼에 쫓김

③ 사흘간의 전염병　④ 여호와 사자의 칼에 죽임을 당함

26. 다윗이 성전 건축 재료를 준비할 때 백향목은 어디에서 구입했습니까?(대상 22)

① 나사렛　② 애굽　③ 블레셋　④ 두로와 시돈

27. 여호와의 성전에서 섬기는 일을 하는 레위 사람은 몇 세 이상 된 자들입니까?(대상 23)

① 18세　② 20세　③ 30세　④ 40세

28. 아론의 아들 중 나답과 아비후가 아버지보다 먼저 죽자, 엘르아살과 이다말이 제사장이 되었습니다. 다윗은 엘르아살의 자손과 이다말의 자손 아히멜렉에게 제사장 직분을 감당하게 했습니다. 제사장 직분을 감당한 엘르아살의 자손은 누구입니까?(대상 24)

29. 다윗 시대에 신령한 노래를 하는 데 사용된 악기가 아닌 것은 무엇입니까?(대상 25)

① 오르간　② 나팔　③ 수금　④ 비파

30. 고라와 므라리 자손의 직책은 무엇이었습니까?(대상 26)

① 관원과 재판관 ② 악기로 찬송하는 일
③ 성물을 정결하게 하는 일 ④ 문지기

31. 레위 사람 중 하나님의 전 곳간과 성물 곳간을 맡은 자는 누구입니까?(대상 26)

① 그나냐 ② 아히야 ③ 아삽 ④ 엘르아살

32. 다윗의 숙부이면서 지혜가 있어 모사가 되고 서기관도 되었던 사람은 누구입니까?(대상 27)

① 여히엘 ② 후새 ③ 요나단 ④ 여호야다

33. 다음 중 다윗이 아들 솔로몬에게 유언한 내용이 아닌 것은 무엇입니까?(대상 28)

① 성전 건축을 힘써 행하라
② 온전한 마음과 기쁜 뜻으로 하나님을 섬기라
③ 하나님을 찾으면 만날 것이다
④ 영토 확장에 전력을 기울이라

34. 다윗은 성전 건축이 누구를 위한 것이라고 하였습니까?(대상 29)

① 여호와 하나님 ② 다윗 ③ 솔로몬 ④ 이스라엘 백성

35. 다윗이 이스라엘을 다스린 기간은 몇 년입니까?(대상 29)

역대하

1. (   ) 안에 공통으로 들어갈 말은 무엇입니까?

"하나님이 솔로몬에게 이르시되 이런 마음이 네게 있어서 부나 재물이나 영광이나 원수의 생명 멸하기를 구하지 아니하며 장수도 구하지 아니하고 오직 내가 네게 다스리게 한 내 백성을 재판하기 위하여 (   )와 지식을 구하였으니 그러므로 내가 네게 (   )와 지식을 주고 부와 재물과 영광도 주리니 네 전의 왕들도 이런 일이 없었거니와 네 후에도 이런 일이 없으리라 하시니라"(대하 1)

2. 솔로몬에게 성전 건축을 위한 재주있는 사람과 백향목과 잣나무와 백단목을 보내달라는 요청을 받은 사람은 누구입니까?(대하 2)

3. 다음 중 솔로몬의 성전 건축공사와 관련이 없는 것은 무엇입니까?(대하 3)

① 모리아 산 ② 오르난의 타작마당
③ 솔로몬 즉위 4년 2개월 2일째 착공 ④ 이방인들은 참여하지 못함

4. 성전 앞에 세운 두 기둥의 이름은 무엇입니까?(대하 3)

5. 성전 기구 중 등잔대는 무엇으로 만들었습니까?(대하 4)

① 금 ② 은 ③ 놋 ④ 백향목

6. 언약궤는 성전의 어디에 안치되었습니까?(대하 5)

7. 다음은 성전을 봉헌할 때의 장면입니다. ( ) 안에 들어갈 말은 무엇입니까?

"제사장들이 그 구름으로 말미암아 능히 서서 섬기지 못하였으니 이는 여호와의 ( ) 이 하나님의 전에 가득함이었더라"(대하 5)

8. 성전을 준공한 후 솔로몬이 드린 기도의 주된 내용은 무엇입니까?(대하 6)

① 내 자손이 왕위에서 끊어지지 않게 하옵소서
② 열국이 주의 전에서 예배하게 하옵소서
③ 누구든지 이 성전에서 기도할 때 하늘에서 들으시옵소서
④ 주의 능력으로 이스라엘이 전쟁에서 승리하게 하옵소서

9. 다음은 성전 건축 후 하나님께서 솔로몬에게 다시 나타나시어 하신 말씀 중 일부입니다. ( ) 안에 들어갈 말은 무엇입니까?

"이는 내가 이미 이 성전을 택하고 거룩하게 하여 내 이름을 여기에 영원히 있게 하였음이라 내 눈과 내 ( )이 항상 여기에 있으리라"(대하 7)

10. 솔로몬이 여호와의 전과 궁궐을 다 짓기까지 몇 년이 소요되었습니까?(대하 8)

11. 다음 중 솔로몬의 행적을 기록한 책이 아닌 것은 무엇입니까?(대하 9)

① 선지자 나단의 글 ② 아히야의 예언 ③ 잇도의 묵시 책 ④ 솔로몬의 일대기

12. 느밧의 아들로 솔로몬의 낯을 피해 애굽으로 도망했다가, 온 이스라엘이 르호보암을 왕으로 삼고자 한다는 말을 듣고 돌아온 사람은 누구입니까?(대하 10)

13. 성난 민심을 달래기 위해 르호보암 왕이 보냈으나 이스라엘 자손이 돌로 쳐 죽

인 역군의 감독은 누구입니까?(대하 10)

14. 여로보암의 반역을 따르지 않고 끝까지 르호보암을 따랐던 두 지파는 어느 지파입니까?(대하 11)

15. 르호보암 치세의 유다(예루살렘)를 치러 왔던 애굽 왕은 누구입니까?(대하 12)

① 바르느고 ② 시삭 ③ 산헤립 ④ 벤하닷

16. 애굽 왕 시삭이 예루살렘에 침범한 후 르호보암이 솔로몬이 만든 금 방패를 대신하여 만든 것은 무엇입니까?(대하 12)

대하

17. 이스라엘의 여로보암과 전쟁하여 이스라엘이 택한 병사 50만을 죽이고 크게 승리한 유다 왕은 누구입니까?(대하 13)

① 르호보암 ② 아사 ③ 여호사밧 ④ 아비야

18. 다음 중 유다 왕 아사의 공적이 아닌 것은 무엇입니까?(대하 14)

① 이방 제단과 산당을 없애고 주상을 깨뜨리며 아세라 상을 찍었다
② 유다에 견고한 성읍들을 건축하고 그 주위에 성곽과 망대와 문과 빗장을 만들었다
③ 선지자 오뎃의 예언을 듣고 가증한 물건들을 없애고 여호와의 제단을 재건하였다
④ 성읍마다 재판관들을 세우고 공의로 재판하게 하였다

19. 어머니 마아가가 아세라의 가증한 목상을 만들었을 때 그의 태후 자리를 폐하고 그의 우상을 찍고 빻아 기드론 시냇가에서 불살랐던 왕은 누구입니까?(대하 15)

① 아사 ② 바아사 ③ 여호사밧 ④ 아하시야

20. 이스라엘 왕 바아사가 유다를 치러 왔을 때 아사 왕이 도움을 요청한 사람은 누구입니까?(대하 16)

① 여호와 ② 구스 사람 ③ 애굽 왕 ④ 아람 왕 벤하닷

21. 유다 왕 아사가 분노하여 옥에 가둔 선견자는 누구입니까?(대하 16)

22. 방백들과 레위인, 그리고 제사장들로 하여금 여호와의 율법책을 가지고 유다 여러 성읍에 가서 가르치게 한 왕은 누구입니까?(대하 17)

① 아사 ② 여호람 ③ 여호사밧 ④ 아달랴

23. 여호사밧이 이스라엘 왕 아합과 연합하여 길르앗 라못을 치려 할 때 거짓 예언자들과 반대되는 바른 예언을 하여 뺨을 맞고 옥에 갇힌 예언자는 누구입니까?(대하 18)

① 시드기야 ② 미가야 ③ 예후 ④ 하나니

24. 길르앗 라못에서 이스라엘 왕 아합과 왕복을 바꿔 입고 전쟁터에 들어갔다가 아람 사람들에게 죽을 뻔한 유다 왕은 누구입니까?(대하 18)

25. 다음은 누가 여호사밧을 책망한 말입니까?

"왕이 악한 자를 돕고 여호와를 미워하는 자들을 사랑하는 것이 옳으니이까 그러므로 여호와께로부터 진노하심이 왕에게 임하리이다"(대하 19)

26. 모압, 암몬 자손과 마온 사람들이 연합하여 유다에 쳐들어왔을 때 여호사밧이 거룩한 예복을 입히고 군대 앞에서 행진하게 했던 사람들은 누구입니까?(대하 20)

① 제사장들 ② 지휘관들 ③ 율법사들 ④ 노래하는 자들

27. 유다 왕 여호사밧이 이스라엘 왕 아하시야와 연합하여 배를 만들었으나 여호와께서 그 배들을 부수었던 장소는 어디입니까?(대하 20)

28. 여호람 왕 시대에 유다를 배반하여 그 지배에서 벗어난 나라는 어디입니까?(대하 21)

① 블레셋 ② 에돔 ③ 아라비아 ④ 모압

29. 아합의 딸로 자기 아들 아하시야가 죽은 것을 보고 유다 집의 왕국 씨를 진멸하고 나라를 6년 동안 다스린 여인은 누구입니까?(대하 22)

① 아달랴 ② 여호사브앗 ③ 아사랴 ④ 마아세야

30. 요아스에게 기름을 부어 왕으로 세우고, 바알 신당을 부수며 바알 제사장 맛단을 죽이고 아달랴를 죽이게 한 제사장은 누구입니까?(대하 23)

① 미가야 ② 예후 ③ 여호야다 ④ 오뎃

31. 시비아의 아들로 7세에 왕위에 올라 여호와의 전을 보수했으나 후에는 여호와의 전을 버리고 우상을 섬기다가 제사장 스가랴를 죽이기까지 한 유다 왕은 누구입니까?(대하 24)

대하

32. 다음 중 좋은 평가를 받은 적이 없는 왕은 누구입니까?(대하 14~24)

① 아사 ② 여호사밧 ③ 아하시야 ④ 요아스

33. 전쟁에서 패하고 신하들이 제사장 여호야다의 아들들의 피로 말미암아 반역하여 침상에서 암살당한 왕은 누구입니까?(대하 24)

34. 이스라엘 왕 요아스에게 패하였고, 그 후 반역자들에게 쫓겨 라기스에서 죽임 당한 유다 왕은 누구입니까?(대하 25)

① 요아스 ② 아마샤 ③ 웃시야 ④ 아하시야

35. 웃시야 왕이 성전에 들어가서 분향하려는 것을 용감하게 제지하고 그를 성전에서 쫓아낸 제사장은 누구입니까?(대하 26)

① 여호야다 ② 스가랴 ③ 아사랴 ④ 여루사

36. 죽는 날까지 나병 환자가 되어 여호와의 전에서 끊어져 별궁에서 살았던 왕은 누구입니까?(대하 26)

37. 여호와 보시기에 악을 행하여 우상을 만들고 제사하며 이방 사람들의 가증한 일을 본받았던 악한 왕은 누구입니까?(대하 28)

① 요아스 ② 아마샤 ③ 웃시야 ④ 아하스

38. "아람 왕들의 신들이 그들을 도왔으니 나도 그 신에게 제사하여 나를 돕게 하리라"고 했던 왕은 누구입니까?(대하 28)

① 아비얌 ② 아하시야 ③ 아달랴 ④ 아하스

39. 아하스의 아들로 25세에 왕위에 올라 29년 동안 다스리면서 예배를 바르게 회복시킨 유다 왕은 누구입니까?(대하 29)

40. 유다와 이스라엘 온 회중뿐 아니라 나그네들에 이르기까지 대대적으로 유월절을 지키게 함으로써 솔로몬 이래로 다시없던 큰 기쁨을 가져오게 한 왕은 누구입니까?(대하 30)

41. 제사장들과 레위 사람들의 반열을 정하여 직임을 행하게 하고 그들의 생계 대책을 정해준 왕은 누구입니까?(대하 31)

① 아사 ② 여호사밧 ③ 여호람 ④ 히스기야

42. 히스기야 왕 때 예루살렘을 치러 올라와서 왕과 하나님을 비방하고 욕하며 큰 소리치다가, 결국 후에는 그의 몸에서 난 자들에게 죽임을 당한 앗수르 왕은 누구입니까?(대하 32)

43. 산헤립의 침공 때에 히스기야와 함께 하늘을 향하여 부르짖어 기도한 선지자는 누구입니까?(대하 32)

44. 유다 역사상 온 땅이 우상 천지가 되게 하고 백성들로 하여금 이방인들보다 더 심하게 악을 행하도록 만든 왕은 누구입니까?(대하 33)

45. 쇠사슬로 결박되어 바벨론으로 끌려가 환난을 당한 후에 예루살렘에 돌아와서 여호와께서 하나님이심을 깨달은 왕은 누구입니까?(대하 33)

46. 요시야 왕의 종교개혁과 관련이 있는 사람은 누구입니까?(대하 34)

① 히스기야, 갈렙 ② 사울, 다윗 ③ 힐기야, 사반 ④ 레위, 사독

47. 요시야가 애굽 왕 느고의 말을 듣지 않고 활에 맞아 죽었을 때 그를 위하여 애가를 지어 슬퍼한 선지자는 누구입니까?(대하 35)

① 이사야 ② 예레미야 ③ 에스겔 ④ 아모스

대하

48. 갈그미스로 진격하다가 므깃도 골짜기에서 요시야를 만나 그에게 중상을 입혀 죽인 애굽의 바로는 누구입니까?(대하 35)

49. 유다의 마지막 왕으로 여호와 앞에서 악을 행함으로써 나라와 함께 비극적인 최후를 맞이한 왕은 누구입니까?(대하 36)

에스라

1. 다음 중 바사 왕 고레스가 공포한 조세 내용과 거리가 먼 것은 무엇입니까?(스 1)

① 이스라엘의 하나님은 참 신이시다

② 하나님의 백성은 모두 유다 예루살렘으로 올라가서 여호와의 성전을 건축하라

③ 그 땅(예루살렘)에 남아 있는 백성은 성전 건축에 참여해서는 안 된다

④ 하늘의 하나님 여호와께서 세상 모든 나라를 나에게 주셨다

2. 고레스의 조서에 따라 성전의 기명들을 가지고 예루살렘으로 귀환한 유다 총독은 누구입니까?(스 1)

① 미드르닷　② 세스바살　③ 스룹바벨　④ 느헤미야

3. 성전을 재건할 때 제사장들과 레위 사람들, 나이 많은 족장들이 성전의 기초 놓임을 보고 대성통곡한 이유는 무엇입니까?(스 3)

① 도구가 부족해서　② 일할 사람이 부족해서

③ 첫 성전을 보았으므로　④ 사람들이 죽어서

4. 성전 공사의 감독을 맡은 사람들은 누구입니까?(스 3)

① 제사장들　② 느디님 사람들

③ 족장　④ 20세 이상의 레위 사람들

5. 다음 〈보기〉의 공통점은 무엇입니까?(스 4)

보기	비슬람, 미드르닷, 다브엘, 르훔, 심새

① 각 지파의 우두머리들
② 성전 건축 예물을 드린 사람들
③ 성전 공사의 감독들
④ 예루살렘 주민들을 모함하는 상소장을 올린 사람들

6. 상소장을 받고 성전 공사를 중단시킨 왕은 누구입니까?(스 4)
① 고레스 ② 아하수에로 ③ 아닥사스다 ④ 다리오

7. 다음 중 중단되었던 공사를 재개하는 데 참여하지 않은 사람은 누구입니까?(스 5)
① 아비삭 ② 학개 ③ 스가랴 ④ 스룹바벨

스

8. 성전 재건에 힘을 실어준 예언자 두 사람은 누구입니까?(스 5)

9. 성전 공사가 끝난 것은 다음 중 어느 왕 때입니까?(스 6)
① 고레스 ② 아닥사스다 ③ 다리오 ④ 아하수에로

10. 아닥사스다 왕의 조서를 가지고 귀향민을 이끈 지도자는 누구입니까?(스 7)

11. 에스라가 백성을 이끌고 귀환할 때 아하와 강가에서 금식을 선포한 이유는 무엇입니까?(스 8)
① 레위인을 데리고 오지 못한 것을 자책하여서
② 가지고 온 식물이 모자라서
③ 강을 건널 수가 없어서
④ 평탄한 귀로를 하나님께 간구하기 위해서

12. 귀환한 에스라가 옷을 찢고 머리털을 뜯으며 분개한 이유는 무슨 소식을 들었기 때문입니까?(스 9)

① 백성의 당파 싸움 ② 성전 건축자금 횡령 사건

③ 우상 숭배 ④ 이방인들과의 통혼(잡혼)

13. 이방인들과의 결혼 소식을 듣고 에스라가 취한 개혁 조치는 무엇입니까?(스 10)

① 삼 일 동안의 금식을 선포하고 죄를 회개하도록 했다

② 이방인들과 결혼한 사람들을 조사하고 그 아내와 소생들을 다 내보내기로 했다

③ 이방인들과 결혼한 사람들을 다 외국으로 축출했다

④ 결혼한 이방인들로 하여금 할례를 받고 귀화하게 했다

느헤미야

1. 느헤미야가 아닥사스다 왕의 통치하에서 수산궁에 있을 때 그의 직위는 무엇이었습니까?(느 1)

   ① 총독 ② 방백 ③ 왕의 살림 감독 ④ 왕의 술 관원

2. 유다에서 올라와 느헤미야에게 유다와 예루살렘의 소식을 전해 준 사람은 누구입니까?(느 1)

   ① 하나니 ② 막나니 ③ 하가랴 ④ 아삽

3. 유다의 형편을 들은 느헤미야가 가장 먼저 취한 행동은 무엇입니까?(느 1)

   ① 바사 왕국에 귀화하기로 결심했다 ② 하나님을 원망했다
   ③ 하나님 앞에 울며 기도했다 ④ 예루살렘의 장로들에게 서신을 보냈다

4. 아닥사스다 왕에게 느헤미야가 요청한 내용이 아닌 것은 무엇입니까?(느 2)

   ① 유다 땅에 가서 성을 건축하게 해 달라
   ② 강 서쪽의 총독들에게 조서를 내려 달라
   ③ 아삽에게 조서를 내려 집 지을 들보 재목을 주게 하라
   ④ 바사국에 있는 유대인들을 다 데려가게 해 달라

5. 예루살렘에 도착한 느헤미야가 먼저 비밀리에 행한 것은 무엇입니까?(느 2)

① 예루살렘 인구 조사 ② 성벽 실태 조사

③ 예루살렘 성 건축 설계 ④ 인부들과 병사 모집

6. 다음 〈보기〉 중에서 느헤미야가 예루살렘 성 건축을 발표하고 결의했을 때 이를 비웃고 업신여겼던 세 사람은 누구입니까?(느 2)

보기	도비야, 삭굴, 게셈, 산발랏, 아삽

7. 예루살렘 성벽과 각 문을 건축하는 공사를 한 사람들은 누구입니까?(느 3)

① 느헤미야가 품꾼을 사서 했다

② 다리오 왕이 보낸 기술자들이 했다

③ 이방인들과 노예들이 했다

④ 여러 사람이 한 부분씩 분담해서 했다

8. 다음 중 "그들이 건축하는 돌 성벽은 여우가 올라가도 곧 무너지리라"는 말을 한 사람은 누구입니까?(느 4)

① 느헤미야 ② 엘리아십 ③ 산발랏 ④ 도비야

9. 다음 중 예루살렘 성이 중수되어 간다는 소식을 듣고 분노하며 이를 방해하려고 한 사람들과 거리가 먼 것은 누구입니까?(느 4)

① 산발랏 ② 도비야 ③ 아라비아 사람들 ④ 여리고 사람들

10. 다음과 같이 말한 암몬 사람은 누구입니까?

"그들이 건축하는 돌 성벽은 여우가 올라가도 곧 무너지리라"(느 4)

11. 백성의 부역이 중함을 감안하여 느헤미야가 취한 행동은 무엇입니까?(느 5)

① 총독의 녹을 받지 않았다

② 성벽 공사를 중단했다

③ 땅을 사 두었다

④ 백성에게 임금을 지불했다

12. 산발랏이 느헤미야를 해하고자 하여 외딴 곳에서 만나자고 사람을 보냈으나 오지 않자 그 종자의 손에 들려 보낸 것은 무엇입니까?(느 6)

① 칼 ② 봉하지 않은 편지 ③ 이방신상 ④ 해골

13. 성벽 공사가 끝났다는 소식을 들은 대적들과 이방족속들은 어떻게 반응했습니까?(느 6)

① 기뻐했다 ② 분노했다 ③ 낙담했다 ④ 도망했다

14. 성이 건축된 후 예루살렘을 다스린 자들은 누구입니까?(느 7)

① 산발랏과 도비야 ② 들라야의 아들 스마야
③ 하나니와 하나냐 ④ 에스라와 느헤미야

15. 느헤미야가 일러준 예루살렘 성읍을 파수하는 방법으로 거리가 먼 것은 무엇입니까?(느 7)

① 해가 뜨기 전에 예루살렘 성문을 연다
② 아직 파수할 때에 곧 문을 닫는다
③ 문을 닫은 후에 반드시 빗장을 지른다
④ 주민들은 각각 자기가 지키는 곳에서 파수한다

16. 이스라엘 자손들이 성읍에 거주한 지 일곱째 달에 수문 앞 광장에 모였을 때 에스라가 한 일은 무엇입니까?(느 8)

① 지도자들을 뽑아 세웠다 ② 나라의 장래 일을 의논하였다
③ 건축 보고회를 열었다 ④ 모세의 율법 책을 낭독하였다

17. 다음은 율법의 말씀을 듣고 우는 백성에게 누가 한 말입니까?

"너희는 가서 살진 것을 먹고 단 것을 마시되 준비하지 못한 자에게는 나누어 주라 이 날은 우리 주의 성일이니 근심하지 말라 여호와로 인하여 기뻐하는 것이 너희의 힘이니라"(느 8)

18. 율법책을 낭독하고 해석한 일 이후에 이스라엘 자손이 지킨 절기는 무엇입니까?(느 8)

① 유월절 ② 칠칠절 ③ 초막절 ④ 부림절

느

19. 이스라엘 자손이 일곱째 달 24일에 모두 모여 금식하고 회개하면서 세운 언약의 내용과 거리가 먼 것은 무엇입니까?(느 10)

① 이방인들과의 잡혼 금지　　② 안식일과 성일 준수
③ 첫 열매와 십일조 성전에 봉헌　　④ 매년 성전 수리와 보수

20. 다음 중 예루살렘에 거주하게 된 사람들은 누구입니까?(느 11)

① 지도자들과 제비 뽑힌 백성의 십분의 일
② 제사장과 레위인들
③ 느헤미야가 지정한 백성의 삼분의 일
④ 유다 자손과 베냐민 자손

21. 예루살렘 성벽 봉헌식을 행할 때 각처에서 레위인을 찾은 까닭은 무엇을 하게 하기 위함입니까?(느 12)

① 제사　② 노래와 악기 연주　③ 성벽 파수　④ 율법 낭독

22. 다음 (　) 안에 들어갈 말은 무엇입니까?

"스룹바벨 때와 느헤미야 때에는 온 이스라엘이 노래하는 자들과 문지기들에게 날마다 쓸 몫을 주되 그들이 성별한 것을 레위 사람들에게 주고 레위 사람들은 그것을 또 성별하여 (　) 자손에게 주었느니라"(느 12)

23. 양식과 물로 이스라엘 자손을 영접하지 않고 도리어 발람에게 뇌물을 주어 저주하게 한 까닭에, 영원히 하나님의 총회에 들어가지 못하게 된 사람들은 누구입니까?(느 13)

① 아말렉 사람　② 에돔 사람　③ 암몬과 모압 사람　④ 두로와 시돈 사람

24. 다음 중 느헤미야에게 책망과 저주를 받고 맞기도 하며 머리털까지 뽑힌 사람들은 어떤 사람들이었습니까?(느 13)

① 도비야를 위하여 하나님의 전 뜰에 방을 만든 제사장 엘리아십과 그 식구들
② 레위 사람들에게 돌아갈 몫을 주지 아니한 민장들
③ 안식일에 짐을 싣고 예루살렘에 들어와 물건을 판 사람들
④ 아스돗과 암몬과 모압 여인을 아내로 삼은 유다 사람들

에스더

1. 에스더서는 어느 나라, 어느 왕 때의 이야기입니까?(에 1)

2. 다음 중 아하수에로와 관련이 없는 사항은 무엇입니까?(에 1)

① 바벨론 왕 ② 인도에서 구스까지 통치
③ 127 지방을 다스림 ④ 수산 궁에서 즉위

3. 다음 〈보기〉에 나오는 사람들의 공통된 직업은 무엇입니까?(에 1)

보기 가르스나, 세달, 아드마다, 다시스, 메레스, 르스나, 므무간

① 어전 내시 ② 왕의 후궁 ③ 하만의 신하 ④ 바사와 메대의 지방관(방백)

4. 아하수에로 왕이 왕후 와스디를 폐위시킨 이유는 무엇입니까?(에 1)

① 투기죄 ② 병약함 ③ 왕명 불복종 ④ 하만과의 역모에 가담

5. 에스더의 또 다른 이름은 무엇입니까?(에 2)

① 헤게 ② 하닷사 ③ 아비하일 ④ 시아스가스

6. 모르드개의 이름이 궁중일기에 기록된 연유는 무엇 때문입니까?(에 2)

① 왕후 에스더를 소개하였으므로

② 에스더의 오빠였으므로

③ 대궐 문에 앉아 지켰으므로

④ 왕을 암살하려는 내시의 음모를 미리 알려주었으므로

7. 유대인을 학살하기 위해 아하수에로 왕에게 조서를 내리게 한 사람은 누구입니까?(에 3)

8. 다음은 에스더가 누구에게 한 말입니까?

"당신은 가서 수산에 있는 유다인을 다 모으고 나를 위하여 금식하되 밤낮 삼 일을 먹지도 말고 마시지도 마소서 나도 나의 시녀와 더불어 이렇게 금식한 후에 규례를 어기고 왕에게 나아가리니 죽으면 죽으리이다"(에 4)

9. 규례를 어기고 왕 앞에 선 에스더가 왕에게 제일 처음 청한 것은 무엇입니까?(에 5)

① 나라의 절반을 떼어 달라는 것

② 오빠 모르드개의 목숨을 구해 달라는 것

③ 하만을 당장 처형해 달라는 것

④ 왕을 위한 잔치에 하만과 함께 참석해 달라는 것

10. 하만이 높이가 50규빗 되는 나무를 세운 이유는 무엇입니까?(에 5)

① 왕후에게 충성심을 나타내려고

② 망대를 세워 모르드개를 감시하려고

③ 자신의 지위와 명예를 과시하려고

④ 모르드개를 달아 죽이려고

11. 에스더의 잔치에 초대받았던 날 밤에 왕은 무슨 책을 읽었습니까?(에 6)

12. 모르드개에게 왕복을 입히고 말을 태워 성 중 거리로 다니며 "왕이 존귀하게 하기를 원하시는 사람에게는 이같이 할 것"이라고 반포한 사람은 누구입니까?(에 6)

13. 음모가 발각돼 왕의 진노를 산 하만은 어떻게 죽었습니까?(에 7)

① 참수형을 당했다 ② 짐승의 밥이 되었다
③ 나무에 매달려 죽었다 ④ 화형을 당했다

14. 사형을 당한 하만의 집은 누구에게 넘어갔습니까?(에 8)

15. 유다인의 대적들을 진멸하라는 왕의 조서는 누가 시키는대로 기록되었습니까?(에 8)

16. 부림절은 '제비'를 뜻하는 '부르'의 복수형입니다. 그렇다면 부림절은 며칠 동안 지켜졌습니까?(에 9)

17. 다음은 부림절에 관한 설명입니다. 옳지 않은 것은 무엇입니까?(에 9)

① 니산월 13일, 14일이 부림절로 지키는 날이다
② '부르'의 이름을 따라 '부림'이라 하였다
③ 부림절을 유다의 후손들에게 계속 지키게 하였다
④ 부림절 사건으로 모르드개는 유다인 중에 크게 존경을 받았다

18. 부림절 사건 이후의 모르드개에 관한 설명으로 옳지 못한 것은 무엇입니까?(에 10)

① 아하수에로의 뒤를 이어 왕이 되었다
② 유다인 중에 크게 존경을 받았다
③ 그의 허다한 형제에게 사랑을 받았다
④ 그의 백성의 이익을 도모하였다

욥기

1. 다음은 욥의 성품에 관한 묘사입니다. (　) 안에 들어갈 말은 무엇입니까?

   "온전하고 정직하여 하나님을 (　　　)하며 (　　　)에서 떠난 자더라"(욥 1)

2. 욥의 아들들이 각각 자기 생일에 잔치를 베풀고 난 후에 욥이 한 일은 무엇입니까?(욥 1)

   ① 자녀들을 축복함　② 자녀의 명수대로 번제를 드림
   ③ 자녀들에게 선물을 나눠 줌　④ 나그네와 종들에게 잔치를 베풀어 줌

3. 다음 중 사탄이 욥을 시험할 때 동원한 것이 아닌 것은 무엇입니까?(욥 1)

   ① 스바 사람　② 갈대아 사람　③ 우스 사람　④ 불

4. 욥이 처음 재앙을 당한 뒤 엎드려 한 말을 완성해 보십시오.

   "내가 모태에서 (　　　)으로 나왔사온즉 또한 (　　　)이 그리로 돌아가올지라 주신 이도 (　　　)시요 거두신 이도 (　　　)시오니 여호와의 이름이 찬송을 받으실지니이다"(욥 1)

5. 사탄의 첫 번째 참소를 받으신 하나님은 욥의 경건을 시험하도록 허락하시되 한 가지만은 금하셨습니다. 그것은 무엇입니까?(욥 2)

6. 두 번째 시험을 당한 욥에게 그의 아내가 한 말은 무엇입니까?(욥 2)

① 가죽으로 가죽을 바꾸라　　② 생일을 저주하라

③ 자업자득이니 인내하라　　④ 하나님을 욕하고 죽으라

7. 시험 당한 욥을 위로하러 왔던 세 친구의 이름은 무엇입니까?(욥 2)

8. 시험 당한 욥은 입을 열어 무엇을 저주하였습니까?(욥 3)

① 사탄　　② 자신의 생일　　③ 자기의 운명　　④ 꾸짖는 세 친구

9. 구약성경에서 자기 생일을 저주한 두 사람은 누구입니까?(욥 3, 렘 20)

10. 다음 중 엘리바스에 대한 설명으로 옳지 않은 것은 무엇입니까?(욥 4)

① 욥의 친구 중 제일 먼저 욥에게 말하였다

② 그는 데만 사람이었다

③ 그는 주로 경험에 근거하여 자신의 주장을 폈다

④ 고난은 더 큰 축복을 위한 하나님의 섭리라고 하였다

11. 다음 중 엘리바스가 욥에게 생각해 보라고 한 것은 무엇입니까?(욥 4)

① 죄 없이 망한 자가 누구인가

② 하나님이 어찌 정의를 굽게 하시겠는가

③ 말이 많은 사람이 어찌 의롭다 함을 얻겠는가

④ 하나님의 오묘함을 어찌 측량하겠는가

12. 엘리바스가 본 환상 중에서 한 영이 그에게 하신 말씀은 무엇입니까?(욥 4)

① 사람이 어찌 하나님보다 의롭겠느냐

② 네 경외함이 네 자랑이 아니냐

③ 전능자의 징계를 업신여기지 말라

④ 하나님은 그의 종을 그대로 믿으신다

13. 엘리바스는 자기가 욥이라면 어떻게 하겠다고 하였습니까?(욥 5)

① 하나님을 찾겠고 하나님께 의탁하겠다
② 하나님을 욕하겠다
③ 하나님을 찬송하고 감사하겠다
④ 하나님께 고난의 이유를 물어 보겠다

14. 다음은 누가 한 말입니까?

"하나님께 징계 받는 자에게는 복이 있나니 그런즉 너는 전능자의 징계를 업신여기지 말지니라"(욥 5)

① 욥 ② 엘리바스 ③ 빌닷 ④ 소발

15. 엘리바스의 첫 번째 말에 대한 욥의 대답이 아닌 것은 무엇입니까?(욥 6)

① 자신의 괴로움을 토로했다
② 기력이 없어 참고 기다릴 수 없다고 했다
③ 자신의 허물을 깨닫게 해 보라고 했다
④ 친구들의 충고를 고맙다고 했다

16. 욥은 자신이 괴로움을 참지 못하고 불평하는 이유가 무엇이라고 했습니까?(욥 7)

① 자신의 날(생명)이 빨리 지나가기 때문에
② 내세가 있는지 모르기 때문에
③ 형제들이 자기를 버렸기 때문에
④ 잃어버린 자녀들이 보고 싶기 때문에

17. 다음은 누가 한 말입니까?

"네가 만일 하나님을 찾으며 전능하신 이에게 간구하고 또 청결하고 정직하면 반드시 너를 돌보시고 네 의로운 처소를 평안하게 하실 것이라 네 시작은 미약하였으나 네 나중은 심히 창대하리라"(욥 8)

① 욥 ② 엘리바스 ③ 빌닷 ④ 소발

18. 다음 중 빌닷에 대한 설명으로 옳지 않은 것은 무엇입니까?(욥 8)

① 수아 사람이다

② 주로 전통에 근거하여 자신의 주장을 폈다
③ 욥의 의로움을 인정하고 동정했다
④ 욥의 자녀들이 주께 득죄하여 그들을 그 죄에 붙이셨다고 했다

19. 빌닷은 하나님을 잊어버리는 자의 길은 무엇과 같다고 하였습니까?(욥 8)

① 사막의 신기루 ② 돌무더기에 뿌리내린 나무
③ 시냇가에 심은 나무 ④ 물 없는 데서 자라는 갈대

20. 다음 중 욥이 원망조로 말한 하나님의 속성은 무엇입니까?(욥 9)

① 영원하심 ② 지혜롭고 강하심
③ 거룩하심 ④ 질문에 대답하심

21. 다음 중 욥이 불평한 내용이 아닌 것은 무엇입니까?(욥 9)

① 하나님이 온전한 자와 악한 자나 똑같이 멸망시킴
② 하나님이 무슨 까닭으로 자신을 괴롭히는지 모름
③ 하나님은 사람이 아니어서 만날 수도 없고 재판을 할 수도 없음
④ 하나님이 자신을 내버려 두심

22. 소발은 어디 사람입니까?(욥 11)

① 데만 ② 나아마 ③ 수아 ④ 우스

23. 소발은 자신이 욥에게 변론하는 이유에 대해 무엇이라고 했습니까?(욥 11)

① 욥이 자살을 기도하므로
② 욥이 자신을 학대하고 비관하므로
③ 욥이 친구들을 비난하므로
④ 욥이 스스로 자랑하고 의롭다 하므로

24. 다음 중 소발의 첫 번째 연설의 내용이 아닌 것은 무엇입니까?(욥 11)

① 하나님은 높고 크셔서 측량할 수 없다
② 하나님은 허망한 사람의 일을 다 보신다
③ 내 손에 죄악이 있거든 다 버리라
④ 고난을 참으면 악인에게도 희망이 있다

25. 소발의 충고에 욥은 어떻게 반응했습니까?(욥 12)

① 그게 참말이냐? ② 좀 더 알고 싶다
③ 나도 알고 있다 ④ 말도 안 되는 소리다

26. 욥은 소발에게 무엇에 관해 모든 짐승에게 물어보라고 했습니까?(욥 12)

① 하나님이 지혜와 권능으로 모든 일을 행하심
② 욥 자신의 무죄함
③ 악인의 운명
④ 의인의 고난

27. 다음은 누가 누구를 향해 한 말입니까?(욥 13)

- 거짓말을 지어내는 자, 쓸모없는 의원, 재난을 주는 위로자

28. 욥이 죽음을 각오하고 시도하고자 했던 것은 무엇입니까?(욥 13)

① 하나님과의 직접 변론 ② 친구들의 불의를 밝혀냄
③ 자신의 의로움 증명 ④ 자신의 미래와 운명을 앎

29. 다음 중 욥이 하나님께 묻고자 했던 질문은 무엇입니까?(욥 13)

① 내가 어떻게 하여야 주의 용서를 받을 수 있습니까?
② 나의 살날이 앞으로 얼마나 남아 있습니까?
③ 내가 어찌하면 평안히 음부에 내려갈 수 있습니까?
④ 나의 죄악이 얼마나 많기에 주께서 얼굴을 가리시고 나를 원수로 여기십니까?

30. 다음 중 욥의 인생관이 아닌 것은 무엇입니까?(욥 14)

① 인생은 짧고 걱정이 가득하다
② 인생의 날과 달은 주께서 정하셨다
③ 나무가 찍혀도 다시 사는 것처럼 인생도 죽으면 다시 살 희망이 있다
④ 인생의 허물과 죄악을 하나님께서는 주머니에 봉하고 싸매신다

31. 엘리바스는 욥에게 결국 무엇이 욥을 정죄하였다고 했습니까?(욥 15)

① 부모의 훈계 ② 욥의 행위 ③ 욥의 입술 ④ 욥의 양심

32. 엘리바스는 욥과 변론하면서 자기의 설명이 어디에서 온 것이라고 했습니까? (욥 15)

① 성경에서 읽은 것　② 지혜로운 조상이 전해 준 것
③ 교리와 신조에서 인용한 것　④ 기도하다가 영감 받은 것

33. 다음 중 엘리바스의 두 번째 변론의 요지(要旨)는 무엇입니까?(욥 15)

① 악인에게 임하는 고통　② 인생의 허무와 덧없음
③ 불가해한 하나님의 섭리　④ 의인이 받을 영원한 보상

34. 두 번째 변론에서 욥은 하나님과의 대면(對面) 대신에 무엇을 원했습니까?(욥 16)

① 병의 완쾌　② 하나님과 사람 사이의 중재자　③ 친구들의 위로　④ 편안한 죽음

35. 다음은 누가 한 말입니까?

"그는 그의 백성 가운데 후손도 없고 후예도 없을 것이며 그가 거하던 곳에는 남은 자가 한 사람도 없을 것이라"(욥 18)

36. 다음 욥의 말입니다. 여기서 '그'는 누구를 가리킵니까?

"그가 내 길을 막아 지나가지 못하게 하시고 내 앞길에 어둠을 두셨으며 나의 영광을 거두어가시며 나의 관모를 머리에서 벗기시고 사면으로 나를 헐으시니 나는 죽었구나 내 희망을 나무 뽑듯 뽑으시고 나를 향하여 진노하시고 원수 같이 보시는구나"(욥 19)

37. 다음 중 욥의 고통을 가중시킨 것으로 보기 힘든 것은 무엇입니까?(욥 19)

① 이웃의 조롱　② 가족들과 친지들의 외면
③ 하나님의 무응답　④ 친구들의 동정

38. 다음은 욥이 누구와 논쟁한 말입니까?

"내가 알기에는 나의 대속자가 살아 계시니 마침내 그가 땅 위에 서실 것이라 내 가죽이 벗김을 당한 뒤에도 내가 육체 밖에서 하나님을 보리라"(욥 19)

39. 다음은 누가 한 말입니까?

"악인이 이긴다는 자랑도 잠시요 경건하지 못한 자의 즐거움도 잠깐이니라 그 존귀함이 하늘에 닿고 그 머리가 구름에 미칠지라도 자기의 똥처럼 영원히 망할 것이라"(욥 20)

40. 다음 중 욥의 경험에 해당하는 말이 아닌 것은 무엇입니까?(욥 21)

① 악인은 오래 살고 세력이 강하다
② 악인의 암소는 낙태를 잘한다
③ 악인의 집은 평안하고 두려움이 없다
④ 악인들은 아이들을 양 떼 같이 내보내고 그들의 자녀들은 춤추는구나

41. 다음 중 하나님의 정의를 변호하기 위하여 욥의 죄목을 열거한 사람은 누구입니까?(욥 22)

① 엘리바스 ② 빌닷 ③ 소발 ④ 엘리후

42. 엘리바스의 세 번째 연설에 나타난 욥에 대한 충고가 아닌 것은 무엇입니까?(욥 22)

① 너는 하나님과 화목하고 평안하라
② 너는 하나님의 입에서 교훈을 받고 하나님의 말씀을 네 마음에 두라
③ 사람들이 너를 낮추거든 너는 아니라고 부인하라
④ 네 보화를 티끌로 여기고 오빌의 금을 계곡의 돌로 여기라

43. 다음 중 욥이 품었던 마음으로 보기 어려운 것은 무엇입니까?(욥 23)

① 반항하는 마음 ② 근심하는 마음
③ 현실을 인정하고 받아들이는 마음 ④ 죽고 싶은 마음

44. 욥은 정한 음식보다 무엇을 더 귀히 여겼다고 했습니까?(욥 23)

① 가족들의 위로 ② 하나님의 입의 말씀
③ 친구와의 우정 ④ 자신의 의

45. 욥은 왜 하나님 앞에서 떨며 두려워할 것이라고 했습니까?(욥 23)

① 하나님은 욥에게 작정하신 일을 반드시 이루실 것이기에
② 어둠이나 흑암이 그의 얼굴을 가렸기 때문에
③ 하나님의 뜻은 일정치 않고 언제 돌이키실지 알 수가 없기에
④ 자신에게 닥쳐올 고난이 두렵기 때문에

46. 욥이 바라본 인간사 일반에 대한 다음의 구절을 완성하십시오.

"(   )의 나귀를 몰아 가며 (   )의 소를 볼모 잡으며 가난한 자를 길에서 몰아내나니 세상에서 학대 받는 자가 다 스스로 숨는구나"(욥 24)

47. 다음 중 빌닷의 진술에 해당하는 것은 무엇입니까?(욥 25)

① 하나님이 비추는 광명은 의인들만 받는다
② 하나님 앞에서 사람은 다 깨끗하지 못하다
③ 하나님은 주권과 위엄을 가지셨고 높은 곳에서 화평을 베푸신다
④ 하나님의 군대를 사람들이 계수할 수 있다

48. 욥은 창조주의 권능을 다음과 같이 노래했습니다. (   ) 안에 들어갈 말은 무엇입니까?

"그는 능력으로 바다를 잔잔하게 하시며 지혜로 (   )을 깨뜨리시며 그의 입김으로 하늘을 맑게 하시고 손으로 날렵한 뱀을 무찌르시나니"(욥 26)

① 리워야단　② 라합　③ 베헤못　④ 사탄

49. 광석과 보석을 찾는 것보다 더 찾기 어려운 것은 무엇입니까?(욥 28)

50. 욥기 28장에서 하나님은 사람에게 무엇이 지혜라고 말씀하셨습니까?(욥 28)

① 계명을 지킴　② 공의를 추구함　③ 주를 경외함　④ 악을 미워함

51. 욥은 과거의 어느 때가 다시 오기를 원한다고 고백하였습니까?(욥 29)

① 하나님이 욥을 보호하시던 지난 세월
② 하나님이 그를 시험하시던 때
③ 사람들이 그를 비웃으며 조롱하던 때
④ 자녀들이 성장하여 효도하던 때

52. 욥은 자신이 비천한 자의 조롱거리가 된 이유를 다음과 같이 말했습니다. (   ) 안에 들어갈 말은 무엇입니까?

"하나님이 내 (   )를 늘어지게 하시고 나를 곤고하게 하심으로 무리가 내 앞에서 굴레를 벗었음이니라"(욥 30)

53. 다음은 욥의 고백입니다. (　) 안에 들어갈 말은 무엇입니까?

"누구든지 나의 변명을 들어다오 나의 서명이 여기 있으니 (　　)가 내게 대답하시기를 바라노라 나를 고발하는 자가 있다면 그에게 고소장을 쓰게 하라"(욥 31)

54. 다음 중 욥의 세 친구가 말을 그친 이유는 무엇입니까?(욥 32)

① 욥이 자신을 의인으로 여기므로　② 욥이 친구들을 상대해 주지 않으므로
③ 욥을 더 이상 괴롭히지 않으려고　④ 욥이 자기의 잘못을 깨닫고 후회하므로

55. 엘리후가 이제껏 욥에게 말하기를 참고 있었던 이유는 무엇입니까?(욥 32)

① 욥이 불쌍해서
② 자신의 나이가 어려서
③ 미처 끼어들 여지가 없어서
④ 진상을 추궁할 자는 사람이 아니라 하나님이시기에

56. 엘리후는 무엇이 사람에게 깨달음을 준다고 하였습니까?(욥 32)

① 나이　② 경험　③ 전능자의 숨결　④ 마음의 수양

57. 다음 중 엘리후가 변론에 끼어든 이유로 적절치 않은 것은 무엇입니까?(욥 32)

① 어른이라고 다 지혜로운 것이 아니므로
② 세 친구가 더 이상 대답하지 못하므로
③ 자신 속에 할 말이 가득하고 그의 영이 압박하므로
④ 사람에게 아첨하고 잘 보이기 위하여

58. 엘리후가 지적한 욥의 과오는 무엇입니까?(욥 34)

① 진실치 못하고 가증스러움　② 음란하고 불결함
③ 하나님을 불의하다고 비방함　④ 인내하지 못하고 경박함

59. 다음 중 엘리후의 연설 내용과 일치하는 것은 무엇입니까?(욥 35)

① 하나님은 인간의 죄악을 즉시 심판하신다
② 인간의 악행이나 의로움이 실상 하나님께는 상관이 없다
③ 인간의 악은 이웃을 해하고 의는 하나님을 유익하게 한다
④ 만물의 영장인 우리는 하나님이 어디 계신지 말할 수 있다

60. 다음은 누가 한 말입니까?(욥 37)

"전능자를 우리가 찾을 수 없나니 그는 권능이 지극히 크사 정의나 무한한 공의를 굽히지 아니하심이니라"

① 엘리바스 ② 빌닷 ③ 소발 ④ 엘리후

61. 여호와께서 욥에게 말씀하려고 나타나셨을 때 동반된 자연현상은 무엇이었습니까?(욥 38)

① 지진 ② 번개 ③ 폭풍우 ④ 우레

62. 여호와께서 욥에게 하신 첫 번째 말씀은 무엇입니까?(욥 38)

63. 다음 중 여호와께서 욥에게 질문하시고 대답을 요구하신 내용은 무엇입니까?(욥 38)

① 자연계와 창조의 신비 ② 구원의 역사
③ 욥의 불평과 고소 내용 ④ 하나님의 속성

욥

64. 새벽 별들이 기뻐 노래하며 하나님의 아들들이 기뻐 소리를 지른 때는 언제입니까?(욥 38)

① 하나님이 땅의 기초를 놓을 때 ② 바다가 그 모태에서 터져 나올 때
③ 빛이 창조되고 날들이 생겨났을 때 ④ 하나님이 악인들을 심판하실 때

65. 다음은 어느 동물에 관한 묘사입니까?

"골짜기에서 발굽질하고 힘 있음을 기뻐하며 앞으로 나아가서 군사들을 맞되 두려움을 모르고 겁내지 아니하며 칼을 대할지라도 물러나지 아니하니"(욥 39)

66. 다음 중 하나님이 두 번째로 욥에게 질문하신 내용이 아닌 것은 무엇입니까?(욥 40)

① 네가 내 공의를 부인하려느냐
② 네 의를 세우려고 나를 악하다 하겠느냐
③ 네가 하나님처럼 능력이 있느냐
④ 네 죄를 네가 아느냐

67. 다음은 어느 동물에 관한 묘사입니까?

"그것의 힘은 허리에 있고 그 뚝심은 배의 힘줄에 있고 그것이 꼬리 치는 것은 백향목이 흔들리는 것 같고 그 넓적다리 힘줄은 서로 얽혀 있으며 그 뼈는 놋관 같고 그 뼈대는 쇠 막대기 같으니"(욥 40)

① 말 ② 베헤못(하마) ③ 리워야단(악어) ④ 코끼리

68. 손을 얹어 보면 다시는 싸울 생각이 사라지고 보기만 해도 기가 꺾이게 만드는 피조물은 무엇입니까?(욥 41)

69. 하나님이 언급하신 피조물 중 가장 길게 묘사된 것은 무엇입니까?(욥 41)

① 독수리 ② 베헤못(하마) ③ 리워야단(악어) ④ 코끼리

70. 욥은 두 번째 응답에서 하나님을 어떤 분으로 고백했습니까?(욥 42)

① 무소부재하신 분 ② 무소불능하신 분
③ 의인에게도 고난을 주시는 분 ④ 정의롭고 공평하신 분

71. 욥이 티끌과 재 가운데서 하나님께 회개한 내용은 무엇입니까?(욥 42)

① 하나님을 원망한 것
② 친구들을 미워하고 저주한 것
③ 하나님의 창조물에 대해 무지했던 것
④ 무지한 말로 이치를 가린 것

72. 다음 내용 중 맞는 것에는 O표, 틀린 것에는 X표를 하십시오.(욥 42)

① 하나님은 욥의 세 친구를 책망하셨다 ( )
② 욥은 세 친구를 위하여 번제를 드렸다 ( )
③ 하나님은 욥의 친구들에게 그들이 우매한 만큼 갚으셨다 ( )
④ 세 친구는 하나님의 지시에 불순종하였다 ( )

73. 하나님이 욥의 곤경을 돌이키신 때는 언제입니까?(욥 42)

① 욥이 첫 번째로 응답했을 때 ② 욥이 자신의 죄를 회개했을 때
③ 욥이 그 친구들을 위하여 기도할 때 ④ 욥의 생일에

74. 욥의 말년에 하나님이 주신 복 중에 들지 않는 동물은 무엇입니까?(욥 42)

① 양　　② 낙타　　③ 말　　④ 암나귀

75. 욥이 말년에 다시 얻은 아들과 딸은 각각 몇 명입니까?(욥 42)

76. 다음 〈보기〉에 대한 설명 중 맞는 것은 어느 것입니까?(욥 42)

보기
여미마, 긋시아, 게렌합북

① 욥의 친구들의 아들들　　② 욥이 말년에 얻은 딸들

③ 미의 여신들　　④ 동네 사람들이 욥에게 준 선물

시 편

1. 시편은 모두 몇 권, 몇 편으로 구성되어 있습니까?

2. 다음은 악인의 운명에 관한 말씀입니다. (　) 안에 들어갈 말은 무엇입니까?

"바람에 나는 (　　)와 같도다 그러므로 악인들은 심판을 견디지 못하며 죄인들이 의인들의 모임에 들지 못하리로다"(시 1)

3. 주님이 여호와와 그 기름 부음 받은 자를 대적하는 세상의 군왕들과 관원들에 대해 보이신 태도와 거리가 먼 것은 무엇입니까?(시 2)

① 비웃으셨다　② 진노하셨다　③ 놀라게 하셨다　④ 동정하셨다

4. 다윗이 압살롬을 피할 때에 그의 대적들은 무엇이라 말했습니까?(시 3)

① 불쌍하고 애처롭다　② 아들 복도 없다
③ 자업자득이다　④ 그는 하나님께 구원을 받지 못한다

5. 다음은 다윗이 대적들에게 조롱당할 때 하나님께 고백한 내용입니다. (　　) 안에 들어갈 말은 무엇입니까?

"여호와여 주는 나의 (　　　　)시요 나의 영광이시요 나의 머리를 드시는 자이시니

이다"(시 3)

6. "천만인이 나를 에워싸 진 친다 하여도 나는 두려워하지 아니하리이다"라는 말은 다윗이 언제 했던 고백입니까?(시 3)

① 압살롬을 피할 때 ② 전쟁에서 승리했을 때
③ 성전에 올라갈 때 ④ 가드에서 블레셋인에게 잡혔을 때

7. 다음은 하나님이 얼굴을 들어 우리에게 비추실 때에 오는 결과입니다. ( ) 안에 들어갈 말은 무엇입니까?

"주께서 내 마음에 두신 기쁨은 그들의 곡식과 새 ( )가 풍성할 때보다 더하니이다 내가 평안히 눕고 자기도 하리니 나를 안전히 살게 하시는 이는 오직 여호와이시니이다"(시 4)

8. 다윗은 속이고 아첨하는 악인의 목구멍이 마치 무엇과 같다고 했습니까?(시 5)

① 용암을 내뿜는 화산 ② 오물을 쏟아내는 하수구
③ 열린 무덤 ④ 독을 내뿜는 거미줄

시

9. 다윗은 자신의 발병 원인을 무엇이라 여겼습니까?(시 6)

① 여호와의 징계 ② 사탄의 역사 ③ 자신의 실수 ④ 원수의 저주

10. 시편 7편에서 시인은 무엇을 근거로 하여 자신의 결백을 호소하고 있습니까?(시 7)

① 자기의 양심 ② 사람들의 변호 ③ 재판관의 판결 ④ 하나님의 의로우심

11. 다음 ( ) 안에 들어갈 말은 무엇입니까?

"사람이 무엇이기에 주께서 그를 생각하시며 인자가 무엇이기에 주께서 그를 돌보시나이까 그를 하나님보다 조금 못하게 하시고 영화와 존귀로 ( )을 씌우셨나이다"(시 8)

12. 다음 중 시편 9편에서 시인이 원하는 내용이 아닌 것은 무엇입니까?(시 9)

① 하나님의 공의 ② 하나님 없는 인생들의 승리
③ 원수의 멸망 ④ 이방 나라들의 심판

13. 다음 중 교만한 악인들의 말과 거리가 먼 것은 무엇입니까?(시 10)

① 주는 벌써부터 고아를 도우신다
② 여호와께서 감찰하지 아니하신다
③ 그의 모든 사상에 하나님이 없다
④ 하나님은 가난한 자를 잊으셨다

14. 다음 (　) 안에 들어갈 말은 무엇입니까?

"여호와께서는 그의 성전에 계시고 여호와의 보좌는 (　　)에 있음이여 그의 눈이 인생을 통촉하시고 그의 안목이 그들을 감찰하시도다"(시 11)

15. 다음의 표현은 무엇을 비유한 것입니까?

"흙 도가니에 일곱 번 단련한 은 같도다"(시 12)

16. 하나님이 그 얼굴을 숨기실 때 다윗이 가장 염려하고 두려워했던 이유는 무엇입니까?(시 13)

① 복이 끊어질까 봐
② 그의 원수가 그를 이겼다고 할까 봐
③ 생명이 끊어질까 봐
④ 대적들이 사망의 잠을 잘까 봐

17. 다음은 여호와의 장막에 머무를 자에게서 나타나는 삶의 특징의 일부입니다. (　) 안에 들어갈 말은 무엇입니까?

"여호와를 두려워하는 자들을 존대하며 그의 마음에 (　　)한 것은 해로울지라도 변하지 아니하며"(시 15)

18. 다음 (　) 안에 들어갈 말은 무엇입니까?

"여호와는 나의 산업과 나의 잔의 소득이시니 나의 분깃을 지키시나이다 내게 줄로 재어 준 (　　)은 아름다운 곳에 있음이여 나의 기업이 실로 아름답도다"(시 16)

19. 다음 번호에 해당하는 낱말 중 틀린 것은 무엇입니까?

"나의 힘이신 여호와여 내가 주를 사랑하나이다 여호와는 나의 (①)이시요 나의 (②)시요 나를 건지시는 이시요 나의 하나님이시요 내가 그 안에 피할 나의 바위시요 나의 (③)시요 나의 (④)이시요 나의 산성이시로다"(시 18)

① 반석　② 요새　③ 창　④ 구원의 뿔

20. 다음은 하나님의 말씀에 대한 명칭과 그 기능입니다. 서로 관련 있는 것끼리 연결하십시오.(시 19)

① 여호와의 율법 ㉠ 마음을 기쁘게 함

② 여호와의 증거 ㉡ 영혼을 소성시킴

③ 여호와의 교훈 ㉢ 우둔한 자를 지혜롭게 함

④ 여호와의 계명 ㉣ 눈을 밝게 함

21. 다음 중 '이것'은 무엇을 가리킵니까?

"또 주의 종이 이것으로 경고를 받고 이것을 지킴으로 상이 크니이다"(시 19)

22. 다윗은 다음 중 무엇을 자랑하겠다고 했습니까?(시 20)

① 병거 ② 말 ③ 하나님의 이름 ④ 자신의 의

23. 다윗은 하나님을 의지하는 자신의 믿음이 언제부터 시작되었다고 고백합니까?(시 22)

① 모태에서 나올 때부터 ② 왕으로 기름 부음 받은 때부터

③ 골리앗을 물리친 때부터 ④ 사울 왕에게 쫓길 때부터

24. 다윗의 시를 완성해 보십시오.

"주께서 내 ( )의 목전에서 내게 상을 차려 주시고 ( )을 내 머리에 부으셨으니 내 잔이 넘치나이다"(시 23)

25. 다음 중 영광의 왕에 대한 묘사로 적절치 않은 것은 무엇입니까?(시 24)

① 강하고 능한 여호와 ② 전쟁에 능한 여호와

③ 만군의 여호와 ④ 높고 멀리 계신 여호와

26. 다음 ( ) 안에 들어갈 말은 무엇입니까?

"주를 바라는 자들은 수치를 당하지 아니하려니와 ( )들은 수치를 당하리이다"(시 25)

① 까닭 없이 속이는 자 ② 까닭 없이 미워하는 자

③ 주를 바라보지 않는 자 ④ 주께 피하는 자

시

27. 다음 ( ) 안에 들어갈 말은 무엇입니까?

"내가 나의 완전함에 행하였사오며 흔들리지 아니하고 여호와를 의지하였사오니 여호와여 나를 판단하소서 여호와여 나를 살피시고 시험하사 내 뜻과 내 ( )을 단련하소서"(시 26)

28. 다음 ( ) 안에 공통으로 들어갈 말은 무엇입니까?

"내가 여호와께 바라는 한 가지 일 그것을 구하리니 곧 내가 내 평생에 ( )의 집에 살면서 ( )의 아름다움을 바라보며 그의 성전에서 사모하는 그것이라"(시 27)

29. 다윗은 기도할 때 어디를 향하여 손을 들고 기도하였습니까?(시 28)

① 하늘 ② 산 ③ 지성소 ④ 궁전

30. 다음 ( ) 안에 공통으로 들어갈 말은 무엇입니까?

"여호와의 소리가 ( ) 위에 있도다 영광의 하나님이 우렛소리를 내시니 여호와는 많은 ( ) 위에 계시도다 여호와의 소리가 힘 있음이여 여호와의 소리가 위엄차도다 여호와의 소리가 백향목을 꺾으심이여 여호와께서 레바논 백향목을 꺾어 부수시도다"(시 29)

31. 다음 ( ) 안에 들어갈 말은 무엇입니까?

"그의 노염은 ( )이요 그의 은총은 평생이로다"(시 30)

32. 다음 ( ) 안에 들어갈 말은 무엇입니까?

"너희 모든 성도들아 여호와를 사랑하라 여호와께서 ( )한 자를 보호하시고 교만하게 행하는 자에게 엄중히 갚으시느니라"(시 31)

33. 다음 ( ) 안에 들어갈 말은 무엇입니까?

"허물의 사함을 받고 자신의 ( )가 가려진 자는 복이 있도다 마음에 간사함이 없고 여호와께 정죄를 당하지 아니하는 자는 복이 있도다"(시 32)

34. 다음 ( ) 안에 들어갈 말은 무엇입니까?

"너희 의인들아 여호와를 즐거워하라 ( )은 정직한 자들이 마땅히 할 바로다"(시 33)

35. 다음 (   ) 안에 들어갈 말은 무엇입니까?

"너희는 (   )의 선하심을 맛보아 알지어다 그에게 피하는 자는 복이 있도다"(시 34)

36. 다음 (   ) 안에 들어갈 말은 무엇입니까?

"생명을 사모하고 연수를 사랑하여 복 받기를 원하는 사람이 누구뇨 네 혀를 악에서 금하며 네 입술을 (   )에서 금할지어다 악을 버리고 선을 행하며 화평을 찾아 따를지어다"(시 34)

37. 악인들이 스스로 자랑하는 것은 무엇입니까?(시 36)

① 자기의 죄악이 드러나지 않을 것임 ② 자신의 연약함
③ 자신의 의로움 ④ 악을 거절함

38. 행악자들에 대하여 불평하지 말아야 할 이유는 무엇입니까?(시 37)

① 악인의 보복을 받을까 봐
② 남의 일에 간섭할 필요가 없기에
③ 악인의 번영은 일시적이기 때문에
④ 사람은 자신의 운명대로 사는 것이므로

39. 행악자들에 대한 불평 대신 우리가 해야 할 일이 아닌 것은 무엇입니까?(시 37)

① 여호와를 기뻐함 ② 내 길을 여호와께 맡김
③ 악에 대해 분노함 ④ 여호와를 의뢰하고 선을 행함

40. 의인에 대한 설명으로 옳지 않은 것은 무엇입니까?(시 37)

① 의인은 넘어져도 아주 엎드러지지 아니한다
② 의인의 자손은 걸식하기 쉽다
③ 의인은 영원히 보호받는다
④ 의인은 땅을 차지한다

41. 다음 (   ) 안에 들어갈 말은 무엇입니까?

"나를 기가 막힐 웅덩이와 수렁에서 끌어올리시고 내 발을 (   ) 위에 두사 내 걸음을 견고하게 하셨도다"(시 40)

시

42. '마스길'이란 히브리어는 무슨 뜻입니까?(시 42, 44, 45)

43. 시편 42, 43편에 모두 세 번 나타나는 찬양입니다. (　　) 안에 들어갈 말은 무엇입니까?

"내 영혼아 네가 어찌하여 낙심하며 어찌하여 내 속에서 불안해 하는가 너는 하나님께 (　　　)을 두라 그가 나타나 도우심으로 말미암아 내가 여전히 찬송하리로다"(시 42, 43)

44. 원수들의 억압으로 슬픔을 당한 시인이 나아가고 싶어 하는 곳은 어디입니까?(시 43)

① 천국　　② 가정　　③ 고향　　④ 주의 전

45. 다음 중 시편 46편에 세 차례 반복되는 구절은 무엇입니까?(시 46)

① 하나님은 우리의 피난처시다
② 새벽에 하나님이 도우시리로다
③ 너희는 가만히 있어 내가 하나님 됨을 알지어다
④ 하나님은 온 땅의 왕이시라

46. 다음 중 나머지 셋과 공통된 의미를 지닌 표현이 아닌 것은 무엇입니까?(시 48)

① 거룩한 산　　② 하나님의 요새　　③ 시온 산　　④ 하나님의 성

47. 다음 (　　) 안에 들어갈 말은 무엇입니까?

"사람은 존귀하나 장구하지 못함이여 (　　　)하는 짐승 같도다"(시 49)

48. 다음 (　　) 안에 들어갈 말은 무엇입니까?

"(　　　　)로 제사를 드리는 자가 나를 영화롭게 하나니 그의 행위를 옳게 하는 자에게 내가 하나님의 구원을 보이리라"(시 50)

49. 다윗이 밧세바와 동침한 후 지은 회개의 시는 시편 몇 편입니까?

50. 다음 중 범죄한 다윗이 주님께 회개하며 구했던 내용이 아닌 것은 무엇입니까?

(시 51)

① 정한 마음 ② 정직한 영 ③ 번제 ④ 주의 성령

51. 하나님이 구하시는 제사는 다음 중 어느 것입니까?(시 51)

① 연약한 심령 ② 값비싼 번제 ③ 상한 심령 ④ 자신의 의

52. 다음 중 '이 사람'은 누구를 가리킵니까?

"이 사람은 하나님을 자기 힘으로 삼지 아니하고 오직 자기 재물의 풍부함을 의지하며 자기의 악으로 스스로 든든하게 하던 자라"(시 52)

① 아히멜렉 ② 도엑 ③ 아히도벨 ④ 사울

53. 무신론자의 삶의 가장 큰 특징은 무엇입니까?(시 53)

① 악을 행함 ② 고독함 ③ 두려워함 ④ 오래 살지 못함

54. 다윗을 대적하고 핍박하는 원수 중에서 다윗에게 견딜 수 없는 큰 고통을 안겨 준 자들은 누구였습니까?(시 55)

① 제사장 ② 사울 왕 ③ 블레셋 사람들 ④ 가까운 동료(친구)

55. 다윗이 가드에서 블레셋인에게 잡혔을 때 보여 준 태도는 무엇입니까?(시 56)

① 하나님을 원망하였다 ② 두려워하였다

③ 혈육들에게 도움을 요청하였다 ④ 하나님을 의지하였다

56. 다음 중 뱀, 귀머거리 독사, 젊은 사자의 어금니로 비유된 사람들은 누구입니까?(시 58)

① 악한 통치자들 ② 가증스런 종교인들 ③ 포악한 군인들 ④ 동물 사냥꾼들

57. 다윗이 자기를 죽이려는 원수들에 대하여 하나님께 구한 내용과 거리가 먼 것은 무엇입니까?(시 59)

① 그들이 보응 받는 것을 보게 하소서

② 개처럼 울며 성으로 두루 다니게 하소서

③ 그들을 흩으시고 낮추소서

④ 그들을 죽이소서

58. 다음 ( ) 안에 들어갈 말은 무엇입니까?

"나의 영혼아 잠잠히 하나님만 바라라 무릇 나의 소망이 그로부터 나오는도다 오직 그만이 나의 반석이시요 나의 구원이시요 나의 ( )이시니 내가 흔들리지 아니하리로다"(시 62)

59. 다음 ( ) 안에 들어갈 말은 무엇입니까?

"( )이 생명보다 나으므로 내 입술이 주를 찬양할 것이라"(시 63)

① 골수와 기름진 것 ② 주의 인자하심
③ 탈취한 물건을 나누는 것 ④ 주님의 권능

60. 하나님이 민족과 개인에게 행하신 엄위하신 일들과 그에 대한 감사의 시인 시편 66편의 내용과 관련 없는 것은 무엇입니까?(시 66)

① 하나님이 바다와 강을 육지 같이 건너게 하셨다
② 하나님은 우리를 시험하사 은 같이 단련하셨다
③ 하나님은 우리를 끌어 내사 풍부한 곳에 들이셨다
④ 하나님은 마음에 죄악을 품고 기도하였어도 들어주셨다

61. 다음 ( ) 안에 들어갈 말은 무엇입니까?

"하나님은 우리에게 은혜를 베푸사 복을 주시고 그의 얼굴 빛을 우리에게 비추사 주의 ( )를 땅 위에, 주의 구원을 모든 나라에게 알리소서"(시 67)

62. 다음 ( ) 안에 들어갈 말은 무엇입니까?

"나는 무리에게 이상한 징조 같이 되었사오나 주는 나의 견고한 피난처시오니 주를 ( )함과 주께 영광 돌림이 종일토록 내 입에 가득하리이다"(시 71)

① 경외 ② 찬송 ③ 경배 ④ 사랑

63. 다음 중 왕에게 가장 필요한 것은 무엇입니까?(시 72)

① 판단력 ② 풍부한 마병 ③ 넘치는 재물 ④ 위엄과 권위

64. 시편 73편의 시인(아삽)은 무엇을 보고 실족할 뻔하였습니까?(시 73)

① 계속되는 시련 ② 사랑하는 이의 죽음
③ 의인의 고난 ④ 악인의 형통함

65. 악인의 형통과 무죄한 자의 고통에 대해 시인이 품었던 회의는 언제 해결되었습니까?(시 73)

① 환상을 본 후 ② 의인들과 토론하다가

③ 성소에 들어갈 때 ④ 의인들의 집에 방문한 후

66. 다음 ( ) 안에 들어갈 말은 무엇입니까?

"주의 대적이 주의 회중 가운데에서 떠들며 자기들의 깃발을 세워 표적으로 삼았으니 그들은 마치 도끼를 들어 삼림을 베는 사람 같으니이다 이제 그들이 도끼와 철퇴로 ( )의 모든 조각품을 쳐서 부수고 주의 성소를 불사르며 주의 이름이 계신 곳을 더럽혀 땅에 엎었나이다"(시 74)

① 궁전 ② 망대 ③ 우상의 신전 ④ 성소

67. 다음 ( ) 안에 들어갈 말은 무엇입니까?

"너희는 여호와 너희 하나님께 ( )하고 갚으라 사방에 있는 모든 사람도 마땅히 경외할 이에게 예물을 드릴지로다"(시 76)

시

68. 다음 중 시인은 무엇 때문에 잠들지 못하며 괴로워했습니까?(시 77)

① 하나님의 은혜에 관한 회의 ② 병마로 인한 고통

③ 사랑하는 이와의 이별 ④ 자녀들의 탈선

69. 다음은 시인의 조상들이 광야에서 하나님을 시험한 내용입니다. ( ) 안에 들어갈 말은 무엇입니까?

"그들이 그들의 탐욕대로 음식을 구하여 그들의 심중에 하나님을 시험하였으며 그뿐 아니라 하나님을 대적하여 말하기를 하나님이 ( )에서 식탁을 베푸실 수 있으랴 보라 그가 반석을 쳐서 물을 내시니 시내가 넘쳤으나 그가 능히 떡도 주시며 자기 백성을 위하여 고기도 예비하시랴 하였도다"(시 78)

70. 아삽은 그의 시에서 이스라엘을 무엇에 비유했습니까?(시 80)

① 들짐승 ② 비둘기 ③ 감람나무 ④ 포도나무

71. 신(神)들이라, 지존자의 아들이라 불리는 사람들은 누구입니까?(시 82)

① 왕의 자녀들 ② 재판관들 ③ 제사장들 ④ 이방의 신들

72. 다음은 이스라엘의 원수들을 심판해 주실 것을 간구한 내용입니다. (   ) 안에 들어갈 말은 무엇입니까?

"나의 하나님이여 그들이 굴러가는 검불 같게 하시며 바람에 날리는 (   ) 같게 하소서"(시 83)

73. 다음 (   ) 안에 들어갈 말은 무엇입니까?

"주의 궁정에서의 한 날이 다른 곳에서의 천 날보다 나은즉 악인의 장막에 사는 것보다 내 하나님의 성전 (   )로 있는 것이 좋사오니"(시 84)

74. 다음 (   ) 안에 들어갈 말은 무엇입니까?

"여호와 하나님은 해요 (   )이시라 여호와께서 은혜와 영화를 주시며 정직하게 행하는 자에게 좋은 것을 아끼지 아니하실 것임이니이다"(시 84)

75. 다윗이 기도 중에 고백한 하나님의 성품과 거리가 먼 것은 무엇입니까?(시 86)

① 부르짖는 자를 돕고 위로하시는 하나님

② 위대하사 기이한 일들을 행하시는 하나님

③ 인자와 긍휼로 은혜를 베푸시는 하나님

④ 공의로우사 죄에 대하여 즉각적으로 진노하시는 하나님

76. 다음 중 '병의 노래'란 뜻을 가진 단어는 무엇입니까?(시 88)

① 소산님 ② 깃딧 ③ 마할랏르안놋 ④ 아앨랏샤할

77. 시편 89편에서 다윗과 맺은 언약과 관련하여 반복되어 나타나는 하나님의 두 가지 성품은 무엇입니까?(시 89)

① 인자와 성실 ② 권능과 엄위 ③ 공평과 정의 ④ 사랑과 긍휼

78. 짧고 허무한 인생의 영원한 거처가 되신 하나님께 드리는 기도인 다음의 시편은 누구의 기도입니까?

"주의 목전에는 천 년이 지나간 어제 같으며 밤의 한 순간 같을 뿐임이니이다"(시 90)

79. 다음 (   ) 안에 들어갈 말은 무엇입니까?

"우리의 연수가 칠십이요 강건하면 팔십이라도 그 연수의 자랑은 수고와 슬픔뿐이요 신

속히 가니 우리가 날아가나이다 … 우리에게 우리 날 계수함을 가르치사 (   )로운 마음을 얻게 하소서"(시 90)

80. 다음 (   ) 안에 들어갈 말은 무엇입니까?

"그가 나를 사랑한즉 내가 그를 건지리라 그가 내 (   )을 안즉 내가 그를 높이리라 그가 내게 간구하리니 내가 그에게 응답하리라 그들이 환난 당할 때에 내가 그와 함께 하여 그를 건지고 영화롭게 하리라"(시 91)

81. 다음 (   ) 안에 들어갈 말은 무엇입니까?

"의인은 종려나무 같이 번성하며 레바논의 백향목 같이 성장하리로다 이는 여호와의 집에 심겼음이여 우리 하나님의 (   ) 안에서 번성하리로다 그는 늙어도 여전히 결실하며 진액이 풍족하고 빛이 청청하니"(시 92)

82. 다음은 하나님의 징벌을 비웃는 어리석은 사람들을 향한 시인의 반문입니다. (   ) 안에 들어갈 말은 무엇입니까?

"귀를 지으신 이가 (   ) 아니하시랴 눈을 만드신 이가 보지 아니하시랴 뭇 백성을 징벌하시는 이 곧 지식으로 사람을 교훈하시는 이가 징벌하지 아니하시랴"(시 94)

시

83. 우리가 하나님 앞에 굽혀 경배하며 무릎을 꿇어야 할 이유와 거리가 먼 것은 무엇입니까?(시 95)

① 그는 크신 하나님이시기에 ② 그는 우리를 지으신 분이시기에
③ 우리는 그의 돌보시는 양이기에 ④ 우리 조상들이 그 음성을 듣고 순종하였기에

84. 다음 중 광야에서 이스라엘 백성이 완악하여 하나님을 시험하였던 장소와 관련 없는 것은 무엇입니까?(시 95)

① 르비딤 ② 양식 ③ 므리바 ④ 맛사

85. 다음은 모든 신보다 위대하신 여호와를 예배할 때의 방법입니다. (   ) 안에 들어갈 말은 무엇입니까?

"만국의 족속들아 영광과 권능을 여호와께 돌릴지어다 여호와께 돌릴지어다 여호와의 (   )에 합당한 영광을 그에게 돌릴지어다 예물을 들고 그의 궁정에 들어갈지어다 아름답고 거룩한 것으로 여호와께 예배할지어다 온 땅이여 그 앞에서 떨지어다"(시 96)

86. 다음 (   ) 안에 들어갈 말은 무엇입니까?

"여호와가 우리 (   )이신 줄 너희는 알지어다 그는 우리를 지으신 이요 우리는 그의 것이니 그의 (   )이요 그의 기르시는 양이로다"(시 100)

87. '광야의 올빼미', '황폐한 곳의 부엉이', '지붕 위의 외로운 참새' 등은 무엇을 나타내는 표현입니까?(시 102)

① 고아와 과부들의 삶
② 주 앞에 쫓겨 난 악인들의 처지
③ 고독한 순례자
④ 고난으로 인한 시인의 상하고 고독한 마음

88. 다음은 여호와께서 자기를 경외하는 자를 긍휼히 여기시는 이유입니다. (   ) 안에 들어갈 말은 무엇입니까?

"이는 그가 우리의 체질을 아시며 우리가 단지 먼지뿐임을 기억하심이로다 인생은 그 날이 (   )과 같으며 그 영화가 들의 꽃과 같도다"(시 103)

89. 시편 106편은 역사 속에 나타난 하나님의 은혜와 이스라엘의 죄를 고백한 시입니다. 여기서 다단과 아비람은 다음 중 어떤 인물이었습니까?(시 106)

① 광야에서 욕심을 부려 하나님을 시험했다
② 바알브올과 음행하였다
③ 당을 지어 모세와 아론을 질투하였다
④ 므리바에서의 불평을 주도하였다

90. 시편 107편에서 다루고 있는 구속받은 자들에 해당되지 않는 것은 무엇입니까?(시 107)

① 광야 사막의 나그네들
② 흑암과 사망의 그늘에 앉으며 쇠사슬에 매인 자들
③ 고관들과 행정관리들
④ 배들을 바다에 띄우며 큰물에서 일하는 자들

91. 다음 (   ) 안에 들어갈 말은 무엇입니까?

"그가 저주하기를 좋아하더니 그것이 자기에게 임하고 축복하기를 기뻐하지 아니하더니 복이 그를 멀리 떠났으며 또 저주하기를 옷 입듯 하더니 저주가 물 같이 그의 몸 속으로 들어가며 기름 같이 그의 (   ) 속으로 들어갔나이다"(시 109)

92. 다음 (   ) 안에 들어갈 말은 무엇입니까?

"주의 권능의 날에 주의 백성이 거룩한 옷을 입고 즐거이 헌신하니 (   ) 같은 주의 청년들이 주께 나오는도다"(시 110)

93. 다음 중 의인과 동의어로 쓰일 수 없는 말은 무엇입니까?(시 112)

① 여호와를 경외하는 자 ② 정직한 자 ③ 지혜로운 자 ④ 단순하고 순진한 자

94. 다음 (   ) 안에 들어갈 말은 무엇입니까?

"여호와를 경외하는 자들아 너희는 여호와를 의지하여라 그는 너희의 (   )이시요 너희의 방패시로다"(시 115)

95. 다음 (   ) 안에 들어갈 말은 무엇입니까?

"(   )은 여호와께서 보시기에 귀중한 것이로다"(시 116)

① 악인의 제사 ② 경건한 자들의 죽음

③ 죄인의 기도 ④ 어리석은 자의 고난

96. 성경 전체 가운데 가장 짧은 장은 어디입니까?

97. 여호와께서 행하신 기이한 일을 묘사한 구절입니다. (   ) 안에 들어갈 말은 무엇입니까?

"건축자가 버린 돌이 집 모퉁이의 (   )이 되었나니"(시 118)

98. 시편 119편의 주제는 무엇입니까?(시 119)

① 율법의 중요성 ② 찬양의 이유

③ 의인과 고난의 탄식 ④ 기도의 능력

99. 다음 (   ) 안에 들어갈 말은 무엇입니까?

"고난 당하기 전에는 내가 그릇 행하였더니 이제는 주의 (   )을 지키나이다"(시 119)

100. 고난 당한 것의 유익은 무엇입니까?(시 119)

101. 성경에서 가장 긴 장인 시편 119편은 모두 몇 절입니까?

102. 주의 말씀에 대한 비유로 사용된 표현이 아닌 것은 무엇입니까?(시 119)

① 등 ② 정금 ③ 꿀 ④ 소금

103. 다음 ( ) 안에 들어갈 말은 무엇입니까?

"여호와는 너를 지키시는 이시라 여호와께서 네 오른쪽에서 네 그늘이 되시나니 낮의 해가 너를 상하게 하지 아니하며 ( )도 너를 해치지 아니하리로다"(시 121)

104. 다음 ( ) 안에 들어갈 말은 무엇입니까?

"예루살렘을 위하여 ( )을 구하라 예루살렘을 사랑하는 자는 형통하리로다"(시 122)

① 축복 ② 번성 ③ 평안 ④ 존귀

105. 다음 ( ) 안에 들어갈 말은 무엇입니까?

"여호와를 의지하는 자는 시온 산이 흔들리지 아니하고 영원히 있음 같도다 산들이 ( )을 두름과 같이 여호와께서 그의 백성을 지금부터 영원까지 두르시리로다"(시 125)

106. 시온의 포로들이 돌아올 때 기쁨 가운데 찬양한 내용은 무엇이었습니까?(시 126)

① 바사 왕 고레스가 은혜를 베풀어 주셨다
② 우리는 복 받은 자들이다
③ 꿈은 이루어진다
④ 하나님이 우리를 위하여 큰일을 행하셨다

107. 다음 ( ) 안에 들어갈 말은 무엇입니까?

"( )은/는 장사의 수중의 화살 같으니"(시 127)

① 거짓된 혀 ② 젊은 자의 자식 ③ 노인의 지혜 ④ 부자의 재물

108. 여호와를 경외하며 그 도에 행하는 자는 어떤 복을 받습니까?(시 128)

① 놀고 먹는다 ② 수고한 대로 먹는다
③ 물질을 원하는 대로 받는다 ④ 수고한 것의 백 배를 먹는다

109. 다음 (　) 안에 들어갈 말은 무엇입니까?

"여호와께서 (　　)을 택하시고 자기 거처를 삼고자 하여 이르시기를 이는 내가 영원히 쉴 곳이라 내가 여기 거주할 것은 이를 원하였음이로다"(시 132)

① 시온　② 벧엘　③ 세겜　④ 예루살렘

110. 다음 (　) 안에 들어갈 말은 무엇입니까?

"보라 형제가 연합하여 동거함이 어찌 그리 선하고 아름다운고 머리에 있는 보배로운 기름이 수염 곧 (　　)의 수염에 흘러서 그의 옷깃까지 내림 같고 헐몬의 이슬이 시온의 산들에 내림 같도다 거기서 여호와께서 복을 명령하셨나니 곧 영생이로다"(시 133)

111. 감사의 시인 시편 136편에서 매 절마다 반복되어 나타나는 구절은 무엇입니까?(시 136)

112. 다음 (　) 안에 들어갈 말은 무엇입니까?

"여호와여 예루살렘이 멸망하던 날을 기억하시고 (　　)을 치소서 그들의 말이 헐어 버리라 헐어 버리라 그 기초까지 헐어 버리라 하였나이다"(시 137)

① 암몬 자손　② 모압 자손　③ 사마리아 인　④ 에돔 자손

113. 다음 (　) 안에 들어갈 말은 무엇입니까?

"내가 주의 (　　)을 떠나 어디로 가며 주의 앞에서 어디로 피하리이까 내가 하늘에 올라갈지라도 거기 계시며 스올에 내 자리를 펼지라도 거기 계시니이다"(시 139)

114. 시인은 의인이 자기를 치거나 책망할 때에 어떻게 반응하였습니까?(시 141)

① 거절하였다　② 고깝게 여겼다

③ 은혜로 여겼다　④ 한 귀로 듣고 한 귀로 흘려버렸다

115. 다음은 우리가 하나님을 찬양해야 할 마땅한 이유입니다. (　) 안에 들어갈 말은 무엇입니까?

"여호와께서 예루살렘을 세우시며 이스라엘의 흩어진 자들을 모으시며 상심한 자들을 고치시며 그들의 (　　)를 싸매시는도다 그가 별들의 수효를 세시고 그것들을 다 이름대로 부르시는도다"(시 147)

116. 다음 중 하나님을 찬송해야 할 부류에 속하지 않는 것은 무엇입니까?(시 148)

① 하늘의 천사 ② 바다의 용과 모든 생물들
③ 땅 위의 모든 남녀노소 ④ 음부에 있는 죽은 영혼들

117. 다음 ( ) 안에 들어갈 말은 무엇입니까?

"성도들은 영광 중에 즐거워하며 그들의 침상에서 기쁨으로 노래할지어다 그들의 입에는 하나님에 대한 찬양이 있고 그들의 손에는 ( )이/가 있도다 이것으로 뭇 나라에 보수하며 민족들을 벌하며 그들의 왕들은 사슬로, 그들의 귀인은 철고랑으로 결박하고 기록한 판결대로 그들에게 시행할지로다"(시 149)

① 찬양 ② 기도 ③ 두 날 가진 칼 ④ 지혜

118. 시편에서 하나님을 찬양할 때 사용된 악기를 3개 이상 쓰십시오.(시 150)

119. 다음 중 시편의 작자가 아닌 사람은 누구입니까?

① 다윗 ② 엘리사 ③ 모세 ④ 솔로몬

120. 다음은 시편에 사용된 용어와 그 뜻입니다. 서로 관련이 있는 것끼리 연결하십시오.

① 여두둔 ㉠ 교훈
② 마스길 ㉡ 찬송
③ 호산나 ㉢ 올림
④ 셀라 ㉣ 여호와여 구원하소서

잠 언

1. 다음 중 솔로몬이 잠언을 쓴 목적으로 언급되지 않은 것은 무엇입니까?(잠 1)

① 지혜를 알게 함
② 명철의 말씀을 깨닫게 함
③ 어리석은 자를 슬기롭게 함
④ 하나님을 찬양함

2. 지혜와 지식의 근본은 무엇입니까?(잠 1)

3. 잠언 1장에서 젊은이들에게 주는 교훈의 요점은 무엇입니까?(잠 1)

① 열심히 일하라
② 악인의 꾐에 빠지지 말라
③ 친구를 많이 사귀라
④ 부모를 떠나 모험을 즐기라

4. 지혜가 길거리에서 소리 높여 책망한 내용이 아닌 것은 무엇입니까?(잠 1)

① 교훈을 받지 아니함
② 지식을 미워함
③ 재앙을 비웃음
④ 여호와 경외하기를 즐거워하지 아니함

5. 지혜를 탐구할 때 얻어지는 유익으로 언급되지 않은 것은 무엇입니까?(잠 2)

① 하나님을 알게 됨
② 은과 보배를 얻게 됨
③ 음녀와 이방 계집에게서 건짐
④ 선하고 의로운 길로 인도함 받음

6. 다음 (   ) 안에 들어갈 말은 무엇입니까?

"내 아들아 나의 법을 잊어버리지 말고 네 마음으로 나의 명령을 지키라 그리하면 그것이 네가 (   )하여 많은 해를 누리게 하며 평강을 더하게 하리라"(잠 3)

7. 창고가 가득히 차고 즙 틀에 새 포도즙이 넘치게 하려면 어떻게 해야 합니까?(잠 3)

① 첫 열매로 여호와를 공경함 ② 포도 농사를 지음
③ 부모를 공경함 ④ 인자와 진리로 행함

8. 다음 말씀 중 '그'는 누구를 가리킵니까?

"그의 오른손에는 장수가 있고 그의 왼손에는 부귀가 있나니"(잠 3)

9. 다음 (   ) 안에 들어갈 말은 무엇입니까?

"진실로 그는 거만한 자를 비웃으시며 (   )한 자에게 은혜를 베푸시나니"(잠 3)

10. 우리가 가진 모든 것을 주고 살 만한 가치가 있는 것은 무엇입니까?(잠 4)

① 권세 ② 지혜 ③ 명예 ④ 성공

11. 다음 중 음녀의 유혹에 빠질 때 잃게 될 것으로 언급되지 않은 것은 무엇입니까?(잠 5)

① 존영 ② 수한 ③ 건강 ④ 지식

12. "너는 네 우물에서 물을 마시라"는 말씀은 다음 중 무엇에 대한 교훈입니까?(잠 5)

① 도적질하지 말라 ② 가정 교육을 시키라
③ 간음하지 말라 ④ 물을 많이 마시면 건강하다

13. 게으른 자에게 스승이 될 만한 동물은 무엇입니까?(잠 6)

① 개미 ② 베짱이 ③ 호랑이 ④ 올빼미

14. 다음 (   ) 안에 들어갈 말은 무엇입니까?

"좀더 자자, 좀더 졸자, 손을 모으고 좀더 누워 있자 하면 네 빈궁이 강도 같이 오며 네 곤

핍이 (　　　) 같이 이르리라"(잠 6)

15. 다음은 하나님이 미워하시는 것입니다. (　　) 안에 들어갈 말은 무엇입니까?

"교만한 눈과 거짓된 혀와 무죄한 자의 피를 흘리는 손과 악한 계교를 꾀하는 마음과 빨리 악으로 달려가는 발과 거짓을 말하는 망령된 (　　　)과 및 형제 사이를 이간하는 자이니라"(잠 6)

16. 다음 중 젊은이들이 눈동자처럼 지켜야 할 것은 무엇입니까?(잠 7)

① 지혜의 법　② 악인의 꾀　③ 음녀의 유혹　④ 마음의 정욕

17. 다음 (　　) 안에 들어갈 말은 무엇입니까?

"나를 사랑하는 자들이 나의 (　　　)을 입으며 나를 간절히 찾는 자가 나를 만날 것이니라"(잠 8)

18. 다음 (　　) 안에 들어갈 말은 무엇입니까?

"(　　　)를 징계하는 자는 도리어 능욕을 받고 악인을 책망하는 자는 도리어 흠이 잡히느니라"(잠 9)

① 어리석은 자　② 거만한 자　③ 지혜로운 자　④ 의로운 자

19. 다음 (　　) 안에 들어갈 말은 무엇입니까?

"의인의 입은 생명의 (　　　)이라도 악인의 입은 독을 머금었느니라"(잠 10)

20. 말이 많으면 무엇을 면하기 어렵습니까?(잠 10)

21. 다음 (　　) 안에 들어갈 말은 무엇입니까?

"여호와께서 주시는 복은 사람을 부하게 하고 (　　　)을 겸하여 주지 아니하시느니라"(잠 10)

22. 다음 (　　) 안에 들어갈 말은 무엇입니까?

"유덕한 여자는 (　　　)을/를 얻고 근면한 남자는 재물을 얻느니라"(잠 11)

① 재물　② 기쁨　③ 지혜　④ 존영

잠

23. 다음 중 의인의 행위는 무엇입니까?(잠 12)

① 자기 가축의 생명을 돌본다 ② 불의의 이익을 탐한다

③ 자기 행위를 바른 줄로 여긴다 ④ 분노를 당장 나타낸다

24. 다음 중 악인들의 입에서 나오는 말에 대한 설명이 아닌 것은 무엇입니까?(잠 12)

① 사람을 엿보아 피를 흘리자 한다 ② 그 입술의 허물로 말미암아 그물에 걸린다

③ 말로 환난에서 벗어난다 ④ 칼로 찌름 같이 함부로 말한다

25. 다음 ( ) 안에 들어갈 말은 무엇입니까?

"( )를 아끼는 자는 그의 자식을 미워함이라 자식을 사랑하는 자는 근실히 징계하느니라"(잠 13)

26. 다음 ( ) 안에 들어갈 말은 무엇입니까?

"지혜로운 자와 동행하면 ( )을/를 얻고"(잠 13)

① 존영 ② 지혜 ③ 영광 ④ 명예

27. 다음 ( ) 안에 들어갈 말은 무엇입니까?

"( )는 나라를 영화롭게 하고 죄는 백성을 욕되게 하느니라"(잠 14)

28. 다음 ( ) 안에 들어갈 말은 무엇입니까?

"유순한 대답은 분노를 쉬게 하여도 ( )한 말은 노를 격동하느니라"(잠 15)

29. 다음 ( ) 안에 들어갈 말은 무엇입니까?

"악인의 제사는 여호와께서 미워하셔도 정직한 자의 ( )는 그가 기뻐하시느니라"(잠 15)

30. 다음 ( ) 안에 들어갈 말은 무엇입니까?

"마음의 즐거움은 얼굴을 빛나게 하여도 마음의 ( )은 심령을 상하게 하느니라"(잠 15)

31. 다음 ( ) 안에 들어갈 말은 무엇입니까?

"채소를 먹으며 서로 ( )하는 것이 살진 소를 먹으며 서로 미워하는 것보다 나으니라"(잠 15)

32. 다음 ( ) 안에 들어갈 말은 무엇입니까?

"사람은 그 입의 대답으로 말미암아 기쁨을 얻나니 ( )이/가 얼마나 아름다운고"(잠 15)

① 정직한 말 ② 미사여구 ③ 때에 맞는 말 ④ 은유적인 말

33. 잠언 16장에는 하나님의 주권이 잘 표현되어 있습니다. ( ) 안에 들어갈 말은 각각 무엇입니까?

"마음의 ( )은 사람에게 있어도 말의 응답은 여호와께로부터 나오느니라 … 사람이 마음으로 자기의 ( )을 계획할지라도 그의 걸음을 인도하시는 이는 여호와시니라"(잠 16)

34. 용사보다 더 낫게 평가되는 사람은 어떤 사람입니까?(잠 16)

① 노하기를 더디하는 자 ② 기쁨을 억제할 줄 아는 자
③ 성을 빼앗는 자 ④ 분노를 그때그때 발산하는 자

35. 다음 중 '제육이 집에 가득하고도 다투는 것보다' 더 나은 것은 무엇입니까?(잠 17)

① 불의를 겸한 많은 소득 ② 교만한 자와 함께 탈취물을 나누는 것
③ 가난하지만 화목한 것 ④ 이웃의 보증이 되는 것

잠

36. 다음 중 둑에서 물이 새는 것과 같은 현상은 무엇입니까?(잠 17)

① 뇌물 ② 거짓말 ③ 화목 ④ 다툼의 시작

37. 우리 몸에 양약과 같이 건강에 도움이 되는 것을 모두 고르십시오.(잠 16~17)

① 선한 말 ② 마음의 즐거움 ③ 미련한 아들 ④ 근심

38. 다음 ( ) 안에 들어갈 말은 무엇입니까?

"미련한 자라도 ( ) 지혜로운 자로 여겨지고"(잠 17)

① 남을 충고하면 ② 허물을 거듭 말하면 ③ 잠잠하면 ④ 값을 주고 지혜를 사면

39. 미련한 자의 언행과 관련이 없는 것은 무엇입니까?(잠 18)

① 자기의 의사를 드러내기만 기뻐한다 ② 그의 말은 깊은 물과 같다
③ 남의 말 하기를 좋아한다 ④ 사연을 듣기 전에 대답한다

40. 다음 중 별식과 같아서 뱃속 깊은 데로 내려가는 것은 무엇입니까?(잠 18)

① 남에 대한 말　② 충고　③ 훈계　④ 거짓말

41. 다음 ( ) 안에 들어갈 말은 무엇입니까?

"지식 없는 소원은 선하지 못하고 ( )이 급한 사람은 잘못 가느니라"(잠 19)

42. 다음 ( ) 안에 들어갈 말은 무엇입니까?

"심판은 거만한 자를 위하여 예비된 것이요 ( )은 어리석은 자의 등을 위하여 예비된 것이니라"(잠 19)

43. 집과 재물은 조상에게서 상속하지만 슬기로운 아내는 누가 주십니까?(잠 19)

44. 다음 ( ) 안에 들어갈 말은 무엇입니까?

"상하게 때리는 것이 악을 없이하나니 ( )는/은 사람 속에 깊이 들어가느니라"(잠 20)

① 매　② 상　③ 잔소리　④ 방임

45. 다음 ( ) 안에 들어갈 말은 무엇입니까?

"( )과 함께 큰 집에서 사는 것보다 움막에서 사는 것이 나으니라"(잠 21)

① 게으른 여인　② 수다스러운 여인　③ 사치스러운 여인　④ 다투는 여인

46. 무례하고 교만한 자를 이름하여 무엇이라고 합니까?(잠 21)

① 무지한 자　② 행악자　③ 완악한 자　④ 망령된 자

47. 다음 ( ) 안에 들어갈 말은 무엇입니까?

"입과 ( )를 지키는 자는 자기의 영혼을 환난에서 보전하느니라"(잠 21)

48. 다음 ( ) 안에 들어갈 말은 무엇입니까?

"겸손과 여호와를 ( )의 보상은 재물과 영광과 생명이니라"(잠 22)

49. 다음 중 잠언이 금하는 일이 아닌 것은 무엇입니까?(잠 22)

① 아이를 채찍으로 징계하는 것　② 노를 품는 자와 사귀는 것

③ 남의 빚의 보증을 서는 것 ④ 선조가 세운 옛 지계석을 옮기는 것

50. "네가 어찌 허무한 것에 주목하겠느냐"에서 '허무한 것'이란 무엇을 의미합니까?(잠 23)

① 맛있는 음식 ② 아름다운 여인 ③ 재물 ④ 사사로운 지혜

51. "네 목에 칼을 둘 것이니라"는 말씀은 어떤 사람에게 해당되는 교훈입니까?(잠 23)

① 교만한 자 ② 음식을 탐하는 자
③ 말을 너무 많이 하는 자 ④ 뇌물을 좋아하는 자

52. 싸움에서의 승리는 무엇이 많은 자에게 있습니까?(잠 24)

① 무기 ② 군사 ③ 용기 ④ 지략

53. 다음 ( ) 안에 들어갈 말은 무엇입니까?

"말에게는 채찍이요 나귀에게는 재갈이요 미련한 자의 등에는 ( )니라"(잠 26)

① 욕설 ② 돌팔매 ③ 회초리 ④ 막대기

54. 다음 ( ) 안에 들어갈 말은 무엇입니까?

"너는 내일 일을 ( )하지 말라 하루 동안에 무슨 일이 일어날는지 네가 알 수 없음이니라"(잠 27)

55. 다음 ( ) 안에 들어갈 말은 무엇입니까?

"( )은/는 숨은 사랑보다 나으니라"(잠 27)

① 면책 ② 원수의 입맞춤 ③ 미련한 자의 분노 ④ 자화자찬

56. 다음 ( ) 안에 들어갈 말은 무엇입니까?

"악인은 쫓아오는 자가 없어도 도망하나 의인은 ( ) 같이 담대하니라"(잠 28)

57. 다음 ( ) 안에 들어갈 말은 무엇입니까?

"이웃에게 아첨하는 것은 그의 발 앞에 ( )을 치는 것이니라"(잠 29)

58. 다음 (　　) 안에 들어갈 말은 무엇입니까?

"(　　　)가 없으면 백성이 방자히 행하거니와 율법을 지키는 자는 복이 있느니라"(잠 29)

59. 다음에서 "나"는 누구를 가리킵니까?

"나는 다른 사람에게 비하면 짐승이라 내게는 사람의 총명이 있지 아니하니라"(잠 30)

60. 다음 〈보기〉에 나오는 단어들은 무엇을 비유하기 위해 사용된 것입니까?(잠 30)

보기
거머리, 스올, 아이를 배지 못하는 태, 물로 채울 수 없는 땅

① 거만한 사람　　② 집착이 강한 사람

③ 남에게 해를 끼치는 사람　　④ 만족할 줄 모르는 삶

61. 다음 중 잠언의 공동 저자는 누구입니까?(잠 1, 30~31)

① 솔로몬, 아굴, 노아　　② 솔로몬, 아굴, 르무엘의 어머니

③ 솔로몬, 이사야, 사무엘　　④ 솔로몬, 아굴, 이삭

62. 다음 중 현숙한 여인의 모습으로 보기 어려운 것은 무엇입니까?(잠 31)

① 부지런하고 생활력이 강한 여인

② 식구들을 잘 챙기고 여종들을 잘 관리하는 여인

③ 남편을 내조하고 선을 행하는 여인

④ 자기를 위해서 세마포나 자색 옷을 입지 않고 꾸미지 않는 여인

63. 다음 (　　) 안에 들어갈 말은 무엇입니까?

"고운 것도 거짓되고 아름다운 것도 헛되나 오직 여호와를 (　　　)하는 여자는 칭찬을 받을 것이라"(잠 31)

전 도 서

1. 전도서는 일반적으로 누구의 말씀으로 알려져 있습니까?(전 1)

2. 다음 중 전도자가 허무를 느끼는 이유가 아닌 것은 무엇입니까?(전 1)
   ① 모든 수고가 사람에게 무익하다
   ② 만물이 피곤하고 족함이 없다
   ③ 해 아래 새 것이라 할 것이 없다
   ④ 지혜와 지식만이 인생에 의미를 준다

3. 다음 ( ) 안에 들어갈 말은 무엇입니까?
   "지혜가 많으면 번뇌도 많으니 지식을 더하는 자는 ( )을 더하느니라"(전 1)

4. 전도자가 시험 삼아 다 누려보고자 했던 것은 무엇입니까?(전 2)
   ① 하나님과 화목 ② 평안 ③ 물질의 축복 ④ 쾌락

5. 전도자가 쾌락을 알기 위하여 시험해 본 것이 아닌 것은 무엇입니까?(전 2)
   ① 사업 확장 ② 건축과 과수원 경영
   ③ 소유와 재물 축적 ④ 타인의 수고로 얻은 몫 즐기기

6. 지혜자와 우매자를 관찰하여 얻은 결론이 아닌 것은 무엇입니까?(전 2)

① 지혜는 우매보다 뛰어나다

② 지혜자는 영원히 기억되나 우매자는 잊혀진다

③ 지혜자나 우매자나 당하는 일은 같다

④ 지혜자의 죽음이나 우매자의 죽음이나 매한가지다

7. 사람이 일생동안 수고하고 애씀이 헛된 이유 중 하나는 무엇입니까?(전 2)

① 수고한 만큼 얻지 못하므로

② 얻은 것이 언제 날아가 버릴지 모르므로

③ 수고하여 얻은 몫을 다른 사람에게 넘겨주어야 하므로

④ 인간은 영적 존재이므로

8. 전도자는 지상에서의 최고의 기쁨이 무엇이라고 보았습니까?(전 2)

① 먹고 마시고 즐기는 일　　② 지식 탐구　　③ 명예　　④ 재물

9. 하나님이 인생에게 주신 것이 아닌 것은 무엇입니까?(전3)

① 노고

② 영원을 사모하는 마음

③ 하나님이 하시는 일의 시종을 측량할 수 있는 능력

④ 먹고 마시며 낙을 누리는 것

10. 다음 (　) 안에 공통으로 들어갈 말은 무엇입니까?

"범사에 기한이 있고 천하 만사가 다 (　　)가 있나니 날 (　　)가 있고 죽을 (　　)가 있으며 심을 (　　)가 있고 심은 것을 뽑을 (　　)가 있으며"(전 3)

11. 사람이나 짐승에게 다름이 없는 공통점은 무엇입니까?(전 3)

① 영혼　　② 죽음　　③ 지혜　　④ 수명

12. 산 자보다 죽은 자가 낫고 이 둘보다 아직 출생하지 않은 자가 더 복되다고 한 이유는 무엇입니까?(전 4)

① 이 세상보다 저세상이 더 행복하므로　　② 이 세상의 악한 일을 보지 않으므로

③ 이 세상은 수고와 슬픔 뿐이므로　　④ 이 세상에는 학대가 있으므로

13. 예배자가 지켜야 할 주의 사항과 거리가 먼 것은 무엇입니까?(전 5)

① 성전에 들어갈 때부터 발을 삼가야 한다
② 하나님 앞에서 함부로 입을 열지 말아야 한다
③ 서원은 절대 하지 말아야 한다
④ 가까이하여 말씀을 듣는 것이 우매한 자가 제물 드리는 것보다 낫다

14. 재물을 지나치게 소유함으로써 오는 폐단이 아닌 것은 무엇입니까?(전 5)

① 재산이 많아지면 먹는 자들도 많아진다
② 부자는 그 부요함 때문에 자지 못한다
③ 부자는 망해도 삼 년 먹을거리는 있다
④ 일평생을 어두운 데서 먹으며 많은 근심과 질병과 분노가 그에게 있다

15. 재물과 부요에서 가장 중요한 것은 무엇이라고 했습니까?(전 6)

① 올바른 방법으로 모으는 것
② 모은 재산을 잘 지키고 관리하는 것
③ 건강하고 장수하는 것
④ 자기 몫을 즐거워하고 누리는 것

전

16. 다음은 멸망하는 의인과 장수하는 악인이 존재하는 이 세상에서의 바른 처세술입니다. ( ) 안에 들어갈 말은 무엇입니까?

"지나치게 의인이 되지도 말며 지나치게 지혜자도 되지 말라 어찌하여 스스로 패망하게 하겠느냐 지나치게 (   )이 되지도 말며 지나치게 우매한 자도 되지 말라 어찌하여 기한 전에 죽으려고 하느냐"(전 7)

17. 다음 ( ) 안에 들어갈 말은 무엇입니까?

"악한 일에 관한 징벌이 속히 실행되지 아니하므로 인생들이 악을 행하는 데에 마음이 (   )"(전 8)

① 불안하도다
② 담대하도다
③ 잘못을 스스로 깨닫게 되는도다
④ 가책을 받는도다

18. 다음은 생명의 귀중함을 잘 나타내는 말씀입니다. (　　) 안에 들어갈 말은 무엇입니까?

"모든 산 자들 중에 들어 있는 자에게는 누구나 소망이 있음은 산 (　　　　)가 죽은 사자보다 낫기 때문이니라"(전 9)

19. "모두 다 하나님의 손 안에 있다"는 전도자의 주장이 의도하는 바는 무엇입니까?(전 9)

① 모든 일의 결과는 아무도 장담할 수 없다

② 심은 대로 거둔다

③ 인간의 운명은 결정되어 있다

④ 하나님은 인간이 행한 대로 갚으신다

20. "네 떡을 물 위에 던져라"라는 권고는 무엇을 대비하기 위한 것입니까?(전 11)

① 재앙　　② 성공　　③ 풍년　　④ 전쟁

21. 청년들에게 줄 수 있는 한 마디의 교훈을 완성하여 써 보십시오.(전 12)

"너는 청년의 때에 너의 (　　　)를 기억하라"

아가

1. 솔로몬은 자신이 사랑하는 여인의 사랑이 무엇보다 낫다고 표현했습니까?(아 1)

① 포도주 ② 백향목 ③ 백합화 ④ 구슬

2. 솔로몬은 사랑하는 여인의 눈을 어떤 동물과 비교했습니까?(아 1)

3. 아가 2장에서는 사랑하는 여인을 다양한 나무와 꽃으로 비유했습니다. ( ) 안에 들어갈 나무와 꽃은 무엇입니까?

"여자들 중에 내 사랑은 ( ) 가운데 ( ) 같도다 남자들 중에 나의 사랑하는 자는 수풀 가운데 ( ) 같구나 내가 그 그늘에 앉아서 심히 기뻐하였고 그 열매는 내 입에 달았도다"(아 2)

① 가시나무 - 백합화 - 사과나무 ② 가시나무 - 수선화 - 무화과나무
③ 포도나무 - 수선화 - 사과나무 ④ 무화과나무 - 백합화 - 사과나무

4. 다음 ( ) 안에 공통으로 들어갈 동물은 무엇입니까?

"우리를 위하여 ( ) 곧 포도원을 허는 작은 ( )를 잡으라 우리의 포도원에 꽃이 피었음이라"(아 2)

① 사자 ② 여우 ③ 늑대 ④ 염소

5. 사랑하는 여인이 보기에 신랑 솔로몬 왕의 마음이 기쁜 날은 어느 날이며, 이 날에 솔로몬의 어머니가 솔로몬 머리에 씌워준 것은 무엇입니까?(아 3)

6. 다음 ( ) 안에 들어갈 신체 부위와 왕의 이름은 무엇입니까?

"네 (   )은 무기를 두려고 건축한 (   )의 망대 곧 방패 천 개, 용사의 모든 방패가 달린 망대 같고"(아 4)

① 입 - 솔로몬　　② 목 - 다윗

③ 눈 - 솔로몬　　④ 눈 - 다윗

7. 다음 ( ) 안에 공통으로 들어갈 단어는 무엇입니까?

"내 신부야 너는 (   )에서부터 나와 함께 하고 (   )에서부터 나와 함께 가자 아마나와 스닐과 헤르몬 꼭대기에서 사자 굴과 표범 산에서 내려오너라"(아 4)

8. 솔로몬은 자신이 사랑하는 여인을 다음과 같이 비유했습니다. 다음 번호에 해당하는 단어 중 틀린 것은 무엇입니까?

"너는 (①)의 샘이요 (②)의 (③)이요 레바논에서부터 흐르는 (④)로구나"(아 4)

① 동산　　② 생수　　③ 우물　　④ 바다

9. 다음 ( ) 안에 공통으로 들어갈 단어는 무엇입니까?

"일어나 내 사랑하는 자를 위하여 문을 열 때 (   )이 내 손에서, (   )의 즙이 내 손가락에서 문빗장에 떨어지는구나"(아 5)

10. 다음 ( ) 안에 들어갈 단어는 무엇입니까?

"예루살렘 딸들아 너희에게 내가 부탁한다 너희가 내 사랑하는 자를 만나거든 내가 사랑하므로 (   )이/가 났다고 하려무나"(아 5)

① 열　　② 질투　　③ 병　　④ 화

11. 솔로몬이 사랑하는 여인은 어디 출신입니까?(아 6)

① 게달　　② 레바논　　③ 술람미　　④ 예루살렘

12. 다음 (　) 안에 들어갈 단어는 무엇입니까?

"(　　)가 향기를 뿜어내고 우리의 문 앞에는 여러 가지 귀한 열매가 새 것, 묵은 것으로 마련되었구나 내가 내 사랑하는 자 너를 위하여 쌓아 둔 것이로다"(아 7)

13. 다음 (　) 안에 공통으로 들어갈 단어는 무엇입니까?

"많은 물도 이 (　　)을 끄지 못하겠고 홍수라도 삼키지 못하나니 사람이 그의 온 가산을 다 주고 (　　)과 바꾸려 할지라도 오히려 멸시를 받으리라"(아 8)

14. 사랑하는 여인의 친구들은 솔로몬의 여인을 성벽으로 비유하며 다음과 같이 말했습니다. (　) 안에 들어갈 단어는 무엇입니까?

"그가 성벽이라면 우리는 (　　) 망대를 그 위에 세울 것이요 그가 문이라면 우리는 (　　) 판자로 두르리라"(아 8)

① 금 - 백향목　　② 상아 - 화반석

③ 황옥 - 백합화　　④ 은 - 백향목

아

이사야

1. 이사야가 활동한 시대와 무관한 두 명의 왕은 누구입니까?(사 1)

   ① 요담　② 히스기야　③ 므낫세　④ 요시야

2. 이사야 1장에서 하나님의 심판을 받는 (㉮)와 (㉯)에 공통으로 들어갈 대표적인 두 도시는 어디입니까?

   "만군의 여호와께서 우리를 위하여 생존자를 조금 남겨 두지 아니하셨더면 우리가 (㉮) 같고 (㉯) 같았으리로다 너희 (㉮)의 관원들아 여호와의 말씀을 들을지어다 너희 (㉯)의 백성아 우리 하나님의 법에 귀를 기울일지어다"(사 1)

   ① ㉮ - 두로, ㉯ - 시돈　② ㉮ - 벧엘, ㉯ - 길갈
   ③ ㉮ - 소돔, ㉯ - 고모라　④ ㉮ - 사마리아, ㉯ - 예루살렘

3. 이사야는 주전 8세기에 활동했던 아모스와 함께 사회적 약자에 대하여 관심을 가진 대표적인 선지자입니다. 다음의 성경 본문에서 확인할 수 있는 것처럼 이사야가 관심을 보인 사회적 약자는 누구입니까?

   "선행을 배우며 정의를 구하며 학대 받는 자를 도와 주며 (　　　)를 위하여 신원하며 (　　　)를 위하여 변호하라 하셨느니라"(사 1)

4. 다음 ( ) 안에 들어갈 말을 통해 예루살렘이 여호와 하나님을 믿는 모든 사람의 중심지임을 선포하고 있습니다. ( ) 안에 들어갈 단어는 무엇입니까?

"많은 백성이 가며 이르기를 오라 우리가 여호와의 산에 오르며 야곱의 하나님의 전에 이르자 그가 그의 길을 우리에게 가르치실 것이라 우리가 그 길로 행하리라 하리니 이는 ( )이/가 시온에서부터 나올 것이요 여호와의 ( )이/가 예루살렘에서부터 나올 것임이니라"(사 2)

① 율법 - 말씀 ② 정의 - 공의 ③ 언약 - 영 ④ 은혜 - 구원

5. 하나님은 자신을 의지하지 않고 사람을 의지한 예루살렘과 유다 백성을 심판한다고 하셨습니다. 이들이 의지한 사람에 속하지 않은 계층은 무엇입니까?(사 3)

① 용사 ② 재판관 ③ 선지자 ④ 제사장

6. 다음의 성경 구절의 ( ) 안에서 대비되는 두 종류의 사람은 누구입니까?

"너희는 ( )에게 복이 있으리라 말하라 그들은 그들의 행위의 열매를 먹을 것임이요 ( )에게는 화가 있으리니 이는 그의 손으로 행한 대로 그가 보응을 받을 것임이니라"(사 3)

7. 하나님은 예루살렘이 회복되는 그 날에 다음과 같은 사람들이 '거룩하다'라는 칭송을 받을 것이라고 말씀하셨습니다. ( ) 안에 들어갈 단어는 무엇입니까?

"시온에 남아 있는 자, 예루살렘에 머물러 있는 자 곧 예루살렘 안에 생존한 자 중 ( ) 된 모든 ( )은 거룩하다 칭함을 얻으리니"(사 4)

8. 하나님은 사랑하는 자, 즉 유다와 예루살렘 백성을 책망하기 위해서 상징적인 의미로 '사랑하는 자의 포도원'을 노래하셨습니다. '포도원의 노래'에서 언급한 내용이 아닌 것은 무엇입니까?(사 5)

① 땅을 파서 돌을 제거하였다 ② 극상품 포도나무를 심었다

③ 망대를 세웠다 ④ 좋은 포도 열매가 맺혔다

9. 이사야 선지자가 하나님께 소명받았을 때는 어떤 해였습니까?(사 6)

① 웃시야 왕이 즉위한 해 ② 웃시야 왕이 죽던 해

③ 히스기야 왕이 즉위한 해 ④ 히스기야 왕이 죽던 해

10. 이사야의 소명 이야기는 이사야가 경험한 다양한 내용을 담고 있습니다. 예를 들면 성전에 가득한 하나님의 옷자락, 각기 6개의 날개를 가진 ( ), ( )의 우렁찬 소리로 부른 노래에 흔들리는 문지방의 터, 연기가 가득 찬 성전과 성전 제단에서 타고 있는 숯 등이 그것입니다. 위 ( ) 안에 공통으로 들어갈 단어는 무엇입니까?(사 6)

11. 이사야는 선지자로 소명받는 과정에서 자신을 입술이 부정한 사람으로 고백하면서 동시에 하나님을 '만군의 여호와이신 ( )'로/으로 고백하였습니다. ( ) 안에 들어갈 단어는 무엇입니까?(사 6)

① 왕 ② 제사장 ③ 창조주 ④ 구원자

12. 유다와 예루살렘에 대한 바벨론의 정치적 압제와 왕국의 멸망이라는 역사의 암흑기에서도 하나님은 유다의 희망을 남겨 놓으셨음을 비유적으로 말씀하셨습니다. 다음 ( ) 안에 공통으로 들어갈 단어는 무엇입니까?

"그 중에 십분의 일이 아직 남아 있을지라도 이것도 황폐하게 될 것이나 밤나무와 상수리나무가 베임을 당하여도 그 ( )는 남아 있는 것 같이 거룩한 씨가 이 땅의 ( )니라 하시더라"(사 6)

13. 유다의 주변 국가는 자신들을 정치적으로 압제하는 앗수르에 반기를 드는 동맹을 맺었습니다. 이 동맹에 유다의 아하스 왕도 동참할 것을 다음의 두 나라가 요구했습니다. 하지만 이를 거부하자 두 나라는 2년 동안(주전 734~733년) 아하스 왕과 전쟁을 벌였습니다. ( ) 안에 들어갈 두 나라는 어디입니까?

"웃시야의 손자요 요담의 아들인 유다의 아하스 왕 때에 ( )의 르신 왕과 르말리야의 아들 ( )의 베가 왕이 올라와서 예루살렘을 쳤으나 능히 이기지 못하니라"(사 7)

① 애굽 - 블레셋 ② 아람 - 이스라엘
③ 두로 - 시돈 ④ 애굽 - 바벨론

14. 아람과 이스라엘이 유다와 예루살렘 도성을 치려고 군사를 보냈지만 정복할 수 없었습니다. 이에 대해 아람과 이스라엘을 "( ) 나는 두 ( ) 그루터기에 불과하다"라고 비유적으로 표현했습니다. 각각의 ( ) 안에 들어갈 단어는 무엇입니까?(사 7)

15. 하나님은 임마누엘의 징조가 임하는 '그 날'의 상황을 선포하셨습니다. 다음 ( ) 안에 들어갈 단어를 순서에 맞게 나열한 것은 무엇입니까?

"그 날에는 여호와께서 애굽 하수에서 먼 곳의 ( )와 앗수르 땅의 ( )을/를 부르시리니 … 보습으로 갈던 모든 산에도 ( )와 ( ) 때문에 두려워서 그리로 가지 못할 것이요 그 땅은 소를 풀어 놓으며 양이 밟는 곳이 되리라"(사 7)

① 이 - 뱀 - 엉겅퀴 - 찔레

② 개구리 - 독수리 - 찔레 - 가시떨기

③ 파리 - 벌 - 찔레 - 가시

④ 메뚜기 - 사자 - 우슬초 - 찔레

16. 하나님은 이사야에게 아람과 북 왕국 이스라엘에게 ( )의 침략이 임박했음을 이사야와 그의 아내 사이에 태어난 아이의 이름을 통해서 선포하셨습니다. 아이의 이름은 '노략이 속히 올 것이다'라는 뜻을 지닌 '마헬살랄하스바스'이며, 이 아이가 '아빠, 엄마'라고 부르기 전에 이 나라의 침략이 임할 것임을 상징적으로 예언하였습니다. 다음 ( ) 안에 들어갈 나라의 이름은 무엇입니까?

"이는 이 아이가 내 아빠, 내 엄마라 부를 줄 알기 전에 다메섹의 재물과 사마리아의 노략물이 ( ) 왕 앞에 옮겨질 것임이라 하시니라"(사 8)

① 앗수르 ② 바벨론 ③ 아람 ④ 애굽

사

17. 다음 본문은 새로운 왕, 새로운 메시야로 한 아기가 탄생할 것이라는 예언입니다. ( ) 안에 이 아기를 묘사하는 단어를 순서에 맞게 써 보십시오.

"이는 한 아기가 우리에게 났고 한 아들을 우리에게 주신 바 되었는데 그의 어깨에는 정사를 메었고 그의 이름은 ( )라, ( )라, 전능하신 ( )이라, 영존하시는 ( )라, 평강의 ( )이라 할 것임이라"(사 9)

18. 다음 (㉮)와 (㉯)에 들어갈 단어는 무엇입니까? 각각의 해당 번호를 찾아 쓰십시오.

"그러므로 여호와께서 하루 사이에 이스라엘 중에서 머리와 꼬리와 종려나무 가지와 갈대를 끊으시리니 그 머리는 곧 (㉮)요 그 꼬리는 곧 (㉯)라"(사 9)

① 백성을 인도하는 자

② 장로와 존귀한 자

③ 거짓말을 가르치는 선지자

④ 백성을 미혹하고 그들을 인도하는 자

19. 다음의 성경 구절은 이사야서의 중요한 신학 중 하나입니다. (   ) 안에 공통으로 들어갈 표현은 무엇입니까?

"그 날에 이스라엘의 (   )와 야곱 족속의 피난한 자들이 다시는 자기를 친 자를 의지하지 아니하고 이스라엘의 거룩하신 이 여호와를 진실하게 의지하리니 (   ) 곧 야곱의 (   )가 능하신 하나님께로 돌아올 것이라"(사 10)

① 포로된 자 ② 남겨진 자 ③ 남은 자 ④ 거룩한 자

20. 다음 (   ) 안에 들어갈 인물은 누구입니까?

"(   )의 줄기에서 한 싹이 나며 그 뿌리에서 한 가지가 나서 결실할 것이요"(사 11)

① 이새 ② 다윗 ③ 히스기야 ④ 요시야

21. 다음 성경 본문은 장차 임하게 될 '여호와의 영'을 설명하는 내용입니다. 여호와의 영을 설명하는 표현으로 언급되지 않은 것은 무엇입니까?

"그의 위에 여호와의 영 곧 (   )이요 (   )이요 (   )이 강림하시리니"(사 11)

① 지혜와 총명의 영 ② 모략과 재능의 영
③ 공의와 정의의 영 ④ 지식과 여호와를 경외하는 영

22. 다음은 하나님의 구원에 대한 감사 찬송을 고백한 성경 구절입니다. (   ) 안에 들어갈 말을 순서대로 나열한 것은 무엇입니까?

"보라 하나님은 (   )이시라 내가 신뢰하고 두려움이 없으리니 주 여호와는 (   )이시며 (   )시며 (   )이심이라"(사 12)

㉮ 나의 힘	㉯ 나의 구원	㉰ 나의 노래

① ㉯-㉮-㉰-㉯ ② ㉮-㉰-㉯-㉯ ③ ㉮-㉯-㉮-㉰ ④ ㉰-㉯-㉰-㉮

23. 다음은 바벨론에 대한 하나님의 심판 내용입니다. 다음 (   ) 안에 들어갈 단어는 무엇입니까?

"보라 (   )의 (   ) 곧 잔혹히 분냄과 맹렬히 노하는 날이 이르러 땅을 황폐하게 하며 그 중에서 죄인들을 멸하리니 하늘의 별들과 별 무리가 그 빛을 내지 아니하며 해가 돋아도 어두우며 달이 그 빛을 비추지 아니할 것이로다"(사 13)

24. 하나님께서 바벨론을 심판할 때 도구로 사용하신 곳으로, (   ) 안에 공통으로

들어갈 나라 이름은 무엇입니까?

"보라 은을 돌아보지 아니하며 금을 기뻐하지 아니하는 (   ) 사람을 내가 충동하여 그들을 치게 하리니 (   ) 사람이 활로 청년을 쏘아 죽이며 태의 열매를 긍휼히 여기지 아니하며 아이를 애석하게 보지 아니하리라"(사 13)

① 모압 ② 메대 ④ 앗수르 ④ 바사

25. 다음 (   ) 안에 들어갈 두 도시의 이름은 무엇입니까?

"열국의 영광이요 갈대아 사람의 자랑하는 노리개가 된 바벨론이 하나님께 멸망 당한 (   )과 (   ) 같이 되리니"(사 13)

26. 다음 성경 본문은 한 나라에 대한 하나님의 심판을 선포하고 있습니다. 이 심판 내용을 통해 알 수 있는 (   ) 안에 들어갈 나라 이름은 무엇입니까?

"여호와께서 너를 슬픔과 곤고와 및 네가 수고하는 고역에서 놓으시고 안식을 주시는 날에 너는 (   ) 왕에 대하여 이 노래를 지어 이르기를 압제하던 자가 어찌 그리 그쳤으며 강포한 성이 어찌 그리 폐하였는고 여호와께서 악인의 몽둥이와 통치자의 규를 꺾으셨도다"(사 14)

27. 하나님은 바벨론에 포로로 끌려간 이스라엘 백성을 다시 예루살렘 본토로 돌아오게 하리라는 선포와 함께, 바벨론을 심판하는 과정에서 상징적으로 '이곳'까지 바벨론 왕과 그의 영화가 떨어질 것이라고 예언하셨습니다. 다음 (   ) 안에 공통으로 들어갈 단어는 무엇입니까?

"아래의 (   )이/가 너로 말미암아 소동하여 네가 오는 것을 영접하되 그것이 세상의 모든 영웅을 너로 말미암아 움직이게 하며 열방의 모든 왕을 그들의 왕좌에서 일어서게 하므로 … 네 영화가 (   )에 떨어졌음이여 네 비파 소리까지로다 구더기가 네 아래에 깔림이여 지렁이가 너를 덮었도다 … 그러나 이제 네가 (   ) 곧 구덩이 맨 밑에 떨어짐을 당하리로다"(사 14)

① 황무지 ② 무덤 ③ 스올 ④ 광야

28. 교만한 한 나라를 하나님께서 심판하시기 위해 다음의 본문에서 '계명성'으로 비유한 나라는 어디입니까?

"너 아침의 아들 계명성이여 어찌 그리 하늘에서 떨어졌으며 너 열국을 엎은 자여 어찌 그리 땅에 찍혔는고"(사 14)

① 애굽 ② 앗수르 ③ 바벨론 ④ 블레셋

29. 다음의 성경 본문은 여호와께서 블레셋을 심판하시는 경고의 내용을 담고 있습니다. 블레셋에 대한 여호와의 경고는 유다의 ( ) 왕이 죽던 해에 임했습니다. 다음 ( ) 안에 들어갈 왕은 누구입니까?

"( ) 왕이 죽던 해에 이 경고가 임하니라 블레셋 온 땅이여 너를 치던 막대기가 부러졌다고 기뻐하지 말라 뱀의 뿌리에서는 독사가 나겠고 그의 열매는 날아다니는 불뱀이 되리라 가난한 자의 장자는 먹겠고 궁핍한 자는 평안히 누우려니와 내가 네 뿌리를 기근으로 죽일 것이요 네게 남은 자는 살육을 당하리라"(사 14)

① 웃시야 ② 요담 ③ 아하스 ④ 히스기야

30. 이사야 14~16장에는 바벨론과 앗수르 외에 유다 기준으로 왼쪽과 오른쪽에 위치한 나라에 대한 하나님의 심판이 선포되어 있습니다. 이 두 나라의 이름은 무엇입니까?(사 14~16)

① 에돔 - 아람 ② 페니키아 - 암몬
③ 블레셋 - 모압 ④ 모압 - 암몬

31. 주전 732년 당시 아람의 수도였던 이 도시는 앗수르 왕 디글랏 빌레셀에 의해 정복되었습니다. 다음의 ( ) 안에 들어갈 이 도시의 이름은 무엇입니까?

"( )에 관한 경고라 보라 ( )이/가 장차 성읍을 이루지 못하고 무너진 무더기가 될 것이라"(사 17)

① 다메섹 ② 두로 ③ 시돈 ④ 디몬

32. 다음 ( ) 안에서 하나님의 심판을 받는 나라의 이름은 무엇입니까?

"강들에서는 악취가 나겠고 ( )의 강물은 줄어들고 마르므로 갈대와 부들이 시들겠으며 나일 가까운 곳 나일 언덕의 초장과 나일 강 가까운 곡식 밭이 다 말라서 날려가 없어질 것이며 어부들은 탄식하며 나일 강에 낚시를 던지는 자마다 슬퍼하며 물 위에 그물을 치는 자는 피곤할 것이며"(사 19)

33. 다음 ( ) 안에 들어갈 나라는 어디입니까?

"그 날에 ( ) 땅 중앙에는 여호와를 위하여 제단이 있겠고 그 변경에는 여호와를 위하여 기둥이 있을 것이요"(사 19)

34. 주전 713년과 711년 사이에 블레셋은 앗수르에 반란을 일으켰습니다. 이에 앗수르 왕은 장군 다르단을 블레셋으로 보내 아스돗을 점령했습니다. 이러한 군사 행동을 한 ( ) 안에 들어갈 앗수르 왕의 이름은 무엇입니까?

"앗수르의 ( ) 왕이 다르단을 아스돗으로 보내매 그가 와서 아스돗을 쳐서 취하던 해니라"(사 20)

35. 애굽의 포로와 구스의 사로잡힌 자가 앗수르 왕에게 벗은 몸과 발로 끌려갈 것을 예언하기 위해서 하나님께서 이사야에게 명령하신 상징적인 행위는 무엇입니까?(사 20)

36. 이사야 선지자는 유일하게 한 개인을 고발했습니다. 그는 히스기야 시대의 서기관이자(왕하 18:18) 궁중과 금고의 일을 맡은 자로, 이사야는 그가 관직에서 쫓겨나서 그 지위가 낮아질 것임을 경고했습니다. 다음 ( ) 안에 들어갈 인물은 누구입니까?

"주 만군의 여호와께서 이르시되 너는 가서 그 국고를 맡고 왕궁 맡은 자 ( )를 보고 이르기를"(사 22)

37. 하나님께서는 이스라엘을 회복하시는 그 날에 힐기야의 아들인 하나님의 종 ( )을 불러서 옷을 입히고 띠를 띠우고 권세를 그의 손에 맡기겠다고 선포하셨습니다. 이 인물은 누구입니까?(사 22)

사

38. 다음의 두 도시는 하나님의 심판을 받을 지중해 연안에 위치한 항구 도시로 무역과 상업이 성행한 도시였습니다. (㉮)와 (㉯)에 들어갈 두 도시의 이름은 무엇입니까?

"(㉮)에 관한 경고라 다시스의 배들아 너희는 슬피 부르짖을지어다 (㉮)이/가 황무하여 집이 없고 들어갈 곳도 없음이요 이 소식이 깃딤 땅에서부터 그들에게 전파되었음이라 바다에 왕래하는 (㉯) 상인들로 말미암아 부요하게 된 너희 해변 주민들아 잠잠하라"(사 23)

① 에그론 - 벧세메스 ② 므깃도 - 다메섹
③ 가사 - 가드 ④ 두로 - 시돈

39. 다음 (   ) 안에 해당하지 않는 두 종류의 사람들은 누구입니까?

"(   )이/가 같을 것이며 (   )이/가 같을 것이며 (   )이/가 같을 것이며 (   )이/가 같을 것이며 (   )이/가 같을 것이며 (   )이/가 같을 것이라"(사 24)

① 백성과 제사장 ② 사는 자와 파는 자
③ 빌려 주는 자와 빌리는 자 ④ 선지자와 제사장
⑤ 종과 상전 ⑥ 여종과 여주인
⑦ 왕과 신하 ⑧ 이자를 받는 자와 이자를 내는 자

40. 다음 (   ) 안에 공통으로 들어갈 단어는 무엇입니까?

"(   )이/가 깨지고 깨지며 (   )이/가 갈라지고 갈라지며 (   )이/가 흔들리고 흔들리며 (   )이/가 취한 자 같이 비틀비틀하며 원두막 같이 흔들리며 그 위의 죄악이 중하므로 떨어져서 다시는 일어나지 못하리라"(사 24)

① 바다 ② 하늘 ③ 땅 ④ 산

41. 다음 (㉮)와 (㉯)에 들어갈 단어는 무엇입니까?

"그 날에 말하기를 이는 우리의 (㉮)이시라 우리가 그를 기다렸으니 그가 우리를 구원하시리로다 이는 (㉯)시라 우리가 그를 기다렸으니 우리는 그의 구원을 기뻐하며 즐거워하리라 할 것이며"(사 25)

42. 다음 (   )에 해당하는 표현 중 틀린 것은 무엇입니까?

"주의 죽은 자들은 (①) 그들의 시체들은 (②) 티끌에 누운 자들아 너희는 (③) 주의 이슬은 빛난 이슬이니 땅이 죽은 자들을 (④)"(사 26)

① 살아나고 ② 일어나리이다 ③ 깨어 노래하라 ④ 삼키리라

43. '그 날'에 여호와께서 이스라엘을 억압했던 민족들을 심판하셨습니다. (㉮)와 (㉯)에 들어갈 말로, 상징적인 의미에서 하나님의 심판의 대상이 된 것은 무엇입니까?

"그 날에 여호와께서 그의 견고하고 크고 강한 칼로 날랜 뱀 (㉮) 곧 꼬불꼬불한 뱀 (㉮)을 벌하시며 바다에 있는 (㉯)을/를 죽이시리라"(사 27)

① 리워야단 - 용 ② 베헤못 - 악어
③ 리워야단 - 베헤못 ④ 베헤못 - 용

44. '그 날'에 여호와는 이스라엘을 억압한 민족들을 심판하셨지만 이스라엘을 회복시켜 주실 것은 선포하셨습니다. 여호와께서 자신을 비유하며 사용한 단어로, (㉮)와 (㉯)에 들어갈 말은 무엇입니까?

"그 날에 너희는 아름다운 (㉮)을 두고 노래를 부를지어다 나 여호와는 (㉯)가 됨이여 때때로 물을 주며 밤낮으로 간수하여 아무든지 이를 해치지 못하게 하리로다 나는 (㉮)에 대하여 노함이 없나니 찔레와 가시가 나를 대적하여 싸운다 하자 내가 그것을 밟고 모아 불사르리라"(사 27)

① 초장 - 목자 ② 포도원 - 포도원지기
③ 동산 - 동산지기 ④ 밭 - 농부

45. 교만한 에브라임을 비유한 단어로, ( ) 안에 공통으로 들어갈 말은 무엇입니까?

"에브라임의 술취한 자들의 교만한 ( )은/는 화 있을진저 술에 빠진 자의 성 곧 영화로운 관 같이 기름진 골짜기 꼭대기에 세운 성이여 쇠잔해 가는 꽃 같으니 화 있을진저 보라 주께 있는 강하고 힘 있는 자가 쏟아지는 우박 같이, 파괴하는 광풍 같이, 큰 물이 넘침 같이 손으로 그 ( )을/를 땅에 던지리니 에브라임의 술취한 자들의 교만한 ( )이/가 발에 밟힐 것이라"(사 28)

① 팔찌 ② 규 ③ 면류관 ④ 방패

사

46. 다음 (㉮)와 (㉯)에 공통으로 들어갈 단어는 무엇입니까?

"여호와께서 그들에게 말씀하시되 (㉮)에 (㉮)를 더하며 (㉮)에 (㉮)를 더하며 (㉯)에 (㉯)을/를 더하며 (㉯)에 (㉯)을/를 더하고 여기서도 조금, 저기서도 조금 하사 그들이 가다가 뒤로 넘어져 부러지며 걸리며 붙잡히게 하시리라"(사 28)

① 공의 - 정의 ② 경계 - 교훈
③ 말씀 - 지식 ④ 지혜 - 사랑

47. 다음 ( ) 안에 들어갈 단어는 무엇입니까?

"그러므로 주 여호와께서 이같이 이르시되 보라 내가 한 돌을 ( )에 두어 기초를 삼았노니 곧 시험한 돌이요 귀하고 견고한 기촛돌이라 그것을 믿는 이는 다급하게 되지 아니하리로다"(사 28)

① 사마리아 ② 시온 ③ 벧엘 ④ 길갈

48. 다음 (   ) 안에 들어갈 단어는 '하나님의 암사자'라는 원어의 의미를 지녔지만, 다음 본문에서는 예루살렘을 상징적으로 표현하고 있습니다. (   ) 안에 들어갈 단어는 무엇입니까?

"슬프다 (   )여/이여 아리엘이여 다윗이 진 친 성읍이여 해마다 절기가 돌아오려니와"(사 29)

① 여수룬　② 아리엘　③ 시온　④ 여디디야

49. 다음은 예수님의 제자들이 씻지 않은 부정한 손으로 떡 먹는 모습을 비난한 바리새인과 서기관들을 향해(마 15:8, 막 7:6) 예수님께서 인용한 성경 본문입니다. (   ) 안에 들어갈 단어는 무엇입니까?

"주께서 이르시되 이 백성이 (   )으로는 나를 가까이 하며 (   )로는 나를 공경하나 그들의 마음은 내게서 멀리 떠났나니 그들이 나를 경외함은 사람의 계명으로 가르침을 받았을 뿐이라"(사 29)

50. 다음 (   ) 안에 들어갈 표현은 무엇입니까?

"그러나 여호와께서 기다리시나니 이는 너희에게 은혜를 베풀려 하심이요 일어나시리니 이는 너희를 긍휼히 여기려 하심이라 대저 여호와는 정의의 하나님이심이라 그를 (   )마다 복이 있도다"(사 30)

① 기다리는 자　② 찬양하는 자　③ 예배하는 자　④ 경외하는 자

51. 다음 (   ) 안에 공통으로 들어갈 단어는 무엇입니까?

"또 너희가 너희 조각한 (   )에 입힌 은과 부어 만든 (   )에 올린 금을 더럽게 하여 불결한 물건을 던짐 같이 던지며 이르기를 나가라 하리라"(사 30)

52. 하나님께서는 바벨론의 위협을 피하려고 하나님께 도움을 청하는 것이 아니라 주변 나라에 도움을 청하는 것의 무모함을 심판하셨습니다. 다음 (   ) 안에 공통으로 들어갈 나라는 어디입니까?

"도움을 구하러 (   )로/으로 내려가는 자들은 화 있을진저 그들은 말을 의지하며 병거의 많음과 마병의 심히 강함을 의지하고 이스라엘의 거룩하신 이를 앙모하지 아니하며 여호와를 구하지 아니하나니 … (   )은/는 사람이요 신이 아니며 그들의 말들은 육체요 영이 아니라 여호와께서 그의 손을 펴시면 돕는 자도 넘어지며 도움을 받는 자도 엎드러져서 다 함께 멸망하리라"(사 31)

① 아람　② 바사　③ 애굽　④ 앗수르

53. 다음 ( ) 안에 들어갈 단어는 각각 무엇입니까?

"보라 장차 한 왕이 ( )로 통치할 것이요 방백들이 ( )로 다스릴 것이며"(사 32)

54. 다음 ( )에 해당하는 표현 중 틀린 것은 무엇입니까?

"(①)의 마음이 지식을 깨닫고 (②)의 혀가 민첩하여 말을 분명히 할 것이라 (③)를 다시 존귀하다 부르지 아니하겠고 (④)를 다시 존귀한 자라 말하지 아니하리니"(사 32)

① 조급한 자 ② 어눌한 자 ③ 어리석은 자 ④ 가난한 자

55. 다음 ( ) 안에 들어갈 단어는 무엇입니까?

"대저 여호와는 우리 ( )이시요 여호와는 우리에게 율법을 세우신 이요 여호와는 우리의 왕이시니 그가 우리를 구원하실 것임이라"(사 33)

① 왕 ② 재판장 ③ 제사장 ④ 목자

56. 다음 ( ) 안에 들어갈 단어는 각각 무엇입니까?

"하늘의 만상이 사라지고 하늘들이 두루마리 같이 말리되 그 만상의 쇠잔함이 ( ) 잎이 마름 같고 ( ) 잎이 마름 같으리라"(사 34)

① 포도나무 - 무화과나무 ② 감람나무 - 백향목

③ 싯딤나무 - 가시나무 ④ 에셀나무 - 석류나무

사

57. 다음 ( ) 안에 들어갈 단어는 무엇입니까?

"너희는 여호와의 ( )에서 찾아 읽어보라 이것들 가운데서 빠진 것이 하나도 없고 제 짝이 없는 것이 없으리니 이는 여호와의 입이 이를 명령하셨고 그의 영이 이것들을 모으셨음이라"(사 34)

58. 다음 ( ) 안에 들어갈 단어는 무엇입니까?

"( )와/과 메마른 땅이 기뻐하며 ( )이 백합화 같이 피어 즐거워하며"(사 35)

① 광야 - 사막 ② 바다 - 산 ③ 사막 - 동산 ④ 땅 - 들판

59. 예루살렘 도성을 보호하기 위해 건설된 요새 도시 '라기스'를 정복한 앗수르의 왕은 누구입니까?(사 36)

① 살만에셀 ② 사르곤 ③ 산헤립 ④ 에살핫돈

60. 앗수르 왕은 예루살렘을 정복하려고 그의 장군 랍사게를 보냈습니다. 이에 랍사게가 예루살렘 백성을 위협하고 항복할 것을 고하기 위해서 (㉮) 방언으로 말하자, 유다 왕궁의 관료 엘리아김, 셉나, 요아는 예루살렘 백성이 랍사게의 말을 듣고 동요할 것을 두려워하여 (㉯) 방언으로 말할 것을 청하였습니다. (㉮)와 (㉯)에 들어갈 단어는 무엇입니까?(사 36)

61. 앗수르 왕 산헤립과 그의 장군 ( )은/는 유다의 요새 도시 '라기스'를 정복하고 예루살렘을 정복하기 위해 대군을 거느리고 라기스에서 예루살렘으로 출정한 후 예루살렘 백성에게 항복할 것을 회유하였습니다. 다음 ( ) 안에 들어갈 인물은 누구입니까?

"이에 ( )이/가 일어서서 유다 방언으로 크게 외쳐 이르되 너희는 대왕 앗수르 왕의 말씀을 들으라"(사 36)

① 랍사게 ② 고레스 ③ 시삭 ④ 엘리아김

62. 앗수르 군대가 예루살렘을 정복하기 위해 히스기야와 예루살렘 백성을 위협했으나, 하나님은 이사야를 통해 예루살렘이 구원받을 징조를 히스기야에게 전하셨습니다. 다음 ( ) 안에 들어갈 징조의 순서가 옳은 것은 무엇입니까?

"왕이여 이것이 왕에게 징조가 되리니 올해는 ( )이요 둘째 해에는 또 ( )이요 셋째 해에는 ( )이니이다"(사 37)

㉮ 스스로 난 것을 먹을 것	㉯ 거기에서 난 것을 먹을 것
㉰ 심고 거두며 포도나무를 심고 그 열매를 먹을 것	

① ㉮ - ㉯ - ㉰ ② ㉰ - ㉮ - ㉯ ③ ㉮ - ㉰ - ㉯ ④ ㉯ - ㉮ - ㉰

63. 앗수르가 요새 도시 라기스를 함락시킨 이후 예루살렘을 정복하러 왔지만, 도리어 여호와의 사자가 앗수르 진영에서 ( )명을 치셨습니다. 이때 죽은 앗수르 군사의 수는 몇 명입니까?(사 37)

① 155,000명 ② 165,000명 ③ 175,000명 ④ 185,000명

64. 병들었던 히스기야가 하나님께 수명 연장을 받을 때에 함께 받은 약속은 무엇입니까?(사 38)

65. 병들어 죽게 된 히스기야는 어떠한 행동을 해서 하나님께 15년이라는 수명을 더 연장받았습니까?(사 38)

66. 병에서 회복시켜 주리라는 약속의 증거로 하나님이 히스기야에게 보이신 징조는 무엇입니까?(사 38)

① 해시계 속 그림자가 앞으로 십 도 나아갔다

② 해시계 속 그림자가 뒤로 십 도 물러갔다

③ 해시계 속 해 그림자가 정지하였다

④ 해시계 속 해 그림자가 사라졌다

67. 히스기야 왕이 병들었다가 회복되었다는 소식을 듣고 글과 예물을 보낸 나라는 어디입니까?(사 39)

① 애굽 ② 바벨론 ③ 앗수르 ④ 아람

68. 유다를 정복한 바벨론은 유다 백성 중에서 바벨론 왕궁의 관료를 만들기 위해 이스라엘 사회에서는 금기시 되었지만(신 23:1) 후천적으로 이러한 사람을 만들었습니다. ( ) 안에 해당하는 자는 누구입니까?

"또 네게서 태어날 자손 중에서 몇이 사로잡혀 바벨론 왕궁의 ( )이 되리라 하셨나이다 하니"(사 39)

사

69. 바벨론이 패망한 후 예루살렘에 남아 있는 백성과 바벨론으로 끌려간 포로에 대한 하나님의 선포 속에 공통으로 들어갈 단어는 무엇입니까?

"너희의 하나님이 이르시되 너희는 ( )하라 내 백성을 ( )하라"(사 40)

① 보호 ② 구속 ③ 구원 ④ 위로

70. 세례 요한이 유다 광야에서 천국을 전파할 때 인용한 나머지 이사야 성경 본문은 무엇입니까?

"외치는 자의 소리여 이르되 ( )"(사 40)

71. 하나님의 구원과 희망의 소식은 각각 어디에 전해져야 합니까?

"아름다운 소식을 ( )에 전하는 자여 너는 높은 산에 오르라 아름다운 소식을 ( )에 전하는 자여 너는 힘써 소리를 높이라 두려워하지 말고 소리를 높여 유다의 성읍들에게 이르기를 너희의 하나님을 보라 하라"(사 40)

① 사마리아 - 예루살렘 ② 두로 - 시돈 ③ 시온 - 예루살렘 ④ 벧엘 - 단

72. 이사야서의 주제는 '여호와 하나님 이외에 다른 신은 존재하지 않는다'는 '여호와 유일신 신앙'입니다. 이와 관련하여 ( ) 안에 들어갈 말은 무엇입니까?

"대장장이가 부어 만들고, 도금장이가 금으로 입히고, 은사슬을 만들어 걸친 것이다. 금이나 은을 구할 형편이 못되는 사람은 썩지 않는 나무를 골라서 구하여 놓고, 넘어지지 않을 ( ) 만들려고 숙련된 기술자를 찾는다"(사 40, 새번역)

73. 다음 ( ) 안에 들어갈 표현은 무엇입니까?

"오직 여호와를 ( )는 새 힘을 얻으리니 독수리가 날개치며 올라감 같을 것이요 달음박질하여도 곤비하지 아니하겠고 걸어가도 피곤하지 아니하리로다"(사 40)

74. 다음의 성경 구절에 들어갈 표현을 순서대로 나열하십시오.

"( ) 내가 ( ) 놀라지 말라 ( ) 내가 ( ) 참으로 ( ) 참으로 ( )"(사 41)

㉮ 나는 네 하나님이 됨이라 ㉯ 너와 함께 함이라

㉰ 두려워하지 말라 ㉱ 너를 도와 주리라

㉲ 너를 굳세게 하리라 ㉳ 나의 의로운 오른손으로 너를 붙들리라

75. 다음 본문은 하나님의 종의 성품을 묘사하는 구절입니다. ( ) 안에 들어갈 단어는 무엇입니까?

"상한 ( )를 꺾지 아니하며 꺼져가는 ( )을 끄지 아니하고 진실로 ( )를 시행할 것이며"(사 42)

76. 다음은 하나님께서 자신을 위하여 이스라엘 백성을 창조하신 이유입니다. ( ) 안에 들어갈 단어는 무엇입니까?

"이 백성은 내가 나를 위하여 지었나니 나를 ( )하게 하려 함이니라"(사 43)

77. 이방인으로 유일하게 하나님의 '목자'이자 '기름 부음 받은 자'로 칭함 받은 왕으로, 멸망당한 예루살렘 도성과 성전을 재건할 기초를 마련한 왕은 누구입니

까?(사 44, 45)

① 느부갓네살 ② 산헤립 ③ 시삭 ④ 고레스

78. 이사야 40장 이후 여러 성경 본문에서 '여호와 하나님은 유일한 창조주이자 유일한 역사의 주이다'라는 신앙고백이 강조됩니다. 이러한 신학적 내용은 다음의 성경 구절에서도 확인할 수 있습니다. ( ) 안에 각각 들어갈 단어는 무엇입니까?

"나는 ( )도 짓고 ( )도 창조하며 나는 ( )도 짓고 ( )도 창조하나니 나는 여호와라 이 모든 일들을 행하는 자니라 하였노라"(사 45)

79. 다음 ( ) 안에 들어갈 올바른 표현은 무엇입니까?

"( )는 부끄러움을 당하며 욕을 받아 다 함께 수욕 중에 들어갈 것이로되"(사 45)

① 우상을 만드는 자 ② 이방신을 섬기는 자

③ 이방 왕에게 굴복하는 자 ④ 하나님이 없다 하는 자

80. 다음 ( ) 안에 들어갈 바벨론 신들의 이름은 각각 무엇입니까?

"( )은 엎드러졌고 ( )는 구부러졌도다 그들의 우상들은 짐승과 가축에게 실렸으니 너희가 떠메고 다니던 그것들이 피곤한 짐승의 무거운 짐이 되었도다"(사 46)

사

81. 이 나라는 하나님의 심판 대상이 되었습니다. ( ) 안에 들어갈 나라의 이름은 무엇입니까?

"처녀 딸 ( )여/이여 내려와서 티끌에 앉으라 딸 ( )여/이여 보좌가 없어졌으니 땅에 앉으라 네가 다시는 곱고 아리땁다 일컬음을 받지 못할 것임이라"(사 47)

① 바사 - 갈대아 ② 바벨론 - 갈대아 ③ 앗수르 - 아람 ④ 암몬 - 모압

82. 다음 ( ) 안에 들어갈 두 단어는 무엇입니까?

"야곱아 내가 부른 이스라엘아 내게 들으라 나는 그니 나는 ( )이요 또 나는 ( )이라"(사 48)

83. 다음 ( ) 안에 들어갈 단어는 무엇입니까?

"내 입을 날카로운 ( ) 같이 만드시고 나를 그의 손 그늘에 숨기시며 나를 갈고 닦은 ( )로/으로 만드사 그의 화살통에 감추시고"(사 49)

① 칼 - 창 ② 창 - 화살 ③ 칼 - 화살 ④ 창 - 활

84. 다음 (　) 안에 공통으로 들어갈 단어는 무엇입니까?

"주 여호와께서 (　　　)의 혀를 내게 주사 나로 곤고한 자를 말로 어떻게 도와 줄 줄을 알게 하시고 아침마다 깨우치시되 나의 귀를 깨우치사 (　　　) 같이 알아듣게 하시도다"(사 50)

① 학자들　　② 선지자들　　③ 장로들　　④ 지혜자들

85. 이 단어는 하나님의 말씀을 거역하지 않겠다는 굳은 의지를 나타냅니다. (　) 안에 들어갈 단어는 무엇입니까?

"주 여호와께서 나를 도우시므로 내가 부끄러워하지 아니하고 내 얼굴을 (　　　) 같이 굳게 하였으므로 내가 수치를 당하지 아니할 줄 아노라"(사 50)

① 거울　　② 부싯돌　　③ 금　　④ 상아

86. 다음 (　) 안에 들어갈 상징적인 동물은 무엇입니까?

"여호와의 팔이여 깨소서 깨소서 능력을 베푸소서 옛날 옛시대에 깨신 것 같이 하소서 (　　)을 저미시고 (　　)을/를 찌르신 이가 어찌 주가 아니시며"(사 51)

① 라합 - 용　　② 베헤못 - 리워야단　　③ 용 - 라합　　④ 뱀 - 악어

87. 다음 (　) 안에 들어갈 두 단어는 각각 무엇입니까?

"좋은 소식을 전하며 (　　　)을/를 공포하며 복된 좋은 소식을 가져오며 (　　　)을/를 공포하며 시온을 향하여 이르기를 네 하나님이 통치하신다 하는 자의 산을 넘는 발이 어찌 그리 아름다운가"(사 52)

① 정의 - 공의　　② 평화 - 구원　　③ 율법 - 안식　　④ 자유 - 풍요

88. 다음 본문은 하나님의 '고난받는 종'이 받은 고난의 이유에 대한 내용입니다. (　) 안에 들어갈 단어는 각각 무엇입니까?

"그가 찔림은 우리의 (　　　) 때문이요 그가 상함은 우리의 (　　　) 때문이라 그가 징계를 받으므로 우리는 평화를 누리고 그가 채찍에 맞으므로 우리는 나음을 받았도다"(사 53)

89. 다음 (　) 안에 들어갈 동물의 이름은 무엇입니까?

"우리는 다 (　　　) 같아서 그릇 행하여 각기 제 길로 갔거늘 여호와께서는 우리 모두의 죄악을 그에게 담당시키셨도다"(사 53)

① 소　　② 뱀　　③ 양　　④ 비둘기

90. 다음 ( ) 안에 들어갈 제물의 이름은 무엇입니까?

"여호와께서 그에게 상함을 받게 하시기를 원하사 질고를 당하게 하셨은즉 그의 영혼을 ( )로 드리기에 이르면 그가 씨를 보게 되며 그의 날은 길 것이요 또 그의 손으로 여호와께서 기뻐하시는 뜻을 성취하리로다"(사 53)

① 희생제물 ② 속건제물 ③ 화목제물 ④ 속죄제물

91. 다음 번호에 해당하는 단어가 아닌 것은 무엇입니까?

"이는 너를 지으신 이가 네 (①)이시라 그의 이름은 만군의 여호와이시며 네 (②)는 이스라엘의 (③) 이시라 그는 온 땅의 (④)이라 일컬음을 받으실 것이라"(사 54)

① 남편 ② 창조자 ③ 거룩한 ④ 하나님

92. 다음 ( ) 안에 공통으로 들어갈 표현은 무엇입니까?

"이는 내게 ( )와 같도다 내가 다시는 ( )로 땅 위에 범람하지 못하게 하리라 맹세한 것 같이 내가 네게 노하지 아니하며 너를 책망하지 아니하기로 맹세하였노니"(사 54)

93. 다음은 다시 구원받을 어떤 도시의 밝은 미래를 묘사한 본문입니다. 이 도시의 이름은 무엇입니까?

"너는 공의로 설 것이며 학대가 네게서 멀어질 것인즉 네가 두려워하지 아니할 것이며 공포도 네게 가까이하지 못할 것이라 보라 그들이 분쟁을 일으킬지라도 나로 말미암지 아니한 것이니 누구든지 너와 분쟁을 일으키는 자는 너로 말미암아 패망하리라"(사 54)

94. 다음 번호에 해당하는 단어가 아닌 것은 무엇입니까?

"오호라 너희 모든 목마른 자들아 물로 나아오라 (①) 없는 자도 오라 너희는 와서 사 먹되 (②) 없이, 값 없이 와서 (③)와 (④)을 사라"(사 55)

① 돈 ② 돈 ③ 포도주 ④ 빵

95. 다음 ( ) 안에 들어갈 단어의 올바른 순서는 무엇입니까?

"너희는 여호와를 ( )에 ( ) ( )에 그를 ( )"(사 55)

㉮ 가까이 계실 때	㉯ 만날 만한 때	㉰ 부르라	㉱ 찾으라

① ㉯ - ㉰ - ㉮ - ㉱ ② ㉯ - ㉱ - ㉮ - ㉰

③ ㉮ - ㉰ - ㉯ - ㉰ ④ ㉮ - ㉱ - ㉯ - ㉰

사

96. 이사야 56장에서 확인할 수 있는 중요한 신학 중 하나는 '여호와 하나님은 더 이상 이스라엘 백성의 하나님으로만 머무르지 않고 모든 민족의 하나님으로 섬겨진다'라는 것입니다. 이와 관련하여 ( ) 안에 들어갈 단어는 무엇입니까?

"여호와께 연합한 ( )은 말하기를 여호와께서 나를 그의 백성 중에서 반드시 갈라내시리라 하지 말며 고자도 말하기를 나는 마른 나무라 하지 말라"(사 56)

97. 예수님께서 예루살렘 성전 안에서 매매하는 자들을 질타하실 때 하신 말씀(막 11:17)으로, 다음 ( ) 안에 들어갈 단어는 무엇입니까?

"내가 곧 그들을 나의 성산으로 인도하여 기도하는 내 집에서 그들을 기쁘게 할 것이며 그들의 번제와 희생을 나의 제단에서 기꺼이 받게 되리니 이는 내 ( )은 ( )이 ( )하는 ( )이라 일컬음이 될 것임이라"(사 56)

98. 다음 ( ) 안에 들어갈 절기는 무엇입니까?

"또 여호와와 연합하여 그를 섬기며 여호와의 이름을 사랑하며 그의 종이 되며 ( )을 지켜 더럽히지 아니하며 나의 언약을 굳게 지키는 이방인마다"(사 56)

① 유월절 ② 무교절 ③ 초막절 ④ 안식일

99. 다음 ( ) 안에 공통으로 들어갈 단어는 무엇입니까?

"그러나 ( )은 평온함을 얻지 못하고 그 물이 진흙과 더러운 것을 늘 솟구쳐 내는 요동하는 바다와 같으니라 내 하나님의 말씀에 ( )에게는 평강이 없다 하셨느니라"(사 57)

100. 다음은 ( ) 안에 공통으로 들어갈 단어는 무엇입니까?

"이것이 어찌 내가 기뻐하는 ( )이 되겠으며 이것이 어찌 사람이 자기의 마음을 괴롭게 하는 날이 되겠느냐 그의 머리를 갈대 같이 숙이고 굵은 베와 재를 펴는 것을 어찌 ( )이라 하겠으며 여호와께 열납될 날이라 하겠느냐 내가 기뻐하는 ( )은 흉악의 결박을 풀어 주며 멍에의 줄을 끌러 주며 압제 당하는 자를 자유하게 하며 모든 멍에를 꺾는 것이 아니겠느냐"(사 58)

101. 다음 ( ) 안에 들어가지 않는 나무는 무엇입니까?

"레바논의 영광 곧 ( )와/과 ( )와/과 ( )이/가 함께 네게 이르러 내 거룩한 곳을 아름답게 할 것이며 내가 나의 발 둘 곳을 영화롭게 할 것이라"(사 60)

① 백향목 ② 잣나무 ③ 소나무 ④ 황양목

102. 다음의 성경 구절에 들어갈 표현을 순서대로 나열하십시오.

"주 여호와의 영이 내게 내리셨으니 이는 여호와께서 내게 기름을 부으사 ( )에게 아름다운 소식을 전하게 하려 하심이라 나를 보내사 마음이 ( )를 고치며 ( )에게 자유를, ( )에게 놓임을 선포하며 여호와의 은혜의 해와 우리 하나님의 보복의 날을 선포하여 모든 ( )를 위로하되 무릇 시온에서 ( )에게 화관을 주어"(사 61)

㉮ 포로된 자　㉯ 가난한 자　㉰ 슬퍼하는 자

㉱ 갇힌 자　㉲ 상한 자　㉳ 슬픈 자

103. 다음 ( ) 안에 들어갈 단어는 각각 무엇입니까?

"오직 너희는 여호와의 ( )라/이라 일컬음을 받을 것이라 사람들이 너희를 우리 하나님의 ( )라/이라 할 것이며 너희가 이방 나라들의 재물을 먹으며 그들의 영광을 얻어 자랑할 것이니라"(사 61)

① 제사장 - 봉사자　② 선지자 - 포도원지기

③ 왕 - 예언자　④ 파수꾼 - 제사장

104. 다음은 심판받은 시온, 예루살렘을 다시 구원하시는 하나님께서 시온 예루살렘에 선포한 말씀입니다. ( ) 안에 들어갈 단어가 아닌 것은 무엇입니까?

"다시는 너를 (①)라 부르지 아니하며 다시는 네 땅을 (②)라 부르지 아니하고 오직 너를 (③)라 하며 네 땅을 (④)라 하리니 이는 여호와께서 너를 기뻐하실 것이며 네 땅이 결혼한 것처럼 될 것임이라"(사 62)

① 버림받은 자　② 광야　③ 헵시바　④ 쁄라

105. 다음 ( ) 안에 들어갈 단어는 무엇입니까?

"( )으로 나아가라 나아가라 백성이 올 길을 닦으라 큰 길을 수축하고 수축하라 돌을 제하라 만민을 위하여 기치를 들라"(사 62)

106. 다음 ( ) 안에 들어가는 단어는 이사야서에서 심판의 도구를 의미합니다. 이 도구의 이름은 무엇입니까?

"어찌하여 네 의복이 붉으며 네 옷이 ( )을 밟는 자 같으냐 만민 가운데 나와 함께 한 자가 없이 내가 홀로 ( )을 밟았는데 내가 노함으로 말미암아 무리를 밟았고 분함으로 말미암아 짓밟았으므로 그들의 선혈이 내 옷에 튀어 내 의복을 다 더럽혔음이니"(사 63)

사

107. (　　) 안에 공통으로 들어갈 인물은 누구입니까?

"백성이 옛적 (　　　)의 때를 기억하여 이르되 백성과 양 떼의 목자를 바다에서 올라오게 하신 이가 이제 어디 계시냐 그들 가운데에 성령을 두신 이가 이제 어디 계시냐 그의 영광의 팔이 (　　　)의 오른손을 이끄시며 그의 이름을 영원하게 하려 하사 그들 앞에서 물을 갈라지게 하시고 그들을 깊음으로 인도하시되 광야에 있는 말 같이 넘어지지 않게 하신 이가 이제 어디 계시냐"(사 63)

108. 다음 (　　) 안에 공통으로 들어갈 단어는 무엇입니까?

"주는 우리 (　　　)시라 아브라함은 우리를 모르고 이스라엘은 우리를 인정하지 아니할지라도 여호와여, 주는 우리의 (　　　)시라 옛날부터 주의 이름을 우리의 구속자라 하셨거늘"(사 63)

109. 다음 (　　) 안에 들어갈 단어는 무엇입니까?

"원하건대 주는 (　　)을/를 가르고 강림하시고 주 앞에서 (　　)이/가 진동하기를"(사 64)

① 홍해 - 사막　　② 하늘 - 산들
③ 땅 - 바다　　④ 바다 - 광야

110. 다음은 하나님이 우리의 창조주임을 고백하는 본문입니다. 이 본문에서 하나님을 표현하는 말로, (　　) 안에 들어갈 두 단어는 각각 무엇입니까?

"그러나 여호와여, 이제 주는 우리 (　　　)시니이다 우리는 진흙이요 주는 (　　　)시니 우리는 다 주의 손으로 지으신 것이니이다"(사 64)

111. 하나님께서 패역한 이스라엘 백성을 벌하신 이유는 다음 (　　) 안에 들어갈 부정한 동물의 고기를 먹었기 때문입니다. (　　) 안에 들어갈 동물의 이름은 무엇입니까?

"그들이 무덤 사이에 앉으며 은밀한 처소에서 밤을 지내며 (　　　)고기를 먹으며 가증한 것들의 국을 그릇에 담으면서"(사 65)

112. 다음 (　　) 안에 들어갈 평야와 골짜기의 이름은 무엇입니까?

"(　　　)은/는 양 떼의 우리가 되겠고 (　　　) 골짜기는 소 떼가 눕는 곳이 되어 나를 찾은 내 백성의 소유가 되려니와"(사 65)

① 수르 - 엘라　　② 에담 - 싯딤
③ 바란 - 힌놈　　④ 사론 - 아골

113. 다음은 어디에나 존재함을 뜻하는 하나님의 속성 '무소부재'를 설명하는 성경 구절입니다. ( ) 안에 들어갈 단어는 무엇입니까?

"여호와께서 이와 같이 말씀하시되 ( )은 나의 보좌요 ( )은 나의 발판이니 너희가 나를 위하여 무슨 집을 지으랴 내가 안식할 처소가 어디랴"(사 66)

114. 다음 ( ) 안에 들어갈 단어는 무엇입니까?

"내가 지을 ( )과 ( )이 내 앞에 항상 있는 것 같이 너희 자손과 너희 이름이 항상 있으리라 여호와의 말이니라"(사 66)

예레미야

1. (　) 안의 지명을 통해서 예레미야의 고향을 확인할 수 있습니다. (　) 안에 들어갈 두 지명은 어디입니까?

   "(　　) 땅 (　　)의 제사장들 중 힐기야의 아들 예레미야의 말이라"(렘 1)

2. 예레미야가 활동했을 때 유다를 통치하던 왕은 누구입니까?(렘 1)

3. 하나님의 임박한 심판을 상징하는 (　) 안에 들어갈 단어는 무엇입니까?

   "여호와의 말씀이 다시 내게 임하니라 이르시되 네가 무엇을 보느냐 대답하되 끓는 (　　)을/를 보나이다 그 윗면이 북에서부터 기울어졌나이다 하니"(렘 1)

   ① 스올　　② 가마　　③ 풀무　　④ 화덕

4. 다음 (　) 안에 들어갈 단어는 각각 무엇입니까?

   "(　　)들은 여호와께서 어디 계시냐 말하지 아니하였으며 율법을 다루는 자들은 나를 알지 못하며 관리들도 나에게 반역하며 (　　)들은 바알의 이름으로 예언하고 무익한 것들을 따랐느니라"(렘 2)

   ① 제사장 - 선지자　　② 재판관 - 제사장
   ③ 백성 - 백성　　④ 율법학자 - 예언자

5. 다음 ( ) 안에 들어갈 단어는 무엇입니까?

"주 여호와의 말씀이니라 네가 잿물로 스스로 씻으며 네가 많은 비누를 쓸지라도 네 ( )이 내 앞에 그대로 있으리니"(렘 2)

6. 다음 ( ) 안에 들어갈 단어는 무엇입니까?

"그들이 나무를 향하여 너는 나의 ( )라/이라 하며 돌을 향하여 너는 나를 낳았다 하고 그들의 등을 내게로 돌리고 그들의 얼굴은 내게로 향하지 아니하다가 그들이 환난을 당할 때에는 이르기를 일어나 우리를 구원하소서 하리라"(렘 2)

① 어머니 ② 아버지 ③ 주인 ④ 남편

7. 다음 ( ) 안에 들어갈 두 단어는 무엇입니까?

"내 백성은 나를 알지 못하는 어리석은 자요 지각이 없는 미련한 자식이라 ( )을 행하기에는 지각이 있으나 ( )을 행하기에는 무지하도다"(렘 4)

8. 천지창조 이전의 상황처럼 죄악으로 물든 세상을 표현한 ( ) 안에 들어갈 두 단어는 무엇입니까?

"보라 내가 땅을 본즉 ( )하고 ( )하며 하늘에는 빛이 없으며"(렘 4)

9. 다음 ( ) 안에 들어갈 숫자는 얼마입니까?

"너희는 예루살렘 거리로 빨리 다니며 그 넓은 거리에서 찾아보고 알라 너희가 만일 정의를 행하며 진리를 구하는 자를 ( ) 사람이라도 찾으면 내가 이 성읍을 용서하리라"(렘 5)

① 한 ② 두 ③ 세 ④ 열

렘

10. 다음 ( ) 안에 들어갈 도시 이름은 무엇입니까?

"만군의 여호와께서 이와 같이 말하노라 너희는 나무를 베어서 ( )을/를 향하여 목책을 만들라 이는 벌 받을 성이라 그 중에는 오직 포학한 것뿐이니라"(렘 6)

① 예루살렘 ② 실로 ③ 사마리아 ④ 헤브론

11. 다음 ( ) 안에 공통으로 들어갈 단어는 무엇입니까?

"그들이 내 백성의 상처를 가볍게 여기면서 말하기를 ( )하다 ( )하다 하나 ( )이 없도다"(렘 6)

12. 다음 (　) 안에 공통으로 들어갈 표현은 무엇입니까?

"너희는 이것이 (　　　)이라, (　　　)이라, (　　　)이라 하는 거짓말을 믿지 말라"(렘 7)

13. 구약에서의 대표적인 사회적 약자로, 순서와 상관없이 다음 (　) 안에 들어가지 않는 단어는 무엇입니까?

"(　　　)와/과 (　　　)와/과 (　　　)을/를 압제하지 아니하며 무죄한 자의 피를 이 곳에서 흘리지 아니하며 다른 신들 뒤를 따라 화를 자초하지 아니하면"(렘 7)

① 이방인　　② 종　　③ 고아　　④ 과부

14. (　) 안에 들어갈 도시의 이름은 무엇입니까?

"너희는 내가 처음으로 내 이름을 둔 처소 (　　　)에 가서 내 백성 이스라엘의 악에 대하여 내가 어떻게 행하였는지를 보라"(렘 7)

① 길갈　　② 벧엘　　③ 실로　　④ 예루살렘

15. 다음 (　) 안에 들어갈 단어는 앗수르 종교의 흔적으로, 앗수르와 메소포타미아 지역에서 최고의 여신으로 숭배되었습니다. (　) 안에 들어갈 단어는 무엇입니까?

"자식들은 나무를 줍고 아버지들은 불을 피우며 부녀들은 가루를 반죽하여 (　　　)을/를 위하여 과자를 만들며 그들이 또 다른 신들에게 전제를 부음으로 나의 노를 일으키느니라"(렘 7)

① 벨　　② 하늘의 여왕　　③ 바알　　④ 아세라

16. 다음 (　) 안에 들어갈 지명은 무엇입니까?

"(　　　　)의 아들 골짜기에 도벳 사당을 건축하고 그들의 자녀들을 불에 살랐나니 내가 명령하지 아니하였고 내 마음에 생각하지도 아니한 일이니라"(렘 7)

① 아골　　② 엘라　　③ 싯딤　　④ 힌놈

17. 순서와 상관없이 다음 (　) 안에 들어갈 대상에 속하지 않은 사람들은 누구입니까?

"여호와의 말씀이니라 그 때에 사람들이 (①)의 뼈와 그의 (②)의 뼈와 (③)의 뼈와 (④)의 뼈와 (⑤)의 뼈를 그 무덤에서 끌어내어"(렘 8)

① 유다 왕들　　② 학자들　　③ 제사장들　　④ 선지자들　　⑤ 예루살렘 주민

18. 다음 ( ) 안에 들어갈 단어는 무엇입니까?

"너희가 어찌 우리는 지혜가 있고 우리에게는 여호와의 율법이 있다 말하겠느냐 참으로 ( )의 거짓의 붓이 거짓되게 하였나니"(렘 8)

① 율법학자 ② 제사장 ③ 선지자 ④ 서기관

19. 다음 ( ) 안에 들어갈 두 단어는 각각 무엇입니까?

"그들의 ( )는 죽이는 화살이라 거짓을 말하며 ( )으로는 그 이웃에게 평화를 말하나 마음으로는 해를 꾸미는도다"(렘 9)

20. 다음 ( ) 안에 들어갈 단어는 무엇입니까?

"이는 ( )에서 통곡하는 소리가 들리기를 우리가 아주 망하였구나 우리가 크게 부끄러움을 당하였구나 우리가 그 땅을 떠난 것은 그들이 우리 거처를 헐었음이로다 함이로다"(렘 9)

① 시온 ② 벧엘 ③ 단 ④ 사마리아

21. 다음 ( ) 안에 들어갈 단어는 무엇입니까?

"( )은 어리석어 여호와를 찾지 아니하므로 형통하지 못하며 그 모든 양 떼는 흩어졌도다"(렘 10)

① 왕들 ② 제사장들 ③ 선지자들 ④ 목자들

렘

22. ( ) 안에 들어갈 나라 이름은 무엇입니까?

"이 언약은 내가 너희 조상들을 쇠풀무 ( ) 땅에서 이끌어내던 날에 그들에게 명령한 것이라 곧 내가 이르기를 너희는 내 목소리를 순종하고 나의 모든 명령을 따라 행하라 그리하면 너희는 내 백성이 되겠고 나는 너희의 하나님이 되리라"(렘 11)

① 앗수르 ② 바벨론 ③ 애굽 ④ 바사

23. 다음 ( ) 안에 들어갈 이방신의 이름은 무엇입니까?

"유다야 네 신들이 네 성읍의 수와 같도다 너희가 예루살렘 거리의 수대로 그 수치스러운 물건의 제단 곧 ( )에게 분향하는 제단을 쌓았도다"(렘 11)

① 몰렉 ② 다곤 ③ 바알 ④ 아세라

24. 다음 (　) 안에 들어갈 단어는 무엇입니까?

"(　　　)이/가 내 포도원을 헐며 내 몫을 짓밟아서 내가 기뻐하는 땅을 황무지로 만들었도다"(렘 12)

① 많은 왕　　② 많은 제사장
③ 많은 선지자　　④ 많은 목자

25. 하나님께서는 예레미야에게 유다와 예루살렘의 교만이 다음 (㉮)와 (㉯) 안에 들어갈 물건처럼 썩을 것이라고 선포하셨습니다. 상징적으로 사용된 이 물건들은 무엇입니까?

"너는 사서 네 (㉮)을/를 가지고 일어나 유브라데로 가서 거기서 그것을 바위 틈에 감추라 하시기로 … 내가 유브라데로 가서 그 감추었던 곳을 파고 (㉯)을/를 가져오니 (㉯)이/가 썩어서 쓸 수 없게 되었더라"(렘 13)

① 허리에 띤 띠 - 띠　　② 머리에 쓴 관 - 관
③ 나무 멍에 - 멍에　　④ 가죽 옷 - 옷

26. 이스라엘 백성의 교만을 상징하는 것으로, (　) 안에 들어갈 나라와 동물의 이름은 무엇입니까?

"(　　　)인이 그의 피부를, (　　　)이/가 그의 반점을 변하게 할 수 있느냐 할 수 있을진대 악에 익숙한 너희도 선을 행할 수 있으리라"(렘 13)

① 구스 - 표범　　② 애굽 - 사자
③ 아람 - 곰　　④ 에돔 - 비둘기

27. 하나님의 심판 대상으로, 다음 (　) 안에 들어갈 이들은 누구입니까?

"이에 내가 말하되 슬프도소이다 주 여호와여 보시옵소서 (　　　)들이 그들에게 이르기를 너희가 칼을 보지 아니하겠고 기근은 너희에게 이르지 아니할 것이라 내가 이 곳에서 너희에게 확실한 평강을 주리라 하나이다"(렘 14)

28. 다음 (　) 안에 들어갈 단어는 무엇입니까?

"이방인의 (　　　) 가운데 능히 비를 내리게 할 자가 있나이까 하늘이 능히 소나기를 내릴 수 있으리이까 우리 하나님 여호와여 그리하는 자는 주가 아니시니이까 그러므로 우리가 주를 앙망하옵는 것은 주께서 이 모든 것을 만드셨음이니이다 하니라"(렘 14)

29. 다음 ( ) 안에 들어갈 인물은 누구입니까?

"여호와께서 내게 이르시되 ( )와/과 ( )이 내 앞에 섰다 할지라도 내 마음은 이 백성을 향할 수 없나니 그들을 내 앞에서 쫓아 내보내라"(렘 15)

① 모세 - 아론 ② 모세 - 사무엘

③ 노아 - 욥 ④ 다윗 - 솔로몬

30. 하나님께서 예레미야에게 명한 이스라엘 백성을 심판하시는 방법으로, (㉮) ~(㉱) 안에 들어갈 표현 중 틀린 것은 무엇입니까?

"그들이 만일 네게 말하기를 우리가 어디로 나아가리요 하거든 너는 그들에게 이르기를 여호와께서 이와 같이 말씀하시니라 (㉮) 나아가고 (㉯) 나아가고 (㉰) 나아가고 (㉱) 나아갈지니라 하셨다 하라"(렘 15)

① 죽을 자는 죽음으로 ② 파멸당할 자는 파멸로

③ 기근을 당할 자는 기근으로 ④ 포로 될 자는 포로 됨으로

31. 이스라엘 백성을 심판하는 네 가지 벌에 해당하지 않는 것은 무엇입니까?

"여호와의 말씀이니라 내가 그들을 네 가지로 벌하리니 곧 죽이는 ( )과 찢는 ( )와 삼켜 멸하는 공중의 ( )와 땅의 ( )으로 할 것이며"(렘 15)

① 칼 ② 사자 ③ 새 ④ 짐승

32. 다음은 유다와 예루살렘의 멸망과 함께 예레미야의 삶에 대한 하나님의 뜻을 표현한 구절입니다. ( ) 안에 들어갈 단어는 무엇입니까?

"너는 이 땅에서 ( )를 맞이하지 말며 ( )를 두지 말지니라"(렘 16)

33. 다음 두 장소는 유다와 예루살렘에 임할 하나님의 심판을 상징합니다. ( ) 안에 들어갈 두 장소는 각각 어디입니까?

"여호와께서 이와 같이 말씀하시되 ( )에 들어가지 말라 가서 통곡하지 말며 그들을 위하여 애곡하지 말라 내가 이 백성에게서 나의 평강을 빼앗으며 인자와 사랑을 제함이라 여호와의 말씀이니라 … 너는 ( )에 들어가서 그들과 함께 앉아 먹거나 마시지 말라"(렘 16)

① 초상집 - 잔칫집 ② 초상집 - 혼인집

③ 무덤 - 성소 ④ 잔칫집 - 초상집

렘

34. 다음 ( ) 안에 들어갈 단어는 무엇입니까?

"유다의 죄는 (   ) 끝 철필로 기록되되 그들의 마음 판과 그들의 제단 뿔에 새겨졌거늘"(렘 17)

① 금 ② 동 ③ 금강석 ④ 홍보석

35. 이스라엘의 회복 조건으로 다음 ( ) 안에 들어갈 절기를 지키라고 선포하십니다. ( ) 안에 공통으로 들어갈 단어는 무엇입니까?

"여호와께서 이와 같이 말씀하시되 너희는 스스로 삼가서 (   )에 짐을 지고 예루살렘 문으로 들어오지 말며 (   )에 너희 집에서 짐을 내지 말며 어떤 일이라도 하지 말고 내가 너희 조상들에게 명령함 같이 (   )을 거룩히 할지어다 그들은 순종하지 아니하며 귀를 기울이지 아니하며 그 목을 곧게 하여 듣지 아니하며 교훈을 받지 아니하였느니라 여호와의 말씀이니라 너희가 만일 삼가 나를 순종하여 (   )에 짐을 지고 이 성문으로 들어오지 아니하며 (   )을 거룩히 하여 어떤 일이라도 하지 아니하면 다윗의 왕위에 앉아 있는 왕들과 고관들이 병거와 말을 타고 이 성문으로 들어오되 그들과 유다 모든 백성과 예루살렘 주민들이 함께 그리할 것이요 이 성은 영원히 있을 것이며"(렘 17)

36. 다음 ( ) 안에 들어갈 단어의 올바른 순서는 무엇입니까?

"그들이 말하기를 오라 우리가 꾀를 내어 예레미야를 치자 (   )에게서 율법이, (   )에게서 책략이, (   )에게서 말씀이 끊어지지 아니할 것이니 오라 우리가 혀로 그를 치고 그의 어떤 말에도 주의하지 말자 하나이다"(렘 18)

① 선지자 - 학자 - 제사장 ② 제사장 - 지혜로운 자 - 선지자
③ 서기관 - 지혜로운 자 - 선지자 ④ 장로 - 제사장 - 학자

37. 다음 ( ) 안에 공통으로 들어갈 이방신의 이름은 무엇입니까?

"또 그들이 (   )을 위하여 산당을 건축하고 자기 아들들을 (   )에게 번제로 불살라 드렸나니 이는 내가 명령하거나 말하거나 뜻한 바가 아니니라"(렘 19)

38. 다음 ( ) 안에 들어갈 단어는 무엇입니까?

"그러므로 보라 다시는 이 곳을 도벳이나 힌놈의 아들의 골짜기라 부르지 아니하고 오직 (   )의 골짜기라 부르는 날이 이를 것이라 여호와의 말이니라"(렘 19)

① 죽임 ② 파멸 ③ 흑암 ④ 죄악

39. 유다가 멸망할 것이라는 예레미야의 예언을 듣고 그를 때리고 여호와 성전에

있는 나무 고랑으로 목을 채운 제사장의 이름은 무엇입니까?(렘 20)

40. 예레미야는 욥처럼 자신의 ( )을 저주하였습니다. ( ) 안에 들어갈 단어는 무엇입니까?

"내 ( )이 저주를 받았더면, 나의 어머니가 나를 낳던 날이 복이 없었더면"(렘 20)

41. 다음 ( ) 안에 들어갈 두 나라 이름은 각각 무엇입니까?

"이스라엘의 하나님 여호와께서 이와 같이 말씀하시되 보라 너희가 성 밖에서 ( )의 왕과 또 너희를 에워싼 ( )인과 싸우는 데 쓰는 너희 손의 무기를 내가 뒤로 돌릴 것이요 그것들을 이 성 가운데 모아들이리라"(렘 21)

① 앗수르 - 애굽 ② 바벨론 - 갈대아 ③ 아람 - 에돔 ④ 모압 - 블레셋

42. 다음 ( ) 안에 들어갈 하나님의 심판 내용은 무엇입니까?

"내가 든 손과 강한 팔 곧 ( )와/과 ( )와/과 ( )로/으로 친히 너희를 칠 것이며"(렘 21)

① 칼 - 창 - 활 ② 흑암 - 기근 - 전염병 ③ 화 - 재앙 - 가뭄 ④ 진노 - 분노 - 대노

43. 다음 ( ) 안에 들어갈 단어는 무엇입니까?

"여호와의 말씀이니라 내가 나의 얼굴을 이 성읍으로 향함은 ( )을/를 내리기 위함이 아니요 ( )을/를 내리기 위함이라 이 성읍이 바벨론 왕의 손에 넘김이 될 것이요 그는 그것을 불사르리라"(렘 21)

① 복 - 화 ② 화 - 복 ③ 구원 - 심판 ④ 비 - 가뭄

44. 다음 성경 본문에서 언급한 "죽은 자"는 애굽 왕 느고와 므깃도에서 전쟁 중 전사한 유다 왕을 의미합니다. 어떤 왕에 대한 이야기입니까?

"너희는 죽은 자를 위하여 울지 말며 그를 위하여 애통하지 말고 잡혀 간 자를 위하여 슬피 울라 그는 다시 돌아와 그 고국을 보지 못할 것임이라"(렘 22)

45. 다음 ( ) 안에 들어갈 지명은 무엇입니까?

"( )에 살면서 백향목에 깃들이는 자여 여인이 해산하는 고통 같은 고통이 네게 임할 때에 너의 가련함이 얼마나 심하랴"(렘 22)

46. 여호야긴(왕하 24:6) 또는 여고냐(렘 24:1)로 불리는 인물로, (　) 안에 들어갈 인물은 누구입니까?

"여호와의 말씀이니라 나의 삶으로 맹세하노니 유다 왕 여호야김의 아들 (　　)이/가 나의 오른손의 인장반지라 할지라도 내가 빼어"(렘 22)

① 고니야　② 스바냐　③ 여호야다　④ 스룹바벨

47. 다음 (　) 안에 들어갈 대상은 누구입니까?

"이 땅에 (　　)가 가득하도다 저주로 말미암아 땅이 슬퍼하며 광야의 초장들이 마르나니 그들의 행위가 악하고 힘쓰는 것이 정직하지 못함이로다"(렘 23)

① 시기하는 자　② 불의를 행하는 자　③ 간음하는 자　④ 헛된 것을 가르치는 자

48. 하나님의 심판을 받을 (　) 안에 공통으로 들어갈 대상은 누구입니까?

"내가 사마리아 (　　) 가운데 우매함을 보았나니 그들은 바알을 의지하고 예언하여 내 백성 이스라엘을 그릇되게 하였고 내가 예루살렘 (　　) 가운데도 가증한 일을 보았나니 그들은 간음을 행하며 거짓을 말하며 악을 행하는 자의 손을 강하게 하여 사람으로 그 악에서 돌이킴이 없게 하였은즉 그들은 다 내 앞에서 소돔과 다름이 없고 그 주민은 고모라와 다름이 없느니라"(렘 23)

① 제사장들　② 선지자들　③ 장로들　④ 율법학자들

49. 다음 (　) 안에 들어갈 두 도시의 이름은 무엇입니까?

"내가 예루살렘 선지자들 가운데도 가증한 일을 보았나니 그들은 간음을 행하며 거짓을 말하며 악을 행하는 자의 손을 강하게 하여 사람으로 그 악에서 돌이킴이 없게 하였은즉 그들은 다 내 앞에서 (　　)와/과 다름이 없고 그 주민은 (　　)와/과 다름이 없느니라"(렘 23)

① 두로 - 시돈　② 소돔 - 고모라　③ 사마리아 - 예루살렘　④ 벧엘 - 단

50. 하나님께서는 예루살렘에 남겨진 자와 바벨론 포로로 끌려간 자에 대한 논쟁을 다음의 (㉮)와 (㉯) 비유를 통해서 예레미야에게 보여주셨습니다. (㉮)와 (㉯)에 들어갈 단어는 무엇입니까?

"한 광주리에는 처음 익은 듯한 극히 (㉮)가 있고 한 광주리에는 나빠서 먹을 수 없는 극히 (㉯)가 있더라"(렘 24)

① 좋은 포도 - 나쁜 포도　② 좋은 무화과 - 나쁜 무화과

③ 좋은 살구 - 나쁜 살구　④ 좋은 겨자 - 나쁜 겨자

51. 다음에 제시된 다섯 단어 중 다음 ( ) 안에 들어갈 말을 순서대로 써 보십시오.

"내가 ( )와/과 ( )와/과 ( )을/를 그들 가운데 보내 그들이 내가 그들과 그들의 조상들에게 준 땅에서 멸절하기까지 이르게 하리라 하시니라"(렘 24)

㉠ 칼	㉡ 조롱	㉢ 전염병	㉣ 저주	㉤ 기근

① ㉠ - ㉤ - ㉢　　② ㉠ - ㉡ - ㉢

③ ㉡ - ㉢ - ㉣　　④ ㉢ - ㉣ - ㉤

52. 다음에 제시된 여덟 개의 표현 중 다음 ( ) 안에 들어갈 말을 순서대로 나열한 것은 무엇입니까?

"내가 그들 중에서 ( )와 ( )와 ( )와 ( )와 ( )와 등불 빛이 끊어지게 하리니"(렘 25)

㉠ 기뻐하는 소리	㉡ 아이 울음 소리	㉢ 맷돌 소리
㉣ 신랑의 소리	㉤ 신부의 소리	㉥ 즐거워하는 소리
㉦ 빵 굽는 소리	㉧ 나팔 소리	

① ㉠ - ㉡ - ㉢ - ㉣ - ㉤

② ㉠ - ㉥ - ㉣ - ㉤ - ㉢

③ ㉡ - ㉢ - ㉣ - ㉤ - ㉧

④ ㉢ - ㉣ - ㉤ - ㉥ - ㉦

53. 하나님의 심판이 되는 블레셋 다섯 도시에 대한 말씀입니다. ( ) 안에 들어갈 도시가 아닌 것은 무엇입니까?

"모든 섞여 사는 민족들과 우스 땅의 모든 왕과 블레셋 사람의 땅 모든 왕과 ( )과 ( )와 ( )과 ( )의 나머지 사람들과"(렘 25)

① 아스글론　② 두로　③ 가사　④ 에그론　⑤ 아스돗

54. 다음 ( ) 안에 공통으로 들어갈 단어는 무엇입니까?

"그러므로 여호와께서 그의 모든 종 ( )을/를 너희에게 끊임없이 보내셨으나 너희가 순종하지 아니하였으며 귀를 기울여 듣지도 아니하였도다"(렘 25)

"내가 너희에게 나의 종 ( )들을 꾸준히 보내 그들의 말을 순종하라고 하였으나 너희는 순종하지 아니하였느니라"(렘 26)

① 선지자　② 제사장　③ 왕　④ 재판관

55. 엘리 제사장 시대에 파괴된 성소가 있었던 곳으로, 다음 ( ) 안에 들어갈 도시는 어디입니까?

"어찌하여 네가 여호와의 이름을 의지하고 예언하여 이르기를 이 성전이 ( ) 같이 되겠고 이 성이 황폐하여 주민이 없으리라 하느냐 하며 그 모든 백성이 여호와의 성전에서 예레미야를 향하여 모여드니라"(렘 26)

① 예루살렘 ② 실로 ③ 사마리아 ④ 헤브론

56. 다음 ( ) 안에 들어갈 선지자는 누구입니까?

"유다의 왕 히스기야 시대에 모레셋 사람 ( )이/가 유다의 모든 백성에게 예언하여 이르되 만군의 여호와께서 이와 같이 말씀하셨느니라 시온은 밭 같이 경작지가 될 것이며 예루살렘은 돌 무더기가 되며 이 성전의 산은 산당의 숲과 같이 되리라 하였으나"(렘 26)

① 요나 ② 학개 ③ 미가 ④ 요엘

57. 예레미야와 함께 유다와 예루살렘에 재앙이 임할 것을 예언한 사람은 누구입니까?(렘 26)

58. 하나님은 죄악에 대한 심판으로 유다가 바벨론의 지배를 받을 것임을 예레미야에게 말씀하셨습니다. 이때 예레미야가 한 상징적인 행위는 무엇입니까?(렘 27)

59. 유다와 예루살렘을 정복했지만 예레미야 선지자를 통해 하나님의 종으로 선택받은 ( ) 안에 들어갈 바벨론 왕은 누구입니까?

"이제 내가 이 모든 땅을 내 종 바벨론의 왕 ( )의 손에 주고 또 들짐승들을 그에게 주어서 섬기게 하였나니"(렘 27)

① 느부갓네살 ② 고레스 ③ 산헤립 ④ 사르곤

60. 유다와 예루살렘에 대하여 거짓 예언하는 선지자 외에 ( ) 안에 들어갈 대상 중 예레미야와 싸운 사람들은 누구입니까?

"너희는 너희 선지자나 ( )나/이나 ( )나/이나 ( )나/이나 ( )이/가 이르기를 너희가 바벨론의 왕을 섬기게 되지 아니하리라 하여도 너희는 듣지 말라"(렘 27)

ⓐ복술가 ⓑ별보는 자 ⓒ제사장 ⓓ꿈꾸는 자 ⓔ술사 ⓕ요술자 ⓖ점치는 자

① ㉣ - ㉤ - ㉥ - ㉦	② ㉡ - ㉢ - ㉣ - ㉤
③ ㉢ - ㉣ - ㉤ - ㉥	④ ㉠ - ㉣ - ㉤ - ㉥

61. 유다 백성에게 거짓으로 예언한 자들이 선포한 내용의 핵심은 무엇입니까? (렘 27)

62. 예레미야 선지자와 달리 바벨론 왕의 멍에를 꺾었다는 하나님의 말씀을 잘못 전한 ( ) 안에 들어갈 거짓 선지자는 누구입니까?

"그 해 곧 유다 왕 시드기야가 다스리기 시작한 지 사 년 다섯째 달 기브온앗술의 아들 선지자 ( )가 여호와의 성전에서 제사장들과 모든 백성이 보는 앞에서 내게 말하여 이르되"(렘 28)

63. 거짓 선지자는 바벨론 왕 느부갓네살에게 빼앗겼던 예루살렘 성전의 모든 기구가 몇 년 안에 다시 예루살렘으로 돌아올 것이라고 예언하였습니까?

"내가 바벨론의 왕 느부갓네살이 이 곳에서 빼앗아 바벨론으로 옮겨 간 여호와의 성전 모든 기구를 ( ) 년 안에 다시 이 곳으로 되돌려 오리라"(렘 28)

① 일 ② 이 ③ 삼 ④ 사

64. 다음 ( ) 안에 들어갈 단어는 무엇입니까?

"너는 가서 하나냐에게 말하여 이르기를 여호와의 말씀에 네가 ( ) 멍에들을 꺾었으나 그 대신 ( ) 멍에들을 만들었느니라"(렘 28)

① 나무 - 쇠 ② 은 - 금 ③ 나무 - 놋 ④ 갈대 - 구리

65. 다음 ( ) 안에 들어갈 바벨론 포로기 기간은 얼마입니까?

"여호와께서 이와 같이 말씀하시니라 바벨론에서 ( )이 차면 내가 너희를 돌보고 나의 선한 말을 너희에게 성취하여 너희를 이 곳으로 돌아오게 하리라"(렘 29)

① 오십 년 ② 육십 년 ③ 칠십 년 ④ 팔십 년

66. 다음 ( ) 안에 들어갈 단어를 순서대로 써 보십시오.

"여호와의 말씀이니라 너희를 향한 나의 생각을 내가 아나니 ( )이요 ( )이 아니니라 너희에게 ( )와 ( )을 주는 것이니라"(렘 29)

67. 다음 ( ) 안에 들어갈 두 인물은 누구입니까?

"바벨론에 있는 유다의 모든 포로가 그들을 저줏거리로 삼아서 이르기를 여호와께서 너를 바벨론 왕이 불살라 죽인 ( )와 ( ) 같게 하시기를 원하노라 하리니"(렘 29)

68. 하나님은 예레미야에게 바벨론에 의해서 유다와 예루살렘이 멸망당하고 백성들이 포로로 끌려갈 것을 예언하였지만, 동시에 구원을 약속하셨습니다. 이와 관련하여 ( ) 안에 들어갈 단어는 무엇입니까?

"만군의 여호와의 말씀이라 그 날에 내가 네 목에서 그 ( )를 꺾어 버리며 네 ( )을 끊으리니 다시는 이방인을 섬기지 않으리라"(렘 30)

69. 다음 ( ) 안에 들어갈 단어는 무엇입니까?

"여호와의 ( )는 그의 마음의 뜻한 바를 행하여 이루기까지는 돌이키지 아니하나니 너희가 끝날에 그것을 깨달으리라"(렘 30)

70. 다음 ( ) 안에 들어갈 단어는 무엇입니까?

"에브라임 산 위에서 ( )이/가 외치는 날이 있을 것이라 이르기를 너희는 일어나라 우리가 시온에 올라가서 우리 하나님 여호와께로 나아가자 하리라"(렘 31)

① 동산지기 ② 파수꾼 ③ 문지기 ④ 목동

71. 다음 ( ) 안에 들어갈 여인의 이름은 무엇입니까?

"여호와께서 이와 같이 말씀하시니라 라마에서 슬퍼하며 통곡하는 소리가 들리니 ( )이/가 그 자식 때문에 애곡하는 것이라 그가 자식이 없어져서 위로 받기를 거절하는도다"(렘 31)

① 라헬 ② 레아 ③ 한나 ④ 드보라

72. 다음 ( ) 안에 공통으로 들어갈 단어는 무엇입니까?

"여호와의 말씀이니라 보라 날이 이르리니 내가 이스라엘 집과 유다 집에 새 ( )을 맺으리라 이 ( )은 내가 그들의 조상들의 손을 잡고 애굽 땅에서 인도하여 내던 날에 맺은 것과 같지 아니할 것은 내가 그들의 남편이 되었어도 그들이 내 ( )을 깨뜨렸음이라 여호와의 말씀이니라 그러나 그 날 후에 내가 이스라엘 집과 맺을 ( )은 이러하니 곧 내가 나의 법을 그들의 속에 두며 그들의 마음에 기록하여 나는 그들의 하나님이 되고 그들은 내 백성이 될 것이라 여호와의 말씀이니라"(렘 31)

73. 하나님은 시위대 뜰에 갇힌 예레미야에게 "숙부 하나멜에게 속한 베냐민 땅 아나돗에 있는 그의 밭을 사라"고 말씀하셨습니다. 이를 통해서 하나님께서 예레미야에게 말씀하시는 상징적인 의미는 무엇입니까?(렘 32)

① 유다와 예루살렘이 바벨론에 의해서 정복당할 것이다

② 유다와 예루살렘이 바벨론에 의해서 정복된 후 다시 회복될 것이다

③ 예레미야가 자유롭게 풀려날 것이다

④ 유다와 예루살렘은 바벨론의 침략에 안전할 것이다

74. 다음 ( ) 안에 들어갈 단어는 무엇입니까?

"주께서 표적과 기사와 강한 손과 펴신 팔과 큰 두려움으로 주의 백성 이스라엘을 애굽 땅에서 인도하여 내시고 그들에게 주시기로 그 조상들에게 맹세하신 바 ( )과 ( ) 이 흐르는 땅을 그들에게 주셨으므로"(렘 32)

75. 다음 ( ) 안에 들어갈 이방신의 이름은 각각 무엇입니까?

"힌놈의 아들의 골짜기에 ( )의 산당을 건축하였으며 자기들의 아들들과 딸들을 ( ) 앞으로 지나가게 하였느니라 그들이 이런 가증한 일을 행하여 유다로 범죄하게 한 것은 내가 명령한 것도 아니요 내 마음에 둔 것도 아니니라"(렘 32)

① 바알 - 몰렉 ② 밀곰 - 하늘의 여왕

③ 다곤 - 벨 ④ 그모스 - 아세라

76. 다음 ( ) 안에 공통으로 들어갈 인물은 누구입니까?

"여호와의 말씀이니라 보라 때가 이르리니 내가 ( )에게 한 의로운 가지를 일으킬 것이라 그가 왕이 되어 지혜롭게 다스리며 세상에서 정의와 공의를 행할 것이며"(렘 32)

"그 날 그 때에 내가 ( )에게서 한 공의로운 가지가 나게 하리니 그가 이 땅에 정의와 공의를 실행할 것이라"(렘 33)

① 이새 ② 다윗 ③ 히스기야 ④ 요시야

77. 다음 ( ) 안에 들어갈 문구는 무엇입니까?

"너는 내게 부르짖으라 내가 네게 응답하겠고 ( )"(렘 33)

78. 다음 (　　) 안에 들어갈 인물은 누구입니까?

"내 앞에서 번제를 드리며 소제를 사르며 다른 제사를 항상 드릴 (　　　) 사람 제사장들도 끊어지지 아니하리라 하시니라"(렘 33)

① 유다　　② 베냐민　　③ 레위　　④ 에브라임

79. 안식년 제도와 관련한 내용으로 다음 (　　) 안에 들어갈 말은 무엇입니까?

"너희 형제 히브리 사람이 네게 팔려 왔거든 너희는 (　　　) 되는 해에 그를 놓아 줄 것이니라 그가 (　　　) 동안 너를 섬겼은즉 그를 놓아 자유롭게 할지니라 하였으나 너희 선조가 내게 순종하지 아니하며 귀를 기울이지도 아니하였느니라"(렘 34)

80. 구약에서 대표적인 '나실인'으로 소개되는 사람으로, 다음 (　　) 안에 들어갈 인물은 누구입니까?

"그들이 이르되 우리는 포도주를 마시지 아니하겠노라 (　　　)의 아들 우리 선조 요나답이 우리에게 명령하여 이르기를 너희와 너희 자손은 영원히 포도주를 마시지 말며"(렘 35)

81. 레갑 자손들이 하나님 앞에서 지켜야 할 규례에 속하지 않는 것은 무엇입니까?(렘 35)

① 결혼하지 않을 것
② 파종하지 않을 것
③ 포도원을 소유하지 않을 것
④ 평생 동안 장막에 살 것

82. 여호와의 성전 앞에서 두루마리를 낭독한 (　　) 안에 들어갈 인물은 누구입니까?

"네리야의 아들 (　　　)이/가 선지자 예레미야가 자기에게 명령한 대로 하여 여호와의 성전에서 책에 있는 여호와의 모든 말씀을 낭독하니라"(렘 36)

① 예레미야　　② 바룩　　③ 힐기야　　④ 여호사밧

83. 하나님이 예레미야에게 말씀하신 내용을 기록한 두루마리를 칼로 베고 화로 불에 던진 왕은 누구입니까?(렘 36)

① 여호야김　　② 시드기야　　③ 그다랴　　④ 여호야긴

84. 다음 (　　) 안에 들어갈 단어는 무엇입니까?

"바로의 군대가 애굽에서 나오매 예루살렘을 에워쌌던 (　　　)이 그 소문을 듣고 예루살렘에서 떠났더라"(렘 37)

① 갈대아인　② 앗수르인　③ 바사인　④ 아람인

85. 예레미야가 구덩이에 갇혔을 때 그를 구해 준 구스인은 누구입니까?(렘 38)

① 네리야　② 엘라단　③ 에벳멜렉　④ 그마랴

86. 예레미야가 바벨론의 위협 속에서 유다 시드기야 왕에게 전한 내용으로, 시드기야 왕이 복을 받고 생명을 보전하기 위해서 해야 할 일은 무엇이었습니까?(렘 38)

87. 하나님의 경고를 무시하고 바벨론에게 저항하여 비참한 종말을 맞이한, 다음 (　　) 안에 들어갈 유다 왕은 누구입니까?

"왕이 또 (　　　)의 눈을 빼게 하고 바벨론으로 옮기려고 사슬로 결박하였더라"(렘 39)

88. 예루살렘이 함락된 지 한 달 후에 예루살렘에 와서 바벨론 왕 느부갓네살의 명령에 따라 유다 백성을 바벨론의 포로로 끌고 간 사령관 이름은 무엇입니까?(렘 39)

① 네르갈사레셀　② 삼갈네부
③ 살스김　④ 느부사라단

89. 예레미야가 포로로 끌려간 나라와 도중에 풀려난 도시로, 다음 (　　) 안에 들어갈 나라와 도시는 각각 어디입니까?

"사령관 느부사라단이 예루살렘과 유다의 포로를 (　　　)로/으로 옮기는 중에 예레미야도 잡혀 사슬로 결박되어 가다가 (　　　)에서 풀려난 후에 말씀이 여호와께로부터 예레미야에게 임하니라"(렘 40)

① 앗수르 - 예루살렘　② 바벨론 - 라마
③ 바벨론 - 사마리아　④ 애굽 - 브엘세바

렘

90. 다음 (   ) 안에 들어갈 유다 총독의 이름은 무엇입니까?

"예레미야가 아직 돌이키기 전에 그가 다시 이르되 너는 바벨론의 왕이 유다 성읍들을 맡도록 세운 사반의 손자 아히감의 아들 (   )에게로 돌아가서 그와 함께 백성 가운데 살거나 네가 옳게 여기는 곳으로 가거나 할지니라 하고 그 사령관이 그에게 양식과 선물을 주어 보내매"(렘 40)

① 그다랴 ② 스룹바벨 ③ 여호수아 ④ 여호야김

91. 그다랴를 살해한 (   ) 안에 들어갈 인물은 누구입니까?

"느다냐의 아들 (   )와/과 그와 함께 있던 열 사람이 일어나서 바벨론의 왕의 그 땅을 위임했던 사반의 손자 아히감의 아들 그다랴를 칼로 쳐죽였고"(렘 41)

① 요하난 ② 여사냐 ③ 하나멜 ④ 이스마엘

92. 유다의 총독 그다랴가 살해된 도시는 어디입니까?(렘 41)

93. 다윗 혈통인 이스마엘이 바벨론 왕이 유다의 총독으로 임명한 그다랴를 살해하자 이에 동참했던 사람들이 바벨론의 보복이 두려워 피난처로 택한 나라는 어디입니까?(렘 41)

94. 하나님은 예레미야를 통해 애굽에 내려간 이스라엘 백성에게 바벨론 왕 느부갓네살에 의해서 애굽이 침략당할 것을 말씀하셨습니다. 다음 (   ) 안에 들어갈 단어는 무엇입니까?

"그가 또 애굽 땅 (   )의 석상들을 깨뜨리고 애굽 신들의 신당들을 불사르리라 하셨다 할지니라 하시니라"(렘 43)

① 벧엘 ② 벧세메스 ③ 멤피스 ④ 믹돌

95. 하나님이 아닌 이방신을 섬길 것을 결심한 유다 사람들의 종교적 삶의 방식입니다. 다음 (   ) 안에 공통으로 들어갈 단어는 무엇입니까?

"만군의 여호와 이스라엘의 하나님께서 이와 같이 말씀하시되 너희와 너희 아내들이 입으로 말하고 손으로 이루려 하여 이르기를 우리가 (   )한 대로 반드시 이행하여 하늘의 여왕에게 분향하고 전제를 드리리라 하였은즉 너희 (   )을 성취하며 너희 (   )을 이행하라 하시느니라"(렘 44)

96. 바벨론의 심판을 받은 (   ) 안에 들어갈 애굽 왕은 누구입니까?

"보라 내가 유다의 시드기야 왕을 그의 원수 곧 그의 생명을 찾는 바벨론의 느부갓네살 왕의 손에 넘긴 것 같이 애굽의 바로 (   ) 왕을 그의 원수들 곧 그의 생명을 찾는 자들의 손에 넘겨 주리라 여호와께서 이와 같이 말씀하셨느니라"(렘 44)

① 호브라 ② 시삭 ③ 느보 ④ 디르하가

97. 예레미야를 대신하여 하나님의 구원의 메시지를 선포한 (   ) 안에 들어갈 사람은 누구입니까?

"유다의 요시야 왕의 아들 여호야김 넷째 해에 네리야의 아들 (   )이/가 예레미야가 불러 주는 대로 이 모든 말을 책에 기록하니라 그 때에 선지자 예레미야가 그에게 말하여 이르되"(렘 45)

① 바룩 ② 힐기야 ③ 사반 ④ 말라기

98. 주전 605년 앗수르를 돕기 위해 바벨론으로 원정을 떠난 애굽 왕 느고의 군대는 유브라데 강가에 위치한 이곳의 전투에서 패했습니다. (   ) 안에 들어갈 지명은 무엇입니까?

"애굽에 관한 것이라 곧 유다의 요시야 왕의 아들 여호야김 넷째 해에 유브라데 강 가 (   )에서 바벨론의 느부갓네살 왕에게 패한 애굽의 왕 바로느고의 군대에 대한 말씀이라"(렘 46)

① 므깃도 ② 갈그미스 ③ 바벨론 ④ 우르

99. 다음 성경 본문에서 '북으로부터' 또는 '북쪽 백성'으로 비유되는 나라로, 주전 567년에 애굽을 멸망시킨 나라는 어디입니까?

"애굽은 심히 아름다운 암송아지일지라도 북으로부터 쇠파리 떼가 줄곧 오리라 … 딸 애굽이 수치를 당하여 북쪽 백성의 손에 붙임을 당하리로다"(렘 46)

100. 블레셋은 바벨론에 의해서 멸망했습니다. 블레셋의 멸망과 파괴 과정을 무엇에 비유해서 설명하였습니까?(렘 47)

① 지진 ② 홍수 ③ 가뭄 ④ 우박

렘

101. 애굽, 블레셋 그리고 모압 역시 바벨론에 의해서 멸망당합니다. 이를 상징하는 다음 (   ) 안에 들어갈 모압의 최고 신 이름은 무엇입니까?

"이스라엘 집이 벧엘을 의뢰하므로 수치를 당한 것 같이 모압이 (   )로/으로 말미암아 수치를 당하리로다"(렘 48)

① 다곤 ② 그모스 ③ 아세라 ④ 바알

102. 바벨론에 의해서 멸망당한 암몬의 수도로, (   ) 안에 공통으로 들어갈 도시 이름은 무엇입니까?

"여호와의 말씀이니라 그러므로 보라 날이 이르리니 내가 전쟁 소리로 암몬 자손의 (   )에 들리게 할 것이라 (   )은/는 폐허더미 언덕이 되겠고 그 마을들은 불에 탈 것이며 그 때에 이스라엘은 자기를 점령하였던 자를 점령하리라 여호와의 말씀이니라"(렘 49)

① 랍바 ② 다메섹 ③ 두로 ④ 헤스본

103. 다음 성경 본문은 어느 나라에 대한 심판 내용입니까?

"그러나 내가 에서의 옷을 벗겨 그 숨은 곳이 드러나게 하였나니 그가 그 몸을 숨길 수 없을 것이라 그 자손과 형제와 이웃이 멸망하였은즉 그가 없어졌느니라"(렘 49)

104. 다음 성경 본문은 (   ) 안에 들어갈 나라에 대한 하나님의 심판을 말씀하고 있습니다. 어느 나라에 대한 심판 내용입니까?

"너희는 나라들 가운데에 전파하라 공포하라 깃발을 세우라 숨김이 없이 공포하여 이르라 (   )이 함락되고 벨이 수치를 당하며 므로닥이 부스러지며 그 신상들은 수치를 당하며 우상들은 부스러진다 하라"(렘 50)

① 애굽 ② 바벨론 ③ 암몬 ④ 에돔

105. 다음 성경 본문은 하나님께서 약속한 이스라엘 회복에 관한 말씀입니다. 이와 연관하여 다음에 제시된 여덟 지명 중 (   ) 안에 들어갈 지명을 순서대로 나열한 것은 무엇입니까?

"이스라엘을 다시 그의 목장으로 돌아가게 하리니 그가 (   )와/과 (   )에서 양을 기를 것이며 그의 마음이 (   )와/과 (   ) 산에서 만족하리라"(렘 50)

㉠ 갈멜	㉡ 사마리아	㉢ 길보아	㉣ 길르앗
㉤ 바산	㉥ 에브라임	㉦ 벧엘	㉧ 그리심

① ㉠ - ㉤ - ㉥ - ㉣　　② ㉡ - ㉢ - ㉣ - ㉤
③ ㉢ - ㉣ - ㉤ - ㉥　　④ ㉣ - ㉤ - ㉥ - ㉦

106. 바벨론의 신으로 숭배되었던 '마르둑'의 다른 이름으로 (　　) 안에 들어갈 신의 이름은 무엇입니까?

"내가 (　　)을/를 바벨론에서 벌하고 그가 삼킨 것을 그의 입에서 끌어내리니 민족들이 다시는 그에게로 몰려가지 아니하겠고 바벨론 성벽은 무너졌도다"(렘 51)

① 벨　② 그모스　③ 다곤　④ 바알

107. 다음 (　　) 안에 공통으로 들어갈 나라 이름은 무엇입니까?

"(　　　)은/는 여호와의 손에 잡혀 있어 온 세계가 취하게 하는 금잔이라 뭇 민족이 그 포도주를 마심으로 미쳤도다 (　　　)이/가 갑자기 넘어져 파멸되니 이로 말미암아 울라 그 상처를 위하여 유향을 구하라 혹 나으리로다 우리가 (　　　)을/를 치료하려 하여도 낫지 아니한즉 버리고 각기 고향으로 돌아가자 그 화가 하늘에 미쳤고 궁창에 달하였음이로다"(렘 51)

① 앗수르　② 메대　③ 바벨론　④ 애굽

108. (　　) 안에 들어갈 유다 왕은 누구입니까?

"(　　　)의 두 눈을 빼고 놋사슬로 그를 결박하여 바벨론 왕이 그를 바벨론으로 끌고 가서 그가 죽는 날까지 옥에 가두었더라"(렘 52)

① 여호야김　② 여호야긴　③ 시드기야　④ 여호아하스

렘

109. 다음 (㉮)와 (㉯)에 들어갈 유다와 바벨론 왕은 누구입니까?

"유다 왕 (㉮)이/가 사로잡혀 간 지 삼십칠 년 곧 바벨론의 (㉯) 왕의 즉위 원년 열두째 달 스물다섯째 날 그가 유다의 (㉮) 왕의 머리를 들어 주었고 감옥에서 풀어 주었더라" (렘 52)

① 여호야긴 - 에윌므로닥　② 여호야김 - 느부갓네살
③ 시드기야 - 느부갓네살　④ 시드기야 - 에윌므로닥

예레미야애가

1. 예레미야애가는 서두에 나오는 '이 성'의 멸망에 대한 애가입니다. '이 성'은 어느 도시를 의미합니까?

   "슬프다 이 성이여 전에는 사람들이 많더니 이제는 어찌 그리 적막하게 앉았는고 전에는 열국 중에 크던 자가 이제는 과부 같이 되었고 전에는 열방 중에 공주였던 자가 이제는 강제 노동을 하는 자가 되었도다"(애 1)

2. 다음 (　　) 안에 들어갈 대상은 누구입니까?

   "성문이 땅에 묻히며 빗장이 부서져 파괴되고 왕과 지도자들이 율법 없는 이방인들 가운데에 있으며 그 성의 (　　　)들은 여호와의 묵시를 받지 못하는도다"(애 2)

3. 다음 (㉮)와 (㉯)에 들어갈 단어는 각각 무엇입니까?

   "주께서 그의 초막을 동산처럼 헐어 버리시며 그의 (㉮)를 폐하셨도다 여호와께서 시온에서 (㉮)와 (㉯)을 잊어버리게 하시며 그가 진노하사 왕과 제사장을 멸시하셨도다" (애 2)

4. 여호와의 분노의 매로 말미암아 고난 당한 자는 누구입니까?(애 3)

5. 다음 (　　) 안에 들어갈 표현은 무엇입니까?

"사람이 (　　　)을/를 바라고 잠잠히 기다림이 좋도다"(애 3)

① 여호와의 구원　　② 여호와의 응답
③ 여호와의 선하심　　④ 여호와의 은혜

6. 예루살렘이 멸망한 이유는 하나님 앞에서 다음 (　　) 안에 공통으로 들어갈 도시보다 악했기 때문입니다. 이 도시의 이름은 무엇입니까?

"전에 (　　　　)이 사람의 손을 대지 아니하였는데도 순식간에 무너지더니 이제는 딸 내 백성의 죄가 (　　　　)의 죄악보다 무겁도다"(애 4)

7. 다음 (　　) 안에 순서대로 들어가는 단어들은 무엇입니까?

"전에는 존귀한 자들의 몸이 (　　)보다 깨끗하고 (　　)보다 희며 (　　)보다 붉어 그들의 윤택함이 갈아서 빛낸 청옥 같더니 이제는 그들의 얼굴이 (　　)보다 검고 그들의 가죽이 뼈들에 붙어 막대기 같이 말랐으니 어느 거리에서든지 알아볼 사람이 없도다"(애 4)

㉠ 피	㉡ 눈	㉢ 재	㉣ 숯
㉤ 젖	㉥ 산호들	㉦ 석류	㉧ 우유

① ㉧ - ㉤ - ㉦ - ㉣　　② ㉡ - ㉤ - ㉥ - ㉣
③ ㉢ - ㉣ - ㉤ - ㉥　　④ ㉣ - ㉤ - ㉠ - ㉦

8. 다음 (㉮)와 (㉯)에 들어갈 대상은 각각 누구입니까?

"그의 (㉮)의 죄들과 (㉯)의 죄악들 때문이니 그들이 성읍 안에서 의인들의 피를 흘렸도다"(애 4)

① 왕들　② 백성들　③ 선지자들　④ 제사장들

9. 다음 (　　) 안에 들어갈 표현은 무엇입니까?

"우리의 콧김 곧 여호와께서 (　　　)가 그들의 함정에 빠졌음이여 우리가 그를 가리키며 전에 이르기를 우리가 그의 그늘 아래에서 이방인들 중에 살겠다 하던 자로다"(애 4)

① 부르신 자　　② 기름 부으신 자
③ 남겨 놓은 자　　④ 선택한 자

10. 다음 (　) 안에 들어갈 단어는 무엇입니까?

"우리의 머리에서는 (　　　)이 떨어졌사오니 오호라 우리의 범죄 때문이니이다"(애 5)

11. 성경은 예루살렘의 멸망을 다음과 같은 상황으로 비유하였습니다. (　) 안에 들어갈 단어는 무엇입니까?

"우리는 아버지 없는 (　　　)들이오며 우리의 어머니는 (　　　)들 같으니"(애 5)

12. 다음 (　) 안에 들어갈 동물의 이름은 무엇입니까?

"시온 산이 황폐하여 (　　　)이/가 그 안에서 노나이다"(애 5)

① 이리　　② 노루　　③ 여우　　④ 사슴

에스겔

1. 에스겔이 선지자로 소명받을 때의 설명입니다. 다음 ( ) 안에 들어갈 유다 왕은 누구입니까?

   "( ) 왕이 사로잡힌 지 오 년 그 달 초닷새라"(겔 1)

2. ( ) 안에 들어갈 에스겔의 출신 신분은 무엇입니까?

   "갈대아 땅 그발 강 가에서 여호와의 말씀이 부시의 아들 ( ) 나 에스겔에게 특별히 임하고 여호와의 권능이 내 위에 있으니라"(겔 1)

   ① 제사장 ② 선지자 ③ 서기관 ④ 학자

3. 하나님은 에스겔에게 네 생물의 형상을 환상 속에 보여주셨습니다. 그가 본 네 생물의 얼굴 모양에 속하지 않는 것은 무엇입니까?

   "그 얼굴들의 모양은 넷의 앞은 (①)의 얼굴이요 넷의 오른쪽은 (②)의 얼굴이요 넷의 왼쪽은 (③)의 얼굴이요 넷의 뒤는 (④)의 얼굴이니"(겔 1)

   ① 사람 ② 사자 ③ 곰 ④ 독수리

4. 하나님께서 에스겔을 선지자로 부르실 때 다음과 같이 칭하셨습니다. ( ) 안에 들어갈 단어는 무엇입니까?

   "그가 내게 이르시되 ( )야 네 발로 일어서라 내가 네게 말하리라 하시며"(겔 2)

5. 여호와의 영광의 형상이 에스겔에게 입을 벌리고 먹으라고 명한 것은 무엇입니까?

"내가 보니 보라 한 손이 나를 향하여 펴지고 보라 그 안에 (　　　　)이/가 있더라"(겔 2)

① 진설병　② 두루마리 책　③ 가시　④ 칼

6. 다음 (　) 안에 들어갈 단어는 무엇입니까?

"인자야 내가 너를 이스라엘 족속의 (　　　　)로/으로 세웠으니 너는 내 입의 말을 듣고 나를 대신하여 그들을 깨우치라"(겔 3)

① 목자　② 파수꾼　③ 기름부음 받은 자　④ 지혜자

7. 다음 (㉮)와 (㉯)에 들어갈 표현은 무엇입니까?

"내가 네 혀를 네 입천장에 붙게 하여 네가 (㉮)가 되어 그들을 (㉯)가 되지 못하게 하리니 그들은 패역한 족속임이니라"(겔 3)

① 말 못하는 자, 꾸짖는 자　② 말 못하는 자, 듣지 못하는 자
③ 듣지 못하는 자, 꾸짖는 자　④ 걷지 못하는 자, 말 못하는 자

8. 다음 (　) 안에 들어갈 단어는 무엇입니까?

"너 인자야 (　　　　)을 가져다가 그것을 네 앞에 놓고 한 성읍 곧 예루살렘을 그 위에 그리고"(겔 4)

① 목판　② 토판　③ 석판　④ 동판

9. 다음 (　) 안에 들어갈 각각의 숫자는 얼마입니까?

"내가 그들의 범죄한 햇수대로 네게 날수를 정하였나니 곧 (　　) 일이니라 너는 이렇게 이스라엘 족속의 죄악을 담당하고 그 수가 차거든 너는 오른쪽으로 누워 유다 족속의 죄악을 담당하라 내가 네게 (　　) 일로 정하였나니 하루가 일 년이니라"(겔 4)

① 백구십 - 육십　② 이백구십 - 칠십
③ 삼백구십 - 사십　④ 삼백육십오 - 십이

10. 예루살렘의 완전한 멸망을 상징적으로 표현한 것으로, 하나님은 무엇을 깎으라고 에스겔에게 명령하셨습니까?

"너 인자야 너는 날카로운 칼을 가져다가 삭도로 삼아 네 (　　)과 (　　)을 깎아서 저울로 달아 나누어 두라"(겔 5)

11. 다음 (㉮), (㉯), (㉰)에 순서대로 들어갈 단어는 무엇입니까?

"주 여호와께서 이같이 이르시되 너는 손뼉을 치고 발을 구르며 말할지어다 오호라 이스라엘 족속이 모든 가증한 악을 행하므로 마침내 (㉮)과/와 (㉯)과/와 (㉰)에 망하되 먼 데 있는 자는 (㉰)에 죽고 가까운 데 있는 자는 (㉮)에 엎드러지고 남아 있어 에워싸인 자는 (㉯)에 죽으리라 이같이 내 진노를 그들에게 이룬즉"(겔 6)

㉠ 기근	㉡ 칼	㉢ 포학	㉣ 뭉둥이
㉤ 쇠사슬	㉥ 약탈	㉦ 전염병	㉧ 가시

① ㉡ - ㉠ - ㉦　　② ㉡ - ㉢ - ㉣
③ ㉢ - ㉧ - ㉤　　④ ㉣ - ㉤ - ㉥

12. 다음 ( ) 안에 들어갈 단어는 유다 백성이 바벨론으로 사로잡혀 갈 것을 상징하는 물건입니다. ( ) 안에 들어갈 단어는 무엇입니까?

"너는 ( )을/를 만들라 이는 피 흘리는 죄가 그 땅에 가득하고 포악이 그 성읍에 찼음이라"(겔 7)

① 멍에　② 가시관　③ 쇠사슬　④ 족쇄

13. 다음 (㉮), (㉯), (㉰)에 순서대로 들어갈 단어는 무엇입니까?

"환난에 환난이 더하고 소문에 소문이 더할 때에 그들이 (㉮)에게서 묵시를 구하나 헛될 것이며 (㉯)에게는 율법이 없어질 것이요 (㉰)에게는 책략이 없어질 것이며"(겔 7)

㉠ 선지자	㉡ 제사장	㉢ 왕	㉣ 고관	㉤ 장로	㉥ 서기관

① ㉢ - ㉣ - ㉤　　② ㉡ - ㉢ - ㉣
③ ㉠ - ㉡ - ㉤　　④ ㉣ - ㉤ - ㉥

14. 힐기야 제사장이 발견한 율법책을 요시야 왕에게 전달한 사반의 아들로, 아버지와 달리 우상 숭배자였던 ( ) 안에 들어갈 인물은 누구입니까?

"이스라엘 족속의 장로 중 칠십 명이 그 앞에 섰으며 사반의 아들 ( )도 그 가운데에 섰고 각기 손에 향로를 들었는데 향연이 구름 같이 오르더라"(겔 8)

① 야아사냐　② 하나멜　③ 요하난　④ 느다냐

겔

15. 다음 ( ) 안에 들어갈 이방신은 메소포타미아 지역에서 '풍요의 신'으로 숭배되었습니다. 이 신의 이름은 무엇입니까?

"그가 또 나를 데리고 여호와의 전으로 들어가는 북문에 이르시기로 보니 거기에 여인들이 앉아 ( )을/를 위하여 애곡하더라"(겔 8)

① 벨 ② 담무스 ③ 바알 ④ 드라빔

16. 유다 므낫세 통치 시기에 유다에 유입된 앗수르 종교의 한 형태로, 이 대상을 숭배하기 시작했습니다. ( ) 안에 들어갈 단어는 무엇입니까?

"그가 또 나를 데리고 여호와의 성전 안뜰에 들어가시니라 보라 여호와의 성전 문 곧 현관과 제단 사이에서 약 스물다섯 명이 여호와의 성전을 등지고 낯을 동쪽으로 향하여 동쪽 ( )에게 예배하더라"(겔 8)

17. 다음 ( ) 안에 공통으로 들어갈 대상은 누구입니까?

"내가 보니 여섯 사람이 북향한 윗문 길로부터 오는데 각 사람의 손에 죽이는 무기를 잡았고 그 중의 한 사람은 가는 베 옷을 입고 허리에 ( )의 먹 그릇을 찼더라 그들이 들어와서 놋 제단 곁에 서더라 그룹에 머물러 있던 이스라엘 하나님의 영광이 성전 문지방에 이르더니 여호와께서 그 가는 베 옷을 입고 ( )의 먹 그릇을 찬 사람을 불러"(겔 9)

① 서기관 ② 제사장 ③ 선지자 ④ 왕

18. 다음 ( ) 안에 들어갈 대상은 누구입니까?

"늙은 자와 젊은 자와 처녀와 어린이와 여자를 다 죽이되 ( )에게는 가까이 하지 말라 내 성소에서 시작할지니라 하시매 그들이 성전 앞에 있는 늙은 자들로부터 시작하더라"(겔 9)

① 할례한 자 ② 베옷을 입은 자 ③ 이마에 표 있는 자 ④ 머리에 띠 두른 자

19. 하나님의 예루살렘에 대한 심판을 상징하는 ( ) 안에 들어갈 단어는 무엇입니까?

"하나님이 가는 베 옷을 입은 사람에게 말씀하여 이르시되 너는 그룹 밑에 있는 바퀴 사이로 들어가 그 속에서 ( )을/를 두 손에 가득히 움켜 가지고 성읍 위에 흩으라 하시매 그가 내 목전에서 들어가더라"(겔 10)

① 숯불 ② 재 ③ 불꽃 ④ 젖

20. 에스겔이 본 환상 중 다음 ( ) 안에 들어갈 말이 아닌 것은 무엇입니까?

"그룹들에게는 각기 네 면이 있는데 첫째 면은 ( )의 얼굴이요 둘째 면은 ( )의 얼굴이요 셋째는 ( )의 얼굴이요 넷째는 ( )의 얼굴이더라"(겔 10)

① 그룹 ② 사람 ③ 사자 ④ 소

21. 예루살렘 멸망과 함께 여호와의 영광은 ( )을 떠났습니다. ( ) 안에 들어갈 단어는 무엇입니까?

"여호와의 영광이 성전 ( )을 떠나서 그룹들 위에 머무르니"(겔 10)

22. 상징적인 의미에서 사용된 다음 ( ) 안에 들어갈 단어는 무엇입니까?

"그들의 말이 집 건축할 때가 가깝지 아니한즉 이 성읍은 ( )이/가 되고 우리는 ( )이/가 된다 하나니"(겔 11)

① 가마 - 고기 ② 죽음 - 생명 ③ 바퀴 - 생물 ④ 쇠사슬 - 구름

23. 다음 ( ) 안에 들어갈 나라는 어디입니까?

"주의 영이 나를 들어 하나님의 영의 환상 중에 데리고 ( )에 있는 사로잡힌 자 중에 이르시더니 내가 본 환상이 나를 떠나 올라간지라"(겔 11)

① 애굽 ② 앗수르 ③ 갈대아 ④ 바사

24. 유다 백성들이 포로가 되어 끌려갈 것을 상징하는 ( ) 안에 공통으로 들어갈 단어는 무엇입니까?

"인자야 너는 포로의 ( )을 꾸리고 낮에 그들의 목전에서 끌려가라 네가 네 처소를 다른 곳으로 옮기는 것을 그들이 보면 비록 반역하는 족속이라도 혹 생각이 있으리라 너는 낮에 그들의 목전에서 네 포로의 ( )을 밖에 내놓기를 끌려가는 포로의 ( ) 같이 하고 저물 때에 너는 그들의 목전에서 밖으로 나가기를 포로되어 가는 자 같이 하라"(겔 12)

25. 예루살렘 멸망 예언과 관련하여 에스겔에게 보인 징조로, ( ) 안에 들어갈 말은 무엇입니까?

"인자야 너는 ( ) 네 음식을 먹고 ( ) 네 물을 마시며"(겔 12)

① 울면서 - 슬퍼하면서 ② 떨면서 - 놀라고 근심하면서
③ 앉아서 - 일어서서 ④ 허리에 띠를 띠고 - 발에 신을 신고

26. 다음 (   ) 안에 들어갈 동물은 무엇입니까?

"이스라엘아 너의 선지자들은 황무지에 있는 (   ) 같으니라"(겔 13)

① 사자 ② 곰 ③ 독수리 ④ 여우

27. 다음은 거짓 선지자에 관한 성경 본문입니다. (   ) 안에 들어갈 단어는 무엇입니까?

"너희가 말하기는 여호와의 말씀이라 하여도 내가 말한 것이 아닌즉 어찌 허탄한 (   )을/를 보며 거짓된 (   )을/를 말한 것이 아니냐"(겔 13)

① 환상 - 행위 ② 묵시 - 점괘 ③ 예언 - 방언 ④ 이상 - 징조

28. 에스겔 14장에서 언급한 구약의 인물 중 의인으로 꼽는 세 명의 인물은 누구입니까?(겔 14)

29. 다음 성경 본문 중 (   ) 안에 들어갈 단어로 옳지 않은 것은 무엇입니까?

"주 여호와께서 이같이 이르시되 내가 나의 네 가지 중한 벌 곧 (   )과 (   )과 (   )과 (   )을 예루살렘에 함께 내려 사람과 짐승을 그 중에서 끊으리니 그 해가 더욱 심하지 아니하겠느냐"(겔 14)

① 칼 ② 기근 ③ 우박 ④ 전염병

30. 다음 (   ) 안에 들어갈 나무의 이름은 무엇입니까?

"인자야 (   )가 모든 나무보다 나은 것이 무엇이랴 숲속의 여러 나무 가운데에 있는 그 포도나무 가지가 나은 것이 무엇이랴 그 나무를 가지고 무엇을 제조할 수 있겠느냐 그것으로 무슨 그릇을 걸 못을 만들 수 있겠느냐"(겔 15)

① 포도나무 ② 무화과나무 ③ 감람나무 ④ 석류나무

31. 다음 (   ) 안에 들어갈 단어는 각각 무엇입니까?

"이르기를 주 여호와께서 예루살렘에 관하여 이같이 말씀하시되 네 근본과 난 땅은 (   )이요 네 아버지는 (   ) 사람이요 네 어머니는 (   ) 사람이라"(겔 16)

32. 다음 (   ) 안에 들어갈 표현 중 알맞지 않은 것은 무엇입니까?

"네가 난 것을 말하건대 네가 날 때에 네 (   ) 너를 (   ) 네게 (   )

너를 (　　　　　)"(겔 16)

① 배꼽 줄을 자르지 아니하였고　　② 물로 씻어 정결하게 하지 아니하였고
③ 향유를 바르지 아니하였고　　④ 강보로 싸지도 아니하였나니

33. 하나님은 예루살렘의 타락함을 여러 나라와 성적으로 타락했다는 비유를 통해 심판하셨습니다. 각 (　) 안에 들어갈 나라를 올바르게 나열한 것은 무엇입니까?

"하체가 큰 네 이웃 나라 (　　　) 사람과도 음행하되 심히 음란히 하여 내 진노를 샀도다 … 네가 음욕이 차지 아니하여 또 (　　　) 사람과 행음하고 그들과 행음하고도 아직도 부족하게 여겨 장사하는 땅 (　　　)에까지 심히 행음하되 아직도 족한 줄을 알지 못하였느니라"(겔 16)

㉠ 앗수르	㉡ 아람	㉢ 애굽	㉣ 갈대아	㉤ 바사	㉥ 블레셋

① ㉢ - ㉠ - ㉣　② ㉡ - ㉢ - ㉣　③ ㉢ - ㉣ - ㉤　④ ㉣ - ㉤ - ㉥

34. 에스겔이 언급한 소돔의 죄악에 속하지 않은 것은 무엇입니까?(겔 16)

① 교만함　② 음식물의 풍족함　③ 태평함　④ 거짓말

35. 상징적인 의미로 사용된 (　) 안에 공통으로 들어갈 단어는 무엇입니까?

"여호와께서 이같이 말씀하여 이르시되 색깔이 화려하고 날개가 크고 깃이 길고 털이 숱한 큰 (　　　)이/가 레바논에 이르러 백향목 높은 가지를 꺾되 … 그것이 자라며 퍼져서 높지 아니한 포도나무 곧 굵은 가지와 가는 가지가 난 포도나무가 되어 그 가지는 (　　　)을/를 향하였고 그 뿌리는 (　　　) 아래에 있었더라"(겔 17)

① 독수리　② 사자　③ 곰　④ 여우

36. 다음 (　) 안에 들어갈 단어는 무엇입니까?

"그 위에 내 (　　　)을 치며 내 (　　　)에 걸리게 하여 끌고 바벨론으로 가서 나를 반역한 그 반역을 거기에서 심판할지며"(겔 17)

37. 다음 (　) 안에 공통으로 들어갈 단어는 무엇입니까?

"모든 (　　　)이 다 내게 속한지라 아버지의 (　　　)이 내게 속함 같이 그의 아들의 (　　　)도 내게 속하였나니 범죄하는 그 (　　　)은 죽으리라"(겔 18)

겔

38. (㉮)와 (㉯)에 들어갈 단어는 무엇입니까?

"주 여호와의 말씀이니라 내가 어찌 (㉮)이 죽는 것을 조금인들 기뻐하랴 그가 돌이켜 그 길에서 떠나 사는 것을 어찌 기뻐하지 아니하겠느냐 만일 (㉯)이 돌이켜 그 공의에서 떠나 범죄하고 (㉮)이 행하는 모든 가증한 일대로 행하면 살겠느냐 … 만일 (㉯)이 그 공의를 떠나 죄악을 행하고 그로 말미암아 죽으면 그 행한 죄악으로 말미암아 죽는 것이요 만일 (㉮)이 그 행한 악을 떠나 정의와 공의를 행하면 그 영혼을 보전하리라"(겔 18)

39. (㉮)로 비유된 유다의 마지막 왕 중 일부는 (㉯)에, 일부는 (㉰)에 포로로 끌려갔습니다. (㉮), (㉯), (㉰)에 들어갈 단어는 무엇입니까?

"그 새끼 하나를 키우매 젊은 (㉮)이/가 되어 먹이 물어뜯기를 배워 사람을 삼키매 이방이 듣고 함정으로 그를 잡아 갈고리로 꿰어 끌고 (㉯) 땅으로 간지라 … 젊은 (㉮)이/가 되매 여러 (㉮) 가운데에 왕래하며 먹이 물어뜯기를 배워 사람을 삼키며 … 그를 치러 와서 그의 위에 그물을 치고 함정에 잡아 우리에 넣고 갈고리를 꿰어 끌고 (㉰) 왕에게 이르렀나니"(겔 19)

㉠ 독수리	㉡ 사자	㉢ 악어	㉣ 곰
㉤ 애굽	㉥ 앗수르	㉦ 바벨론	㉧ 바사

① ㉢ - ㉣ - ㉤　　② ㉠ - ㉢ - ㉣

③ ㉡ - ㉤ - ㉦　　④ ㉣ - ㉧ - ㉥

40. 다음 ( ) 안에 들어갈 단어는 무엇입니까?

"또 내가 그들을 거룩하게 하는 여호와인 줄 알게 하려고 내 (　　　)을/를 주어 그들과 나 사이에 표징을 삼았노라"(겔 20)

① 언약궤　② 할례　③ 안식일　④ 율법

41. 출애굽한 이스라엘 백성이 들어갈 가나안 땅을 묘사하는 대표적인 표현으로 ( ) 안에 들어갈 단어는 무엇입니까?

"또 내가 내 손을 들어 광야에서 그들에게 맹세하기를 내가 그들에게 허락한 땅 곧 (　　) 과 (　　)이 흐르는 땅이요 모든 땅 중의 아름다운 곳으로 그들을 인도하여 들이지 아니하리라 한 것은"(겔 20)

42. 다음 ( ) 안에 들어갈 도시의 이름은 무엇입니까?

"인자야 너는 바벨론 왕의 칼이 올 두 길을 한 땅에서 나오도록 그리되 곧 성으로 들어가는 길 어귀에다가 길이 나뉘는 지시표를 하여 칼이 암몬 족속의 (　　　)에 이르는 길과 유다의 견고한 성 (　　　)에 이르는 길을 그리라"(겔 21)

① 랍바 - 예루살렘　　② 두로 - 예루살렘
③ 랍바 - 사마리아　　④ 다메섹 - 라기스

43. 고대 근동 지역에서는 희생 제물로 봉헌되는 동물의 (　)을 점칠 때 사용했습니다. 다음 (　) 안에 들어갈 단어는 무엇입니까?

"바벨론 왕이 갈랫길 곧 두 길 어귀에 서서 점을 치되 화살들을 흔들어 우상에게 묻고 희생제물의 (　　　)을/를 살펴서"(겔 21)

① 간　② 심장　③ 피　④ 뼈

44. 유다 왕국의 멸망을 비유적으로 표현한 말로, (　) 안에 들어갈 단어는 무엇입니까?

"인자야 이스라엘 족속이 내게 찌꺼기가 되었나니 곧 (　　　) 불 가운데에 있는 놋이나 주석이나 쇠나 납이며 은의 찌꺼기로다"(겔 22)

45. 하나님의 심판 대상이 되는 (㉮), (㉯), (㉰)에 들어갈 단어는 무엇입니까?

"그 가운데에서 (㉮)들의 반역함이 우는 사자가 음식물을 움킴 같았도다 그들이 사람의 영혼을 삼켰으며 재산과 보물을 탈취하며 과부를 그 가운데에 많게 하였으며 그 (㉯)들은 내 율법을 범하였으며 나의 성물을 더럽혔으며 거룩함과 속된 것을 구별하지 아니하였으며 부정함과 정한 것을 사람이 구별하게 하지 아니하였으며 그의 눈을 가리어 나의 안식일을 보지 아니하였으므로 내가 그들 가운데에서 더럽힘을 받았느니라 그 가운데에 그 (㉰)들은 음식물을 삼키는 이리 같아서 불의한 이익을 얻으려고 피를 흘려 영혼을 멸하거늘"(겔 22)

㉠ 선지자	㉡ 고관	㉢ 왕	㉣ 제사장	㉤ 지혜자	㉥ 서기관

① ㉣ - ㉤ - ㉥　　② ㉡ - ㉢ - ㉣
③ ㉢ - ㉣ - ㉤　　④ ㉠ - ㉣ - ㉡

46. 하나님의 심판을 받은 (㉮)와 (㉯)에 들어갈 도시 이름은 무엇입니까?

"그 이름이 형은 오홀라요 아우는 오홀리바라 그들이 내게 속하여 자녀를 낳았나니 그 이름으로 말하면 오홀라는 (㉮)요/이요 오홀리바는 (㉯)이니라"(겔 23)

① 단　② 예루살렘　③ 벧엘　④ 사마리아

겔

47. 오홀라와 오홀리바가 행음한 대상은 각각 누구입니까?

"오홀라가 내게 속하였을 때에 행음하여 그가 연애하는 자 곧 그의 이웃 (　　　) 사람을 사모하였나니 … 그 아우 오홀리바가 이것을 보고도 … (　　　) 사람이 나아와 연애하는 침상에 올라 음행으로 그를 더럽히매 그가 더럽힘을 입은 후에 그들을 싫어하는 마음이 생겼느니라"(겔 23)

48. 하나님은 다가올 예루살렘의 비참한 현실을 비유로 예언하셨습니다. (　) 안에 공통으로 들어갈 단어는 무엇입니까?

"그러므로 주 여호와께서 이같이 말씀하셨느니라 피를 흘린 성읍, 녹슨 (　　　) 곧 그 속의 녹을 없이하지 아니한 (　　　)여/이여 화 있을진저 제비 뽑을 것도 없이 그 덩이를 하나하나 꺼낼지어다"(겔 24)

① 잔　　② 그릇　　③ 쟁반　　④ 가마

49. 다음은 하나님께서 에스겔에게 누구의 죽음에 관하여 말씀하신 내용입니까?

"여호와의 말씀이 또 내게 임하여 이르시되 인자야 내가 네 눈에 기뻐하는 것을 한 번 쳐서 빼앗으리니 너는 슬퍼하거나 울거나 눈물을 흘리거나 하지 말며"(겔 24)

50. 다음 본문에서 하나님의 심판을 받을 (　) 안에 들어갈 두 나라의 이름은 무엇입니까?

"내가 랍바를 낙타의 우리로 만들며 (　　　) 족속의 땅을 양 떼가 눕는 곳으로 삼은즉 내가 주 여호와인 줄을 너희가 알리라 … 그러므로 내가 (　　　)의 한편 곧 그 나라 국경에 있는 영화로운 성읍들 벧여시못과 바알므온과 기랴다임을 열고"(겔 25)

① 암몬　　② 에돔　　③ 모압　　④ 블레셋

51. 다음 본문에서 하나님의 심판을 받을 (　) 안에 들어갈 두 나라의 이름은 무엇입니까?

"그러므로 주 여호와께서 이같이 말씀하셨느니라 내가 내 손을 (　　　) 위에 펴서 사람과 짐승을 그 가운데에서 끊어 데만에서부터 황폐하게 하리니 드단까지 칼에 엎드러지리라 … 그러므로 주 여호와께서 이같이 말씀하셨느니라 내가 (　　　) 사람 위에 손을 펴서 그렛 사람을 끊으며 해변에 남은 자를 진멸하되"(겔 25)

① 암몬　　② 에돔　　③ 모압　　④ 블레셋

52. 다음 본문에서 하나님의 심판을 받을 ( ) 안에 공통으로 들어갈 도시 이름은 무엇입니까?

"너는 (   )을/를 향하여 이르기를 바다 어귀에 거주하면서 여러 섬 백성과 거래하는 자여 주 여호와께서 이같이 말씀하시되 (   )야 네가 말하기를 나는 온전히 아름답다 하였도다"(겔 27)

① 다메섹 ② 랍바 ③ 니느웨 ④ 두로

53. 다음 ( ) 안에 들어갈 지중해 연안에 위치한 도시의 이름은 무엇입니까?

"(   )의 배는 떼를 지어 네 화물을 나르니 네가 바다 중심에서 풍부하여 영화가 매우 크도다"(겔 27)

① 다메섹 ② 다시스 ③ 하란 ④ 바산

54. 하나님의 심판을 받는 두로는 상업적으로 번성한 도시였습니다. 이 도시의 영화를 빗댄, 다음 ( ) 안에 들어갈 인물은 누구입니까?

"네가 (   )보다 지혜로워서 은밀한 것을 깨닫지 못할 것이 없다 하고"(겔 28)

① 욥 ② 노아 ③ 다니엘 ④ 솔로몬

55. 하나님의 심판을 받는 ( ) 안에 들어갈 페니키아의 대표적 두 도시의 이름은 무엇입니까?

"인자야 (   ) 왕을 위하여 슬픈 노래를 지어 그에게 이르기를 주 여호와의 말씀에 너는 완전한 도장이었고 지혜가 충족하며 온전히 아름다웠도다 … 너는 이르기를 주 여호와께서 이같이 말씀하시되 (   )아 내가 너를 대적하나니 네 가운데에서 내 영광이 나타나리라 하셨다 하라 내가 그 가운데에서 심판을 행하여 내 거룩함을 나타낼 때에 무리가 나를 여호와인 줄을 알지라"(겔 28)

56. 다음 본문에서 하나님의 심판을 받을 ( ) 안에 들어갈 나라의 이름은 무엇입니까?

"그러므로 내가 너와 네 강들을 쳐서 (   ) 땅 믹돌에서부터 수에네 곧 구스 지경까지 황폐한 황무지 곧 사막이 되게 하리니"(겔 29)

① 애굽 ② 앗수르 ③ 바벨론 ④ 바사

겔

57. 애굽 왕의 교만을 상징하는 것으로 다음 (　) 안에 공통으로 들어갈 신체 부위는 무엇입니까?

"그러므로 주 여호와께서 이같이 말씀하셨느니라 내가 애굽의 바로 왕을 대적하여 그 두 (　　　) 곧 성한 (　　　)과 이미 꺾인 (　　　)을 꺾어서 칼이 그 손에서 떨어지게 하고"(겔 30)

58. 다음 성경 본문을 통해 교만한 애굽을 비유한 나무는 무엇입니까?

"그러므로 주 여호와께서 이같이 말씀하셨느니라 그의 키가 크고 꼭대기가 구름에 닿아서 높이 솟아났으므로 마음이 교만하였은즉"(겔 31)

59. 다음 (　) 안에 들어갈 단어는 무엇입니까?

"그러나 그들도 그와 함께 (　　　)에 내려 칼에 죽임을 당한 자에게 이르렀나니 그들은 옛적에 그의 팔이 된 자요 나라들 가운데에서 그 그늘 아래에 거주하던 자니라"(겔 31)

① 스올　　② 무덤　　③ 바다　　④ 구덩이

60. 교만한 애굽 왕을 상징하는 (　) 안에 들어갈 동물은 무엇입니까?

"인자야 너는 애굽의 바로 왕에 대하여 슬픈 노래를 불러 그에게 이르라 너를 여러 나라에서 사자로 생각하였더니 실상은 바다 가운데의 큰 (　　)라/이라 강에서 튀어 일어나 발로 물을 휘저어 그 강을 더럽혔도다"(겔 32)

① 악어　　② 하마　　③ 용　　④ 뱀

61. 이 말은 이스라엘이 이방 민족 또는 이방인들을 비방하거나 경멸할 때 사용한 말로, 에스겔서에서 자주 사용한 표현입니다. (　) 안에 공통으로 들어갈 단어는 무엇입니까?

"그들이 (　　　)를 받지 못한 자 가운데에 이미 엎드러진 용사와 함께 누운 것이 마땅하지 아니하냐 이 용사들은 다 무기를 가지고 스올에 내려가서 자기의 칼을 베개로 삼았으니 그 백골이 자기 죄악을 졌음이여 생존하는 사람들의 세상에서 용사의 두려움이 있던 자로다 오직 너는 (　　　)를 받지 못한 자와 함께 패망할 것임이여 칼에 죽임을 당한 자와 함께 누우리로다"(겔 32)

62. 하나님은 에스겔에게 (　　)의 사명을 주셨습니다. 다음 (　　) 안에 들어갈 단어는 무엇입니까?

"인자야 내가 너를 이스라엘 족속의 (　　　)으로 삼음이 이와 같으니라 그런즉 너는

내 입의 말을 듣고 나를 대신하여 그들에게 경고할지어다"(겔 33)

① 추수꾼 ② 파수꾼 ③ 일꾼 ④ 심부름꾼

63. 다음 ( ) 안에 들어갈 인물은 누구입니까?

"인자야 이 이스라엘의 이 황폐한 땅에 거주하는 자들이 말하여 이르기를 ( )은/는 오직 한 사람이라도 이 땅을 기업으로 얻었나니 우리가 많은즉 더욱 이 땅을 우리에게 기업으로 주신 것이 되느니라 하는도다"(겔 33)

① 노아 ② 아브라함 ③ 모세 ④ 다윗

64. 하나님의 심판 대상이 되는 것으로 (㉮), (㉯), (㉰)에 들어갈 표현은 무엇입니까?

"너는 그들에게 이르기를 주 여호와께서 이같이 말씀하시되 내가 나의 삶을 두고 맹세하노니 (㉮)는 칼에 엎드러뜨리고 (㉯)는 들짐승에게 넘겨 먹히게 하고 (㉰)는 전염병에 죽게 하리라"(겔 33)

㉠ 황무지에 있는 자	㉡ 도성에 있는 자	㉢ 들에 있는 자
㉣ 산성과 굴에 있는 자	㉤ 이방 땅에 있는 자	㉥ 성전 안에 있는 자

① ㉡ - ㉢ - ㉣ ② ㉠ - ㉢ - ㉣

③ ㉢ - ㉣ - ㉤ ④ ㉣ - ㉤ - ㉥

65. 다음 ( ) 안에 공통으로 들어갈 단어는 무엇입니까?

"인자야 너는 이스라엘 ( )들에게 예언하라 그들 곧 ( )들에게 예언하여 이르기를 주 여호와께서 이같이 말씀하시되 자기만 먹는 이스라엘 ( )들은 화 있을진저 ( )들이 양 떼를 먹이는 것이 마땅하지 아니하냐"(겔 34)

66. 다음 ( ) 안에 들어갈 표현 중 틀린 것은 무엇입니까?(2개)

"너희가 그 연약한 자를 (①) 병든 자를 (②) 상한 자를 (③) 쫓기는 자를 (④) 잃어버린 자를 (⑤) 다만 포악으로 그것들을 (⑥)"(겔 34)

① 강하게 아니하며 ② 고치지 아니하며

③ 싸매 주지 아니하며 ④ 자유롭게 하지 아니하며

⑤ 구하지 아니하고 ⑥ 다스렸도다

67. 다음 ( ) 안에 들어갈 인물은 누구입니까?

"내가 한 목자를 그들 위에 세워 먹이게 하리니 그는 내 종 ( )라/이라 그가 그들을 먹이고 그들의 목자가 될지라"(겔 34)

① 노아 ② 아브라함 ③ 모세 ④ 다윗

68. 하나님의 심판이 될 ( ) 안에 들어갈 산 이름은 무엇입니까?

"이르기를 주 여호와께서 이같이 말씀하시되 ( )아 내가 너를 대적하여 내 손을 네 위에 펴서 네가 황무지와 공포의 대상이 되게 할지라"(겔 35)

① 시내 산 ② 세일 산 ③ 감람 산 ④ 모리아 산

69. 다음 본문에서 ( ) 안에 들어갈 나라의 이름은 무엇입니까?

"이스라엘 족속의 기업이 황폐하므로 네가 즐거워한 것 같이 내가 너를 황폐하게 하리라 세일 산아 너와 ( ) 온 땅이 황폐하리니 내가 여호와인 줄을 무리가 알리라 하셨다 하라"(겔 35)

① 에돔 ② 모압 ③ 암몬 ④ 아람

70. 다음 ( ) 안에 공통으로 들어갈 단어는 무엇입니까?

"여러 나라 가운데에서 더럽혀진 ( ) 곧 너희가 그들 가운데에서 더럽힌 나의 큰 ( )을/를 내가 거룩하게 할지라 내가 그들의 눈 앞에서 너희로 말미암아 나의 거룩함을 나타내리니 내가 여호와인 줄을 여러 나라 사람이 알리라 주 여호와의 말씀이니라"(겔 36)

① 명예 ② 위엄 ③ 이름 ④ 영광

71. 하나님은 에스겔에게 마른 뼈가 살아나는 환상을 통해 이스라엘의 회복을 보여주셨습니다. ( ) 안에 들어갈 단어를 올바르게 나열한 것은 무엇입니까?

"너희 위에 ( )을/를 두고 ( )을/를 입히고 ( )로/으로 덮고 너희 속에 ( )을/를 넣으리니 너희가 살아나리라 또 내가 여호와인 줄 너희가 알리라 하셨다 하라"(겔 37)

㉮ 살	㉯ 힘줄	㉰ 가죽	㉱ 생기

① ㉮ - ㉰ - ㉱ - ㉯ ② ㉱ - ㉰ - ㉮ - ㉯
③ ㉯ - ㉮ - ㉰ - ㉱ ④ ㉮ - ㉯ - ㉱ - ㉰

72. 하나님은 온전한 12지파의 회복을 에스겔에게 선포하셨습니다. 다음 (㉮), (㉯), (㉰), (㉱)에 들어갈 단어는 무엇입니까?

"인자야 너는 막대기 하나를 가져다가 그 위에 (㉮)와/과 그 짝 (㉯) 자손이라 쓰고 또 다른 막대기 하나를 가지고 그 위에 (㉰)의 막대기 곧 (㉱)와/과 그 짝 (㉯) 온 족속이라 쓰고"(겔 37)

㉠ 요셉	㉡ 이스라엘	㉢ 유다
㉣ 베냐민	㉤ 에브라임	㉥ 야곱

① ㉡ - ㉢ - ㉣ - ㉤　　② ㉢ - ㉡ - ㉤ - ㉠

③ ㉢ - ㉣ - ㉤ - ㉥　　④ ㉣ - ㉤ - ㉥ - ㉠

73. 다음 ( ) 안에 들어갈 단어는 무엇입니까?

"내가 그들과 ( )의 언약을 세워서 영원한 언약이 되게 하고 또 그들을 견고하고 번성하게 하며 내 성소를 그 가운데에 세워서 영원히 이르게 하리니"(겔 37)

① 화평　② 생명　③ 소금　④ 영생

74. 이스라엘에 대한 하나님의 심판 도구로 사용된 ( ) 안에 들어갈 나라 이름은 무엇입니까?

"그 날에 ( )이/가 이스라엘 땅을 치러 오면 내 노여움이 내 얼굴에 나타나리라 주 여호와의 말씀이니라 내가 질투와 맹렬한 노여움으로 말하였거니와 그 날에 큰 지진이 이스라엘 땅에 일어나서"(겔 38)

① 고멜　② 스바　③ 드단　④ 곡

75. 다음 ( ) 안에 공통으로 들어갈 표현은 무엇입니까?

"내가 내 ( )을 내 백성 이스라엘 가운데에 알게 하여 다시는 내 ( )을 더럽히지 아니하게 하리니 내가 여호와 곧 이스라엘의 거룩한 자인 줄을 민족들이 알리라 하라"(겔 39)

① 거룩한 이름　② 위대한 권능

③ 존귀한 위엄　④ 광대하심의 영광

76. 하나님은 유다의 심판 도구로 사용하신 '곡'을 다시 심판하셨습니다. ( ) 안에 공통으로 들어갈 숫자는 무엇입니까?

"이스라엘 성읍들에 거주하는 자가 나가서 그들의 무기를 불태워 사르되 큰 방패와 작은 방패와 활과 화살과 몽둥이와 창을 가지고 ( ) 해 동안 불태우리라 … 이스라엘 족속이 ( ) 달 동안에 그들을 매장하여 그 땅을 정결하게 할 것이라 … 그들이 사람을 택하여 그 땅에 늘 순행하며 매장할 사람과 더불어 지면에 남아 있는 시체를 매장하여 그 땅을 정결하게 할 것이라 ( ) 달 후에 그들이 살펴 보되"(겔 39)

① 다섯 ② 여섯 ③ 일곱 ④ 여덟

77. 하나님이 유다의 심판 도구로 사용하신 '곡'의 패전을 비유적으로 표현한 것으로, ( ) 안에 공통으로 들어갈 단어는 무엇입니까?

"주 여호와께서 이같이 말씀하셨느니라 너 인자야 너는 각종 새와 들의 각종 짐승에게 이르기를 너희는 모여 오라 내가 너희를 위한 ( ) 곧 이스라엘 산 위에 예비한 큰 ( )로 너희는 사방에서 모여 살을 먹으며 피를 마실지어다 너희가 용사의 살을 먹으며 세상 왕들의 피를 마시기를 바산의 살진 짐승 곧 숫양이나 어린 양이나 염소나 수송아지를 먹듯 할지라 내가 너희를 위하여 예비한 ( )의 기름을 너희가 배불리 먹으며 그 피를 취하도록 마시되"(겔 39)

78. 하나님이 에스겔에게 보이신 장차 회복될 이스라엘에 대한 환상에서 예루살렘 성과 성전 안에 심겨지거나 새겨진 나무는 무엇입니까?(겔 40, 41)

79. 하나님이 에스겔에게 보여주신 재건된 예루살렘 성전에 그룹들도 있었습니다. ( ) 안에 들어갈 그룹의 얼굴은 각각 무엇이었습니까?

"하나는 ( )의 얼굴이라 이쪽 종려나무를 향하였고 하나는 어린 ( )의 얼굴이라 저쪽 종려나무를 향하였으며 온 성전 사방이 다 그러하여"(겔 41)

① 사람 - 사자 ② 사람 - 독수리 ③ 사자 - 독수리 ④ 곰 - 사람

80. 하나님이 에스겔에게 보여주신 새 예루살렘 성전에 '이 사람들'을 위한 '거룩한 방'이 마련되었습니다. 다음 ( ) 안에 들어갈 사람들은 누구입니까?

"그가 내게 이르되 좌우 골방 뜰 앞 곧 북쪽과 남쪽에 있는 방들은 거룩한 방이라 여호와를 가까이 하는 ( )들이 지성물을 거기에서 먹을 것이며 지성물 곧 소제와 속죄제와 속건제의 제물을 거기 둘 것이니 이는 거룩한 곳이라"(겔 42)

81. 예루살렘의 회복과 함께 떠났던 하나님의 영광이 어디를 통해 다시 성전으로 들어갔습니까?

"여호와의 영광이 (　　　)을 통하여 성전으로 들어가고"(겔 43)

① 동문　　② 서문　　③ 남문　　④ 북문

82. 다음 성경 본문에서 번제단을 측량할 때 사용하는 단위인 '한 자'의 길이를 확인할 수 있습니다. (　) 안에 순서대로 들어갈 단어는 각각 무엇입니까?

"제단의 크기는 이러하니라 한 자는 (　　　)에서부터 (　　　)에 이르고 한 (　　　) 넓이가 더한 것이라"(겔 43)

83. 다음 (　) 안에 들어갈 단어는 무엇입니까?

"나 여호와 앞에 받들어다가 제사장은 그 위에 (　　　　)을/를 쳐서 나 여호와께 번제로 드릴 것이며"(겔 43)

① 향유　　② 황금　　③ 소금　　④ 유향

84. 레위 족속 제사장 중 일부 타락한 제사장들은 그 직분을 박탈당했습니다. 하지만 (　) 안에 들어갈 자손 출신의 제사장은 제사장 직무를 수행할 수 있었습니다. (　) 안에 들어갈 인물은 누구입니까?

"이스라엘 족속이 그릇 행하여 나를 떠날 때에 (　　　　)의 자손 레위 사람 제사장들은 내 성소의 직분을 지켰은즉 그들은 내게 가까이 나아와 수종을 들되 내 앞에 서서 기름과 피를 내게 드릴지니라 주 여호와의 말씀이니라"(겔 44)

① 아론　　② 모세　　③ 사독　　④ 여호수아

85. 제사장이 다음과 같은 이유로 성소에 들어갈 때 봉헌해야 하는 (　) 안에 들어갈 제의 종류는 무엇입니까?

"성소에서 수종들기 위해 안뜰과 성소에 들어갈 때에는 (　　　)를 드릴지니라 주 여호와의 말씀이니라"(겔 44)

① 속죄제　　② 화목제　　③ 번제　　④ 소제

86. 성전 주변의 '거룩한 구역'은 세 부류의 직분자를 위해 특별히 구별된 장소입니다. (   ) 안에 들어갈 직분자들은 누구입니까?

"그 곳은 성소에서 수종드는 (   ) 곧 하나님께 가까이 나아가서 수종드는 자들에게 주는 거룩한 땅이니 그들이 집을 지을 땅이며 성소를 위한 거룩한 곳이라 또 길이는 이만 오천 척을 너비는 만 척을 측량하여 성전에서 수종드는 (   )에게 돌려 그들의 거주지를 삼아 마을 스물을 세우게 하고 … 드린 거룩한 구역과 성읍의 기지 된 땅의 좌우편 곧 드린 거룩한 구역의 옆과 성읍의 기지 옆의 땅을 (   )에게 돌리되 서쪽으로 향하여 서쪽 국경까지와 동쪽으로 향하여 동쪽 국경까지니 그 길이가 구역 하나와 서로 같을지니라"(겔 45)

㉠ 성전 문지기	㉡ 레위 사람	㉢ 성전 성가대
㉣ 왕	㉤ 통치자	㉥ 제사장들

① ㉥ - ㉡ - ㉣　　② ㉡ - ㉢ - ㉣

③ ㉢ - ㉣ - ㉤　　④ ㉣ - ㉤ - ㉥

87. 다음 (   ) 안에 들어갈 이스라엘의 대표적인 절기는 무엇입니까?

"첫째 달 열나흗날에는 (   )을 칠 일 동안 명절로 지키며 누룩 없는 떡을 먹을 것이라"(겔 45)

① 유월절　② 무교절　③ 칠칠절　④ 초막절

88. 다음 (   ) 안에 들어갈 단어는 무엇입니까?

"주 여호와께서 이같이 말씀하셨느니라 안뜰 동쪽을 향한 문은 일하는 엿새 동안에는 닫되 (   )에는 열며 초하루에도 열고"(겔 46)

89. 군주가 새 예루살렘 성전에서 아침마다 봉헌해야 하는 예물에 해당하지 않는 것은 무엇입니까?(겔 46)

① 일년 되고 흠 없는 어린 양 한 마리　② 밀가루 육분의 일 에바

③ 일년 되고 흠 없는 수송아지 한 마리　④ 기름 삼 분의 일 힌

90. 다음 (   ) 안에 들어갈 절기의 이름은 무엇입니까?

"군주가 만일 그 기업을 한 종에게 선물로 준즉 그 종에게 속하여 (   )까지 이르고 그 후에는 군주에게로 돌아갈 것이니 군주의 기업은 그 아들이 이어 받을 것임이라"(겔 46)

91. 성경 본문 속 '강물'은 어디에서 흘러 내려오는 물입니까?

"이 강물이 이르는 곳마다 번성하는 모든 생물이 살고 또 고기가 심히 많으리니 이 물이 흘러 들어가므로 바닷물이 되살아나겠고 이 강이 이르는 각처에 모든 것이 살 것이며" (겔 47)

① 에덴 ② 성전 ③ 기혼 샘 ④ 마라의 샘

92. 다음 ( ) 안에 들어갈 말로, '여호와께서 거기에 계시다'라는 뜻을 지닌 예루살렘 성읍의 다른 이름은 무엇입니까?

"그 사방의 합계는 만 팔천 척이라 그 날 후로는 그 성읍의 이름을 ( )라 하리라"(겔 48)

① 여호와닛시 ② 여호와삼마
③ 여호와이레 ④ 여호와라파

다 니 엘

1. 다니엘의 활동 시기와 무관한 이방 왕은 누구입니까?

① 느부갓네살 ② 벨사살 ③ 다리오
④ 고레스 ⑤ 아하수에로 ⑥ 아닥사스다

2. 다니엘은 오랫동안 왕궁에서 일했습니다. 그가 활동한 나라가 아닌 곳은 어디입니까?

① 바벨론 ② 메대 ③ 바사 ④ 헬라

3. 다음 ( ) 안에 들어갈 아스부나스의 바벨론 궁정 내 관직명은 무엇입니까?

"왕이 ( ) 아스부나스에게 말하여 이스라엘 자손 중에서 왕족과 귀족 몇 사람 곧 흠이 없고 용모가 아름다우며 모든 지혜를 통찰하며 지식에 통달하며 학문에 익숙하여 왕궁에 설 만한 소년을 데려오게 하였고 그들에게 갈대아 사람의 학문과 언어를 가르치게 하였고"(단 1)

① 술 맡은 관원장 ② 떡 굽는 관원장
③ 환관장 ④ 근위대장

4. 아스부나스는 지혜롭고 용모가 아름다운 유다 출신의 소년을 바벨론 왕 앞에 세우기 위해 몇 년을 가르쳤습니까?

"또 왕이 지정하여 그들에게 왕의 음식과 그가 마시는 포도주에서 날마다 쓸 것을 주어 (　　) 년을 기르게 하였으니 그 후에 그들은 왕 앞에 서게 될 것이더라"(단 1)

① 이　② 삼　③ 사　④ 오

5. 아스부나스는 다니엘과 그의 세 친구에게 새로운 이름을 부여했습니다. 다음 (　) 안에 들어갈 다니엘의 새 이름은 무엇입니까?

"다니엘은 (　　)이라 하고 하나냐는 사드락이라 하고 미사엘은 메삭이라 하고 아사랴는 아벳느고라 하였더라"(단 1)

6. 다음 (　) 안에 들어갈 숫자는 얼마입니까?

"청하오니 당신의 종들을 (　　) 동안 시험하여 채식을 주어 먹게 하고 물을 주어 마시게 한 후에"(단 1)

① 닷새　② 열흘　③ 보름　④ 스무날

7. 다음 (　) 안에 들어갈 단어는 무엇입니까?

"갈대아 술사들이 (　　) 말로 왕에게 말하되 왕이여 만수무강 하옵소서 왕께서 그 꿈을 종들에게 이르시면 우리가 해석하여 드리겠나이다 하는지라"(단 2)

① 바벨론　② 바사　③ 아람　④ 메대

8. 느부갓네살이 꾼 꿈의 내용은 다음과 같습니다. 그 중에서 "그 발은 얼마는 쇠요 얼마는 진흙"이라는 말은 무엇을 의미합니까?

"그 우상의 머리는 순금이요 가슴과 두 팔은 은이요 배와 넓적다리는 놋이요 그 종아리는 쇠요 그 발은 얼마는 쇠요 얼마는 진흙이었나이다"(단 2)

① 나라가 흥할 것이다　② 나라가 쇠할 것이다

③ 나라가 나눠질 것이다　④ 나라가 합쳐질 것이다

9. 느부갓네살이 다니엘의 세 친구를 풀무불에 던졌을 때, 세 친구와 함께 불 가운데로 다니는 자는 어떤 모양이었습니까?

"왕이 또 말하여 이르되 내가 보니 결박되지 아니한 네 사람이 불 가운데로 다니는데 상하지도 아니하였고 그 넷째의 모양은 (　　)와/과 같도다 하고"(단 3)

① 사자　② 천사　③ 신들의 아들　④ 스랍

단

10. 다음 (　　) 안에 들어갈 단어는 무엇입니까?

"그러므로 내가 이제 조서를 내리노니 각 백성과 각 나라와 각 언어를 말하는 자가 모두 사드락과 메삭과 아벳느고의 하나님께 경솔히 말하거든 그 몸을 쪼개고 그 집을 (　　　) 로/으로 삼을지니 이는 이같이 사람을 구원할 다른 신이 없음이니라 하더라"(단 3)

① 화장터　　② 거름터　　③ 전쟁터　　④ 타작마당　　⑤ 무덤

11. 다음 성경 본문과 연관시켜서 느부갓네살 왕이 다니엘에게 수여한 관직명은 무엇입니까?

"그 때에 박수와 술객과 갈대아 술사와 점쟁이가 들어왔으므로 내가 그 꿈을 그들에게 말하였으나 그들이 그 해석을 내게 알려 주지 못하였느니라 그 후에 다니엘이 내 앞에 들어왔으니 그는 내 신의 이름을 따라 벨드사살이라 이름한 자요 그의 안에는 거룩한 신들의 영이 있는 자라 내가 그에게 꿈을 말하여 이르되 (　　　) 벨드사살아 네 안에는 거룩한 신들의 영이 있은즉 어떤 은밀한 것이라도 네게는 어려울 것이 없는 줄을 내가 아노니 내 꿈에 본 환상의 해석을 내게 말하라"(단 4)

① 박수장　　② 근위대장　　③ 재판장　　④ 환관장

12. 다음은 느부갓네살 왕이 꾼 두 번째 꿈의 내용입니다. "중앙에 한 나무"가 의미하는 (　　) 안에 들어갈 단어는 무엇입니까?

"내가 침상에서 나의 머리 속으로 받은 환상이 이러하니라 내가 본즉 땅의 중앙에 한 나무가 있는 것을 보았는데 높이가 높더니 … 왕이여 이 나무는 곧 (　　　)이시라 이는 (　　　)이 자라서 견고하여지고 창대하사 하늘에 닿으시며 권세는 땅 끝까지 미치심이니이다"(단 4)

13. 다니엘이 느부갓네살 왕의 꿈을 해석한 후 그는 하나님을 (　　)으로 칭하며 찬양하였습니다. 다음 (　　) 안에 들어갈 단어는 무엇입니까?

"그러므로 지금 나 느부갓네살은 (　　　)을 찬양하며 칭송하며 경배하노니 그의 일이 다 진실하고 그의 행하심이 의로우시므로 교만하게 행하는 자를 그가 능히 낮추심이라"(단 4)

14. 다음과 같은 악행을 저지른 왕은 누구입니까?

"(　　　)이 술을 마실 때에 명하여 그의 부친 느부갓네살이 예루살렘 성전에서 탈취하여 온 금, 은 그릇을 가져오라고 명하였으니 이는 왕과 귀족들과 왕후들과 후궁들이 다 그것으로 마시려 함이었더라"(단 5)

15. 벨사살 왕이 술을 마실 때 사람의 손가락이 나타나서 왕궁 촛대 맞은편 석회 벽에 "메네 메네 데겔 우바르신"이라는 글을 썼습니다. 그 중 '데겔'의 뜻은 무엇입니까?(단 5)

① 저울에 달아보다 ② 세어 보다 ③ 합산하다 ④ 나누다

16. 다니엘이 석회벽에 쓰인 글을 해석한 날 벨사살 왕은 죽음을 맞이하고 다음 ( ) 안에 공통으로 들어갈 왕이 대신 통치하게 됩니다. 그의 이름은 무엇입니까?

"그 날 밤에 갈대아 왕 벨사살이 죽임을 당하였고 메대 사람 ( )가 나라를 얻었는데 그 때에 ( )는 육십이 세였더라"(단 5)

① 아하수에로 ② 느부갓네살 ③ 다리오 ④ 고레스

17. 다음 성경 본문은 다니엘을 시기하여 총리들과 고관들이 왕에게 고발한 내용입니다. 다음 ( ) 안에 들어갈 숫자는 얼마입니까?

"나라의 모든 총리와 지사와 총독과 법관과 관원이 의논하고 왕에게 한 법률을 세우며 한 금령을 정하실 것을 구하나이다 왕이여 그것은 곧 이제부터 ( ) 동안에 누구든지 왕 외의 어떤 신에게나 사람에게 무엇을 구하면 사자 굴에 던져 넣기로 한 것이니이다"(단 6)

① 십일 ② 이십일 ③ 삼십일 ④ 사십일

18. 바벨론 벨사살 왕 원년에 다니엘이 꾼 네 짐승의 환상에 포함되지 않는 짐승은 무엇입니까?(단 7)

① 독수리의 날개가 있는 사자 ② 세 갈빗대를 물고 있는 곰
③ 등에 새의 날개 넷이 있고 머리 넷의 표범 ④ 머리에 뿔 둘과 네 개의 날개 달린 뱀

단

19. 다음 ( ) 안에 들어갈 표현은 무엇입니까?

"내가 또 밤 환상 중에 보니 ( )가 하늘 구름을 타고 와서 옛적부터 항상 계신 이에게 나아가 그 앞으로 인도되매"(단 7)

① 인자 같은 이 ② 천사 같은 이 ③ 그룹 같은 이 ④ 짐승 같은 이

20. 다니엘이 본 숫양과 숫염소의 환상 속 ( ) 안에 들어갈 나라의 이름은 무엇입니까?

"네가 본 바 두 뿔 가진 숫양은 곧 메대와 바사 왕들이요 털이 많은 숫염소는 곧 ( ) 왕이요 그의 두 눈 사이에 있는 큰 뿔은 곧 그 첫째 왕이요"(단 8)

21. 다음 (　) 안에 들어갈 선지자는 누구입니까?

"곧 그 통치 원년에 나 다니엘이 책을 통해 여호와께서 말씀으로 선지자 (　　　)에게 알려 주신 그 연수를 깨달았나니 곧 예루살렘의 황폐함이 칠십 년만에 그치리라 하신 것이니라"(단 9)

① 이사야　　② 예레미야　　③ 에스겔　　④ 스가랴

22. 다음 (　) 안에 공통으로 들어갈 단어는 무엇입니까?

"그러므로 너는 깨달아 알지니라 예루살렘을 중건하라는 영이 날 때부터 (　　　)을 받은 자 곧 왕이 일어나기까지 일곱 이레와 예순두 이레가 지날 것이요 그 곤란한 동안에 성이 중건되어 광장과 거리가 세워질 것이며 예순두 이레 후에 (　　　)을 받은 자가 끊어져 없어질 것이며 장차 한 왕의 백성이 와서 그 성읍과 성소를 무너뜨리려니와 그의 마지막은 홍수에 휩쓸림 같을 것이며 또 끝까지 전쟁이 있으리니 황폐할 것이 작정되었느니라"(단 9)

23. 다음 (　) 안에 들어갈 이름은 무엇입니까?

"그런데 바사 왕국의 군주가 이십일 일 동안 나를 막았으므로 내가 거기 바사 왕국의 왕들과 함께 머물러 있더니 가장 높은 군주 중 하나인 (　　)이 와서 나를 도와 주므로"(단 10)

24. 다니엘은 바사 왕 고레스 통치 삼 년에 큰 전쟁이 일어날 것이라는 환상을 본 후에 며칠 동안 슬퍼하며 먹지도, 마시지도, 바르지도 않았습니까?

"그 때에 나 다니엘이 (　　) 동안을 슬퍼하며 (　　)가 차기까지 좋은 떡을 먹지 아니하며 고기와 포도주를 입에 대지 아니하며 또 기름을 바르지 아니하니라"(단 10)

① 이레　　② 두 이레　　③ 세 이레　　④ 네 이레

25. 다니엘이 바사 왕 고레스 통치 삼 년에 큰 전쟁이 일어날 것이라는 환상을 본 장소로, 헬라어로는 '티그리스 강'을 뜻하는 (　) 안에 들어갈 이름은 무엇입니까?

"첫째 달 이십사일에 내가 (　　)라/이라 하는 큰 강 가에 있었는데"(단 10)

① 비손　　② 기혼　　③ 힛데겔　　④ 유브라데

26. 다니엘이 본 마지막 때의 내용 가운데 남방 왕과 북방 왕의 싸움 중 최후에 북방 왕이 많은 나라를 멸망시킬 때 그 왕의 손에서 벗어난 세 나라가 아닌 곳은 어디입니까?

"그가 또 영화로운 땅에 들어갈 것이요 많은 나라를 패망하게 할 것이나 오직 (　　　)과 (　　　)과 (　　　) 자손의 지도자들은 그의 손에서 벗어나리라"(단 11)

① 에돔 ② 아람 ③ 모압 ④ 암몬

27. 다음 (　) 안에 들어갈 표현은 무엇입니까?

"(　　　)는 궁창의 빛과 같이 빛날 것이요 많은 사람을 옳은 데로 돌아오게 한 자는 별과 같이 영원토록 빛나리라"(단 12)

① 신실한 자 ② 지혜 있는 자
③ 권세 있는 자 ④ 경배하는 자

단

호세아

1. 호세아 선지자가 활동했던 주전 8세기에 북 왕국 이스라엘을 통치했던 왕은 누구입니까?(호 1)

2. 하나님은 호세아가 음란한 여자 고멜과 결혼하여 낳은 자녀들의 이름을 통해 여호와 하나님이 아닌 우상을 숭배하는 이스라엘을 심판할 것임을 상징적으로 보여주셨습니다. 다음 ( ) 안에 들어갈 대표적인 북 왕국 이스라엘 왕의 이름은 무엇입니까?

   "여호와께서 호세아에게 이르시되 그의 이름을 이스르엘이라 하라 조금 후에 내가 이스르엘의 피를 ( )의 집에 갚으며 이스라엘 족속의 나라를 폐할 것임이니라"(호 1)

   ① 오므리 ② 아합 ③ 예후 ④ 여로보암

3. 호세아가 고멜에게서 낳은 세 번째 자녀 '로암미'의 뜻은 무엇입니까?(호 1)

   ① 너희는 내 백성이 아니다
   ② 내가 다시는 이스라엘 족속을 긍휼히 여기지 않겠다
   ③ 이스라엘 족속의 나라를 폐할 것이다
   ④ 여호와께서 구원하지 않을 것이다

4. 다음 ( ) 안에 들어갈 이름은 이스라엘이 다시 회복될 것을 상징합니다. 이 이름은 무엇입니까?

"너희 형제에게는 (   )라 하고 너희 자매에게는 (   )라 하라"(호 2)

5. 호세아서에서 언급되는 대표적인 우상으로 ( ) 안에 들어갈 이방신의 이름은 무엇입니까?

"곡식과 새 포도주와 기름은 내가 그에게 준 것이요 그들이 (   )을/를 위하여 쓴 은과 금도 내가 그에게 더하여 준 것이거늘 그가 알지 못하도다"(호 2)

① 몰렉 ② 바알 ③ 아세라 ④ 다곤

6. 다음 ( ) 안에 들어갈 단어는 무엇입니까?

"거기서 비로소 그의 포도원을 그에게 주고 (   ) 골짜기로 소망의 문을 삼아 주리니 그가 거기서 응대하기를 어렸을 때와 애굽 땅에서 올라오던 날과 같이 하리라"(호 2)

7. 다음 ( ) 안에 들어갈 단어는 무엇입니까?

"여호와께서 이르시되 그 날에 네가 나를 내 (   )이라 일컫고 다시는 내 (   )이라 일컫지 아니하리라"(호 2)

8. 다음 ( ) 안에 들어갈 단어를 올바른 순서로 나열한 것은 무엇입니까?

"이스라엘 자손들이 많은 날 동안 (   )도 없고 (   )도 없고 제사도 없고 주상도 없고 (   )도 없고 (   )도 없이 지내다가"(호 3)

㉠ 제사장	㉡ 선지자	㉢ 왕	㉣ 지도자	㉤ 재판관
㉥ 사사	㉦ 묵시	㉧ 에봇	㉨ 환상	㉩ 드라빔

① ㉣ - ㉤ - ㉥ - ㉠ ② ㉡ - ㉢ - ㉣ - ㉨

③ ㉢ - ㉣ - ㉤ - ㉥ ④ ㉢ - ㉣ - ㉧ - ㉩

9. 다음 ( ) 안에 들어갈 왕은 누구입니까?

"그 후에 이스라엘 자손이 돌아와서 그들의 하나님 여호와와 그들의 왕 (   )을/를 찾고 마지막 날에는 여호와를 경외하므로 여호와와 그의 은총으로 나아가리라"(호 3)

① 사울 ② 다윗 ③ 솔로몬 ④ 히스기야

호

10. 다음 ( ) 안에 공통으로 들어갈 단어는 무엇입니까?

"이스라엘 자손들아 여호와의 말씀을 들으라 여호와께서 이 땅 주민과 논쟁하시나니 이 땅에는 진실도 없고 인애도 없고 하나님을 아는 ( )도 없고 … 내 백성이 ( )이 없으므로 망하는도다 네가 ( )을 버렸으니 나도 너를 버려 내 제사장이 되지 못하게 할 것이요 네가 네 하나님의 율법을 잊었으니 나도 네 자녀들을 잊어버리리라"(호 4)

① 명철 ② 지식 ③ 규범 ④ 말씀

11. 호세아 선지자를 통해 하나님은 이방 예배를 책망하셨습니다. 다음 ( ) 안에 들어갈 단어는 무엇입니까?

"내 백성이 ( )에게 묻고 그 ( )은/는 그들에게 고하나니 이는 그들이 음란한 마음에 미혹되어 하나님을 버리고 음행하였음이니라"(호 4)

① 나무 - 막대기 ② 태양 - 그림자

③ 은잔 - 점괘 ④ 점쟁이 - 별들

12. 다음 ( ) 안에 들어갈 지명은 무엇입니까?

"이스라엘아 너는 음행하여도 유다는 죄를 범하지 못하게 할 것이라 너희는 ( )로/으로 가지 말며 ( )로/으로 올라가지 말며 여호와의 사심을 두고 맹세하지 말지어다"(호 4)

① 사마리아 - 예루살렘 ② 실로 - 마하나임

③ 길갈 - 벧아웬 ④ 단 - 브엘세바

13. 호세아 선지자가 선포한 대표적인 하나님의 심판 대상으로 ( ) 안에 들어갈 두 단어는 무엇입니까?

"( )아 이를 들으라 이스라엘 족속들아 깨달으라 ( )아 귀를 기울이라 너희에게 심판이 있나니 너희가 미스바에 대하여 올무가 되며 다볼 위에 친 그물이 됨이라"(호 5)

① 선지자들 - 재판관들 ② 제사장들 - 왕족들

③ 제사장들 - 선지자들 ④ 장로들 - 통치자들

14. 호세아서에서는 이스라엘 백성이 바알을 섬기는 행위를 음행으로 비유하며 강력하게 비판하였습니다. 바알과 이스라엘 백성과의 관계를 상징적으로 말하는 ( ) 안에 들어갈 단어는 무엇입니까?

"그들이 여호와께 정조를 지키지 아니하고 ( )를 낳았으니 그러므로 새 달이 그들과 그 기업을 함께 삼키리로다"(호 5)

15. 호세아 5장은 주전 734년부터 733년까지 2년 동안 유다와 이스라엘 사이에 벌어진 전쟁에 관한 내용을 담고 있습니다. 북 왕국 이스라엘을 대표하는 ( ) 안에 들어갈 지파의 이름은 무엇입니까?

"벌하는 날에 ( )이 황폐할 것이라 내가 이스라엘 지파 중에서 반드시 있을 일을 보였노라"(호 5)

① 요셉 ② 에브라임 ③ 베냐민 ④ 야곱

16. 다음 본문은 이스라엘 백성들의 불성실한 회개의 전형을 보여주는 대표적인 본문입니다. 그 이유는 그들의 회개가 ( )처럼 쉽게 사라지기 때문입니다. 다음 ( ) 안에 들어갈 단어는 각각 무엇입니까?

"에브라임아 내가 네게 어떻게 하랴 유다야 내가 네게 어떻게 하랴 너희의 인애가 아침 ( )나/이나 쉬 없어지는 ( ) 같도다"(호 6)

① 안개 ② 햇살 ③ 구름 ④ 이슬

17. 다음 ( ) 안에 들어갈 인물은 누구입니까?

"그들은 ( )처럼 언약을 어기고 거기에서 나를 반역하였느니라"(호 6)

18. 멸망 앞에서 살 수 있는 유일한 방법이 하나님을 의지하는 것임에도 불구하고 주변 국가의 도움을 구한 어리석은 이스라엘을 비판할 때 사용한 ( ) 안에 들어갈 동물은 무엇입니까?

"에브라임은 어리석은 ( ) 같이 지혜가 없어서 애굽을 향하여 부르짖으며 앗수르로 가는도다"(호 7)

① 뱀 ② 비둘기 ③ 사자 ④ 나귀

호

19. 다음 ( ) 안에 들어갈 단어는 무엇입니까?

"나팔을 네 입에 댈지어다 원수가 독수리처럼 여호와의 집에 덮치리니 이는 그들이 내 ( )을/를 어기며 내 율법을 범함이로다"(호 8)

① 언약 ② 규례 ③ 교훈 ④ 지식

20. 다음 ( ) 안에 들어갈 단어는 무엇입니까?

"이것은 이스라엘에서 나고 ( )이/가 만든 것이라 참 신이 아니니 사마리아의 송아지가 산산조각이 나리라"(호 8)

① 토기장이 ② 장인 ③ 대장장이 ④ 목수

21. 이스라엘이 하나님이 아닌 도움을 지속적으로 청한 곳으로, ( ) 안에 들어갈 두 나라의 이름은 각각 무엇입니까?

"그들은 여호와의 땅에 거주하지 못하며 에브라임은 ( )로/으로 다시 가고 ( )에서 더러운 것을 먹을 것이니라"(호 9)

① 애굽 ② 아람 ③ 바벨론 ④ 앗수르

22. 심판받은 이스라엘의 비참한 모습을 묘사할 때 사용한 ( ) 안에 들어갈 단어는 무엇입니까?

"보라 그들이 멸망을 피하여 갈지라도 애굽은 그들을 모으고 놉은 그들을 장사하리니 그들의 은은 귀한 것이나 ( )이/가 덮을 것이요 그들의 장막 안에는 ( )이/가 퍼지리라"(호 9)

① 찔레 ② 엉겅퀴 ③ 가시덩굴
④ 돌무화과 ⑤ 우슬초 ⑥ 가라지

23. 지난날 이스라엘 백성이 하나님의 임재와 도우심을 경험한 상징적인 장소로, ( ) 안에 들어갈 단어는 무엇입니까?

"옛적에 내가 이스라엘을 만나기를 ( )에서 포도를 만남 같이 하였으며 너희 조상들을 보기를 무화과나무에서 처음 맺힌 첫 열매를 봄 같이 하였거늘 그들이 바알브올에 가서 부끄러운 우상에게 몸을 드림으로 저희가 사랑하는 우상 같이 가증하여졌도다"(호 9)

24. 이스라엘 백성이 광야 시대 모압 여자들과 음행한 사건을 상기시키는 ( ) 안에 들어갈 지명은 무엇입니까?

"옛적에 내가 이스라엘을 만나기를 광야에서 포도를 만남 같이 하였으며 너희 조상들을 보기를 무화과나무에서 처음 맺힌 첫 열매를 봄 같이 하였거늘 그들이 ( )에 가서 부끄러운 우상에게 몸을 드림으로 저희가 사랑하는 우상 같이 가증하여졌도다"(호 9)

① 싯딤 ② 엘림 ③ 마라 ④ 바알브올

25. 사사 시대 때 베냐민 지파와 다른 이스라엘 지파 사이의 비극적인 살육과 연관된 배경(삿 19~21)을 상기시키는 ( ) 안에 들어갈 지명은 무엇입니까?

"그들은 ( )의 시대와 같이 심히 부패한지라 여호와께서 그 악을 기억하시고 그 죄를 벌하시리라"(호 9)

“이스라엘아 네가 (   ) 시대로부터 범죄하더니 지금까지 죄를 짓는구나 그러니 범죄한 자손들에 대한 전쟁이 어찌 (   )에서 일어나지 않겠느냐”(호 10)

① 길갈 ② 여리고 ③ 기브아 ④ 실로

26. 하나님의 대표적인 심판 또는 구원 비유에 사용되는 단어로, (   ) 안에 공통으로 들어갈 말은 무엇입니까?

“에브라임은 마치 길들인 암소 같아서 곡식 밟기를 좋아하나 내가 그의 아름다운 목에 (   )을/를 메우고 에브라임 위에 사람을 태우리니 유다가 밭을 갈고 야곱이 흙덩이를 깨뜨리리라”(호 10)

“내가 사람의 줄 곧 사랑의 줄로 그들을 이끌었고 그들에게 대하여 그 목에서 (   )을/를 벗기는 자 같이 되었으며 그들 앞에 먹을 것을 두었노라”(호 11)

① 사슬 ② 족쇄 ③ 멍에 ④ 칼

27. 야곱이 처음 하나님을 만났던 장소로 (   ) 안에 들어갈 지명은 어디입니까?

“야곱은 모태에서 그의 형의 발뒤꿈치를 잡았고 또 힘으로는 하나님과 겨루되 천사와 겨루어 이기고 울며 그에게 간구하였으며 하나님은 (   )에서 그를 만나셨고 거기에서 우리에게 말씀하셨나니”(호 12)

① 벧엘 ② 브니엘 ③ 브엘세바 ④ 헤브론

28. 다음 (   ) 안에 공통으로 들어갈 단어는 무엇입니까?

“여호와께서는 한 (   )로/으로 이스라엘을 애굽에서 인도하여 내셨고 이스라엘이 한 (   )로/으로 보호 받았거늘”(호 12)

① 왕 ② 제사장 ③ 선지자 ④ 목자

29. 다음 (   ) 안에 공통으로 들어갈 단어는 무엇입니까?

“이제도 그들은 더욱 범죄하여 그 은으로 자기를 위하여 (   )을 부어 만들되 자기의 정교함을 따라 (   )을 만들었으며 그것은 다 은장색이 만든 것이거늘 그들은 그것에 대하여 말하기를 제사를 드리는 자는 송아지와 입을 맞출 것이라 하도다”(호 13)

30. 다음 성경 본문에서는 심판하시는 하나님을 어떤 동물에 비유하고 있습니다. ( ) 안에 들어갈 동물로 알맞은 것은 무엇입니까?

"그들이 먹여 준 대로 배가 불렀고 배가 부르니 그들의 마음이 교만하여 이로 말미암아 나를 잊었느니라 그러므로 내가 그들에게 (①) 같고 길 가에서 기다리는 (②) 같으니라 내가 새끼 잃은 (③) 같이 그들을 만나 그의 염통 꺼풀을 찢고 거기서 (④) 같이 그들을 삼키리라 들짐승이 그들을 찢으리라"(호 13)

㉠ 사자	㉡ 독수리	㉢ 표범	㉣ 곰
㉤ 늑대	㉥ 뱀	㉦ 암사자	㉧ 악어

① ㉠ - ㉢ - ㉣ - ㉦　　② ㉡ - ㉤ - ㉥ - ㉧
③ ㉢ - ㉣ - ㉤ - ㉥　　④ ㉣ - ㉤ - ㉥ - ㉦

31. 다음 ( ) 안에 들어갈 단어는 무엇입니까?

"너는 말씀을 가지고 여호와께로 돌아와서 아뢰기를 모든 불의를 제거하시고 선한 바를 받으소서 우리가 수송아지를 대신하여 (   )의 열매를 주께 드리리이다"(호 14)

① 입술　② 찬양　③ 기쁨　④ 마음

32. 다음 (㉮), (㉯), (㉰), (㉱)에 순서대로 들어갈 꽃과 나무의 이름은 무엇입니까?

"내가 이스라엘에게 이슬과 같으리니 그가 (㉮) 같이 피겠고 (㉯) 같이 뿌리가 박힐 것이라 그의 가지는 퍼지며 그의 아름다움은 (㉰)와/과 같고 그의 향기는 (㉯) 같으리니 그 그늘 아래에 거주하는 자가 돌아올지라 그들은 곡식 같이 풍성할 것이며 (㉱) 같이 꽃이 필 것이며 그 향기는 레바논의 포도주 같이 되리라"(호 14)

㉠ 장미꽃	㉡ 백합화	㉢ 수선화	㉣ 포도나무
㉤ 레바논 백향목	㉥ 종려나무	㉦ 무화과나무	㉧ 감람나무

① ㉡ - ㉤ - ㉧ - ㉣　　② ㉠ - ㉢ - ㉣ - ㉤
③ ㉢ - ㉣ - ㉤ - ㉥　　④ ㉣ - ㉤ - ㉥ - ㉦

요 엘

1. 다음 (　) 안에 공통으로 들어갈 대상은 누구입니까?

"소제와 전제가 여호와의 성전에서 끊어졌고 여호와께 수종드는 (　　)은/는 슬퍼하도다 … (　　)들아 너희는 굵은 베로 동이고 슬피 울지어다 제단에 수종드는 자들아 너희는 울지어다 내 하나님께 수종드는 자들아 너희는 와서 굵은 베 옷을 입고 밤이 새도록 누울지어다 이는 소제와 전제를 너희 하나님의 성전에 드리지 못함이로다"(욜 1)

① 선지자　② 왕　③ 제사장　④ 재판관

2. 다음 (　) 안에 들어갈 단어는 무엇입니까?

"너희는 (　　)을 정하고 성회를 소집하여 장로들과 이 땅의 모든 주민들을 너희 하나님 여호와의 성전으로 모으고 여호와께 부르짖을지어다"(욜 1)

① 속죄일　② 금식일　③ 안식일　④ 축제일

3. 다음 (　) 안에 들어갈 단어는 무엇입니까?

"시온에서 나팔을 불며 나의 거룩한 산에서 경고의 소리를 질러 이 땅 주민들로 다 떨게 할지니 이는 (　　)이 이르게 됨이니라 이제 임박하였으니 곧 어둡고 캄캄한 날이요 짙은 구름이 덮인 날이라 새벽 빛이 산 꼭대기에 덮인 것과 같으니 이는 많고 강한 백성이 이르렀음이라 이와 같은 것이 옛날에도 없었고 이후에도 대대에 없으리로다"(욜 2)

4. 다음 (　) 안에 들어갈 표현을 순서대로 나열하십시오.

"너희는 (㉮) 찢지 말고 (㉯) 찢고 너희 하나님 여호와께로 돌아올지어다 그는 (㉰) (㉱) (㉲) 인애가 크시사 (㉳) 돌이켜 재앙을 내리지 아니하시나니"(욜 2)

① 마음을　　② 노하기를 더디하시며　　③ 뜻을
④ 옷을　　⑤ 자비로우시며　　⑥ 은혜로우시며

5. 다음 (㉮)와 (㉯)에 들어갈 단어는 무엇입니까?

"시온의 자녀들아 너희는 너희 하나님 여호와로 말미암아 기뻐하며 즐거워할지어다 그가 너희를 위하여 비를 내리시되 (㉮)를 너희에게 적당하게 주시리니 (㉮)와 (㉯)가 예전과 같을 것이라"(욜 2)

6. 다음 (　) 안에 들어갈 단어를 순서대로 나열하십시오.

"그 후에 내가 내 영을 (㉮)에게 부어 주리니 너희 (㉯)이/가 장래 일을 말할 것이며 너희 (㉰)은/는 꿈을 꾸며 너희 (㉱)은/는 이상을 볼 것이며 그 때에 내가 또 내 영을 (㉲)와/과 (㉳)에게 부어 줄 것이며"(욜 2)

① 만민　② 여종　③ 늙은이　④ 자녀들　⑤ 젊은이　⑥ 남종

7. 다음 (　) 안에 들어갈 단어는 무엇입니까?

"또 유다 자손과 예루살렘 자손들을 (　　) 족속에게 팔아서 그들의 영토에서 멀리 떠나게 하였음이니라"(욜 3)

① 앗수르　② 바벨론　③ 바사　④ 헬라

8. 다음 (㉮)와 (㉯)에 들어갈 단어는 무엇입니까?

"내가 만국을 모아 데리고 (㉮) 골짜기에 내려가서 내 백성 곧 내 기업인 이스라엘을 위하여 거기에서 그들을 심문하리니 이는 그들이 이스라엘을 나라들 가운데에 흩어 버리고 나의 땅을 나누었음이 … 사람이 많음이여, (㉯)의 골짜기에 사람이 많음이여, (㉯)의 골짜기에 여호와의 날이 가까움이로다"(욜 3)

9. 구약에서 이스라엘의 대표적인 적으로 언급되는 (　) 안에 들어갈 두 나라는 어디입니까?

"그러나 (　　)은 황무지가 되겠고 (　　)은 황무한 들이 되리니 이는 그들이 유다 자손에게 포악을 행하여 무죄한 피를 그 땅에서 흘렸음이니라"(욜 3)

아모스

1. 다음은 아모스 선지자가 활동했던 시대에 대한 설명입니다. (　　) 안에 들어갈 유다와 이스라엘의 왕은 누구입니까?

   "유다 왕 (　　)의 시대 곧 이스라엘 왕 요아스의 아들 (　　)의 시대 지진 전 이년에 드고아 목자 중 아모스가 이스라엘에 대하여 이상으로 받은 말씀이라"(암 1)

   ① 요담 - 아합　② 아하스 - 예후　③ 웃시야 - 여로보암　④ 히스기야 - 오므리

2. 다음 성경 본문은 한 나라에 대한 하나님의 심판 예언입니다. 밑줄 친 인물, 지명과 연관된 곳으로 (　　) 안에 들어갈 나라는 어디입니까?

   "내가 하사엘의 집에 불을 보내리니 벤하닷의 궁궐들을 사르리라 내가 다메섹의 빗장을 꺾으며 아웬 골짜기에서 그 주민들을 끊으며 벧에덴에서 규 잡은 자를 끊으리니 (　　) 백성이 사로잡혀 기르에 이르리라 여호와께서 말씀하셨느니라"(암 1)

   ① 에돔　② 아람　③ 블레셋　④ 암몬

3. 다음 성경 본문은 한 나라에 대한 하나님의 심판 예언입니다. 밑줄 친 지명과 연관된 곳으로 (　　) 안에 들어갈 나라는 어디입니까?

   "내가 가사 성에 불을 보내리니 그 궁궐들을 사르리라 내가 또 아스돗에서 그 주민들과 아스글론에서 규를 잡은 자를 끊고 또 손을 돌이켜 에그론을 치리니 (　　)의 남아 있는 자가 멸망하리라 주 여호와께서 말씀하셨느니라"(암 1)

   ① 에돔　② 아람　③ 블레셋　④ 암몬

4. 다음 성경 본문은 한 나라에 대한 하나님의 심판 예언입니다. 밑줄 친 지명과 연관된 곳으로 (　) 안에 들어갈 나라는 어디입니까?

"여호와께서 이와 같이 말씀하시되 (　　)의 서너 가지 죄로 말미암아 내가 그 벌을 돌이키지 아니하리니 이는 그가 칼로 그의 형제를 쫓아가며 긍휼을 버리며 항상 맹렬히 화를 내며 분을 끝없이 품었음이라 내가 데만에 불을 보내리니 보스라의 궁궐들을 사르리라"(암 1)

① 에돔　② 아람　③ 블레셋　④ 암몬

5. 다음 성경 본문은 한 나라에 대한 하나님의 심판 예언입니다. 밑줄 친 지명과 연관된 곳으로 (　) 안에 들어갈 나라는 어디입니까?

"여호와께서 이와 같이 말씀하시되 (　　) 자손의 서너 가지 죄로 말미암아 내가 그 벌을 돌이키지 아니하리니 이는 그들이 자기 지경을 넓히고자 하여 길르앗의 아이 밴 여인의 배를 갈랐음이니라 내가 랍바 성에 불을 놓아 그 궁궐들을 사르되 전쟁의 날에 외침과 회오리바람의 날에 폭풍으로 할 것이며"(암 1)

① 에돔　② 아람　③ 블레셋　④ 암몬

6. 하나님께서 유다를 심판하신 이유가 아닌 것은 무엇입니까?(암 2)

① 여호와의 율법을 멸시함　② 여호와의 율례를 지키지 않음
③ 거짓 것에 미혹됨　④ 여호와께 예물을 봉헌하지 않음

7. 하나님께서 이스라엘을 심판하신 이유가 아닌 것은 무엇입니까?(암 2)

① 은을 받고 의인을 팖　② 신 한 켤레 값으로 가난한 자를 팖
③ 성전이 아닌 산당에서 제물을 봉헌함　④ 신전에서 벌금으로 얻은 포도주를 마심

8. 다음 (㉮)와 (㉯)에 들어갈 단어는 무엇입니까?

"또 너희 아들 중에서 (㉮)를, 너희 청년 중에서 (㉯)인을 일으켰나니 이스라엘 자손들아 과연 그렇지 아니하냐 이는 여호와의 말씀이니라 그러나 너희가 (㉯) 사람으로 포도주를 마시게 하며 또 (㉮)에게 명령하여 예언하지 말라 하였느니라"(암 2)

9. 다음 (　) 안에 들어갈 대상은 누구입니까?

"주 여호와께서는 자기의 비밀을 그 종 (　　)에게 보이지 아니하시고는 결코 행하심이 없으시리라"(암 3)

① 목자들　② 왕들　③ 제사장들　④ 선지자들

10. 이스라엘의 여로보암(I세)은 유다의 예루살렘 제단에 대응하기 위해 두 곳에 금송아지와 함께 제단을 쌓았습니다. 이러한 이유에서 하나님의 심판 대상이 된 ( ) 안에 들어갈 지명은 무엇입니까?

"내가 이스라엘의 모든 죄를 보응하는 날에 ( )의 제단들을 벌하여 그 제단의 뿔들을 꺾어 땅에 떨어뜨리고"(암 3)

① 므깃도 ② 사마리아 ③ 벧엘 ④ 시온

11. 이스라엘에는 대표적인 두 곡창지대가 있습니다. 하나는 이스르엘 평원이며, 다른 하나는 ( ) 안에 들어갈 지역입니다. 그 지역의 이름은 무엇입니까?

"사마리아의 산에 있는 ( )의 암소들아 이 말을 들으라 너희는 힘 없는 자를 학대하며 가난한 자를 압제하며 가장에게 이르기를 술을 가져다가 우리로 마시게 하라 하는도다"(암 4)

① 므깃도 ② 바산 ③ 갈멜 ④ 길르앗

12. 다음 ( ) 안에 들어가는 제의의 이름은 무엇입니까?

"누룩 넣은 것을 불살라 ( )로 드리며 ( )를 소리내어 선포하려무나 이스라엘 자손들아 이것이 너희가 기뻐하는 바니라 주 여호와의 말씀이니라"(암 4)

① 소제 - 번제 ② 수은제 - 낙헌제
③ 속죄제 - 속건제 ④ 화목제 - 화제

13. 하나님을 위한 대표적인 지역 성소가 있었던 곳으로, 다음 (㉮), (㉯), (㉰) 에 들어갈 도시는 각각 어디입니까?

"(㉮)을/를 찾지 말며 (㉯)로/으로 들어가지 말며 (㉰)로도/으로도 나아가지 말라 (㉯)은/는 반드시 사로잡히겠고 (㉮)은/는 비참하게 될 것임이라 하셨나니 너희는 여호와를 찾으라 그리하면 살리라 그렇지 않으면 그가 불 같이 요셉의 집에 임하여 멸하시리니 (㉮)에서 그 불들을 끌 자가 없으리라"(암 5)

㉠ 벧엘	㉡ 단	㉢ 길갈	㉣ 브니엘	㉤ 사마리아	㉥ 브엘세바

① ㉡ - ㉢ - ㉣ ② ㉠ - ㉢ - ㉥
③ ㉢ - ㉣ - ㉤ ④ ㉣ - ㉤ - ㉥

암

14. 다음 (　) 안에 들어갈 장소는 어디입니까?

"너희는 악을 미워하고 선을 사랑하며 (　　　)에서 정의를 세울지어다 만군의 하나님 여호와께서 혹시 요셉의 남은 자를 불쌍히 여기시리라"(암 5)

① 성문　② 성전　③ 성소　④ 제단

15. 다음 (　) 안에 들어갈 숫자는 얼마입니까?

"이스라엘 족속아 너희가 (　　) 년 동안 광야에서 희생과 소제물을 내게 드렸느냐"(암 5)

16. 다음 (　) 안에 순서대로 들어갈 두 인물은 누구입니까?

"비파 소리에 맞추어 노래를 지절거리며 (　　)처럼 자기를 위하여 악기를 제조하며 대접으로 포도주를 마시며 귀한 기름을 몸에 바르면서 (　　)의 환난에 대하여는 근심하지 아니하는 자로다"(암 6)

① 다윗 - 요셉　② 솔로몬 - 야곱　③ 미리암 - 모세　④ 드보라 - 아합

17. 다음 (　) 안에 들어갈 이스라엘 백성의 잘못은 무엇입니까?

"말들이 어찌 바위 위에서 달리겠으며 소가 어찌 거기서 밭 갈겠느냐 그런데 너희는 정의를 (　　)로/으로 바꾸며 공의의 열매를 쓴 (　　)로/으로 바꾸며"(암 6)

① 가라지 - 엉겅퀴　② 쓸개 - 쑥　③ 피 - 나물　④ 흑암 - 우슬초

18. 다음 (　) 안에 들어갈 인물은 누구입니까?

"메뚜기가 땅의 풀을 다 먹은지라 내가 이르되 주 여호와여 청하건대 사하소서 (　　) 이/가 미약하오니 어떻게 서리이까 하매"(암 7)

① 유다　② 야곱　③ 요셉　④ 에브라임

19. 아모스에 대항한 제사장으로 (　) 안에 들어갈 인물은 누구입니까?

"때에 벧엘의 제사장 (　　)가 이스라엘의 왕 여로보암에게 보내어 이르되 이스라엘 족속 중에 아모스가 왕을 모반하나니 그 모든 말을 이 땅이 견딜 수 없나이다"(암 7)

20. 하나님께서 아모스 선지자에게 보이신 네 가지 환상이 있습니다. 그 중 첫 번째 환상에 등장한 것으로, (　) 안에 공통으로 들어갈 단어는 무엇입니까?

"주 여호와께서 내게 보이신 것이 이러하니라 왕이 풀을 벤 후 풀이 다시 움돋기 시작할 때에 주께서 (　　)을/를 지으시매 (　　)이/가 땅의 풀을 다 먹은지라 내가 이르되

주 여호와여 청하건대 사하소서 야곱이 미약하오니 어떻게 서리이까 하매"(암 7)

① 황충 ② 메뚜기 ③ 개구리 ④ 귀뚜라미

21. 하나님께서 아모스 선지자에게 보이신 네 가지 환상이 있습니다. 그 중 세 번째 환상에 등장한 것으로, ( ) 안에 공통으로 들어갈 단어는 무엇입니까?

"또 내게 보이신 것이 이러하니라 ( )을/를 가지고 쌓은 담 곁에 주께서 손에 ( )을/를 잡고 서셨더니 여호와께서 내게 이르시되 아모스야 네가 무엇을 보느냐 내가 대답하되 ( )이니이다 주께서 이르시되 내가 ( )을/를 내 백성 이스라엘 가운데 두고 다시는 용서하지 아니하리니"(암 7)

① 쇠사슬 ② 멍에 ③ 다림줄 ④ 저울

22. 구약에서 언급되는 대표적인 두 절기로 ( ) 안에 들어갈 말은 무엇입니까?

"너희가 이르기를 ( )이 언제 지나서 우리가 곡식을 팔며 ( )이 언제 지나서 우리가 밀을 내게 할꼬 에바를 작게 하고 세겔을 크게 하여 거짓 저울로 속이며"(암 8)

23. 구약에서 슬픔을 표현하는 방법 중 하나로 ( ) 안에 들어가는 표현은 무엇입니까?

"너희 절기를 애통으로, 너희 모든 노래를 애곡으로 변하게 하며 모든 사람에게 ( ) 모든 머리를 대머리가 되게 하며 독자의 죽음으로 말미암아 애통하듯 하게 하며 결국은 곤고한 날과 같게 하리라"(암 8)

① 굵은 베로 허리를 동이게 하며 ② 머리에 재를 뿌리게 하며

③ 온 몸에 기름을 바르게 하며 ④ 자기 겉옷을 찢게 하며

24. 다음 본문은 하나님께서 선포하신 심판의 내용입니다. ( ) 안에 들어갈 말은 무엇입니까?

"그들이 파고 ( )로 들어갈지라도 내 손이 거기에서 붙잡아 낼 것이요 ( )로 올라갈지라도 내가 거기에서 붙잡아 내릴 것이며"(암 9)

25. 다음은 이스라엘 회복에 대한 하나님의 말씀입니다. ( ) 안에 들어갈 인물은 누구입니까?

"그 날에 내가 ( )의 무너진 장막을 일으키고 그것들의 틈을 막으며 그 허물어진 것을 일으켜서 옛적과 같이 세우고"(암 9)

① 아브라함 ② 모세 ③ 야곱 ④ 다윗

오바댜

1. 하나님은 오바댜 선지자를 통해 어떤 나라에 대하여 심판을 선포하셨습니다. ( ) 안에 들어갈 나라의 이름은 무엇입니까?

"오바댜의 묵시라 주 여호와께서 ( )에 대하여 이와 같이 말씀하시니라 우리가 여호와께로 말미암아 소식을 들었나니 곧 사자가 나라들 가운데에 보내심을 받고 이르기를 너희는 일어날지어다 우리가 일어나서 그와 싸우자 하는 것이니라"(옵 1)

2. 다음 성경 본문에서 (①), (②), (③), (④)에 들어갈 표현 중 올바르지 않은 것은 무엇입니까?

"네가 멀리 섰던 날 곧 이방인이 그의 재물을 빼앗아 가며 외국인이 그의 성문에 들어가서 예루살렘을 얻기 위하여 (①)에 너도 그들 중 한 사람 같았느니라 네가 형제의 날 곧 그 (②)에 방관할 것이 아니며 유다 자손이 (③)에 기뻐할 것이 아니며 그 (④)에 네가 입을 크게 벌릴 것이 아니며"(옵 1)

① 제비 뽑던 날 ② 재앙의 날 ③ 패망하는 날 ④ 죽음의 날

3. 다음 ( ) 안에 들어갈 산 이름은 무엇입니까?

"오직 ( ) 산에서 피할 자가 있으리니 그 산이 거룩할 것이요 야곱 족속은 자기 기업을 누릴 것이며"(옵 1)

① 갈멜 ② 시온 ③ 길보아 ④ 호렙

4. 다음 ( ) 안에 공통으로 들어갈 인물의 이름은 무엇입니까?

"야곱 족속은 불이 될 것이며 요셉 족속은 불꽃이 될 것이요 ( ) 족속은 지푸라기가 될 것이라 그들이 그들 위에 붙어서 그들을 불사를 것인즉 ( ) 족속에 남은 자가 없으리니 여호와께서 말씀하셨음이라"(옵 1)

① 이스마엘 ② 야베스 ③ 가나안 ④ 에서

요 나

1. 하나님은 요나에게 명령하여 앗수르의 수도인 이곳에 구원을 선포하셨습니다. ( ) 안에 들어갈 이 도시는 어디입니까?

   "너는 일어나 저 큰 성읍 ( )로/으로 가서 그것을 향하여 외치라 그 악독이 내 앞에 상달되었음이니라 하시니라"(욘 1)

   ① 하란 ② 니느웨 ③ 우르 ④ 다메섹

2. 다음 ( ) 안에 들어갈 단어는 무엇입니까?

   "그가 대답하되 나는 ( ) 사람이요 바다와 육지를 지으신 하늘의 하나님 여호와를 경외하는 자로라 하고"(욘 1)

   ① 아람 ② 아모리 ③ 미디안 ④ 히브리

3. 다음 ( ) 안에 들어갈 단어는 무엇입니까?

   "이르되 내가 받는 고난으로 말미암아 여호와께 불러 아뢰었더니 주께서 내게 대답하셨고 내가 ( )의 뱃속에서 부르짖었더니 주께서 내 음성을 들으셨나이다"(욘 2)

4. 다음 ( ) 안에 공통으로 들어갈 단어는 무엇입니까?

   "그 사람들이 여호와를 크게 두려워하여 여호와께 제물을 드리고 ( )을 하였더라" (욘 1)

"나는 감사하는 목소리로 주께 제사를 드리며 나의 (　　　)을 주께 갚겠나이다 구원은 여호와께 속하였나이다 하니라"(욘 2)

5. 니느웨는 요나가 며칠 동안 걸어야 할 만큼 큰 규모의 성읍이었습니까?(욘 3)

6. 요나는 성읍에 들어가 곧 성읍이 무너질 것이라고 외쳤습니다. 다음 (　) 안에 들어갈 숫자는 얼마입니까?

"요나가 그 성읍에 들어가서 하루 동안 다니며 외쳐 이르되 (　　　)이 지나면 니느웨가 무너지리라 하였더니"(욘 3)

① 보름　　② 한 달　　③ 사십 일　　④ 백이십 일

7. 요나를 통해 하나님의 심판 계획을 들은 니느웨 사람들이 취한 행동이 아닌 것은 무엇입니까?(욘 3)

① 하나님을 믿었다　　② 금식을 선포했다

③ 하나님께 제물을 봉헌했다　　④ 굵은 베 옷을 입었다

8. 다음 (　) 안에 순서대로 들어갈 단어들은 무엇입니까?

"여호와께 기도하여 이르되 여호와여 내가 고국에 있을 때에 이러하겠다고 말씀하지 아니하였나이까 그러므로 내가 빨리 다시스로 도망하였사오니 주께서는 (　　　)로우시며 (　　　)로우시며 노하기를 더디하시며 (　　　)가 크시사 뜻을 돌이켜 재앙을 내리지 아니하시는 하나님이신 줄을 내가 알았음이니이다"(욘 4)

9. 다음 (　) 안에 들어갈 단어는 무엇입니까?

"요나가 성읍에서 나가서 그 성읍 동쪽에 앉아 거기서 자기를 위하여 (　　　　)을 짓고 그 성읍에 무슨 일이 일어나는가를 보려고 그 그늘 아래에 앉았더라"(욘 4)

10. 니느웨 도성에 거주한 사람들이 회개하여 하나님의 심판을 면하자, 요나는 분노했습니다. 이러한 요나를 깨우치기 위해 하나님께서 예비한 것에 포함되지 않는 것은 무엇입니까?(욘 4)

① 박넝쿨　　② 벌레　　③ 흑암　　④ 동풍

11. 하나님의 심판을 면한 니느웨에 거주하며 좌우를 분변하지 못하는 사람의 수는 얼마입니까?(욘 4)

① 칠만여 명　② 십이만여 명　③ 육십만여 명　④ 백만여 명

미가

1. 미가 선지자가 활동했던 시대에 속하지 않은 유다 왕은 누구입니까?(미 1)

① 웃시야 ② 요담 ③ 아하스 ④ 히스기야

2. 이곳은 예루살렘을 방어하는 요새 도시로, 산헤립에 의해 주전 701년에 함락되었습니다. ( ) 안에 공통으로 들어갈 도시는 어디입니까?

"( ) 주민아 너는 준마에 병거를 메울지어다 ( )은/는 딸 시온의 죄의 근본이니 이는 이스라엘의 허물이 네게서 보였음이니라"(미 1)

① 베들레헴 ② 라기스 ③ 믹마스 ④ 기브아

3. 다음 ( ) 안에 들어갈 장소는 어디입니까?

"그들이 ( )에서 죄를 꾀하며 악을 꾸미고 날이 밝으면 그 손에 힘이 있으므로 그것을 행하는 자는 화 있을진저"(미 2)

① 산당 ② 성소 ③ 침상 ④ 왕궁

4. 다음 (㉮)와 (㉯)에 들어갈 대상은 각각 누구입니까?

"내가 또 이르노니 야곱의 (㉮)들과 이스라엘 족속의 (㉯)들아 들으라 정의를 아는 것이 너희의 본분이 아니냐 … 야곱 족속의 (㉮)들과 이스라엘 족속의 (㉯)들 곧 정의를 미워하고 정직한 것을 굽게 하는 자들아 원하노니 이 말을 들을지어다"(미 3)

5. 다음 본문은 거짓 선지자와 미가 선지자의 차이점을 알려줍니다. (　　) 안에 들어갈 단어는 각각 무엇입니까?

"내 백성을 유혹하는 선지자들은 이에 물 것이 있으면 (　　　)을 외치나 그 입에 무엇을 채워 주지 아니하는 자에게는 (　　　)을 준비하는도다 이런 선지자에 대하여 여호와께서 이르시되 … 오직 나는 여호와의 (　　　)으로 말미암아 능력과 정의와 용기로 충만해져서 야곱의 허물과 이스라엘의 죄를 그들에게 보이리라"(미 3)

6. 다음 (㉮)와 (㉯)에 들어갈 대상은 각각 누구입니까?

"그들의 우두머리들은 뇌물을 위하여 재판하며 그들의 (㉮)은/는 삯을 위하여 교훈하며 그들의 (㉯)은/는 돈을 위하여 점을 치면서도 여호와를 의뢰하여 이르기를 여호와께서 우리 중에 계시지 아니하냐 재앙이 우리에게 임하지 아니하리라 하는도다"(미 3)

① 왕　② 제사장　③ 지혜자
④ 선지자　⑤ 재판장　⑥ 장로

7. 다음 (㉮)와 (㉯)에 들어가는 단어는 같은 의미를 가집니다. 이 두 단어는 무엇입니까?

"발을 저는 자는 남은 백성이 되게 하며 멀리 쫓겨났던 자들이 강한 나라가 되게 하고 나 여호와가 (㉮) 산에서 이제부터 영원까지 그들을 다스리리라 하셨나니 너 양 떼의 망대요 딸 (㉮)의 산이여 이전 권능 곧 딸 (㉯)의 나라가 네게로 돌아오리라"(미 4)

8. 다음 (　　) 안에 들어갈 지명은 무엇입니까?

"(　　　) 에브라다야 너는 유다 족속 중에 작을지라도 이스라엘을 다스릴 자가 네게서 내게로 나올 것이라 그의 근본은 상고에, 영원에 있느니라"(미 5)

① 헤브론　② 예루살렘　③ 베들레헴　④ 벧엘

9. 다음은 새로 나타날 통치자에 대한 미가 선지자의 예언입니다. (　　) 안에 들어갈 말은 무엇입니까?

"이 사람은 (　　　)이/가 될 것이라 앗수르 사람이 우리 땅에 들어와서 우리 궁들을 밟을 때에는 우리가 일곱 목자와 여덟 군왕을 일으켜 그를 치리니"(미 5)

① 평강　② 위로　③ 구원　④ 공의

10. 순서와 상관없이 (　　) 안에 속하지 않은 인물은 누구입니까?

"내가 너를 애굽 땅에서 인도해 내어 종 노릇 하는 집에서 속량하였고 (　　)와 (　　)과 (　　)을 네 앞에 보냈느니라"(미 6)

① 이드로　② 모세　③ 아론　④ 미리암

11. 다음 ( ) 안에 들어갈 인물은 각각 누구입니까?

"내 백성아 너는 모압 왕 (　　)이 꾀한 것과 브올의 아들 (　　)이 그에게 대답한 것을 기억하며 싯딤에서부터 길갈까지의 일을 기억하라 그리하면 나 여호와가 공의롭게 행한 일을 알리라 하실 것이니라"(미 6)

12. 다음 ( ) 안에 들어갈 북 왕국 이스라엘의 대표적인 왕 이름은 각각 무엇입니까?

"너희가 (　　)의 율례와 (　　) 집의 모든 예법을 지키고 그들의 전통을 따르니 내가 너희를 황폐하게 하며 그의 주민을 사람의 조소거리로 만들리라 너희가 내 백성의 수욕을 담당하리라"(미 6)

① 오므리 - 아합　② 다윗 - 솔로몬
③ 므낫세 - 요시야　④ 요아스 - 히스기야

13. 타락한 지도자와 재판관을 심판할 자들로, ( ) 안에 들어갈 단어는 무엇입니까?

"그들의 가장 선한 자라도 가시 같고 가장 정직한 자라도 찔레 울타리보다 더하도다 그들의 (　　)의 날 곧 그들 가운데에 형벌의 날이 임하였으니 이제는 그들이 요란하리로다"(미 7)

① 선지자들　② 파수꾼들　③ 추수꾼들　④ 사냥꾼들

14. 이스라엘을 핍박했던 이방 민족들의 운명을 비유한 말로, ( ) 안에 들어갈 단어는 무엇입니까?

"그들이 (　　)처럼 티끌을 핥으며 땅에 기는 (　　)처럼 떨며 그 좁은 구멍에서 나와서 두려워하며 우리 하나님 여호와께로 돌아와서 주로 말미암아 두려워하리이다"(미 7)

① 사자 - 뱀　② 뱀 - 벌레　③ 염소 - 메뚜기　④ 나귀 - 벌

15. 다음 ( ) 안에 들어갈 족장의 이름은 각각 무엇입니까?

"주께서 옛적에 우리 조상들에게 맹세하신 대로 (　　)에게 성실을 베푸시며 (　　)에게 인애를 더하시리이다"(미 7)

나훔

1. 나훔과 요나 선지자는 같은 도시에 대한 하나님의 말씀을 전했습니다. 요나 선지자가 하나님의 구원을 선포했다면, 나훔은 하나님의 심판을 선포했습니다. 다음 ( ) 안에 들어갈 도시 이름은 무엇입니까?

   "( )에 대한 경고 곧 엘고스 사람 나훔의 묵시의 글이라"(나 1)

2. 다음 (㉮)와 (㉯)에 들어갈 단어는 무엇입니까?

   "여호와는 질투하시며 (㉮)하시는 하나님이시니라 여호와는 (㉮)하시며 (㉯)하시되 자기를 거스르는 자에게 여호와는 (㉮)하시며 자기를 대적하는 자에게 (㉯)를 품으시며"(나 1)

3. 다음은 니느웨를 심판하고 이스라엘의 회복을 약속하신 하나님의 선포입니다. ( ) 안에 들어갈 단어는 무엇입니까?

   "이제 네게 지운 그의 ( )를 내가 깨뜨리고 네 ( )을 끊으리라"(나 1)

4. 다음 ( ) 안에 공통으로 들어갈 단어는 무엇입니까?

   "나 여호와가 네게 대하여 명령하였나니 네 이름이 다시는 전파되지 않을 것이라 내가 네 신들의 집에서 새긴 ( )과 부은 ( )을 멸절하며 네 무덤을 준비하리니 이는 네가 쓸모 없게 되었음이라"(나 1)

5. 다음 ( ) 안에 들어갈 단어는 무엇입니까?

"볼지어다 아름다운 소식을 알리고 ( )을 전하는 자의 발이 산 위에 있도다 유다야 네 절기를 지키고 네 서원을 갚을지어다 악인이 진멸되었으니 그가 다시는 네 가운데로 통행하지 아니하리로다 하시니라"(나 1)

① 화평 ② 구원 ③ 심판 ④ 긍휼

6. 니느웨를 둘러싼 지리적 환경을 설명하는 말로, ( ) 안에 들어갈 단어는 무엇입니까?

"( )의 수문이 열리고 왕궁이 소멸되며"(나 2)

7. 다음 ( ) 안에 들어갈 단어는 무엇입니까?

"화 있을진저 ( )이여 그 안에는 거짓이 가득하고 포악이 가득하며 탈취가 떠나지 아니하는도다"(나 3)

8. 니느웨의 나약함을 비유한 것으로 ( ) 안에 공통으로 들어가는 곤충은 무엇입니까?

"네 방백은 ( ) 같고 너의 장수들은 큰 ( ) 떼가 추운 날에는 울타리에 깃들였다가 해가 뜨면 날아감과 같으니 그 있는 곳을 알 수 없도다"(나 3)

① 개구리 ② 황충 ③ 메뚜기 ④ 파리

9. 나훔 선지자를 통해 선포된 하나님의 궁극적인 심판 대상으로, ( ) 안에 들어갈 나라는 어디입니까?

"( ) 왕이여 네 목자가 자고 네 귀족은 누워 쉬며 네 백성은 산들에 흩어지나 그들을 모을 사람이 없도다"(나 3)

① 아람 ② 앗수르 ③ 바벨론 ④ 바사

나

하 박 국

1. 다음 (㉮)와 (㉯)에 들어갈 단어는 무엇입니까?

"이러므로 (㉮)이/가 해이하고 (㉯)이/가 전혀 시행되지 못하오니 이는 악인이 의인을 에워쌌으므로 (㉯)이/가 굽게 행하여짐이니이다"(합 1)

① 말씀 - 공의 ② 율법 - 정의
③ 제의 - 재판 ④ 영혼 - 언약

2. 유다를 멸망시킨 바벨론을 건설한 나라로, ( ) 안에 들어갈 단어는 무엇입니까?

"보라 내가 사납고 성급한 백성 곧 땅이 넓은 곳으로 다니며 자기의 소유가 아닌 거처들을 점령하는 ( ) 사람을 일으켰나니"(합 1)

① 아람 ② 앗수르 ③ 갈대아 ④ 바사

3. 다음 (㉮)와 (㉯)에 공통으로 들어갈 단어는 무엇입니까?

"그가 낚시로 모두 낚으며 (㉮)로 잡으며 (㉯)으로 모으고 그리고는 기뻐하고 즐거워하여 (㉮)에 제사하며 (㉯) 앞에 분향하오니 이는 그것을 힘입어 소득이 풍부하고 먹을 것이 풍성하게 됨이니이다 그가 (㉮)을 떨고는 계속하여 여러 나라를 무자비하게 멸망시키는 것이 옳으니이까"(합 1)

4. 다음 ( ) 안에 공통으로 들어갈 단어는 무엇입니까?

"여호와께서 내게 대답하여 이르시되 너는 이 (   )을/를 기록하여 판에 명백히 새기되 달려가면서도 읽을 수 있게 하라 이 (   )은/는 정한 때가 있나니 그 종말이 속히 이르겠고 결코 거짓되지 아니하리라 비록 더딜지라도 기다리라 지체되지 않고 반드시 응하리라"(합 2)

① 예언 ② 환상 ③ 묵시 ④ 율법

5. 다음 ( ) 안에 들어갈 단어는 무엇입니까?

"그는 술을 즐기며 거짓되고 교만하여 가만히 있지 아니하고 (   )처럼 자기의 욕심을 넓히며 또 그는 사망 같아서 족한 줄을 모르고 자기에게로 여러 나라를 모으며 여러 백성을 모으나니"(합 2)

① 스올 ② 그림자 ③ 흑암 ④ 광야

6. 우상을 만드는 재료인 ( ) 안에 들어갈 단어는 각각 무엇입니까?

"(   )에게 깨라 하며 말하지 못하는 (   )에게 일어나라 하는 자에게 화 있을진저 그것이 교훈을 베풀겠느냐 보라 이는 금과 은으로 입힌 것인즉 그 속에는 생기가 도무지 없느니라"(합 2)

7. 이스라엘 남부에 위치한 장소로 에서(창 36:15)와 연관된 (㉮)와 이스라엘 백성이 출애굽 후 머물렀던 장소(민 13:3, 26)와 연관된 (㉯)에 들어갈 지명은 무엇입니까?

"하나님이 (㉮)에서부터 오시며 거룩한 자가 (㉯) 산에서부터 오시는도다 (셀라) 그의 영광이 하늘을 덮었고 그의 찬송이 세계에 가득하도다"(합 3)

① 데만 - 바란 ② 비돔 - 갈멜
③ 에돔 - 세일 ④ 엘림 - 시내

8. 다음 ( ) 안에 들어갈 표현은 무엇입니까?

"주께서 주의 백성을 구원하시려고, (   )를 구원하시려고 나오사 악인의 집의 머리를 치시며 그 기초를 바닥까지 드러내셨나이다 (셀라)"(합 3)

① 나귀를 타고 오는 자 ② 기름 부음 받은 자
③ 넘어진 자 ④ 시온에 거하는 자

9. 다음 (　) 안에 들어갈 신체 부위를 올바른 순서로 나열한 것은 무엇입니까?

"내가 들었으므로 내 (　　)이/가 흔들렸고 그 목소리로 말미암아 내 (　　)이/가 떨렸도다 무리가 우리를 치러 올라오는 환난 날을 내가 기다리므로 썩이는 것이 내 (　　)에 들어왔으며 내 몸은 내 처소에서 떨리는도다"(합 3)

㉠ 목구멍	㉡ 창자	㉢ 입	㉣ 귀	㉤ 입술	㉥ 뼈

① ㉠ - ㉤ - ㉥
② ㉡ - ㉢ - ㉣
③ ㉢ - ㉣ - ㉤
④ ㉡ - ㉤ - ㉥

스바냐

1. 스바냐 선지자와 관련한 (　　) 안에 들어갈 두 명의 유다 왕은 누구입니까?

"아몬의 아들 유다 왕 (　　　)의 시대에 스바냐에게 임한 여호와의 말씀이라 스바냐는 (　　　)의 현손이요 아마랴의 증손이요 그다랴의 손자요 구시의 아들이었더라"(습 1)

① 히스기야 - 요시야　　② 요시야 - 히스기야
③ 므낫세 - 시드기야　　④ 시드기야 - 므낫세

2. 다음 (　　) 안에 들어갈 이방신의 이름은 무엇입니까?

"내가 유다와 예루살렘의 모든 주민들 위에 손을 펴서 남아 있는 (　　　)을/를 그 곳에서 멸절하며 그마림이란 이름과 및 그 제사장들을 아울러 멸절하며"(습 1)

① 몰렉　② 바알　③ 다곤　④ 아세라

3. 스바냐서에서 언급한 "여호와의 큰 날"과 관련 없는 다섯 날은 무엇입니까? (습 1)

① 분노의 날　　② 구원이 선포된 날
③ 환난과 고통의 날　　④ 기쁨의 노래를 선포하는 날
⑤ 황폐와 패망의 날　　⑥ 악인을 멸하시는 날
⑦ 캄캄하고 어두운 날　　⑧ 역사를 심판하는 날
⑨ 교만한 자가 심판받는 날　　⑩ 구름과 흑암의 날

4. 다음 본문에 나오는 도시와 연관되어 하나님의 심판을 받은 곳으로, ( ) 안에 들어갈 나라의 이름은 무엇입니까?

"가사는 버림을 당하며 아스글론은 폐허가 되며 아스돗은 대낮에 쫓겨나며 에그론은 뽑히리라 해변 주민 그렛 족속에게 화 있을진저 ( ) 사람의 땅 가나안아 여호와의 말씀이 너희를 치나니 내가 너를 멸하여 주민이 없게 하리라"(습 2)

① 애굽 ② 앗수르 ③ 바벨론 ④ 블레셋

5. 구약에서 하나님의 심판을 받는 도시로, '악한 도시'를 상징하는 대표적인 두 도시의 이름은 무엇입니까?

"그러므로 만군의 여호와 이스라엘의 하나님이 말하노라 내가 나의 삶을 두고 맹세하노니 장차 모압은 ( ) 같으며 암몬 자손은 ( ) 같을 것이라 찔레가 나며 소금 구덩이가 되어 영원히 황폐하리니 내 백성의 남은 자들이 그들을 노략하며 나의 남은 백성이 그것을 기업으로 얻을 것이라"(습 2)

6. 다음 본문에서 제시된 지형적 위치와 연관된 곳으로, 하나님의 심판을 받은 ( ) 안에 들어갈 나라와 도시의 이름은 무엇입니까?

"여호와가 북쪽을 향하여 손을 펴서 ( )를 멸하며 ( )를 황폐하게 하여 사막 같이 메마르게 하리니"(습 2)

7. 스바냐 3장에서 다음과 같은 이유로 하나님의 심판을 받는 도시는 어디입니까?

"패역하고 더러운 곳, 포학한 그 성읍이 화 있을진저 그가 명령을 듣지 아니하며 교훈을 받지 아니하며 여호와를 의뢰하지 아니하며 자기 하나님에게 가까이 나아가지 아니하였도다"(습 3)

① 사마리아 ② 예루살렘 ③ 벧엘 ④ 므깃도

8. 다음 ( ) 안에 들어갈 대상은 각각 누구입니까?

"그의 ( )은 경솔하고 간사한 사람들이요 그의 ( )은 성소를 더럽히고 율법을 범하였도다"(습 3)

① 선지자들 ② 지혜자들 ③ 제사장들
④ 서기관들 ⑤ 레위인들 ⑥ 재판관들

9. 다음 ( ) 안에 들어갈 표현은 무엇입니까?

"이스라엘의 (   )는 악을 행하지 아니하며 거짓을 말하지 아니하며 입에 거짓된 혀가 없으며 먹고 누울지라도 그들을 두렵게 할 자가 없으리라"(습 3)

10. 다음 ( ) 안에 공통으로 들어갈 단어는 무엇입니까?

"(   )가 네 형벌을 제거하였고 네 원수를 쫓아냈으며 이스라엘 왕 (   )가 네 가운데 계시니 네가 다시는 화를 당할까 두려워하지 아니할 것이라"(습 3)

학 개

1. 학개서에서 선포된 가장 중요한 주제는 무엇입니까?

2. 다음 ( ) 안에 들어갈 유다 총독과 대제사장은 누구입니까?

"다리오 왕 제이년 여섯째 달 곧 그 달 초하루에 여호와의 말씀이 선지자 학개로 말미암아 스알디엘의 아들 유다 총독 ( )과 여호사닥의 아들 대제사장 ( )에게 임하니라 이르시되"(학 1)

3. 다음 본문은 예루살렘 성전 재건에 열심을 다하지 않은 이스라엘 백성에게 임할 하나님의 심판 내용입니다. ( ) 안에 들어갈 단어는 무엇입니까?

"그러므로 너희로 말미암아 하늘은 ( )을/를 그쳤고 땅은 산물을 그쳤으며 내가 이 땅과 산과 곡물과 새 포도주와 기름과 땅의 모든 소산과 사람과 가축과 손으로 수고하는 모든 일에 ( )을/를 들게 하였느니라"(학 1)

① 이슬 - 한재 ② 비 - 홍수 ③ 안개 - 기근 ④ 빛 - 갈증

4. 다음 ( ) 안에 공통으로 들어갈 단어는 무엇입니까?

"이 성전의 나중 ( )이 이전 ( )보다 크리라 만군의 여호와의 말이니라 내가 이 곳에 평강을 주리라 만군의 여호와의 말이니라"(학 2)

5. 학개 선지자가 활동했을 때 통치했던 왕으로, ( ) 안에 들어갈 바사 왕은 누구입니까?

"( ) 왕 제이년 아홉째 달 이십사일에 여호와의 말씀이 선지자 학개에게 임하니라 이르시되"(학 2)

① 고레스 ② 다리오 ③ 아하수에로 ④ 아닥사스다

6. 학개 선지자는 율법에 관하여 누군가에게 질문을 했습니다. ( ) 안에 공통으로 들어갈 대상은 누구입니까?

"사람이 옷자락에 거룩한 고기를 쌌는데 그 옷자락이 만일 떡에나 국에나 포도주에나 기름에나 다른 음식물에 닿았으면 그것이 성물이 되겠느냐 하라 학개가 물으매 ( )이 대답하여 이르되 아니니라 하는지라 학개가 이르되 시체를 만져서 부정하여진 자가 만일 그것들 가운데 하나를 만지면 그것이 부정하겠느냐 하니 ( )이 대답하여 이르되 부정하리라 하더라"(학 2)

① 선지자들 ② 제사장들 ③ 서기관들 ④ 레위인들

7. 다음 본문에서 "돌이 돌 위에 놓이지 아니하였던 때"는 어떤 때입니까?

"이제 원하건대 너희는 오늘부터 이전 곧 여호와의 전에 돌이 돌 위에 놓이지 아니하였던 때를 기억하라"(학 2)

학

스가랴

1. 스가랴 선지자와 함께 활동한 선지자는 누구입니까?

① 이사야　② 미가　③ 스바냐　④ 학개

2. 스가랴는 바사의 어느 왕 시대에 하나님께 말씀을 받았습니까?(슥 1)

3. 다음 (　) 안에 들어갈 숫자는 얼마입니까?

"여호와의 천사가 대답하여 이르되 만군의 여호와여 여호와께서 언제까지 예루살렘과 유다 성읍들을 불쌍히 여기지 아니하시려 하나이까 이를 노하신 지 (　) 년이 되었나이다 하매"(슥 1)

① 사십　② 오십　③ 육십　④ 칠십

4. 스가랴가 본 두 번째 환상에 등장하는 (　) 안에 들어갈 단어는 무엇입니까?

"내가 또 눈을 들어 본즉 한 사람이 (　)을 그의 손에 잡았기로 네가 어디로 가느냐 물은즉 그가 내게 대답하되 예루살렘을 측량하여 그 너비와 길이를 보고자 하노라 하고 말할 때에"(슥 2)

5. 다음 (㉮)와 (㉯)에 들어갈 대상은 각각 누구입니까?

"대제사장 여호수아는 여호와의 (㉮) 앞에 섰고 (㉯)은 그의 오른쪽에 서서 그를 대적하는 것을 여호와께서 내게 보이시니라 여호와께서 (㉯)에게 이르시되 (㉯)아 여호와께서 너를 책망하노라 예루살렘을 택한 여호와께서 너를 책망하노라 이는 불에서 꺼낸 그슬린 나무가 아니냐 하실 때에"(슥 3)

6. 다음 본문에서 하나님은 누군가에게 말씀하셨습니다. ( ) 안에 들어갈 인물은 누구입니까?

"그가 내게 대답하여 이르되 여호와께서 ( )에게 하신 말씀이 이러하니라 만군의 여호와께서 말씀하시되 이는 힘으로 되지 아니하며 능력으로 되지 아니하고 오직 나의 영으로 되느니라"(슥 4)

① 여호수아 ② 스룹바벨 ③ 느헤미야 ④ 에스라

7. 이것은 스가랴가 본 다섯 번째 환상에 등장하는 도구로, 정확한 심판의 기준점을 상징합니다. ( ) 안에 들어갈 단어는 무엇입니까?

"작은 일의 날이라고 멸시하는 자가 누구냐 사람들이 스룹바벨의 손에 ( )이 있음을 보고 기뻐하리라 이 일곱은 온 세상에 두루 다니는 여호와의 눈이라 하니라"(슥 4)

8. 스가랴가 본 다섯 번째 환상 중 순금 등잔대 옆에 있는 두 감람나무가 의미하는 것은 무엇입니까?

"내가 그에게 물어 이르되 등잔대 좌우의 두 감람나무는 무슨 뜻이니이까 하고 이르되 이는 ( ) 둘이니 온 세상의 주 앞에 서 있는 자니라 하더라"(슥 4)

① 기름 부음 받은 자 ② 세상을 새롭게 통치할 왕

③ 세상을 심판할 자 ④ 유다와 예루살렘을 구원할 자

9. 스가랴가 본 여섯 번째 환상인 '날아가는 두루마리'는 상징적인 의미를 지니고 있습니다. 다음 ( ) 안에 들어갈 말은 무엇입니까?

"그가 내게 이르되 이는 ( )라/이라 도둑질하는 자는 그 이쪽 글대로 끊어지고 맹세하는 자는 그 저쪽 글대로 끊어지리라 하니"(슥 5)

① 온 땅에 전하는 구원의 말씀 ② 온 땅 위에 내리는 저주

③ 온 땅 위에 내리는 축복 ④ 온 땅에 임하는 심판

10. 일곱 번째 환상에서 스가랴는 곡식 또는 고체의 양을 측정하는 용기 중 하나인 '이것' 가운데 앉아 있는 한 여인을 보았습니다. (　　) 안에 들어가는 단어는 무엇입니까?

"이 (　　　) 가운데에는 한 여인이 앉았느니라 하니 그 때에 둥근 납 한 조각이 들리더라"(슥 5)

① 오멜　　② 스아　　③ 에바　　④ 호멜

11. 스가랴가 본 마지막 환상은 네 병거에 대한 환상입니다. (　　) 안에 들어갈 단어는 무엇입니까?

"내가 또 눈을 들어 본즉 네 병거가 두 산 사이에서 나오는데 그 산은 (　　　) 산이더라"(슥 6)

① 금　　② 은　　③ 구리　　④ 옥

12. 스가랴가 본 마지막 환상은 네 병거에 대한 환상입니다. 이 병거들을 끈 네 가지 색의 말이 아닌 것은 무엇입니까?(슥 6)

① 붉은 말들　　② 갈색 말들

③ 흰 말들　　④ 어룽진 말들

13. 하나님은 스가랴 선지자에게 누구의 머리 위에 면류관을 씌우라고 명령하셨습니까?(슥 6)

14. 다음 (　　) 안에 들어갈 단어는 무엇입니까?

"말하여 이르기를 만군의 여호와께서 이같이 말씀하시되 보라 (　　　　)이라 이름하는 사람이 자기 곳에서 돋아나서 여호와의 전을 건축하리라"(슥 6)

15. 다음 (　　) 안에 들어갈 숫자는 무엇입니까?

"온 땅의 백성과 제사장들에게 이르라 너희가 (　　　　) 동안 다섯째 달과 일곱째 달에 금식하고 애통하였거니와 그 금식이 나를 위하여, 나를 위하여 한 것이냐"(슥 7)

① 십이 년　　② 오십 년

③ 육십 년　　④ 칠십 년

16. 완악한 이스라엘 백성을 비유적으로 표현한 말로, (   ) 안에 들어갈 암석은 무엇입니까?

"그 마음을 (   ) 같게 하여 율법과 만군의 여호와가 그의 영으로 옛 선지자들을 통하여 전한 말을 듣지 아니하므로 큰 진노가 만군의 여호와께로부터 나왔도다"(슥 7)

17. 다음 (   ) 안에 들어갈 단어는 무엇입니까?

"여호와가 이같이 말하노라 내가 시온에 돌아와 예루살렘 가운데에 거하리니 예루살렘은 (   )의 성읍이라 일컫겠고 만군의 여호와의 산은 성산이라 일컫게 되리라"(슥 8)

① 평강 ② 진리 ③ 구원 ④ 기쁨

18. 다음 (   ) 안에 들어갈 단어는 무엇입니까?

"곧 (   )의 씨앗을 얻을 것이라 포도나무가 열매를 맺으며 땅이 산물을 내며 하늘은 이슬을 내리리니 내가 이 남은 백성으로 이 모든 것을 누리게 하리라"(슥 8)

① 평강 ② 진리 ③ 구원 ④ 기쁨

19. 다음 (   ) 안에 들어갈 나라 이름은 무엇입니까?

"내가 유다를 당긴 활로 삼고 에브라임을 끼운 화살로 삼았으니 시온아 내가 네 자식들을 일으켜 (   ) 자식들을 치게 하며 너를 용사의 칼과 같게 하리라"(슥 9)

① 앗수르 ② 바벨론 ③ 바사 ④ 헬라

20. 다음 (   ) 안에 들어갈 단어는 무엇입니까?

"여호와께서 그들 위에 나타나서 그들의 화살을 번개 같이 쏘아내실 것이며 주 여호와께서 나팔을 불게 하시며 남방 (   )을/를 타고 가실 것이라"(슥 9)

① 회오리바람 ② 구름 ③ 독수리 ④ 폭풍우

21. 구약에서 대표적인 우상으로 여겨졌던 (   ) 안에 들어갈 단어는 무엇입니까?

"(   )은 허탄한 것을 말하며 복술자는 진실하지 않은 것을 보고 거짓 꿈을 말한즉 그 위로가 헛되므로 백성들이 양 같이 유리하며 목자가 없으므로 곤고를 당하나니"(슥 10)

① 드라빔들 ② 목상들 ③ 아세라들 ④ 놋뱀

슥

22. 다음 (㉮), (㉯), (㉰)에 들어갈 나무의 이름은 무엇입니까?

"레바논아 네 문을 열고 불이 네 (㉮)을/를 사르게 하라 너 (㉯)여/이여 곡할지어다 (㉮)이/가 넘어졌고 아름다운 나무들이 쓰러졌음이로다 바산의 (㉰)들아 곡할지어다 무성한 숲이 엎드러졌도다"(슥 11)

㉠ 백향목	㉡ 무화과나무	㉢ 포도나무
㉣ 잣나무	㉤ 상수리나무	㉥ 감람나무

① ㉠ - ㉣ - ㉤　② ㉡ - ㉢ - ㉣　③ ㉢ - ㉣ - ㉤　④ ㉣ - ㉤ - ㉥

23. 가룟 유다의 비참한 최후(마 27:9~10)와 연관된 것으로, (㉮)와 (㉯)에 들어갈 말은 무엇입니까?

"내가 그들에게 이르되 너희가 좋게 여기거든 내 품삯을 내게 주고 그렇지 아니하거든 그만두라 그들이 곧 (㉮)를 달아서 내 품삯을 삼은지라 여호와께서 내게 이르시되 그들이 나를 헤아린 바 그 삯을 (㉯)에게 던지라 하시기로 내가 곧 그 (㉮)를 여호와의 전에서 (㉯)에게 던지고"(슥 11)

24. 스가랴에서 상징적인 의미로 언급되는 두 지팡이의 이름은 무엇입니까?(슥 11)

25. 다음 ( ) 안에 들어갈 각각의 단어는 무엇입니까?

"이스라엘에 관한 여호와의 경고의 말씀이라 여호와 곧 ( )을 펴시며 ( )의 터를 세우시며 사람 안에 심령을 지으신 이가 이르시되"(슥 12)

26. 구약과 신약에서 언급되는 대표적인 심판의 장소로, ( ) 안에 들어갈 장소는 어디입니까?

"그 날에 예루살렘에 큰 애통이 있으리니 ( ) 골짜기 하다드림몬에 있던 애통과 같을 것이라"(슥 12)

27. 순서와 상관없이 ( ) 안에 들어가지 않는 인물은 누구입니까?

"온 땅 각 족속이 따로 애통하되 ( )의 족속이 따로 하고 그들의 아내들이 따로 하며 ( )의 족속이 따로 하고 그들의 아내들이 따로 하며 ( )의 족속이 따로 하고 그들의 아내들이 따로 하며 ( )의 족속이 따로 하고 그들의 아내들이 따로 하며"(슥 12)

① 다윗　② 나단　③ 베냐민　④ 시므이

28. 다음 ( ) 안에 들어갈 단어로 올바르지 않은 것은 무엇입니까?

"말하기를 나는 (①)가 아니요 나는 (②)라 내가 어려서부터 (③)의 (④)이 되었노라 할 것이요"(슥 13)

① 선지자 ② 농부 ③ 하나님 ④ 종

29. 다음 (㉮)와 (㉯)에 들어갈 숫자는 얼마입니까?

"만군의 여호와가 말하노라 칼아 깨어서 내 목자, 내 짝 된 자를 치라 목자를 치면 양이 흩어지려니와 작은 자들 위에는 내가 내 손을 드리우리라 여호와가 말하노라 이 온 땅에서 (㉮)는 멸망하고 (㉯)은 거기 남으리니 내가 그 (㉯)을 불 가운데에 던져 은 같이 연단하며 금 같이 시험할 것이라 그들이 내 이름을 부르리니 내가 들을 것이며 나는 말하기를 이는 내 백성이라 할 것이요 그들은 말하기를 여호와는 내 하나님이시라 하리라"(슥 13)

30. 다음 ( ) 안에 들어갈 유다 왕은 누구입니까?

"그 산 골짜기는 아셀까지 이를지라 너희가 그 산 골짜기로 도망하되 유다 왕 ( ) 때에 지진을 피하여 도망하던 것 같이 하리라 나의 하나님 여호와께서 임하실 것이요 모든 거룩한 자들이 주와 함께 하리라"(슥 14)

① 웃시야 ② 요담 ③ 아하스 ④ 히스기야

31. 다음 ( ) 안에 들어갈 장소는 어디입니까?

"그 날에 생수가 ( )에서 솟아나서 절반은 동해로, 절반은 서해로 흐를 것이라 여름에도 겨울에도 그러하리라"(슥 14)

32. 다음 ( ) 안에 공통으로 들어갈 절기는 무엇입니까?

"예루살렘을 치러 왔던 이방 나라들 중에 남은 자가 해마다 올라와서 그 왕 만군의 여호와께 경배하며 ( )을 지킬 것이라 땅에 있는 족속들 중에 그 왕 만군의 여호와께 경배하러 예루살렘에 올라오지 아니하는 자들에게는 비를 내리지 아니하실 것인즉 만일 애굽 족속이 올라오지 아니할 때에는 비 내림이 있지 아니하리니 여호와께서 ( )을 지키러 올라오지 아니하는 이방 나라들의 사람을 치시는 재앙을 그에게 내리실 것이라 애굽 사람이나 이방 나라 사람이나 ( )을 지키러 올라오지 아니하는 자가 받을 벌이 그러하니라"(슥 14)

① 유월절 ② 무교절 ③ 칠칠절 ④ 초막절

말라기

1. '말라기'의 뜻은 무엇입니까?

2. 다음 성경 본문에서 언급한 인물과 연관된 (　　) 안에 들어갈 민족은 누구입니까?

"에서는 미워하였으며 그의 산들을 황폐하게 하였고 그의 산업을 광야의 이리들에게 넘겼느니라 (　　)은 말하기를 우리가 무너뜨림을 당하였으나 황폐된 곳을 다시 쌓으리라 하거니와 나 만군의 여호와는 이르노라 그들은 쌓을지라도 나는 헐리라 사람들이 그들을 일컬어 악한 지역이라 할 것이요 여호와의 영원한 진노를 받은 백성이라 할 것이며"(말 1)

① 모압　② 암몬　③ 에돔　④ 아람

3. 하나님은 말라기 선지자를 통해 더러운 제물을 봉헌하는 것은 '이것'을 경멸하고 더럽히는 것이라고 말씀하셨습니다. (　　) 안에 공통으로 들어갈 '이것'은 무엇입니까?

"너희가 더러운 떡을 나의 제단에 드리고도 말하기를 우리가 어떻게 주를 더럽게 하였나이까 하는도다 이는 너희가 여호와의 (　　)은 경멸히 여길 것이라 말하기 때문이라 … 그러나 너희는 말하기를 여호와의 (　　)은 더러워졌고 그 위에 있는 과일 곧 먹을 것은 경멸히 여길 것이라 하여 내 이름을 더럽히는도다"(말 1)

4. 다음 ( ) 안에 공통으로 들어갈 단어는 무엇입니까?

"만군의 여호와가 이르노라 너희가 만일 듣지 아니하며 마음에 두지 아니하여 내 이름을 영화롭게 하지 아니하면 내가 너희에게 ( )을/를 내려 너희의 복을 ( )하리라 내가 이미 ( )하였나니 이는 너희가 그것을 마음에 두지 아니하였음이라"(말 2)

① 벌 ② 심판 ③ 저주 ④ 진노

5. 다음 ( ) 안에 공통으로 들어갈 지파의 이름은 무엇입니까?

"만군의 여호와가 이르노라 내가 이 명령을 너희에게 내린 것은 ( )와/과 세운 나의 언약이 항상 있게 하려 함인 줄을 너희가 알리라 ( )와/과 세운 나의 언약은 생명과 평강의 언약이라 내가 이것을 그에게 준 것은 그로 경외하게 하려 함이라 그가 나를 경외하고 내 이름을 두려워하였으며"(말 2)

① 유다 ② 베냐민 ③ 레위 ④ 에브라임

6. 다음 ( ) 안에 공통으로 들어갈 대상은 누구입니까?

"( )의 입술은 지식을 지켜야 하겠고 사람들은 그의 입에서 율법을 구하게 되어야 할 것이니 ( )은 만군의 여호와의 사자가 됨이거늘"(말 2)

① 제사장 ② 선지자 ③ 서기관 ④ 재판관

7. 히브리어 '말라기'의 뜻과 연관된 말로, ( ) 안에 공통으로 들어갈 단어는 무엇입니까?

"만군의 여호와가 이르노라 보라 내가 내 ( )를 보내리니 그가 내 앞에서 길을 준비할 것이요 또 너희가 구하는 바 주가 갑자기 그의 성전에 임하시리니 곧 너희가 사모하는 바 언약의 ( )가 임하실 것이라"(말 3)

① 선지자 ② 사자 ③ 중재자 ④ 목자

8. 다음 ( ) 안에 들어갈 단어는 무엇입니까?

"만군의 여호와가 이르노라 너희의 온전한 ( )를 창고에 들여 나의 집에 양식이 있게 하고 그것으로 나를 시험하여 내가 하늘 문을 열고 너희에게 복을 쌓을 곳이 없도록 붓지 아니하나 보라"(말 3)

9. 다음 (   ) 안에 들어갈 단어는 무엇입니까?

"그 때에 여호와를 경외하는 자들이 피차에 말하매 여호와께서 그것을 분명히 들으시고 여호와를 경외하는 자와 그 이름을 존중히 여기는 자를 위하여 여호와 앞에 있는 (   ) 에 기록하셨느니라"(말 3)

① 생명책 ② 기념책 ③ 돌판 ④ 두루마리책

10. 다음 (㉮)와 (㉯)에 들어갈 표현은 각각 무엇입니까?

"그 때에 너희가 돌아와서 (㉮)을/를 분별하고 하나님을 (㉯)을/를 분별하리라"(말 3)

① 지혜자와 어리석은 자
② 의인과 악인
③ 유다 백성과 이방인들
④ 섬기는 자와 섬기지 아니하는 자
⑤ 찬양하는 자와 찬양하지 아니하는 자
⑥ 높이는 자와 멸시하는 자

11. 다음 (   ) 안에 들어갈 지명은 무엇입니까?

"너희는 내가 (   )에서 온 이스라엘을 위하여 내 종 모세에게 명령한 법 곧 율례와 법도를 기억하라"(말 4)

12. 다음 (   ) 안에 들어갈 인물은 누구입니까?

"보라 여호와의 크고 두려운 날이 이르기 전에 내가 선지자 (   )을/를 너희에게 보내리니"(말 4)

① 사무엘 ② 엘리야 ③ 엘리사 ④ 이사야

신약성경

마태복음

1. 다음 ( ) 안에 들어갈 사람의 이름은 무엇입니까?

   “( )과 ( )의 자손 예수 그리스도의 계보라”(마 1)

2. 예수님이 태어나기 전에 주의 사자가 알려준 “하나님이 우리와 함께 계시다”라는 뜻을 가진 예수님의 이름은 무엇입니까?(마 1)

3. 다음 중 마태복음의 족보에 등장하는 여인의 이름이 아닌 것은 어느 것입니까?(마 2)

   ① 다말 ② 사라 ③ 라합 ④ 룻

4. 예수님의 탄생 당시에 찾아온 동방박사들은 몇 명입니까?(마 2)

   ① 3명 ② 12명 ③ 7명 ④ 몇 명인지 언급되지 않는다

5. 동방박사들이 보배합을 열어 드린 예물 세 가지는 무엇입니까?(마 2)

6. 다음 ( ) 안에 들어갈 말은 무엇입니까?

"또 유대 땅 ( )아 너는 유대 고을 중에서 가장 작지 아니하도다 네게서 한 다스리는 자가 나와서 내 백성 이스라엘의 ( )가 되리라 하였음이니이다"(마 2)

7. 세례 요한이 세례를 베푸는 곳으로 나아온 사람들 가운데 "독사의 자식들"이라고 불린 사람들은 누구입니까?(마 3)

① 헤롯 당원과 바리새인들 ② 제사장들과 바리새인들
③ 바리새인들과 사두개인들 ④ 세리들과 사두개인들

8. 다음 중 세례 요한과 관련이 없는 것은 무엇입니까?(마 3)

① 회개의 선포 ② 낙타털 옷과 가죽 띠
③ 석청 ④ 광야에서 사탄에게 시험 받음

9. 예수님이 요한에게 세례를 받으신 뒤에 일어난 사건과 거리가 먼 것은 무엇입니까?(마 3)

① 불 같은 성령이 임재하심 ② 하늘이 열림
③ 너는 내 사랑하는 아들 ④ 내가 기뻐하는 자

10. 마태복음에서 예수님은 무엇을 이루기 위해 세례 요한에게 세례를 받으셨습니까?(마 3)

① 모든 의 ② 모든 선 ③ 모든 복 ④ 모든 생명

11. 세례를 받은 후 예수님은 며칠 동안 광야에서 금식하셨습니까?(마 4)

12. 세 번째 시험에서 마귀는 예수님께 무엇을 보여주었습니까?(마 4)

① 천하 만국 ② 예루살렘 ③ 천하 만국과 그 영광 ④ 바벨론

13. 다음 ( ) 안에 공통으로 들어갈 말은 무엇입니까?

"스불론 땅과 납달리 땅과 요단 강 저편 해변 길과 이방의 갈릴리여 흑암에 앉은 백성이 큰 ( )을 보았고 사망의 땅과 그늘에 앉은 자들에게 ( )이 비치었도다 하였느니라"(마 4)

14. 마태복음 4장에서 제자로 부름을 받은 네 명의 사람은 누구입니까?(마 4)

15. 마태복음에서 예수님은 처음 제자들을 선택하면서 그들이 무엇을 낚는 어부가 되게 하겠다고 약속하셨습니까?(마 4)

16. 산상수훈은 마태복음 몇 장에서부터 몇 장까지 나옵니까?(마 5)

17. 팔복 중에서 "온유한 자"는 무엇을 기업으로 받을 것이므로 복이 있다고 했습니까?(마 5)

18. 팔복 중에서 "의에 주리고 목마른 자"가 누릴 축복은 다음 중 어느 것입니까?(마 5)

① 천국 ② 위로 ③ 땅 ④ 배부름

19. 팔복 중에서 "긍휼히 여기는 자"가 누리게 될 축복은 무엇입니까?(마 5)

① 위로를 받을 것임 ② 천국이 그들의 것임
③ 긍휼히 여김을 받을 것임 ④ 박해를 받을 것임

20. 다음 ( ) 안에 들어갈 말은 무엇입니까?

"마음이 청결한 자는 복이 있나니 그들이 ( )을 볼 것임이요"(마 5)

21. 다음 ( ) 안에 들어갈 말은 무엇입니까?

"( )하게 하는 자는 복이 있나니 그들이 하나님의 아들이라 일컬음을 받을 것임이요"(마 5)

22. 다음은 예수님의 말씀입니다. ( ) 안에 들어갈 말은 무엇입니까?

"나로 말미암아 너희를 욕하고 박해하고 거짓으로 너희를 거슬러 모든 악한 말을 할 때에는 너희에게 복이 있나니 … 너희 전에 있던 ( )들도 이같이 박해하였느니라"(마 5)

① 선지자 ② 왕 ③ 제사장 ④ 조상

23. 예수님은 소금이 그 맛을 잃게 되면 어떻게 된다고 말씀하셨습니까?(마 5)

① 보존성이 높아짐 ② 가치가 올라감
③ 다른 곳으로 옮김 ④ 밖에 버려져 사람에게 밟힘

24. 다음 ( ) 안에 들어갈 말은 무엇입니까?

"이같이 너희 ( )이 사람 앞에 비치게 하여 그들로 너희 착한 행실을 보고 하늘에 계신 너희 아버지께 영광을 돌리게 하라"(마 5)

25. 다음 ( ) 안에 들어갈 말은 무엇입니까?

"내가 ( )이나 ( )를 폐하러 온 줄로 생각하지 말라 폐하러 온 것이 아니요 완전하게 하려 함이라"(마 5)

26. 다음 ( ) 안에 들어갈 말은 무엇입니까?

"천지가 없어지기 전에는 ( )의 일점 일획도 결코 없어지지 아니하고 다 이루리라" (마 5)

① 예언 ② 율법 ③ 복음 ④ 진리

27. 형제에게 무엇이라고 욕하면 지옥 불에 들어가게 됩니까?(마 5)

① 미련한 놈 ② 노하는 자 ③ 라가 ④ 살인하는 자

28. 예물을 제단에 드릴 때 형제에게 원망 들을 만한 일이 있는 것이 생각나면 먼저 그 형제와 무엇을 한 후에 예물을 드리라고 했습니까?(마 5)

① 절교 ② 담판 ③ 대화 ④ 화목

29. 음욕을 품고 여자를 보는 자는 이미 무엇으로 간음한 것입니까?(마 5)

① 행동 ② 마음 ③ 지체 ④ 육체

30. 예수님이 산상수훈에서 맹세하지 말라고 말씀하실 때 언급하지 않은 것은 다음 중 어느 것입니까?(마 5)

① 하늘 ② 땅 ③ 마음 ④ 예루살렘

31. 산상수훈에서 "악한 자를 대적하지 말라"는 말씀을 실천하는 방법으로 언급되지 않은 것은 어느 것입니까?(마 5)

① 서로 사랑하라

② 오른편 뺨을 치면 왼편도 돌려 대라

③ 억지로 오 리를 가게 하거든 십 리를 동행하라

④ 꾸고자 하는 자에게 거절하지 말라

32. 다음 ( ) 안에 들어갈 말은 무엇입니까?

"너희 원수를 사랑하며 너희를 ( )하는 자를 위하여 기도하라"(마 5)

① 싫어 ② 환대 ③ 박해 ④ 추앙

33. 다음 ( ) 안에 공통으로 들어갈 말은 무엇입니까?

"또 너희가 너희 형제에게만 문안하면 남보다 더하는 것이 무엇이냐 이방인들도 이같이 아니하느냐 그러므로 하늘에 계신 너희 아버지의 ( )하심과 같이 너희도 ( )하라"(마 5)

34. 다음 ( ) 안에 들어갈 말은 무엇입니까?

"사람에게 보이려고 그들 앞에서 너희 의를 행하지 않도록 주의하라 그리하지 아니하면 하늘에 계신 너희 아버지께 ( )을 받지 못하느니라"(마 5)

35. 산상수훈에서 예수님이 구제할 때의 성도의 자세에 대해 하신 말씀과 관련이 없는 것은 무엇입니까?(마 6)

① 외식하는 자처럼 하지 않는다 ② 율법의 명령이므로 따른다

③ 은밀하게 한다 ④ 오른손이 하는 것을 왼손이 모르게 한다

36. 예수님이 산상수훈에서 가르쳐 주신 기도하는 자세와 관련이 없는 것은 무엇입니까?(마 6)

① 중언부언하지 말라 ② 은밀한 중에 계신 아버지께 기도하라

③ 골방에 들어가 기도하라 ④ 회당과 큰 거리 어귀에 서서 기도하라

37. 산상수훈에서 예수님은 성도가 어떤 자세로 금식해야 한다고 말씀하셨습니까?(마 6)

① 슬픈 기색으로 한다　　② 얼굴을 흉하게 한다
③ 머리에 기름을 바르고 얼굴을 씻는다　　④ 금식하는 자로 보이게 한다

마

38. 다음 ( ) 안에 들어갈 말은 무엇입니까?

"오직 너희를 위하여 ( )을 하늘에 쌓아 두라 거기는 좀이나 동록이 해하지 못하며 도둑이 구멍을 뚫지도 못하고 도둑질도 못하느니라"(마 6)

39. 다음 ( ) 안에 들어갈 말은 무엇입니까?

"네 보물 있는 그 곳에는 네 ( )도 있느니라"(마 6)

40. 산상수훈에 따르면 한 사람이 두 주인을 섬기지 못하는 것처럼 사람은 하나님과 무엇을 겸하여 섬기지 못합니까?(마 6)

41. 산상수훈에서 예수님은 무엇을 먹고, 마시고, 입을까 염려하지 말라고 말씀하시면서 "심지도 않고 거두지도 않고 창고에 모아들이지도" 않는 무엇을 예로 제시했습니까?(마 6)

① 공중의 새　　② 들의 백합화
③ 무화과나무　　④ 여우

42. 다음 ( ) 안에 들어갈 말은 무엇입니까?

"너희가 어찌 의복을 위하여 염려하느냐 ( )가 어떻게 자라는가 생각하여 보라 수고도 아니하고 길쌈도 아니하느니라"(마 6)

① 공중의 새　　② 들의 백합화
③ 무화과나무　　④ 들국화

43. 다음은 산상수훈의 말씀 중 하나입니다. ( ) 안에 들어갈 말은 무엇입니까?

"오늘 있다가 내일 아궁이에 던져지는 ( )도 하나님이 이렇게 입히시거든"(마 6)

44. 산상수훈에서 예수님은 먼저 무엇을 구해야 "하늘 아버지께서 이 모든 것을 너희에게 더하시리라"라고 말씀하셨습니까?(마 6)

① 그의 나라와 그의 영광　　② 그의 나라와 그의 의
③ 그의 섭리와 도우심　　④ 그의 섭리와 영광

45. 다음 ( ) 안에 들어갈 말은 무엇입니까?

"어찌하여 형제의 눈 속에 있는 ( )는 보고 네 눈 속에 있는 ( )는 깨닫지 못하느냐"(마 6)

46. 산상수훈에서 거룩한 것을 누구에게 주지 말라고 하였습니까? (마 7)

① 이방인 ② 돼지 ③ 개 ④ 죄인

47. 다음 ( ) 안에 들어갈 말은 무엇입니까?

"너희 중에 누가 아들이 ( )을 달라 하는데 돌을 주며 ( )을 달라 하는데 뱀을 줄 사람이 있겠느냐"(마 7)

48. 산상수훈에서 말하는 거짓 선지자들의 특징이 아닌 것은 무엇입니까?(마 7)

① 주여, 주여 하고 부름 ② 좋은 열매를 맺음
③ 양의 옷을 입고 있음 ④ 불법을 행함

49. 산상수훈의 가르침을 듣고도 행하지 않는 사람은 집을 어디에 지었다고 비유하셨습니까?(마 7)

① 반석 ② 모래 ③ 바닷가 ④ 황무지

50. 예수님이 산상수훈 말씀을 마치실 때 무리가 그 가르침에 놀랐는데, "이는 그 가르치시는 것이 ( )와/과 같고 그들의 서기관들과 같지 아니함일러라"라고 기록되어 있습니다. ( ) 안에 들어갈 말은 무엇입니까?(마 7)

① 능력 있는자 ② 예언자 ③ 권위 있는 자 ④ 지혜로운 자

51. 예수님은 나병 환자를 고친 후 누구에게 가서 보이라고 하셨습니까?(마 8)

① 서기관 ② 제사장 ③ 바리새인 ④ 율법사

52. 백부장은 다음 중 무슨 말을 해서 예수님께 칭찬도 받고 하인의 중풍병도 낫는 기적을 체험하였습니까?(마 8)

① 주여 믿나이다 ② 주여 내 집에 오시옵소서
③ 당신은 하나님의 아들입니다 ④ 다만 말씀으로만 하옵소서

53. 자신의 하인을 고쳐달라고 간구한 백부장의 믿음을 보시고 예수님은 다음과 같이 말씀하셨습니다. (   ) 안에 들어갈 말은 무엇입니까?

"(   )로부터 많은 사람이 이르러 아브라함과 이삭과 야곱과 함께 천국에 앉으려니와"(마 8)

① 동 서　② 남 북　③ 먼 나라　④ 이웃 나라

54. 베드로의 장모는 어떤 병에 걸렸습니까?(마 8)

① 열병　② 중풍병　③ 나병　④ 혈우병

55. 다음 (   ) 안에 들어갈 말은 무엇입니까?

"예수께서 이르시되 여우도 (   )이 있고 공중의 새도 (   )가 있으되 인자는 머리 둘 곳이 없다 하시더라"(마 8)

56. 제자들과 배를 타고 가시다가 큰 놀이 일어나 배가 물결에 덮이게 되었을 때 제자들은 예수님을 깨우며 "주여 구원하소서, 우리가 죽겠나이다"라고 말했습니다. 이때 예수님은 "어찌하여 무서워하느냐 (   )들아"라고 말씀하셨습니다. (   ) 안에 들어갈 말은 무엇입니까?(마 8)

① 믿음이 없는 자　② 믿음이 작은 자
③ 용기가 없는 자　④ 용기가 적은 자

57. 다음 (   ) 안에 들어갈 말은 무엇입니까?

"또 예수께서 건너편 (   ) 지방에 가시매 귀신 들린 자 둘이 무덤 사이에서 나와 예수를 만나니 그들은 몹시 사나워 아무도 그 길로 지나갈 수 없을 지경이더라"(마 8)

① 가다라　② 베레아　③ 여리고　④ 유대

58. 사람들에 의해 실려 온 중풍병자에게 하신 예수님의 말씀 가운데 사람들의 논쟁거리가 된 말씀은 무엇입니까?(마 9)

① 네 죄가 사함을 받았느니라　② 네 믿음대로 되라
③ 침상을 갖고 일어나라　④ 작은 자야 안심하라

59. 세관에 앉아 있다가 예수님의 부름을 받고 따라가서 제자가 된 사람은 누구입니까?(마 9)

60. 다음 ( ) 안에 들어갈 말은 무엇입니까?

"예수께서 들으시고 이르시되 건강한 자에게는 (   )가 쓸 데 없고 병든 자에게라야 쓸 데 있느니라"(마 9)

61. 다음 ( ) 안에 들어갈 말은 무엇입니까?

"(   )을 낡은 옷에 붙이는 자가 없나니 이는 기운 것이 그 옷을 당기어 해어짐이 더 하게 됨이요"(마 9)

62. 다음 ( ) 안에 들어갈 말은 무엇입니까?

"새 포도주를 낡은 가죽 부대에 넣지 아니하나니 그렇게 하면 부대가 터져 포도주도 쏟아지고 부대도 버리게 됨이라 (   )는 (   )에 넣어야 둘이 다 보전되느니라"(마 9)

63. 마태복음에 나오는 혈루증을 앓던 여인은 몇 년 동안 이 병에 시달렸습니까? (마 9)

① 12년 ② 40년 ③ 10년 ④ 38년

64. 마태복음 9장에 나오는 두 명의 맹인은 예수님을 누구라고 호칭했습니까? (마 9)

① 다윗의 자손 ② 유대인의 왕 ③ 인자 ④ 나사렛 예수

65. 다음 ( ) 안에 들어갈 말은 무엇입니까?

"예수께서 모든 도시와 마을에 두루 다니사 그들의 회당에서 가르치시며 (   )을 전파하시며 모든 병과 모든 약한 것을 고치시니라"(마 9)

① 하나님 사랑 ② 천국 복음 ③ 하나님의 뜻 ④ 하나님의 능력

66. 다음 ( ) 안에 들어갈 말은 무엇입니까?

"무리를 보시고 불쌍히 여기시니 이는 그들이 (   ) 없는 양과 같이 고생하며 기진함이라"(마 9)

67. 다음에서 열두 사도에 속하지 않은 사람은 누구입니까?(마 10)

① 베드로와 안드레 ② 빌립과 바돌로매

③ 야고보와 요한 ④ 요셉과 니고데모

68. 예수님은 열두 제자를 보내면서 다음과 같이 말씀하셨습니다. (   ) 안에 들어갈 말은 무엇입니까?

"(   )의 길로도 가지 말고 (   )의 고을에도 들어가지 말고"(마 10)

① 유대인, 헬라인
② 이방인, 사마리아인
③ 유대인, 이방인
④ 미혹하는 자, 믿지 않는 자

69. 예수님은 열두 제자에게 어디로 가라고 명령하셨습니까?(마 10)

① 사마리아인의 고을
② 이방인의 길
③ 예루살렘
④ 이스라엘 집의 잃어버린 양

70. 열두 제자가 전도할 때 지켜야 할 주의사항과 관련이 없는 것은 무엇입니까?(마 10)

① 먹을 것을 받지 말라
② 배낭이나 두 벌 옷을 갖지 말라
③ 평안하기를 빌라
④ 금이나 은이나 동을 갖지 말라

71. 예수님은 제자들을 파송하시면서 만일 사람들이 제자들을 영접하지 않고 그들의 말도 듣지 않으면 어떻게 하라고 말씀하셨습니까?(마 10)

① 발의 먼지를 떨어버리라
② 축복하라
③ 계속 복음을 전파하라
④ 끝까지 원수를 사랑하라

72. 다음 성경 구절은 예수님이 제자들을 파송하면서 하신 말씀 중 일부입니다. (   ) 안에 들어갈 말은 무엇입니까?

"보라 내가 너희를 보냄이 양을 이리 가운데로 보냄과 같도다 그러므로 너희는 (   ) 같이 지혜롭고 (   ) 같이 순결하라"(마 10)

73. 예수님은 제자들을 파송하시면서 복음을 전할 때 겪게 될 여러 어려움을 말씀하셨습니다. 이와 관련이 없는 것은 무엇입니까?(마 10)

① 총독들과 임금들 앞에 끌려 간다
② 형제가 형제를 내주게 된다
③ 아버지가 자식을 죽는 데에 내주게 된다
④ 자식들이 부모를 보호하게 된다

74. 다음 성경 구절은 예수님께서 제자들을 파송하실 때 주신 말씀입니다. 다음 (　) 안에 들어갈 말은 무엇입니까?

"이 동네에서 너희를 박해하거든 저 동네로 피하라 내가 진실로 너희에게 이르노니 (　　)의 모든 동네를 다 다니지 못하여서 (　　)가 오리라"(마 10)

75. 다음 (　) 안에 들어갈 말은 무엇입니까?

"너희에게는 (　　)까지 다 세신 바 되었나니 두려워하지 말라 너희는 많은 참새보다 귀하니라"(마 10)

76. 다음 (　) 안에 들어갈 말은 무엇입니까?

"내가 세상에 화평을 주러 온 줄로 생각하지 말라 (　　)이 아니요 (　　)을 주러 왔노라"(마 10)

77. 세례 요한은 옥에 갇혔을 때 자신의 제자들을 예수님께 보내어 "오실 그이가 당신이오니이까?"라고 질문하였습니다. 이때 예수님께서 하신 대답과 관련이 없는 것은 무엇입니까?(마 11)

① 맹인이 보게 된다　　② 나병 환자가 깨끗함을 받는다
③ 부자에게 복음이 전파된다　　④ 못 듣는 자가 듣는다

78. 다음 (　) 안에 들어갈 말은 각각 무엇입니까?

"모든 선지자와 율법이 예언한 것은 (　　)까지니 만일 너희가 즐겨 받을진대 오리라 한 (　　)가 곧 이 사람이니라"(마 11)

79. 다음 (　) 안에 들어갈 말은 무엇입니까?

"요한이 와서 먹지도 않고 마시지도 아니하매 그들이 말하기를 (　　) 하더니"(마 11)
① 신성모독자다　② 거짓 선지자다　③ 율법 위반자다　④ 귀신이 들렸다

80. 다음 (　) 안에 들어갈 말은 각각 무엇입니까?

"인자는 와서 먹고 마시매 말하기를 보라 먹기를 탐하고 포도주를 즐기는 사람이요 세리와 죄인의 (　　)로다 하니 (　　)는 그 행한 일로 인하여 옳다 함을 얻느니라"(마 11)

81. 다음 (　) 안에 들어갈 말은 무엇입니까?

"나는 (　　)를 원하고 제사를 원하지 아니하노라 하신 뜻을 너희가 알았더라면 무죄한

자를 정죄하지 아니하였으리라 인자는 안식일의 주인이니라 하시니라"(마 12)

82. 예수님은 안식일에 구덩이에 빠진 양을 구해주는 것이 옳다고 말씀하시면서 다음과 같이 선언하셨습니다. (　) 안에 들어갈 말은 무엇입니까?

"사람이 양보다 얼마나 더 귀하냐 그러므로 안식일에 (　　)이 옳으니라 하시고"(마 12)

① 자비를 베푸는 것　② 생명을 살리는 것
③ 선을 행하는 것　④ 율법을 준수하는 것

83. 예수님께서 귀신 들린 자들을 고쳐주실 때 바리새인들은 예수님이 누구의 힘으로 그런 일을 행한다고 말하였습니까?(마 12)

① 사탄　② 바알세불　③ 하나님　④ 귀신

84. 사람들이 예수님께 표적을 요구하였을 때 예수님은 무슨 표적을 보여주겠다고 말씀하셨습니까?(마 12)

① 사흘 밤낮 동안 큰 물고기 뱃속에 있었던 것과 같은 요나의 표적
② 오병이어의 표적
③ 물을 포도주로 변화시키는 표적
④ 풍랑 이는 바다 위를 걸어가시는 표적

85. 다음 (　) 안에 들어갈 말은 무엇입니까?

"누구든지 하늘에 계신 내 아버지의 뜻대로 하는 자가 내 (　　)요 (　　)요 (　　)이니라"(마 12)

① 형제, 자매, 친구　② 형제, 자매, 아버지　③ 형제, 자매, 어머니　④ 제자, 형제, 부모

86. 씨 뿌리는 자의 비유에서 사용되지 않은 것은 무엇입니까?(마 13)

① 길 가　② 돌밭　③ 좋은 땅　④ 모래 밭

87. 씨 뿌리는 자의 비유 단락에서 예수님이 비유로 말씀하시는 이유는 무엇 때문이라고 언급합니까?(마 13)

① 그들이 보아도 보지 못하며 들어도 듣지 못하며 깨닫지 못하므로
② 그들의 믿음이 약하여 깨닫지 못하므로
③ 그들이 완악하므로
④ 그들이 천국 복음을 믿지 않으므로

88. 가라지의 비유에서 예수님은 곡식 가운데 자라난 가라지를 어떻게 하라고 가르치셨습니까?(마 13)

① 가라지를 즉시 뽑아버리라
② 가라지를 곡식과 함께 자라게 하여 거두어 내 곳간에 넣으라
③ 추수 때에 가라지를 먼저 거두어 불사르게 단으로 묶으라
④ 가라지와 곡식을 모두 뽑아버리라

89. 가라지의 비유에서 좋은 씨를 뿌리를 자는 누구입니까?(마 13)

① 인자 ② 천사 ③ 예언자 ④ 농부

90. 마태복음에서 예수님은 천국을 밭에 감추인 보화, 좋은 진주를 구하는 장사, 물고기를 모으는 그물 등으로 비유하면서 다음과 같이 말씀하셨습니다. ( ) 안에 들어갈 말은 각각 무엇입니까?

"세상 끝에도 이러하리라 천사들이 와서 ( ) 중에서 ( )을/를 갈라 내어 풀무 불에 던져 넣으리니 거기서 울며 이를 갈리라"(마 13)

① 의인, 죄인 ② 믿는 자, 불신자 ③ 의인, 악인 ④ 보내심을 받은 자, 외인

91. 마태복음에서 예수님이 "마치 새것과 옛것을 그 곳간에서 내오는 집주인과 같으니라"라고 말씀하신 자는 누구입니까?(마 13)

① 천국의 제자된 서기관 ② 자기 십자가를 지고 따르는 자
③ 자기 멍에를 메고 따르는 자 ④ 천국 복음을 전파하는 제자

92. 다음 중 예수님의 형제가 아닌 사람은 누구입니까?(마 13)

① 요한 ② 야고보 ③ 요셉 ④ 시몬

93. 갈릴리의 분봉 왕 헤롯 안티파스가 세례 요한의 목을 베어 죽인 때는 언제입니까?(마 14)

① 유월절에 ② 자신의 생일 때 ③ 헤로디아와의 혼인식 때 ④ 초막절에

94. 다음 ( ) 안에 들어갈 말은 무엇입니까?

"제자들이 그가 바다 위로 걸어오심을 보고 놀라 유령이라 하며 무서워하여 소리 지르거늘 예수께서 즉시 이르시되 안심하라 나니 두려워하지 말라 베드로가 대답하여 이르되

주여 만일 주님이시거든 (　　　) 하니"(마 14)

① 우리를 구원하소서　　② 풍랑을 잠재워 주소서

③ 두려움을 쫓아주소서　　④ 나를 명하사 물 위로 오라 하소서

95. 물 위를 걸어가다가 물에 빠진 베드로에게 예수님은 뭐라고 말씀하셨습니까? (마 14)

① 믿음이 없는 자여　　② 소망이 없는 자여

③ 믿음이 작은 자여　　④ 깨닫지 못하는 자여

96. 마태복음에서 바리새인들과 서기관들은 제자들이 씻지 않은 손으로 떡을 먹는 것을 보며 무엇을 범했다고 비난하였습니까?(마15)

① 율법　　② 서기관의 전통　　③ 장로들의 전통　　④ 율례

97. 예수님은 "(　　)으로 들어가는 것이 사람을 더럽게 하는 것이 아니라 (　　)에서 나오는 그것이 사람을 더럽게 하는 것"이라고 말씀하셨습니다. (　　) 안에 들어갈 말은 무엇입니까?(마 15)

① 입　　② 마음　　③ 몸　　④ 생각

98. 마태복음에서 예수님이 자기 딸을 고쳐달라는 가나안 여자의 요청을 듣고 제일 먼저 하신 말씀은 무엇입니까?(마 15)

① 자녀의 떡을 취하여 개들에게 던짐이 마땅하지 아니하니라

② 네 믿음이 크도다

③ 네 소원대로 되리라

④ 나는 이스라엘 집의 잃어버린 양 외에는 다른 데로 보내심을 받지 아니하였노라

99. 예수님은 "악하고 음란한 세대가 표적을 구하나 (　　)의 표적 밖에는 보여 줄 표적이 없느니라"라고 말씀하셨습니다. (　　) 안에 들어갈 말은 무엇입니까? (마 16)

① 엘리야　　② 요나　　③ 솔로몬　　④ 인자

100. 다음 (　　) 안에 들어갈 말은 무엇입니까?

"또 내가 네게 이르노니 너는 베드로라 내가 이 반석 위에 내 교회를 세우리니 (　　　)가 이기지 못하리라"(마 16)

101. 베드로의 메시아 고백을 듣고 예수님은 "네가 땅에서 무엇이든지 매면 하늘에서도 매일 것이요 네가 땅에서 무엇이든지 풀면 하늘에서도 풀리리라"라고 말씀하시면서 베드로에게 무엇을 주겠다고 하셨습니까?(마 16)

① 천국의 비밀　　② 천국의 열쇠
③ 천국의 권세　　④ 천국의 복음

102. 예수님이 처음으로 수난을 예고했을 때 베드로는 어떻게 행동했습니까?(마 16)

① 예수님을 붙들고 항변했다
② 예수님에게 순종했다
③ 예수님이 그리스도며 하나님의 아들이라고 고백했다
④ 예수님의 말씀을 듣고 침묵했다

103. 예수님이 높은 산에 올라가셔서 변모하신 현장에 함께 있지 않았던 사람은 누구입니까?(마 17)

① 야고보　② 베드로　③ 안드레　④ 요한

104. 다음 ( ) 안에 공통으로 들어갈 말은 무엇입니까?

"이에 예수께서 꾸짖으시니 귀신이 나가고 아이가 그 때부터 나으니라 이 때에 제자들이 조용히 예수께 나아와 이르되 우리는 어찌하여 쫓아내지 못하였나이까 이르시되 너희 ( )이 작은 까닭이니라 진실로 너희에게 이르노니 만일 너희에게 ( )이 겨자씨 한 알 만큼만 있어도 이 산을 명하여 여기서 저기로 옮겨지라 하면 옮겨질 것이요 또 너희가 못할 것이 없으리라"(마 17)

105. 다음 ( ) 안에 들어갈 말은 무엇입니까?

"그러나 우리가 그들이 실족하지 않게 하기 위하여 네가 바다에 가서 낚시를 던져 먼저 오르는 고기를 가져 입을 열면 돈 ( )을 얻을 것이니 가져다가 나와 너를 위하여 주라 하시니라"(마 17)

① 반 세겔　② 한 세겔　③ 두 세겔　④ 한 렙돈

106. 다음 ( ) 안에 들어갈 말은 무엇입니까?

"누구든지 나를 믿는 이 작은 자 중 하나를 실족하게 하면 차라리 ( )이 그 목에 달려서 깊은 바다에 빠뜨려지는 것이 나으니라"(마 17)

① 큰 돌　② 연자 맷돌　③ 돌 기둥　④ 맷돌

107. 교회가 질서를 유지하기 위해 형제가 죄를 범했을 때 취해야 할 태도와 관련이 없는 것은 무엇입니까?(마 18)

① 사랑하고 용서해 줌　　② 이방인과 세리와 같이 여김
③ 두세 증인의 입으로 확증함　　④ 교회에 말함

108. 예수님은 베드로에게 죄를 범한 형제를 몇 번까지 용서해 주라고 하셨습니까?(마 18)

① 일곱 번　　② 일흔 번
③ 일흔 번을 일곱 번　　④ 일곱 번을 일흔 번

109. 용서할 줄 모르는 종의 비유에서 일만 달란트를 탕감받은 사람은 자기에게 얼마를 빚진 사람을 용서하지 못했습니까?(마 18)

① 십 데나리온　　② 백 데나리온
③ 일 달란트　　④ 백 달란트

110. 예수님은 이혼을 원칙적으로 금지하셨습니다. 그러나 예외적으로 한 가지 이혼 사유를 인정해 주셨는데, 그것은 무엇입니까?(마 19)

111. 다음 (　) 안에 들어갈 말은 무엇입니까?

"예수께서 이르시되 (　　)을 용납하고 내게 오는 것을 금하지 말라 천국이 이런 사람의 것이니라 하시고"(마 19)

① 이스라엘 사람들　　② 제자들
③ 제사장과 서기관들　　④ 어린 아이들

112. 부자 청년이 질문했을 때에 예수님이 말씀하신 계명들과 관련이 없는 것은 무엇입니까?(마 19)

① 살인하지 말라　　② 간음하지 말라
③ 안식일을 기억하여 거룩히 지키라　　④ 도둑질하지 말라

113. 다음 (　) 안에 들어갈 말은 무엇입니까?

"다시 너희에게 말하노니 (　　)가 (　　)로 들어가는 것이 부자가 하나님의 나라에 들어가는 것보다 쉬우니라 하시니"(마 19)

114. 다음 성경 구절은 포도원 품꾼의 비유입니다. 다음 (　　) 안에 들어갈 말은 무엇입니까?

"내 것을 가지고 내 (　　　)대로 할 것이 아니냐 내가 선하므로 네가 (　　　)하게 보느냐"(마 20)

115. 마태복음에서 예수의 세 번째 수난예고 직후에 "주의 나라에서 하나는 주의 우편에, 하나는 주의 좌편에 앉게 명하소서"라고 청한 사람은 누구입니까?(마 20)

① 세베대의 아들인 야고보와 요한　② 세베대의 아들들의 어머니
③ 세베대의 아들들의 아버지　④ 베드로와 안드레

116. 다음 (　　) 안에 공통으로 들어갈 말은 무엇입니까?

"앞에서 가고 뒤에서 따르는 무리가 소리 높여 이르되 (　　　) 다윗의 자손이여 찬송하리로다 주의 이름으로 오시는 이여 가장 높은 곳에서 (　　　) 하더라"(마 20)

117. 마태복음에는 예수님이 예루살렘에 입성할 때 제자들이 무엇을 끌고 왔다고 기록되어 있습니까?(마 21)

① 나귀 한 마리　② 나귀 새끼 한 마리
③ 나귀와 나귀 새끼　④ 양과 염소

118. 예수님께서 성전을 깨끗하게 하실 때 "내 집은 기도하는 집이라 일컬음을 받으리라 하였거늘 너희는 (　　)을 만드는도다"라고 말씀하셨습니다. (　　) 안에 들어갈 말은 무엇입니까?(마 21)

119. 다음 성경 구절은 무화과나무가 말라 죽게 된 이유를 말하고 있습니다. (　　) 안에 들어갈 말은 무엇입니까?

"길 가에서 한 무화과나무를 보시고 그리로 가사 잎사귀 밖에 아무 것도 찾지 못하시고 나무에게 이르시되 이제부터 영원토록 네가 (　　　)를 맺지 못하리라 하시니 무화과나무가 곧 마른지라"(마 21)

120. 다음은 포도원 농부의 비유입니다. (　　) 안에 들어갈 말은 무엇입니까?

"예수께서 이르시되 너희가 성경에 건축자들이 버린 돌이 (　　　　)이 되었나니 이것은 주로 말미암아 된 것이요 우리 눈에 기이하도다 함을 읽어 본 일이 없느냐"(마 21)

121. 혼인 잔치 비유에서 예수님은 “청함을 받은 자는 많되 (　　)을/를 입은 자는 적으니라”라고 말씀하셨습니다. (　　) 안에 들어갈 말은 무엇입니까?(마 22)

① 부르심　　② 택함　　③ 은혜　　④ 구원함

122. 다음은 “가이사에게 세금을 바치는 것이 옳으니이까 옳지 아니하니이까?”라는 질문에 대한 예수님의 대답입니다. (　　) 안에 들어갈 말은 무엇입니까?

“이에 이르시되 그런즉 (　　　)의 것은 (　　　)에게, (　　　)의 것은 (　　　)께 바치라 하시니”(마 22)

123. 예수님은 다음 구절을 근거로 죽은 자의 부활이 있다는 사실을 증명하셨습니다. (　　) 안에 들어갈 말은 무엇입니까?

“나는 (　　　)의 하나님이요 (　　　)의 하나님이요 (　　　)의 하나님이로라 하신 것을 읽어 보지 못하였느냐 하나님은 죽은 자의 하나님이 아니요 (　　　)의 하나님이시니라 하시니”(마 22)

124. 가장 큰 계명에 대한 한 율법사의 질문을 받은 예수님은 하나님 사랑, 이웃 사랑이라고 답하시면서 “이 두 계명이 (　　)의 강령이니라”라고 말씀하셨습니다. (　　) 안에 들어갈 말은 무엇입니까?(마 22)

① 모든 율법　　② 하나님의 말씀
③ 천국 복음　　④ 온 율법과 선지자

125. 예수님은 서기관들과 바리새인들의 외식함을 꾸짖으시면서 “너희는 (　　)라 칭함을 받지 말라 너희 선생은 하나요 너희는 다 형제니라”라고 말씀하셨습니다. (　　) 안에 들어갈 말은 무엇입니까?(마 23)

① 랍비　　② 선지자　　③ 의인　　④ 교사

126. 예수님은 서기관들과 바리새인들의 외식함을 꾸짖으시면서 다음과 같이 말씀하셨습니다. (　　) 안에 들어갈 말은 무엇입니까?

“화 있을진저 외식하는 서기관들과 바리새인들이여 너희는 (　　　　) 한 사람을 얻기 위하여 바다와 육지를 두루 다니다가 생기면 너희보다 배나 더 지옥 자식이 되게 하는도다”(마 23)

① 의인　　② 교인　　③ 죄인　　④ 제자

127. 다음 ( ) 안에 들어갈 말은 무엇입니까?

"예루살렘아 예루살렘아 선지자들을 죽이고 네게 파송된 자들을 돌로 치는 자여 ( ) 이 그 새끼를 날개 아래에 모음 같이 내가 네 자녀를 모으려 한 일이 몇 번이더냐 그러나 너희가 원하지 아니하였도다"(마 23)

128. 예수님은 성전 건물을 보시며 무엇이라 말씀하셨습니까?(마 24)

① 이 터에 아무것도 남지 않고 다 무너뜨려지리라

② 돌들이 모두 다 무너뜨려지리라

③ 이 건물이 다 무너뜨려지리라

④ 돌 하나도 돌 위에 남지 않고 다 무너뜨려지리라

129. 다음 ( ) 안에 들어갈 말은 무엇입니까?

"그러므로 너희가 선지자 ( )이 말한 바 멸망의 가증한 것이 거룩한 곳에 선 것을 보거든 (읽는 자는 깨달을진저) 그 때에 유대에 있는 자들은 산으로 도망할지어다"(마 24)

① 이사야 ② 예레미야 ③ 에스겔 ④ 다니엘

130. 다음 ( ) 안에 공통으로 들어갈 말은 무엇입니까?

"그 때에 ( )의 징조가 하늘에서 보이겠고 그 때에 땅의 모든 족속들이 통곡하며 그들이 ( )가 구름을 타고 능력과 큰 영광으로 오는 것을 보리라"(마 24)

131. 다음 ( ) 안에 공통으로 들어갈 말은 무엇입니까?

"( )의 때와 같이 인자의 임함도 그러하리라 홍수 전에 ( )가 방주에 들어가던 날까지 사람들이 먹고 마시고 장가 들고 시집 가고 있으면서 홍수가 나서 그들을 다 멸하기까지 깨닫지 못하였으니 인자의 임함도 이와 같으리라"(마 24)

132. 열 처녀의 비유에서 슬기로운 다섯 처녀와 미련한 자들이 졸며 잤던 이유는 무엇입니까?(마 25)

① 모두 믿음이 부족해서 ② 모두 피곤하여서

③ 신랑이 더디 오므로 ④ 신랑이 약속을 어겼으므로

133. 달란트 비유에 등장하는 종들은 각각 몇 달란트를 받았습니까?(마 25)

① 다섯 달란트, 두 달란트, 한 달란트 ② 열 달란트, 다섯 달란트, 한 달란트

③ 다섯 달란트, 세 달란트, 한 달란트 ④ 일곱 달란트, 세 달란트, 한 달란트

134. 목자가 양과 염소를 구분하는 것 같이, 심판하실 때에 우리가 누구에게 행한 것이 곧 예수님에게 행한 것과 같다고 말씀하셨습니까?(마 25)

① 내 형제 중에 지극히 경건한 자 ② 내 형제 중에 지극히 의로운 자
③ 내 형제 중에 지극히 총명한 자 ④ 내 형제 중에 지극히 작은 자

135. 다음 ( ) 안에 들어갈 말은 무엇입니까?

"이 여자가 내 몸에 이 향유를 부은 것은 내 ( )를 위하여 함이니라"(마 26)

136. 가룟 유다가 예수님을 대제사장들에게 넘겨주기로 하고 받은 금액은 얼마입니까?(마 26)

① 은 삼십 ② 은 사십 ③ 금 삼십 ④ 금 사십

137. 다음은 마태복음의 마지막 만찬 본문입니다. ( ) 안에 들어갈 말은 각각 무엇입니까?

"또 잔을 가지사 감사 기도 하시고 그들에게 주시며 이르시되 너희가 다 이것을 마시라 이것은 ( )을 얻게 하려고 많은 사람을 위하여 흘리는 바 나의 피 곧 ( )의 피니라"(마 26)

138. 예수님이 겟세마네로 기도하러 가실 때에 동행하지 않은 제자는 누구입니까?(마 26)

① 베드로 ② 안드레 ③ 야고보 ④ 요한

139. 다음 ( ) 안에 들어갈 말은 무엇입니까?

"예수를 파는 자가 그들에게 군호를 짜 이르되 내가 ( )가 그이니 그를 잡으라 한지라"(마 26)

① 입맞추는 자 ② 악수하는 자
③ 포옹하는 자 ④ 손가락으로 지시하는 자

140. 다음 ( ) 안에 들어갈 말은 무엇입니까?

"거짓 증인이 많이 왔으나 얻지 못하더니 후에 두 사람이 와서 이르되 이 사람의 말이 내가 하나님의 성전을 헐고 ( ) 동안에 지을 수 있다 하더라 하니"(마 26)

141. 대제사장들은 가룟 유다가 예수님 판 돈을 도로 가져왔을 때 그 돈으로 토기장이의 밭을 사서 무슨 용도로 사용했습니까?(마 27)

① 제사장의 밭　　② 나그네의 묘지
③ 죄인의 묘지　　④ 가난한 자의 묘지

142. 총독 빌라도가 손을 씻으며 예수의 사형 판결에 본인의 책임이 없다는 태도를 보이자 유대인 백성은 무엇이라고 대답했습니까?(마 27)

① 예수가 아니라 바라바를 놓아주라
② 그를 십자가에 못 박으라
③ 그 피를 우리와 우리 자손에게 돌릴지어다
④ 그의 사형에 대해서 우리도 책임이 없다

143. 예수님과 함께 십자가에 달린 두 강도는 어떤 행동을 했습니까?(마 27)

① 한 강도는 예수님에게 자신을 기억해 달라고 빌었고, 다른 한 강도는 예수님을 조롱했다
② 두 강도는 서로 다투었다
③ 두 강도 모두 잠잠했다
④ 두 강도 모두 예수님을 욕했다

144. 예수님이 십자가에서 돌아가실 때에 발생한 사건들과 관련이 없는 것은 무엇입니까?(마 27)

① 성소의 휘장이 찢어짐　　② 무덤이 열리고 자던 성도들의 몸이 일어남
③ 땅이 진동하고 바위가 터짐　　④ 온 예루살렘이 회개하기 시작함

145. 빌라도를 찾아가 예수님의 시체를 달라고 말한 사람은 누구입니까?(마 27)

146. 다음 (　) 안에 들어갈 말은 무엇입니까?

"또 빨리 가서 그의 제자들에게 이르되 그가 죽은 자 가운데서 살아나셨고 너희보다 먼저 (　　　　)로 가시나니 거기서 너희가 뵈오리라 하라 보라 내가 너희에게 일렀느니라 하거늘"(마 28)

마가복음

1. 다음 (　) 안에 들어갈 말은 무엇입니까?

"하나님의 아들 예수 그리스도의 (　　)의 시작이라"(막 1)

① 기쁨　② 복음　③ 나라　④ 비밀

2. 세례 요한이 입었던 옷은 무엇입니까?(막 1)

① 양털 옷　② 가죽 옷　③ 자색 옷　④ 낙타털 옷

3. 세례 요한이 먹은 음식은 무엇입니까?(막 1)

① 메추라기와 만나　② 메뚜기와 석청　③ 오병이어　④ 참새와 백합화

4. 다음 (　) 안에 공통으로 들어갈 말은 무엇입니까?

"요한이 잡힌 후 예수께서 갈릴리에 오셔서 하나님의 (　　)을 전파하여 이르시되 때가 찼고 하나님의 나라가 가까이 왔으니 회개하고 (　　)을 믿으라 하시더라"(막 1)

5. 마가복음에서 예수님이 처음 제자로 삼은 두 사람은 누구입니까?(막 1)

① 야고보와 요한　② 유다와 도마　③ 야고보와 시몬　④ 시몬과 안드레

6. 다음 ( ) 안에 들어갈 말은 무엇입니까?

"마침 그들의 회당에 더러운 귀신 들린 사람이 있어 소리 질러 이르되 나사렛 예수여 우리가 당신과 무슨 상관이 있나이까 우리를 멸하러 왔나이까 나는 당신이 누구인 줄 아노니 ( )니이다"(막 1)

① 하나님의 아들 ② 하나님의 거룩한 자

③ 전능자 ④ 메시야

7. 예수님이 가버나움 회당에서 말씀을 가르치고 귀신을 쫓아냈을 때, 사람들의 반응으로 언급된 것과 거리가 먼 것은 무엇입니까?(막 1)

① 권위 있다 ② 새 교훈이다

③ 다 놀랐다 ④ 가버나움을 떠날 것을 요구하였다

8. 마가복음 1장에서 예수님은 누구의 장모의 병을 고쳐주셨습니까?(막 1)

① 안드레 ② 시몬 ③ 야고보 ④ 요한

9. 예수님이 가버나움에서 한 중풍병자를 고치실 때 누구의 믿음을 보시고 고쳐주셨습니까?(막 2)

① 중풍병자 자신의 믿음 ② 중풍병자의 부모의 믿음

③ 그곳에 모인 사람들의 믿음 ④ 중풍병자를 데리고 온 사람들의 믿음

10. 예수님은 가버나움에서 중풍병자를 고치실 때 지붕을 뜯어 그를 내린 사람은 몇 명이었습니까?(막 2)

① 2명 ② 4명 ③ 6명 ④ 12명

11. 예수님이 세관에 앉아 있던 레위를 제자로 부르셨습니다. 레위는 누구의 아들입니까?(막 2)

① 베드로 ② 세베대 ③ 바돌로매 ④ 알패오

12. 다음 ( ) 안에 들어갈 말은 무엇입니까?

"다윗이 자기와 및 함께 한 자들이 먹을 것이 없어 시장할 때에 한 일을 읽지 못하였느냐 그가 ( ) 대제사장 때에 하나님의 전에 들어가서 제사장 외에는 먹어서는 안 되는 진설병을 먹고 함께 한 자들에게도 주지 아니하였느냐"(막 2)

13. 세례 요한의 제자들과 바리새인들은 금식을 통해 온전한 신앙생활을 하려고 했습니다. 그런데 예수님은 왜 금식할 필요가 없다고 하셨습니까?(막 2)

① 단지 다르게 보이려고 했기 때문에
② 금식이 건강을 해치기 때문에
③ 신랑과 함께 있는 때이기 때문에
④ 금식은 절대 해서는 안 되는 것이기 때문에

14. 예수님을 죽이려고 모의하기 시작한 이들은 바리새인들과 누구입니까?(막 3)

① 젤롯당 ② 사두개파 ③ 헤롯당 ④ 로마 총독

15. 예수님의 열두 제자 중에서 세베대의 아들 야고보와 요한에게 붙여진 "우레의 아들"이란 별명은 아람어로 무엇입니까?(막 3)

16. 다음 ( ) 안에 들어갈 말은 무엇입니까?

"누구든지 ( )을 모독하는 자는 영원히 사하심을 얻지 못하고 영원한 죄가 되느니라 하시니 이는 그들이 말하기를 더러운 귀신이 들렸다 함이러라"(막 3)

① 회당 ② 성령 ③ 대제사장 ④ 율법

17. 예수님의 말씀에서 ( ) 안에 들어갈 말은 무엇입니까?

"누구든지 ( )대로 행하는 자가 내 형제요 자매요 어머니이니라"(막 3)

① 율법의 뜻 ② 성경의 기록 ③ 하나님의 뜻 ④ 마음에 새긴 율법

18. 다음 ( ) 안에 들어갈 말은 무엇입니까?

"예수께서 홀로 계실 때에 함께 한 사람들이 열두 제자와 더불어 그 비유들에 대하여 물으니 이르시되 하나님 나라의 ( )을 너희에게는 주었으나 외인에게는 모든 것을 비유로 하나니"(막 4)

① 비밀 ② 복음 ③ 신비함 ④ 능력

19. 예수님은 씨 뿌리는 자의 비유에서 좋은 땅에 뿌려진 씨가 얼마나 많은 결실을 맺는다고 했습니까?(막 4)

① 20배, 40배, 60배 ② 30배, 60배, 90배
③ 30배, 60배, 100배 ④ 30배, 50배, 100배

20. 예수님은 거라사 지방에서 '군대'라는 이름을 가진 강력한 귀신을 내쫓으셨습니다. 이때 군대 귀신은 몇 마리의 돼지에 들어가서 죽었습니까?(막 5)

① 약 천 마리 ② 약 이천 마리 ③ 약 삼천 마리 ④ 약 육천 마리

21. 예수님이 군대 귀신을 쫓아낸 이야기가 전파된 곳은 어디입니까?(막 5)

① 데가볼리 ② 두로와 시돈 ③ 시리아 ④ 갈릴리

22. 예수님에게 중병에 걸린 딸을 고쳐달라고 찾아온 유대인 회당장이 있었습니다. 예수님은 그의 죽은 딸을 살리셨는데, 이 회당장의 이름은 무엇입니까?(막 5)

① 야이로 ② 바나바 ③ 디모데 ④ 사가랴

23. 예수님께서 죽은 야이로의 딸을 고치러 가시는 도중에 길에서 만난 사람은 누구입니까?(막 5)

① 소경 바디매오 ② 12년 동안 혈루증을 앓던 여인

③ 나병 환자 ④ 바리새인

24. 다음 ( ) 안에 들어갈 말은 무엇입니까?

"예수께서 이르시되 딸아 네 ( )이 너를 구원하였으니 평안히 가라 네 병에서 놓여 건강할지어다"(막 5)

25. 예수님은 회당장의 딸을 살리실 때 "소녀야, 일어나라"라고 말씀하셨습니다. 이 말은 아람어로 무엇입니까?(막 5)

① 마라나타 ② 엘리 엘리 라마 사박다니 ③ 달리다굼 ④ 에바다

26. 죽었다가 다시 살아난 회당장의 딸은 몇 세였습니까?(막 5)

① 11세 ② 12세 ③ 13세 ④ 14세

27. 마가복음에 따르면 예수님의 직업은 무엇이었습니까?(막 6)

28. 예수님은 제자들을 여러 지역으로 보내서 선교 활동을 하게 하셨습니다. 이때

예수님은 제자들을 몇 명씩 보내셨습니까?(막 6)

① 1명씩(각자) ② 2명씩 ③ 3명씩 ④ 4명씩

29. 헤롯 안디바(안티파스)가 자기 생일에 세례 요한을 처형할 때 초대하지 않은 사람은 누구입니까?(막 6)

① 대신들 ② 천부장들 ③ 갈릴리의 귀인들 ④ 바리새인들과 사두개인들

30. 다음 ( ) 안에 들어갈 말은 무엇입니까?

"예수께서 떡 다섯 개와 물고기 두 마리를 가지사 하늘을 우러러 축사하시고 떡을 떼어 제자들에게 주어 사람들에게 나누어 주게 하시고 또 물고기 두 마리도 모든 사람에게 나누시매 다 배불리 먹고 남은 떡 조각과 물고기를 ( ) 바구니에 차게 거두었으며"(막 6)

31. 예수님은 떡 다섯 개와 물고기 두 마리로 배고픈 사람들을 먹이는 오병이어의 기적을 행하셨습니다. 이때 무리가 배불리 먹은 다음에 어떻게 되었습니까?(막 6)

① 먹고 남은 것을 1개의 바구니에 담았다
② 먹고 남은 것을 5개의 바구니에 담았다
③ 먹고 남은 것을 12개의 바구니에 담았다
④ 먹고 남은 것이 전혀 없었다

32. 예수님이 떡과 물고기로 많은 사람을 먹이신 일화는 마가복음에 몇 번 나옵니까?

① 1번 ② 2번 ③ 3번 ④ 전혀 안 나온다

33. 예수님이 물 위를 걷는 기적을 보이셨을 때, 유령으로 알고 놀라는 제자들에게 예수님은 어떤 말씀을 하셨습니까?(막 6)

① 아직도 깨닫지 못하느냐 ② 안심하라 내니 두려워하지 말라
③ 왜 의심하느냐 ④ 너희는 나를 누구라 하느냐

34. 다음 ( ) 안에 들어갈 말은 무엇입니까?

"바리새인들과 모든 유대인들은 장로들의 전통을 지키어 손을 잘 씻지 않고서는 음식을 먹지 아니하며 또 시장에서 돌아와서도 ( )을 뿌리지 않고서는 먹지 아니하며 그 외에도 여러 가지를 지키어 오는 것이 있으니 잔과 주발과 놋그릇을 씻음이러라"(막 7)

35. 다음 (　) 안에 들어갈 말은 무엇입니까?

"모세는 네 부모를 공경하라 하고 또 아버지나 어머니를 모욕하는 자는 죽임을 당하리라 하였거늘 너희는 이르되 사람이 아버지에게나 어머니에게나 말하기를 내가 드려 유익하게 할 것이 (　　) 곧 하나님께 드림이 되었다고 하기만 하면 그만이라 하고 자기 아버지나 어머니에게 다시 아무 것도 하여 드리기를 허락하지 아니하여"(막 7)

36. 두로 지방에서 예수님께 귀신 들린 어린 딸을 고쳐주시기를 청하며 "상 아래 개들도 아이들이 먹던 부스러기를 먹나이다"라고 애원하였던 헬라 여인의 출신 족속은 어디입니까?(막 7)

37. 자기 딸을 고치기 위해 예수님을 찾아온 수로보니게 여인은 예수님께 은총을 간청하면서 다음과 같이 말했습니다. (　) 안에 들어갈 말은 무엇입니까?

"상 아래 개들도 아이들이 먹던 (　　)을/를 먹나이다"(막 7)

① 떡　② 은혜　③ 사랑　④ 부스러기

38. 다음 성경 구절은 예수님의 이동 경로를 말하고 있습니다. (　) 안에 들어갈 말은 무엇입니까?

"예수께서 다시 두로 지방에서 나와 시돈을 지나고 (　　) 지방을 통과하여 갈릴리 호수에 이르시매"(막 7)

① 데가볼리　② 가버나움　③ 바산　④ 나사렛

39. 예수님께서 귀 먹고 말 더듬는 자를 치료하실 때 말씀하셨던 "에바다"는 무슨 의미입니까?(막 7)

40. 약 사천 명의 사람들이 광야에서 사흘 동안 예수님과 함께 있으면서 먹을 것이 없을 때에 예수님은 작은 생선 두어 마리와 몇 개의 떡으로 그들을 배불리 먹이셨습니까?(막 8)

① 다섯 개　② 여섯 개　③ 일곱 개　④ 여덟 개

41. 사천 명을 먹이신 기적 이후 제자들이 떡 가져오기를 잊은 채 배에 올랐을 때, 이들에게는 몇 개의 떡이 있었습니까?(막 8)

① 네 개 ② 세 개 ③ 두 개 ④ 한 개

42. 예수님이 소경의 눈을 뜨게 하신 일 가운데 두 번 안수하여(다시 안수하여) 치유한 곳은 어디입니까?(막 8)

① 벳새다 ② 빌립보 ③ 가이사랴 ④ 가버나움

43. "너희는 나를 누구라 하느냐"라는 예수님의 질문에 "주는 그리스도시니이다"라고 답한 제자는 누구입니까?(막 8)

① 도마 ② 유다 ③ 요한 ④ 베드로

44. 예수님은 "누구든지 나를 따라오려거든 자기를 부인하고 자기 십자가를 지고 나를 따르라"고 하셨습니다. 또 "(   )을 위하여 자기 목숨을 잃으면 구원하리라"라고 말씀하셨습니다. (   ) 안에 들어갈 말은 무엇입니까?(막 8)

① 나와 복음 ② 하나님과 성령 ③ 모든 사람 ④ 믿는 사람

45. 예수님이 세 명의 제자와 함께 높은 산에 올라가셨다가 놀라운 모습으로 변형된 사건을 변모산상 사건 또는 변화산상 사건이라고 부릅니다. 이때 함께 산에 올라간 제자는 누구입니까?(막 9)

① 베드로, 야고보, 요한 ② 베드로, 안드레, 야고보
③ 베드로, 야고보, 빌립 ④ 베드로, 유다, 스데반

46. 변화산상 사건에서 예수님 곁에 나타난 구약 시대의 인물 두 사람은 누구입니까?(막 9)

① 다윗과 솔로몬 ② 엘리야와 엘리사 ③ 아브라함과 모세 ④ 모세와 엘리야

47. 제자들은 예수님에게 자신들이 귀신을 쫓아내지 못하는 이유를 물었습니다. 예수님은 무엇이라고 답하셨습니까?(막 9)

① 기도 외에는 귀신을 나가게 할 수 없다
② 기도를 어떤 방식으로 했냐고 물으셨다
③ 운명으로 받아들이고 참아야 한다
④ 특별한 장소에 가서 기도해야 한다

48. 다음 ( ) 안에 들어갈 말은 무엇입니까?

"예수께서 앉으사 열두 제자를 불러서 이르시되 누구든지 ( )가 되고자 하면 뭇 사람의 ( )이 되며 뭇 사람을 섬기는 자가 되어야 하리라 하시고"(막 9)

49. 재물이 많은 사람(부자 청년)이 예수님께 무엇을 해야 영생을 얻을 수 있냐고 질문했습니다. 이때 예수님은 이 사람에게 부족한 것이 무엇이라고 말씀하셨습니까?(막 10)

① 부족한 것이 너무 많아 말로 표현하기 힘듦

② 십계명을 지키지 않음

③ 자기 재산을 다 팔아서 가난한 자들에게 주고 예수를 따라야 함

④ 기도가 부족함

50. 예수님은 부자가 하나님 나라에 들어가는 것은 이 동물이 바늘귀로 나가는 것보다 힘들다고 말씀하셨습니다. 이 동물은 무엇입니까?(막 10)

① 고래 ② 코끼리 ③ 뱀 ④ 낙타

51. 예수님이 자신의 수난과 죽음을 제자들에게 미리 알리신 것을 '수난예고'라고 합니다. 마가복음에서 예수님은 몇 번에 걸쳐 수난예고를 하셨습니까?

① 1번 ② 2번 ③ 3번 ④ 4번

52. 다음 ( ) 안에 들어갈 말은 무엇입니까?

"나와 복음을 위하여 집이나 형제나 자매나 어머니나 아버지나 자식이나 전토를 버린 자는 현세에 있어 집과 형제와 자매와 어머니와 자식과 전토를 백 배나 받되 ( )를 겸하여 받고 내세에 영생을 받지 못할 자가 없느니라"(막 10)

① 박해 ② 사랑 ③ 은혜 ④ 축복

53. 다음 ( ) 안에 들어갈 말은 무엇입니까?

"예수께서 이르시되 너희는 너희가 구하는 것을 알지 못하는도다 내가 마시는 ( )을 너희가 마실 수 있으며 내가 받는 ( )를 너희가 받을 수 있느냐"(막 10)

54. 예수님이 여리고에서 나가실 때 길가에서 소경을 만나셨습니다. 예수님이 그의 눈을 뜨게 해주시자 그는 즉시 예수님을 따라 나섰습니다. 이 소경의 이름은 무엇입니까?(막 10)

55. 예수님이 디매오의 아들인 눈먼 거지 바디매오를 고쳐주신 장소는 어디입니까?(막 10)

① 가이사랴 ② 여리고 ③ 가버나움 ④ 예루살렘

56. 예수님은 예루살렘으로 들어가실 때 나귀 새끼를 타셨습니다. 이때 사람들은 예수님을 보고 "( ) 찬송하리로다 주의 이름으로 오시는 이여"라고 외치면서 환영했습니다. ( ) 안에 들어갈 말은 무엇입니까?(막 11)

① 할렐루야 ② 아멘 ③ 호산나 ④ 임마누엘

57. 다음 ( ) 안에 들어갈 말은 무엇입니까?

"이에 가르쳐 이르시되 기록된 바 내 집은 ( )이라 칭함을 받으리라고 하지 아니하였느냐 너희는 강도의 소굴을 만들었도다 하시매"(막 11)

① 손으로 만들지 않은 곳 ② 교회 ③ 회당 ④ 만민이 기도하는 집

58. 마가복음에 나오는 포도원 농부의 비유에서 포도원 주인이 포도원의 농부들에게 보낸 아들은 주인에게 어떤 아들이었습니까?(막 12)

① 존대하는 아들 ② 귀중한 아들 ③ 사랑하는 아들 ④ 소중히 여기는 아들

59. 로마 황제에게 세금을 바치는 문제에 대해 바리새인들과 헤롯 당원들이 "가이사에게 세금을 바치는 것이 옳으니이까 옳지 아니하나이까"라고 예수님께 질문했을 때, 예수님의 첫 번째 답변은 무엇이었습니까?(막 12)

① 가이사의 것은 가이사에게 하나님의 것은 하나님에게 바치라

② 어찌하여 나를 시험하느냐 데나리온 하나를 가져다가 내게 보이라

③ 자녀의 떡을 취하여 개들에게 던짐이 마땅치 아니하니라

④ 내가 길이요 진리요 생명이라

60. 다음 중 부활이 없다고 주장한 자들은 누구입니까?(막 12)

① 바리새인 ② 사두개인 ③ 서기관 ④ 대제사장

61. 다음 ( ) 안에 들어갈 말은 무엇입니까?

"다윗이 그리스도를 ( )라 하였은즉 어찌 그의 자손이 되겠느냐 하시니 많은 사람들이 즐겁게 듣더라"(막 12)

62. 자기의 모든 소유 곧 생활비 전부를 헌금한 과부를 보신 예수님은 이 과부가 모든 사람보다 더 많은 헌금을 했다고 칭찬하셨습니다. 이 과부는 얼마를 헌금했습니까?(막 12)

① 한 렙돈 ② 두 렙돈 ③ 세 렙돈 ④ 네 렙돈

63. 다음 ( ) 안에 들어갈 말은 무엇입니까?

"사람들이 너희를 끌어다가 넘겨 줄 때에 무슨 말을 할까 미리 염려하지 말고 무엇이든지 그 때에 너희에게 주시는 그 말을 하라 말하는 이는 너희가 아니요 ( )이시니라" (막 13)

① 하나님 ② 주님 ③ 성령 ④ 인자

64. 다음 ( ) 안에 들어갈 말은 무엇입니까?

"그 때에 인자가 구름을 타고 큰 ( )과 ( )으로 오는 것을 사람들이 보리라 또 그 때에 그가 천사들을 보내어 자기가 택하신 자들을 땅 끝으로부터 하늘 끝까지 사방에서 모으리라"(막 13)

65. 다음 ( ) 안에 들어갈 말은 무엇입니까?

"그러므로 깨어 있으라 집 주인이 언제 올는지 혹 저물 때일는지, ( )일는지, 닭 울 때일는지, ( )일는지 너희가 알지 못함이라 그가 홀연히 와서 너희가 자는 것을 보지 않도록 하라"(막 13)

66. 마지막 종말의 때, 즉 "그 날과 그 때"는 아무도 모르고 오직 누구만 안다고 했습니까?(막 13)

① 천사 ② 아들 ③ 아버지 ④ 대제사장

67. 예수님의 말씀입니다. "네가 이 큰 건물들을 보느냐 돌 하나도 돌 위에 남지 않고 다 무너뜨려지리라" 여기서 "이 큰 건물들"은 무엇을 가리킵니까?(막 13)

① 총독 관저 ② 유대교 회당 ③ 예루살렘 성전 ④ 원형 경기장

68. 예수님은 한 식물을 가리켜 다음과 같이 말씀하셨습니다. "그 가지가 연하여지고 잎사귀를 내면 여름이 가까운 줄 아나니" 이는 어떤 식물을 가리켜 하신 말씀입니까?(막 13)

① 무화과나무 ② 포도나무 ③ 감람나무 ④ 겨자나무

69. 마가복음 13장에서 예수님은 종말의 때에 발생할 일들을 알려주십니다. 예수님은 이것을 어떤 때라고 표현하셨습니까?(막 13)

① 순교의 날 ② 환난의 날 ③ 멸망의 날 ④ 회개의 날

70. 종말이 가까웠을 때, 이적과 기사를 행하면서 신앙인들을 미혹하려는 사람들은 누구입니까?(막 13)

① 권세를 가진 자 ② 거짓 교사들
③ 거짓 그리스도들과 거짓 선지자들 ④ 악한 천사들

71. 다음 성경 구절에서 명절은 구체적으로 유대교의 어떤 절기를 말합니까?

"대제사장들과 서기관들이 예수를 흉계로 잡아 죽일 방도를 구하며 이르되 민란이 날까 하노니 명절에는 하지 말자 하더라"(막 14)

① 유월절 ② 초막절 ③ 수전절 ④ 수장절

72. 한 여자가 예수님께 향유를 부은 일은 베다니 시몬이라는 사람의 집에서 있었던 일입니다. 이 시몬은 어떤 사람입니까?(막 14)

① 바리새인 시몬 ② 소경 시몬 ③ 율법학자 시몬 ④ 나병 환자 시몬

73. 옥합을 깨뜨려 예수님께 향유를 부어드린 여인은 예수님의 어떤 신체 부위에 향유를 부었습니까?(막 14)

① 발 ② 손 ③ 등 ④ 머리

74. 예수님께 향유를 부은 여인은 어떤 말을 했습니까?(막 14)

① 가난한 자들은 항상 너희와 함께 있을 것이다
② 그가 내게 좋은 일을 하였느니라
③ 이 향유를 삼백 데나리온에 팔아 가난한 자들에게 줄 수 있었겠도다
④ 아무 말도 하지 않았다

75. 예수님께서 베다니 나병 환자 시몬의 집에서 식사하실 때 한 여자가 옥합을 깨뜨려 예수님의 머리에 부은 향유는 그 당시 얼마의 가치를 지닌 것이었습니까?(막 14)

① 백 데나리온 이상 ② 이백 데나리온 이상
③ 삼백 데나리온 이상 ④ 사백 데나리온 이상

76. 예수님이 제자들과 더불어 유월절 음식을 드셨던 곳은 어디입니까?(막 14)

① 큰 다락방　② 큰 객실　③ 넓은 마당　④ 예루살렘 성전

77. 예수님이 유대인들 앞에서 심문을 받으실 때, 대제사장들과 (　　)이/가 예수를 죽이려고 그를 칠 증거를 찾았지만 찾지 못했습니다. (　　)에 들어갈 말은 무엇입니까?(막 14)

① 율법학자들　② 바리새인들　③ 로마인들　④ 온 공회

78. 다음 (　　) 안에 들어갈 말은 무엇입니까?

"내가 진실로 너희에게 이르노니 너희 중의 한 사람 곧 나와 함께 먹는 자가 나를 팔리라 하신대 그들이 근심하며 하나씩 하나씩 나는 아니지요 하고 말하기 시작하니 그들에게 이르시되 열둘 중의 하나 곧 나와 함께 (　　)에 손을 넣는 자니라"(막 14)

79. 다음 (　　) 안에 들어갈 말은 무엇입니까?

"베드로가 여짜오되 다 버릴지라도 나는 그리하지 않겠나이다 예수께서 이르시되 내가 진실로 네게 이르노니 오늘 이 밤 닭이 (　　) 번 울기 전에 네가 (　　) 번 나를 부인하리라"(막 14)

80. 예수님은 제자들과 함께 유월절 음식을 드신 직후에 어디로 가셨습니까?(막 14)

① 벳바게　② 감람 산　③ 성전　④ 갈릴리

81. 예수님이 제자들과 마지막 만찬을 함께하신 후 기도하러 가신 곳은 어디입니까?(막 14)

① 겟세마네　② 가버나움　③ 베다니　④ 욥바

82. 다음 성경 구절은 예수님이 겟세마네 동산에서 기도하신 내용입니다. (　　) 안에 들어갈 하나님의 호칭은 무엇입니까?

"이르시되 (　　) 아버지여 아버지께는 모든 것이 가능하오니 이 잔을 내게서 옮기시옵소서 그러나 나의 원대로 마시옵고 아버지의 원대로 하옵소서 하시고"(막 14)

83. 예수님이 당하신 수난 이야기 중에서 마가복음에만 나오는 것은 다음 중 어느 것입니까?(막 14)

① 겟세마네 동산에서 기도하심　② 유월절 음식을 드심(최후의 만찬)
③ 벗은 몸에 베 홑이불을 두른 청년의 등장　④ 베드로가 세 번 부인함

84. 예수님이 잡히실 때 세 번이나 예수님을 모른다고 부인한 제자는 누구입니까?(막 14)

85. 다음 (　) 안에 들어갈 말은 무엇입니까?

"대제사장이 가운데 일어서서 예수에게 물어 이르되 너는 아무 대답도 없느냐 이 사람들이 너를 치는 증거가 어떠하냐 하되 침묵하고 아무 대답도 아니하시거늘 대제사장이 다시 물어 이르되 네가 찬송 받을 이의 아들 (　　)냐 예수께서 이르시되 내가 그니라" (막 14)

86. 대제사장의 여종에게 "너도 갈릴리 사람이니 참으로 그 도당이니라"라고 공격 받은 사람은 누구입니까?(막 14)

① 베드로　② 안드레　③ 야고보　④ 요한

87. 예수님이 잡히신 후에 베드로는 예수님의 무슨 말씀이 생각나서 울었습니까?(막 14)

① 네가 나를 사랑하느냐
② 닭이 두 번 울기 전에 네가 세 번 나를 부인하리라
③ 사탄아 내 뒤로 물러가라
④ 네 죄사함을 받았느니라

88. 예수님을 재판했던 로마 총독은 누구입니까?(막 15)

① 빌라도　② 베스도　③ 벨릭스　④ 갈리오

89. 예수님이 십자가에 못 박히신 시간은 언제입니까?(막 15)

① 제3시　② 제6시　③ 제9시　④ 제12시

90. 예수님은 십자가에 못 박히실 때 무엇을 입으셨습니까?(막 15)

① 자색 옷을 입었다　② 겉옷을 입었다
③ 가죽 옷을 입었다　④ 아무 옷도 입지 않았다

91. 다음 (　) 안에 들어갈 말은 무엇입니까?

"예수에게 자색 옷을 입히고 가시관을 엮어 씌우고 경례하여 이르되 (　　)이여 평안할 지어다 하고 갈대로 그의 머리를 치며 침을 뱉으며 꿇어 절하더라"(막 15)

① 유대인의 왕　② 하나님의 아들

③ 다윗의 아들　④ 지극히 높으신 이의 아들

92. 군인들이 예수님을 끌고 들어가 온 군대를 모아 희롱했던 뜰의 이름은 무엇입니까?(막 15)

93. 다음 중에서 마가복음에 사용된 아람어가 아닌 것은 무엇입니까?(막 15)

① 달리다굼　② 에바다

③ 보아너게　④ 브라이도리온

94. 예수님의 십자가를 대신 지고 골고다로 간 사람은 누구입니까?(막 15)

① 구레네 사람 시몬　② 아리마대 사람 요셉

③ 바디매오　④ 주의 형제 야고보

95. 명절 때 죄수 한 사람을 풀어 주는 전통이 있었는데, 민란을 일으켜서 붙잡혔다가 백성의 요구로 풀려난 사람의 이름은 무엇입니까?(막 15)

① 바라바　② 바나바　③ 갈릴리 유다　④ 바디매오

96. 예수님과 함께 십자가에 못 박힌 사람들은 누구입니까?(막 15)

① 두 강도　② 세 강도　③ 네 강도　④ 다섯 강도

97. "나의 하나님, 나의 하나님 어찌하여 나를 버리셨나이까"라는 예수님의 외침은 구체적으로 시편 어디를 지칭합니까?(막 15)

① 2편　② 22편　③ 51편　④ 119편

98. 예수님의 시신을 가져가서 무덤에 안치한 사람은 누구입니까?(막 15)

① 주의 형제 야고보　② 막달라 마리아

③ 아리마대 사람 요셉　④ 살로메

99. 예수께서 운명하실 때 크게 소리 지르며 무엇이라고 말씀하셨습니까?(막 15)

① 아버지의 뜻대로 하옵소서

② 나의 하나님, 나의 하나님, 어찌하여 나를 버리셨나이까

③ 나는 아버지에게로 돌아갑니다

④ 성령이여 함께 하소서

100. 예수께서 십자가에서 죽으실 때에 "엘리 엘리 라마 사박다니"라고 외치셨는데, 사람들은 예수님이 누구를 부르고 있다고 생각했습니까?(막 15)

① 하나님 ② 엘리야 ③ 아브라함 ④ 엘리사

101. 예수께서 숨지실 때 찢어진 것은 무엇입니까?(막 15)

① 로마 군대 깃발 ② 성소 휘장

③ 대제사장 예복 ④ 두루마리 성경

102. 예수님의 죽음 직후에 "이 사람은 진실로 하나님의 아들이었도다"라고 말한 사람은 누구입니까?(막 15)

① 백부장 ② 로마 총독

③ 예루살렘 대제사장 ④ 바리새파 사람

103. 부활하신 예수님은 제자들보다 먼저 어디로 가셨다고 말합니까?(막 16)

104. 예수님의 무덤에서 시신이 없어졌습니다. 여인들이 빈 무덤에 갔을 때 만난 천사와 같은 사람은 어떤 옷차림을 하고 있었습니까?(막 16)

① 낙타털 옷을 입음 ② 자색 옷을 입음

③ 흰색 옷을 입음 ④ 빛나는 옷을 입음

105. 예수님의 빈 무덤을 목격한 여인이 아닌 사람은 누구입니까?(막 16)

① 막달라 마리아 ② 야고보의 어머니 마리아

③ 살로메 ④ 헤로디아

누가복음

1. 세례 요한의 어머니 엘리사벳은 누구의 자손입니까?(눅 1)

① 모세 ② 사독 ③ 아론 ④ 유다

2. 사가랴에게 아들을 낳을 것이라는 좋은 소식을 전해준 천사의 이름은 무엇입니까?(눅 1)

3. 세례 요한의 모친 '엘리사벳'과 예수님의 모친 '마리아'는 어떤 사이입니까?(눅 1)

① 친자매 ② 친족 ③ 이웃 ④ 주인과 여종

4. 다음 ( ) 안에 들어갈 말은 무엇입니까?

"엘리사벳이 마리아가 문안함을 들으매 아이가 복중에서 뛰노는지라 엘리사벳이 ( )의 충만함을 받아 큰 소리로 불러 이르되 여자 중에 네가 복이 있으며 네 태중의 아이도 복이 있도다"(눅 1)

5. 누가복음에서 마리아는 "내 영혼이 주를 찬양하며 내 마음이 하나님 내 구주를 기뻐하였음은 그의 여종의 ( )을 돌보셨음이라 보라 이제 후로는 만세에 나를 복이 있다 일컬으리로다"라고 노래합니다. ( ) 안에 들어갈 말은 무엇입니까?(눅 1)

① 어려움 ② 비천함 ③ 아픔 ④ 고단함

누

6. 세례 요한에 대하여 "이 아이여, 네가 지극히 높으신 이의 선지자라 일컬음을 받고 주 앞에 앞서 가서 그 길을 준비하여 주의 백성에게 그 죄 사함으로 말미암아 구원을 알게 하리니"라고 예언한 사람은 누구입니까?(눅 1)

① 가브리엘 ② 사가랴 ③ 마리아 ④ 엘리사벳

7. 세례 요한은 낳은 지 며칠 만에 세례를 받았습니까?(눅 1)

① 6일 ② 7일 ③ 8일 ④ 9일

8. 세례 요한은 예수님보다 대략 몇 개월 먼저 태어났습니까?(눅 1)

① 3개월 ② 4개월 ③ 5개월 ④ 6개월

9. 마리아는 엘리사벳의 집에서 얼마나 유하였습니까?(눅 1)

① 석 달쯤 ② 넉 달쯤 ③ 다섯 달쯤 ④ 여섯 달쯤

10. 세례 요한에 대해서 누가복음은 "아이가 자라며 ( )이 강하여지며 이스라엘에게 나타나는 날까지 빈 들에 있으니라"라고 언급하였습니다. ( ) 안에 들어갈 말은 무엇입니까?(눅 1)

11. 다음 ( ) 안에 들어갈 말은 무엇입니까?

"요셉도 다윗의 집 족속이므로 갈릴리 나사렛 동네에서 유대를 향하여 ( )이라 하는 다윗의 동네로 그 약혼한 마리아와 함께 호적하러 올라가니 마리아가 이미 잉태하였더라"(눅 2)

12. "오늘 다윗의 동네에 너희를 위하여 구주가 나셨으니 곧 그리스도 주시니라"라는 말은 천사가 누구에게 한 말이며, "다윗의 동네"는 어디를 의미합니까? (눅 2)

① 동방박사, 갈릴리 ② 목자들, 베들레헴 ③ 바로왕, 거라사 ④ 상인들, 사마리아

13. 누가복음에서 아기 예수를 제일 먼저 방문한 사람은 누구입니까?(눅 2)

① 양치는 목자들 ② 동방박사 ③ 안나와 시므온 ④ 바로왕

14. 예수님이 탄생할 즈음에 "주의 그리스도를 보기 전에는 죽지 아니하리라"라는 성령의 지시를 받은 사람은 누구입니까?(눅 2)

① 시므온　② 사가랴　③ 요셉　④ 마리아

15. 예수님이 탄생할 즈음에 예수를 증언했던 84세의 여 선지자이자 과부인 인물의 이름은 무엇입니까?(눅 2)

16. 다음 (　) 안에 들어갈 말은 무엇입니까?

"아기가 자라며 강하여지고 (　　)가 충만하며 (　　)가 그의 위에 있더라"(눅 2)

17. 유월절을 지키러 예루살렘에 올라갔다가 내려오던 중 소년 예수를 잃어버렸다가 다시 찾은 모든 일을 마음에 기억한 사람은 누구입니까?(눅 2)

① 예수의 아버지 요셉　② 예수의 어머니 마리아
③ 사가랴　④ 안나

18. 세례 요한에게 하나님의 말씀이 임하여 그가 사역을 시작할 무렵의 로마 황제는 누구입니까?(눅 3)

① 아구스도　② 네로
③ 디베료　④ 글라우디오

19. 세례 요한은 예수님께서 무엇으로 세례를 베푸실 것이라고 말했습니까?(눅 3)

① 성령과 불　② 불과 영
③ 물과 성령　④ 불과 기름

20. 세례를 받으러 나아온 무리가 "우리는 무엇을 하리이까"라고 물었을 때 세례 요한은 무엇이라고 답했습니까?(눅 3)

① 옷 두 벌 있는 자는 옷 없는 자에게 나누어 주라
② 옷 한 벌 있는 자는 옷 없는 자에게 나누어 주라
③ 옷 없는 자도 더 없는 자에게 나누어 주라
④ 옷이 많은 자는 옷 없는 자에게 나누어 주라

21. 다음은 세례 요한이 누구를 대상으로 한 설교입니까?

"사람에게서 강탈하지 말며 거짓으로 고발하지 말고 받는 급료를 족한 줄로 알라"(눅 3)

① 군인　② 세리　③ 제사장　④ 부자

눅

22. 예수님이 가르침을 시작하신 시기는 몇 세 즈음이었습니까?(눅 3)

① 33세　② 32세　③ 31세　④ 30세

23. 누가복음에서 예수님의 족보는 위로 누구에게까지 거슬러 올라갑니까?(눅 3)

24. 다음 본문은 예수님이 광야에서 마귀에게 받으신 세 가지 시험에 관한 내용 중 일부입니다. 마귀는 "순식간에 천하 만국을 보이며 이르되 이 모든 (　)와/과 그 (　)을/를 내가 네게 주리라 이것은 내게 넘겨 준 것이므로 내가 원하는 자에게 주노라"라고 말했습니다. (　) 안에 들어갈 말은 각각 무엇입니까?(눅 4)

① 땅, 권세　② 권위, 영광　③ 영토, 재산　④ 나라, 세상

25. 예수님이 처음 공생애를 시작하실 때 나사렛 회당에 들어가 읽고 설교했던 구약성경의 말씀은 무엇입니까?(눅 4)

① 요엘서　② 시편　③ 예레미야서　④ 이사야서

26. 예수님이 나사렛 회당에서 처음 설교하실 때 언급한 구약의 두 사람은 누구입니까?(눅 4)

① 다윗과 솔로몬　② 모세와 엘리사

③ 사렙다의 과부와 수리아 사람 나아만　④ 모세와 엘리야

27. 예수님이 나사렛 회당에서 처음 설교하실 때 "주의 성령이 내게 임하셨으니 이는 가난한 자에게 복음을 전하게 하시려고 내게 기름을 부으시고 나를 보내사 포로 된 자에게 자유를, 눈 먼 자에게 다시 보게 함을 전파하며 눌린 자를 자유롭게 하고 (　)를 전파하게 하려 하심이라"라고 말씀하셨습니다. (　) 안에 들어갈 말은 무엇입니까?(눅 4)

① 하나님의 구원의 때　② 하나님의 은혜

③ 주의 영광의 때　④ 주의 은혜의 해

28. 가버나움 회당의 더러운 귀신 들린 자는 예수님을 무엇이라고 언급했습니까?(눅 4)

① 하나님의 아들 ② 유대의 구원자 ③ 하나님의 거룩한 자 ④ 만왕의 왕

29. 제일 먼저 예수님의 제자가 된 사람은 누구입니까?(눅 5)

① 야고보 ② 시몬 ③ 요한 ④ 안드레

30. 예수님은 시몬의 배에 올라서 "깊은 데로 가서 그물을 내려 고기를 잡으라"라고 명하셨습니다. 예수님의 명을 따른 결과는 어떠했습니까?(눅 5)

① 153마리의 물고기가 잡혔다
② 많은 물고기가 잡혔으나 그물이 찢어지지 않았다
③ 많은 물고기가 잡혀서 그물이 찢어졌다
④ 적은 물고기가 잡혔으나 그물이 찢어졌다

31. 누가복음에서 온 몸에 나병 들린 사람을 낫게 해주신 다음에 예수님은 어떤 일을 하셨습니까?(눅 5)

① 한적한 곳으로 물러가 기도하셨다
② 수많은 무리를 계속해서 고치셨다
③ 바리새인과 서기관들과 논쟁하셨다
④ 다른 병자들을 치유하려고 배를 타고 이동하셨다

32. 누가복음에 따르면, 사람들이 지붕의 기와를 벗기고 한 중풍병자를 침상째 달아 내리자 예수님께서 그를 낫게 하셨습니다. 이때 예수님과 함께 있던 자들은 누구입니까?(눅 5)

① 열두 제자 ② 바리새인과 율법교사들 ③ 헤롯당원들 ④ 여인들

33. 누가복음에서 세관에 앉아 있다가 예수님께 부름 받은 사람의 이름은 무엇입니까?(눅 5)

34. 예수님은 "혼인 집 손님들이 신랑과 함께 있을 때에 너희가 그 손님으로 금식하게 할 수 있느냐"라고 말씀하시면서 금식할 그 날은 언제라고 하셨습니까?(눅 5)

① 그들이 신랑을 빼앗기는 날　　② 성전이 멸망하는 날
③ 성소 휘장이 갈라지는 날　　④ 세례 요한이 처형되는 날

누

35. 바리새인들은 안식일에 제자들이 이삭을 잘라 손으로 비비어 먹은 일을 비판했습니다. 이때 예수님은 다윗이 "하나님의 전에 들어가서 다만 제사장 외에는 먹어서는 안 되는 ( )을 먹고 함께 한 자들에게도 주지 아니하였느냐"라고 반문하셨습니다. ( ) 안에 들어갈 말은 무엇입니까?(눅 6)

36. 예수님은 열두 제자를 불러 선택하기 직전에 무슨 일을 하셨습니까?(눅 6)

① 많은 사람 앞에서 설교하셨다　　② 바리새인들과 논쟁하셨다
③ 산에서 밤이 새도록 기도하셨다　　④ 많은 병자를 고치셨다

37. 마태복음에서의 예수님의 산상설교가 누가복음에서는 어느 장소에서 행한 것으로 나옵니까?(눅 6)

① 산 위　② 바닷가　③ 도시　④ 평지

38. 누가복음의 평지설교에서 예수님은 복과 화를 각각 몇 번 언급하셨습니까?(눅 6)

① 4복 4화　② 8복 8화　③ 3복 3화　④ 5복 5화

39. 누가복음의 평지설교에서 예수님은 부자들에게 "화 있을진저 너희 부요한 자요"라고 말씀하신 뒤, 그 이유를 무엇 때문이라고 하셨습니까?(눅 6)

① 너희의 위로를 이미 받았다　　② 너희의 축복을 이미 받았다
③ 너희의 은혜를 이미 받았다　　④ 너희의 영광을 이미 받았다

40. 다음 ( ) 안에 공통으로 들어갈 말은 무엇입니까?

"너희가 받기를 바라고 사람들에게 ( ) 주면 칭찬 받을 것이 무엇이냐 죄인들도 그만큼 받고자 하여 죄인에게 ( ) 주느니라"(눅 6)

① 용서해　② 사랑해　③ 꾸어　④ 대접해

41. 다음 ( ) 안에 들어갈 말은 각각 무엇입니까?

"나무는 각각 그 열매로 아나니 가시나무에서 ( )를, 또는 찔레에서 ( )를 따지 못하느니라"(눅 6)

42. 누가복음에서 사랑하는 종의 치유를 위해 예수님께 청했던 백부장은 유대인 민족을 위해 어떤 일을 했던 사람입니까?(눅 7)

① 율법을 수호했다 ② 회당을 지었다
③ 시민권을 주었다 ④ 신앙의 자유를 보장해 주었다

43. 누가복음에서 병들어 죽게 된 종의 치유를 원했던 백부장은 누구를 예수님께 보내어 청했습니까?(눅 7)

① 유대인의 장로 몇 사람 ② 바리새인들
③ 로마 군인들 ④ 세리들

44. 예수님은 어느 성에 살고 있던 과부의 아들을 살려주셨습니까?(눅 7)

① 예루살렘 ② 베다니 ③ 여리고 ④ 나인

45. 세례 요한을 가리켜 예수님은 "너희가 무엇을 보려고 광야에 나갔더냐 바람에 흔들리는 ( )냐"라고 말씀하셨습니다. ( ) 안에 들어갈 말은 무엇입니까?(눅 7)

① 참새 ② 갈대 ③ 나뭇잎 ④ 백합화

46. 누가복음에서 예수님이 한 바리새인의 집에서 식사하실 때 죄를 지은 여자가 찾아와서 예수님의 발에 입 맞추고 향유를 부었습니다. 이 바리새인의 이름은 무엇입니까?(눅 7)

47. 복음을 전하는 예수님과 제자들을 도운 여인 중 헤롯의 청지기 구사의 아내 이름은 무엇입니까?(눅 8)

48. 씨 뿌리는 자의 비유에 대한 예수님의 설명 중, 말씀이 좋은 땅에 있다는 것은 누가복음에서 무엇을 의미합니까?(눅 8)

① 곧 말씀을 듣고 받아들이는 자를 가리킴
② 말씀을 듣고 깨닫는 자를 가리킴
③ 착하고 좋은 마음으로 말씀을 듣고 지키어 인내로 결실하는 자를 가리킴
④ 시련을 당할 때에 배반하지 않는 자를 가리킴

누

49. 예수님의 비유에서 등불은 켜서 그릇으로 덮거나 평상 아래에 두지 아니하고 무엇 위에 둔다고 언급합니까?(눅 8)

50. 광풍이 불어 예수님과 제자들이 있는 배에 물이 가득차 위태로워졌을 때, 누가복음에서는 예수님이 바람과 물결을 꾸짖어 잠잠하게 만드신 후에 제자들에게 무엇이라고 말씀하셨습니까?(눅 8)

① 어찌하여 무서워하느냐 믿음이 작은 자들아
② 어찌하여 이렇게 무서워하느냐 너희가 어찌 믿음이 없느냐
③ 너희 믿음이 어디 있느냐
④ 아직도 깨닫지 못하느냐

51. 거라사인의 땅에서 예수님이 군대 귀신 들린 자를 온전하게 고쳐주신 후에, 그 근방 사람들은 예수님께 무엇을 요청했습니까?(눅 8)

① 그곳에서 떠나가시기를 구했다
② 그들의 지방에 머물러 달라고 구했다
③ 병들고 귀신 들린 다른 자들을 더 고쳐달라고 구했다
④ 말씀을 들려 달라고 구했다

52. 군대 귀신 들렸던 사람이 온전하게 된 후에 그가 행한 일이 아닌 것은 무엇입니까?(눅 9)

① 그는 예수님과 함께 있고 싶다고 간청했다
② 그는 예수님에 의해 보내어졌다
③ 그는 예수님이 자신에게 행하신 큰 일을 전파했다
④ 그는 예수님 및 제자들과 함께 길을 떠났다

53. 열두 해 동안 혈루증을 앓던 여인이 예수님의 옷 가에 손을 댔을 때, 주님은 자신에게서 무엇이 나간 줄을 아셨습니까?(눅 8)

① 은혜　② 축복　③ 사랑　④ 능력

54. 회당장 야이로의 딸이 죽었을 때, 예수님이 집에 함께 들어가도록 허락한 이가 아닌 사람은 누구입니까?(눅 8)

① 안드레　② 베드로　③ 요한　④ 아이의 부모

55. 예수님은 회당장 야이로의 딸의 손을 잡고 "아이야 일어나라"라고 말씀하셨습니다. 아이가 일어난 후 예수님이 명령한 내용이 아닌 것은 무엇입니까?(눅 8)

① 아이에게 먹을 것을 주라고 하셨다
② 아이의 부모에게 경고하셨다
③ 아이의 부모에게 이 일을 아무에게도 말하지 말라고 하셨다
④ 함께 있던 자들에게 본 일을 널리 전하라고 하셨다

56. 예수님이 제자들을 파송하실 때 그들에게 주셨던 것은 무엇입니까?(눅 9)

① 모든 귀신을 제어하며 병을 고치는 능력과 권위 ② 비유로 말할 수 있는 지혜
③ 예언의 능력 ④ 물 위를 걷는 능력

57. 누가복음에서 예수님은 어떤 상황에서 제자들에게 "무리가 나를 누구라고 하느냐"라고 물으셨습니까?(눅 9)

① 예수님이 따로 기도하실 때
② 예수님이 제자들과 함께 가이사랴 빌립보로 가실 때
③ 예수님이 많은 병자를 고치시고 있을 때
④ 예수님이 비유로 말씀하고 계실 때

58. 다른 공관복음서에서는 예수님이 제자들에게 첫 번째로 수난을 예고하시고 엿새 후에 변화산에서 예수님의 모습이 신비한 모습으로 변형되었다고 언급합니다. 누가복음에서는 이 기간을 며칠 즈음으로 전합니까?(눅 9)

① 3일 ② 7일 ③ 8일 ④ 10일

59. 누가복음에는 변화산에 나타난 두 사람의 구약 인물과 예수님의 대화 내용이 언급됩니다. 그들이 함께 나눈 대화는 무엇에 관한 것입니까?(눅 9)

① 예수께서 십자가에서 죽고 부활하시는 것
② 예수께서 하늘 보좌에 앉으시는 것
③ 예수께서 사흘 만에 부활하시는 것
④ 예수께서 예루살렘에서 별세하시는 것

60. 제자 요한이 "어떤 사람이 주의 이름으로 귀신을 내쫓는 것을 우리가 보고 우리와 함께 따르지 아니하므로 금하였나이다"라고 말했을 때, 예수님은 무엇이라고 대답하셨습니까?(눅 9)

① 이 말을 너희 귀에 담아 두라 인자가 장차 사람들의 손에 넘겨지리라
② 금하지 말라 너희를 반대하지 않는 자는 너희를 위하는 자니라
③ 여기 서 있는 사람 중에 죽기 전에 하나님의 나라를 볼 자들도 있느니라
④ 나를 따라오려거든 자기를 부인하고 날마다 제 십자가를 지고 나를 따를 것이니라

61. 예수님이 "추수할 것은 많되 일꾼이 적다"라고 말씀하시면서 친히 가시려는 각 동네와 각 지역으로 둘씩 앞서 보낸 제자는 모두 몇 명입니까?(눅 10)

62. 예수님이 각 동네와 각 지역으로 파송했던 70명의 제자들은 돌아와서 무엇이라고 보고했습니까?(눅 10)

① 사탄이 하늘로부터 번개 같이 떨어지는 것을 보았나이다
② 우리가 뱀과 전갈을 밟았나이다
③ 주의 이름이면 귀신들도 우리에게 항복하더이다
④ 추수할 일꾼들을 보내 주소서

63. 다음 (　　) 안에 들어갈 말은 무엇입니까?

"그러나 귀신들이 너희에게 항복하는 것으로 기뻐하지 말고 너희 이름이 (　　　)에 기록된 것으로 기뻐하라 하시니라"(눅 10)

64. 누가복음에서 "선생님 내가 무엇을 하여야 영생을 얻으리이까"라고 예수님께 질문한 사람은 누구입니까?(눅 10)

① 사두개인　　② 바리새인　　③ 서기관　　④ 율법교사

65. 율법에 기록된 내용이 무엇인지를 정확히 대답한 율법교사에게 예수님은 무엇이라고 대답하셨습까?(눅 10)

① 네게 아직도 한 가지 부족한 것이 있으니 네게 있는 것을 다 팔아 가난한 자들에게 나누어 주라
② 네 대답이 옳도다 이를 행하라 그러면 살리라
③ 몇 가지만 하든지 혹은 한 가지만이라도 족하니라
④ 손에 쟁기를 잡고 뒤를 돌아보는 자는 하나님의 나라에 합당하지 아니하니라

66. 예수님의 비유에서 예루살렘에서 여리고로 내려가다가 강도 만난 사람에게 자비를 베푼 사람은 누구입니까?(눅 10)

67. 강도 만난 자에게 자비를 베푼 사람이 주막 주인에게 비용으로 주고 간 돈은 얼마입니까?(눅 10)

① 4데나리온 ② 3데나리온

③ 2데나리온 ④ 1데나리온

68. 예수님이 선한 사마리아 사람의 비유를 들려주신 후에 율법교사에게 하신 말씀은 무엇입니까?(눅 10)

① 쉬지 말고 기도하라

② 그들이 너희 재판관이 되리라

③ 말씀을 듣고 지키는 자가 복이 있느니라

④ 가서 너도 이와 같이 하라

69. "마리아는 이 좋은 편을 택하였으니 빼앗기지 아니하리라"라는 말씀은 어느 여인이 예수님을 자신의 집으로 영접했을 때 하신 말씀입니까?(눅 10)

70. 누가복음에서 예수님이 제자들에게 주기도문을 가르쳐 주신 이유는 무엇이라고 언급합니까?(눅 11)

① 사람에게 보이려고 기도하는 사람과 같이 되지 않게 하려고

② 세례 요한이 자기 제자들에게 기도를 가르친 것처럼 알려주시려고

③ 이방인과 같이 중언부언하지 않게 하려고

④ 외식하는 자와 같이 하지 않게 하려고

71. 밤중에 와서 떡 세 덩이를 꾸어 달라는 벗의 요청을 거절할 수 없는 이유는 무엇 때문이라고 했습니까?(눅 11)

① 친구이므로 ② 간청함으로

③ 귀찮아서 ④ 열정 때문에

72. 다음 ( ) 안에 들어갈 말은 무엇입니까?

"너희가 악할지라도 ( )을 자식에게 줄 줄 알거든 하물며 너희 하늘 아버지께서 구하는 자에게 ( )을 주시지 않겠느냐 하시니라"(눅 11)

눅

73. 예수님의 기적을 바알세불과 연결하는 의혹에 반박하시면서 예수님은 "그러나 내가 만일 하나님의 ( )을 힘입어 귀신을 쫓아낸다면 하나님의 나라가 이미 너희에게 임하였느니라"라고 말씀하셨습니다. ( ) 안에 들어갈 말은 무엇입니까?(눅 11)

① 능력 ② 영 ③ 음성 ④ 손

74. 다음 ( ) 안에 들어갈 말은 무엇입니까?

"요나가 니느웨 사람들에게 표적이 됨과 같이 인자도 이 세대에 그러하리라 심판 때에 ( ) 여왕이 일어나 이 세대 사람을 정죄하리니 이는 그가 솔로몬의 지혜로운 말을 들으려고 땅 끝에서 왔음이거니와 솔로몬보다 더 큰 이가 여기 있으며"(눅 11)

① 동방 ② 서방 ③ 남방 ④ 북방

75. 다음 ( ) 안에 들어갈 말은 무엇입니까?

"화 있을진저 너희 율법교사여 너희가 ( )를 가져가서 너희도 들어가지 않고 또 들어가고자 하는 자도 막았느니라 하시니라"(눅 11)

76. "바리새인들의 누룩을 주의하라"라고 하신 예수님의 말씀에서 누룩이 의미하는 것은 무엇입니까?(눅 12)

① 기도 ② 외식 ③ 율법 ④ 해석

77. 예수님은 "참새 다섯 마리가 ( ) 앗사리온에 팔리는 것이 아니냐 그러나 하나님 앞에는 그 하나도 잊어버리시는 바 되지 아니하는도다"라고 말씀하셨습니다. ( ) 안에 들어갈 말은 무엇입니까?(눅 12)

① 한 ② 두 ③ 세 ④ 다섯

78. 예수님의 비유에서, 한 부자가 곡식을 쌓아 둘 곳간을 더 크게 지으려고 하자 하나님은 "어리석은 자여 오늘 밤에 네 ( )을 도로 찾으리니 그러면 네 준비한 것이 누구의 것이 되겠느냐"라고 말씀하셨습니다. ( ) 안에 들어갈 말은 무엇입니까?(눅 12)

79. 누가복음에서 예수님은 "너희는 무엇을 먹을까 무엇을 마실까 하여 구하지 말며 근심하지도 말라 이 모든 것은 (　　)들이 구하는 것이라"라고 말씀하셨습다. (　　) 안에 들어갈 말은 무엇입니까?(눅 12)

① 유대 백성　② 세상 백성　③ 바리새인　④ 율법학자

80. 누가복음에서 예수님은 깨어 준비하고 있으라고 가르치시면서 주인의 뜻을 알고도 준비하지 아니하고 그 뜻대로 행하지 아니한 종은 어떻게 될 것이라고 말씀하셨습니까?(눅 12)

① 버림을 받을 것이다　② 징벌을 받을 것이다
③ 죽임을 당할 것이다　④ 많이 맞을 것이다

81. 누가복음에서 예수님은 "내가 세상에 화평을 주려고 온 줄로 아느냐 내가 너희에게 이르노니 아니라 도리어 (　　) 하려 함이로라"라고 말씀하셨습니다. (　　) 안에 들어갈 말은 무엇입니까?(눅 12)

① 불신하게　② 분쟁하게　③ 감추이게　④ 고난받게

82. 누가복음에서 예수님은 "외식하는 자여 너희가 (　　)은 분간할 줄 알면서 어찌 이 시대는 분간하지 못하느냐"라고 말씀하셨습니다. (　　) 안에 들어갈 말은 무엇입니까?(눅 12)

① 천지의 기상　② 율법의 뜻　③ 하늘의 뜻　④ 사람의 뜻

83. 예수님은 "또 (　　)에서 망대가 무너져 치어 죽은 (　　) 사람이 (　　)에 거한 다른 모든 사람보다 죄가 더 있는 줄 아느냐 너희에게 이르노니 아니라 너희도 만일 회개하지 아니하면 다 이와 같이 망하리라"라고 말씀하셨습니다. (　　) 안에 들어갈 말은 무엇입니까?(눅 13)

① 여리고, 열두, 나사렛　② 가버나움, 일곱, 갈릴리
③ 실로암, 열여덟, 예루살렘　④ 가이사랴, 칠십, 베다니

84. 예수님의 비유 가운데 "한 사람이 포도원에 무화과나무를 심은 것이 있더니 와서 그 열매를 구하였으나 얻지 못한지라 포도원지기에게 이르되 내가 (　　)을 와서 이 무화과나무에서 열매를 구하되 얻지 못하니 찍어버리라 어찌 땅만 버리게 하겠느냐"라는 말씀이 있습니다. (　　) 안에 들어갈 말은 무엇입니까?(눅 13)

① 1년　② 2년　③ 3년　④ 4년

85. 누가복음에서 예수님은 열여덟 해 동안 귀신 들려 앓으며 꼬부라져 조금도 펴지 못하는 한 여인을 안식일에 고쳐주십니다. 이때 이러한 예수님을 비판한 사람은 누구입니까?(눅 13)

① 회당장 ② 바리새인 ③ 사두개인 ④ 제사장

86. 예수님이 '겨자씨 비유'와 '누룩의 비유'를 말씀하신 것은 무엇에 대한 가르침입니까?(눅 13)

87. 예수님이 말씀하신 "가서 저 여우에게 이르되 오늘과 내일은 내가 귀신을 쫓아내며 병을 고치다가 제삼일에는 완전하여지리라 하라"에서 "저 여우"는 누구를 지칭하는 말입니까?(눅 13)

88. 안식일에 한 바리새인 지도자의 집에 가셨을 때, 예수님은 수종병 든 사람을 고쳐주시면서 "너희 중에 누가 그 (　)이나 (　)이/가 우물에 빠졌으면 안식일에라도 곧 끌어내지 않겠느냐"라고 하셨습니다. (　) 안에 들어갈 말은 각각 무엇입니까?(눅 14)

① 소, 양 ② 아들, 딸 ③ 아들, 소 ④ 자녀, 양

89. 예수님은 잔치에 사람들을 초대할 때 갚을 수 없는 사람들을 초대하라고 하셨습니다. 여기서 '갚을 수 없는 사람'으로 언급되지 않은 사람들은 누구입니까?(눅 14)

① 가난한 자들 ② 맹인들 ③ 저는 자들 ④ 과부들

90. 누가복음에 나타난 예수님의 비유 가운데, 큰 잔치를 베푼 어떤 사람의 초청에 응하지 않은 사람들이 내세운 이유가 아닌 것은 무엇입니까?(눅 14)

① 밭을 샀기 때문에 ② 소 다섯 겨리를 샀기 때문에
③ 장가 들었기 때문에 ④ 사업하러 가기 때문에

91. 잃은 것을 되찾는 것과 관련한 연속된 세 개의 비유는 어느 복음서 몇 장에 기록되어 있습니까?

92. 다음 ( ) 안에 들어갈 말은 무엇입니까?

"내가 너희에게 이르노니 이와 같이 ( ) 한 사람이 회개하면 하늘에서는 회개할 것 없는 ( ) 아흔아홉으로 말미암아 기뻐하는 것보다 더하리라"(눅 15)

93. 예수님의 비유에서 한 여인이 어떤 종류의 동전 한 개를 잃어버렸다고 언급합니까?(눅 15)

① 데나리온 ② 앗사리온 ③ 므나 ④ 드라크마

94. 탕자의 비유에서 재산을 탕진한 둘째 아들은 들에서 돼지를 치는 동안 무엇으로 배를 채우려고 했습니까?(눅 15)

95. 누가복음 15장에 나오는 비유 세 가지에 속하지 않은 것은 무엇입니까?(눅 15)

① 잃은 진주 ② 잃은 양 ③ 잃은 드라크마 ④ 잃은 아들

96. 불의한 청지기의 비유에 언급된 다음 말씀에서 ( ) 안에 들어갈 말은 무엇입니까?

"집 하인이 두 주인을 섬길 수 없나니 혹 이를 미워하고 저를 사랑하거나 혹 이를 중히 여기고 저를 경히 여길 것임이니라 너희는 ( )과 ( )을 겸하여 섬길 수 없느니라"(눅 16)

97. 다음 ( ) 안에 들어갈 말은 각각 무엇입니까?

"율법과 선지자는 ( )의 때까지요 그 후부터는 ( )의 복음이 전파되어 사람마다 그리로 침입하느니라"(눅 16)

① 인자, 천국 ② 요한, 하나님 나라 ③ 엘리야, 하나님 ④ 엘리사, 주

98. 부자와 거지의 비유에서 거지 나사로는 죽어서 천사들에게 받들려 누구의 품에 들어갔습니까?(눅 16)

① 예수님 ② 엘리야 ③ 아브라함 ④ 모세

99. 사도들이 "우리에게 믿음을 더하소서"라고 말하니 예수님은 "너희에게 겨자씨 한 알만한 믿음이 있었더라면 이 뽕나무더러 뿌리가 뽑혀 ( )에 심기어라 하

였을 것이요 그것이 너희에게 순종하였으리라"라고 답하셨습니다. ( ) 안에 들어갈 말은 무엇입니까?(눅 17)

눅

100. 다음 ( ) 안에 들어갈 말은 무엇입니까?

"이와 같이 너희도 명령 받은 것을 다 행한 후에 이르기를 우리는 ( )이라 우리가 하여야 할 일을 한 것뿐이라 할지니라"(눅 17)

101. 나병 환자 열 사람이 예수님을 만나 깨끗함을 받았으나, 그중 한 명만이 예수님께 돌아왔습니다. 이 한 사람에 대한 설명으로 거리가 먼 것은 무엇입니까?(눅 17)

① 큰 소리로 하나님께 영광을 돌렸다 ② 예수의 발 아래 엎드려 감사했다
③ 예수님이 안수해 주시기를 원했다 ④ 사마리아 사람이었다

102. 바리새인들이 하나님 나라가 어느 때에 임할지를 물었을 때, 예수님은 구약 성경의 두 인물의 때를 비유로 말씀하셨습니다. 이 인물들은 각각 누구입니까?(눅 17)

① 노아, 롯 ② 엘리야, 엘리사 ③ 모세, 엘리야 ④ 다윗, 솔로몬

103. 과부의 원한을 풀어준 재판장에 대한 설명으로 옳지 않은 것은 무엇입니까?(눅 18)

① 하나님을 두려워하지 않음 ② 사람을 무시함
③ 나를 번거롭게 하니 내가 원한을 풀어 주리라 ④ 오래 참음

104. 세리가 보여준 기도의 태도와 내용으로 언급되지 않은 것은 무엇입니까?(눅 18)

① 가슴을 치며 기도함 ② 하나님이여 불쌍히 여기소서
③ 나는 죄인이로소이다 ④ 하늘을 쳐다보며 기도함

105. 예수님을 찾아와 "내가 무엇을 하여야 영생을 얻으리이까"라고 질문했던 사람은 있는 것을 다 팔아 가난한 자들에게 나눠 주고 주님을 따르라는 말씀을 들었으나 응하지 않았습니다. 이 사람은 누구입니까?(눅 18)

① 어떤 사람 ② 부자 청년 ③ 어떤 관리 ④ 어떤 바리새인

106. 삭개오가 예수님을 만난 곳은 어디입니까?(눅 19)

① 욥바 ② 가나 ③ 여리고 ④ 사마리아

107. 삭개오에 대한 설명으로 거리가 먼 것은 무엇입니까?(눅 19)

① 종려나무에 올라감 ② 세리장 ③ 키가 작음 ④ 부자

108. 다음 ( ) 안에 들어갈 말은 무엇입니까?

"삭개오가 서서 주께 여짜오되 주여 보시옵소서 내 소유의 ( )을 가난한 자들에게 주겠사오며 만일 누구의 것을 속여 빼앗은 일이 있으면 ( )이나 갚겠나이다"(눅 19)

109. 므나의 비유에서 종 열 명에게 열 므나를 주며 장사하라고 명한 사람은 누구입니까?(눅 19)

① 귀인 ② 포도원 주인 ③ 율법교사 ④ 목자

110. 예수님이 므나의 비유를 말씀하신 이유는 무엇입니까?(눅 19)

① 사람들이 하나님 나라가 당장 나타날 것이라고 생각해서
② 믿음의 중요성을 강조하려고
③ 충성의 중요성을 강조하려고
④ 삭개오의 믿음을 칭찬하려고

111. 다음은 예수님이 예루살렘에 입성하기 직전의 상황을 보도한 내용입니다. ( ) 안에 들어갈 말은 무엇입니까?

"가까이 오사 성을 보시고 ( ) 이르시되 너도 오늘 평화에 관한 일을 알았더라면 좋을 뻔하였거니와 지금 네 눈에 숨겨졌도다"(눅 19)

① 예언하시며 ② 우시며 ③ 노하시며 ④ 심판하시며

112. 예수님이 성전에서 백성을 가르치실 때 유대인 지도층은 무슨 권위로 이런 일을 하는지 물었습니다. 이때 예수님은 "나도 한 말을 너희에게 물으리니 내게 말하라 요한의 세례가 ( )로부터냐 ( )으로부터냐"라고 되물으셨는데, 여기서 ( ) 안에 들어갈 말은 각각 무엇입니까?(눅 20)

① 선지자, 하늘 ② 사람, 말씀 ③ 사람, 예언 ④ 하늘, 사람

113. 포도원 농부의 비유에서 포도원 주인은 농부들에게 세를 주고 어디로 가서 오래 있다가 돌아왔습니까?(눅 20)

① 예루살렘 ② 갈릴리 ③ 타국 ④ 사마리아

114. 누가복음에는 "가이사의 것은 가이사에게, 하나님의 것은 하나님께 바치라"라는 예수님의 말씀을 듣고 나서 유대인 지도층이 어떻게 했다고 기록되어 있습니까?(눅 20)

① 놀랍게 여겨 침묵했다 ② 놀랍게 여겨 예수를 떠나갔다
③ 매우 놀랍게 여겼다 ④ 놀랍게 여겨 예수를 책망했다

115. 부활이 없다고 주장하는 사람들은 누구입니까?(눅 20)

① 바리새인 ② 사두개인 ③ 열심당원 ④ 엣세네파

116. 예수님은 그리스도를 다윗의 자손이라고 여기는 사람들에게 시편 말씀을 인용하면서 "그런즉 다윗이 그리스도를 ( )라 칭하였으니 어찌 그의 자손이 되겠느냐"라고 물으셨습니다. ( ) 안에 들어갈 말은 무엇입니까?(눅 20)

117. 사람들이 예루살렘 성전을 가리켜 "( ) 돌과 헌물로 꾸민 것"이라고 말하자, 예수님은 "너희 보는 이것들이 날이 이르면 돌 하나도 돌 위에 남지 않고 다 무너뜨려지리라"라고 말씀하셨습니다. ( ) 안에 들어갈 말은 무엇입니까?(눅 21)

① 값비싼 ② 아름다운 ③ 화려한 ④ 웅장한

118. 예수님은 "너희 보는 이것들이 날이 이르면 돌 하나도 돌 위에 남지 않고 다 무너뜨려지리라"라고 말씀하셨는데, 여기서 "이것들"은 무엇을 가리키는 말입니까?(눅 21)

119. 누가복음에서 예수님은 마지막 환난의 때에 관하여 "너희가 예루살렘이 ( )들에게 에워싸이는 것을 보거든 그 멸망이 가까운 줄을 알라"라고 말씀하셨습니다. ( ) 안에 들어갈 말은 무엇입니까?(눅 21)

① 군대 ② 원수 ③ 적 ④ 이방인

120. 예수님은 종말을 예언하시면서 "천지는 없어지겠으나 (　　)은 없어지지 아니하리라"라고 말씀하셨습니다. (　　) 안에 들어갈 말은 무엇입니까? (눅 21)

① 내 능력　② 내 제자들　③ 내 표적　④ 내 말

121. 예수님이 사도들과 마지막 만찬을 하시던 때의 절기는 무엇입니까?(눅 22)

① 초막절　② 유월절　③ 맥추절　④ 수장절

122. 예수님이 감람산에서 기도하실 때에 땀이 땅에 떨어지는 무엇같이 되었습니까?(눅 22)

123. 헤롯이 예수님께 취한 태도와 거리가 먼 것은 무엇입니까?(눅 23)

① 이적 행하심을 보고 싶어함　② 군인들과 함께 업신여김
③ 아무 말도 시키지 않음　④ 희롱하고 빛난 옷을 입힘

124. 예수님 대신 옥에서 풀려난 사람은 누구입니까?(눅 23)

① 빌립　② 바라바　③ 헤롯　④ 빌라도

125. 예수님을 심문하는 중에 빌라도가 군중에게 세 번이나 한 말은 무엇입니까? (눅 23)

① 죄를 찾지 못하였으니 때려서 놓겠노라　② 이 사람을 마땅히 죽여 없이하라
③ 너희들의 문제이니 너희가 처리하라　④ 이 사람은 백성을 미혹하는 자라

126. 예수님의 십자가 죄패에는 무엇이라 쓰여 있었습니까?(눅 23)

127. 이 사람은 누구입니까?(눅 23)

- 공회 의원, 선하고 의로운 사람
- 유대인의 동네 아리마대 출신
- 하나님의 나라를 기다리는 사람
- 빌라도에게 가서 예수의 시신을 내어 달라고 요청한 사람

128. 예수님이 십자가에 달리실 때 좌우편 강도가 한 말이 아닌 것은 무엇입니까?(눅 23)

① 네가 그리스도가 아니냐 너와 우리를 구원하라

② 네가 동일한 정죄를 받고도 하나님을 두려워하지 아니하느냐

③ 네가 하나님의 아들이면 표적을 보이라

④ 이 사람이 행한 것은 옳지 않은 것이 없느니라

129. 다음 ( ) 안에 들어갈 말은 무엇입니까?

"갈릴리에서 예수와 함께 온 여자들이 뒤를 따라 그 무덤과 그의 시체를 어떻게 두었는지를 보고 돌아가 ( )를 준비하더라"(눅 23)

130. 안식 후 첫날 예수님의 부활 소식을 듣고 다른 사도들은 믿지 않았으나 제일 처음으로 일어나 무덤으로 달려간 사도는 누구입니까?(눅 24)

① 베드로 ② 안드레 ③ 야고보 ④ 요한

131. 엠마오로 가던 두 제자 중 이름이 언급된 한 사람은 누구입니까?(눅 24)

132. 엠마오로 가던 두 제자는 부활한 예수님을 만난 후에 "길에서 우리에게 말씀하시고 우리에게 ( )에 우리 속에서 마음이 뜨겁지 아니하더냐"라고 말했습니다. ( ) 안에 들어갈 말은 무엇입니까?(눅 24)

① 복음을 알려 주실 때 ② 성경을 풀어 주실 때

③ 표적을 보여주실 때 ④ 성령을 주실 때

133. 누가복음에서 예수님은 부활하신 다음 제자들에게 "볼지어다 내가 내 아버지께서 약속하신 것을 너희에게 보내리니 너희는 위로부터 능력으로 입혀질 때까지 ( )에 머물라"라고 말씀하셨습니다. ( ) 안에 들어갈 말은 무엇입니까?(눅 24)

① 갈릴리 ② 이 성 ③ 믿음 안 ④ 다락방

134. 다음 중 예수님이 부활 후 제자들에게 확신을 주고자 그들 앞에서 드신 음식은 무엇입니까?(눅 24)

① 떡 한 덩이 ② 구운 생선 한 토막 ③ 떡 두 덩이 ④ 구운 생선 한 마리

요한복음

1. 요한복음 1장 1~3절에서 “말씀”은 누구를 지칭합니까?(요 1)

① 세례 요한 ② 예수 그리스도 ③ 구약의 선지자
④ 모세 ⑤ 엘리야

2. 다음 ( ) 안에 공통으로 들어갈 말은 무엇입니까?

“빛이 ( )에 비치되 ( )이 깨닫지 못하더라”(요 1)

3. 다음 ( ) 안에 들어갈 말은 무엇입니까?

“하나님께로부터 보내심을 받은 사람이 있으니 그의 이름은 ( )이라 그가 증언하러 왔으니 곧 빛에 대하여 증언하고 모든 사람이 자기로 말미암아 믿게 하려 함이라”(요 1)

① 요한 ② 예수 ③ 빌립
④ 나다나엘 ⑤ 베드로

4. 다음 ( ) 안에 들어갈 말은 무엇입니까?

“영접하는 자 곧 ( )에게는 하나님의 자녀가 되는 권세를 주셨으니 이는 혈통으로나 육정으로나 사람의 뜻으로 나지 아니하고 오직 하나님께로부터 난 자들이니라”(요 1)

5. 다음 (　) 안에 들어갈 말은 무엇입니까?

"말씀이 (　　　)이 되어 우리 가운데 거하시매 우리가 그의 (　　　)을 보니 아버지의 독생자의 (　　　)이요 은혜와 진리가 충만하더라"(요 1)

① 영 - 형상 - 형상　② 영 - 영광 - 영광　③ 육신 - 형상 - 형상
④ 육신 - 영광 - 영광　⑤ 육신 - 모습 - 모습

6. 다음 (　) 안에 들어갈 말은 무엇입니까?

"율법은 모세로 말미암아 주어진 것이요 은혜와 진리는 예수 그리스도로 말미암아 온 것이라 본래 하나님을 본 사람이 없으되 아버지 품 속에 있는 (　　　)이 나타내셨느니라"(요 1)

7. 다음 (　) 안에 들어갈 말은 무엇입니까?

"율법은 (　　　)로 말미암아 주어진 것이요 은혜와 진리는 (　　　)로 말미암아 온 것이라"(요 1)

8. 다음 성경 구절에는 요한복음에만 등장하는 독특한 기독론적 호칭이 나옵니다. (　) 안에 들어갈 말은 무엇입니까?

"이튿날 요한이 예수께서 자기에게 나아오심을 보고 이르되 보라 세상 죄를 지고 가는 (　　　)이로다 내가 전에 말하기를 내 뒤에 오는 사람이 있는데 나보다 앞선 것은 그가 나보다 먼저 계심이라 한 것이 이 사람을 가리킴이라"(요 1)

9. 유대인들이 예루살렘에서 제사장들과 레위인들을 세례 요한에게 보내어 그의 정체가 무엇인지 물을 때 예시로 든 호칭이 아닌 것은 무엇입니까?(요 1)

① 선지자　② 모세　③ 그리스도　④ 엘리야

10. 다음 (　) 안에 들어갈 말은 무엇입니까?

"나는 선지자 (　　　)의 말과 같이 주의 길을 곧게 하라고 광야에서 외치는 자의 소리로라"(요 1)

① 예레미야　② 이사야　③ 호세아
④ 엘리야　⑤ 아모스

11. 그리스도나 엘리야나 선지자가 아님에도 불구하고 세례를 주는 이유를 묻는 질문에 세례 요한이 답한 말이 아닌 것은 무엇입니까?(요 1)

① 나는 물로 세례를 베풀거니와

② 나는 그의 신발끈을 풀기도 감당하지 못하겠노라

③ 너희 가운데 너희가 알지 못하는 한 사람이 섰으니

④ 그는 성령과 불로 너희에게 세례를 베풀 것이요

12. 세례 요한이 예수께서 자기에게 나아오심을 보고 한 말이 아닌 것은 무엇입니까?(요 1)

① 나도 그를 알지 못하였으나 내가 와서 물로 세례를 베푸는 것은 그를 이스라엘에 나타내려 함이라 하니라

② 보라 세상 죄를 지고 가는 하나님의 어린 양이로다

③ 내가 보매 성령이 비둘기 같이 하늘로부터 내려와서 그의 위에 머물렀더라

④ 내가 전에 말하기를 내 뒤에 오는 사람이 있는데 나보다 앞선 것은 그가 나보다 먼저 계심이라 한 것이 이 사람을 가리킴이라

⑤ 그는 흥하여야 하겠고 나는 쇠하여야 하리라

13. 다음 (　) 안에 들어갈 말은 무엇입니까?

"예수께서 돌이켜 그 따르는 것을 보시고 물어 이르시되 (　　) 이르되 랍비여 어디 계시오니이까 하니 (랍비는 번역하면 선생이라) 예수께서 이르시되 (　　) 그러므로 그들이 가서 계신 데를 보고 그 날 함께 거하니 때가 열 시쯤 되었더라"(요 1)

14. 다음 (　) 안에 들어갈 말은 무엇입니까?

"요한의 말을 듣고 예수를 따르는 두 사람 중의 하나는 시몬 베드로의 형제 안드레라 그가 먼저 자기의 형제 시몬을 찾아 말하되 우리가 (　　)를 만났다 하고 (　　)는 번역하면 (　　)라"(요 1)

15. 다음 (　) 안에 들어갈 말은 무엇입니까?

"이튿날 예수께서 갈릴리로 나가려 하시다가 빌립을 만나 이르시되 (　　) 하시니 빌립은 안드레와 베드로와 한 동네 벳새다 사람이라"(요 1)

① 내 말을 들으라　　② 너는 무엇을 하고 있느냐

③ 나를 따르라　　④ 네 믿음이 너를 구원하였다

16. 나다나엘의 언행과 이미지와 거리가 먼 것은 어느 것입니까?(요 1)

① 나사렛에서 무슨 선한 것이 날 수 있느냐

② 그 속에 간사함이 없는 참 이스라엘

③ 무화과나무 아래 있었음

④ 예수님을 만난 후 빌립을 전도함

17. 예수님이 나다나엘에게 하신 말씀이 아닌 것은 무엇입니까?(요 1)

① 내가 너를 사람을 낚는 어부가 되게 하리라

② 네가 무화과나무 아래에 있을 때에 보았노라

③ 보라 이는 참으로 이스라엘 사람이라

④ 내가 너를 무화과나무 아래에서 보았다 하므로 믿느냐

⑤ 이보다 더 큰 일을 보리라

18. 갈릴리 가나의 혼인 잔치에서 예수님이 하신 말씀이 아닌 것은 무엇입니까?(요 2)

① 여자여 나와 무슨 상관이 있나이까

② 저들에게 포도주가 없다

③ 항아리에 물을 채우라

④ 내 때가 아직 이르지 아니하였나이다

19. 다음 ( ) 안에 들어갈 말은 무엇입니까?

"예수께서 이 ( )을 갈릴리 가나에서 행하여 그의 영광을 나타내시매 제자들이 그를 믿으니라"(요 2)

20. 다음 ( ) 안에 들어갈 말은 무엇입니까?

"성전 안에서 … 비둘기 파는 사람들에게 이르시되 이것을 여기서 가져가라 ( )의 집으로 ( ) 집을 만들지 말라 하시니"(요 2)

21. 사십육 년의 세월을 들여서 건축한 예루살렘 성전을 유대인들이 허물면 예수님은 자신의 육체를 상징하는 성전을 며칠 만에 일으킨다고 하였습니까?(요 2)

22. 예수님이 “너희가 이 성전을 헐라 내가 사흘 동안에 일으키리라”라고 말씀하셨을 때, 여기서의 “성전”은 무엇을 가리킵니까?(요 2)

23. 밤중에 예수님께 나와서 거듭남을 주제로 대화를 나눈 니고데모와 관계 없는 내용은 무엇입니까?(요 3)

① 유대인의 지도자 ② 바리새인
③ 이스라엘의 선생 ④ 물과 성령으로 거듭난 사람

24. 다음 ( ) 안에 들어갈 말은 무엇입니까?

“예수께서 대답하시되 진실로 진실로 네게 이르노니 사람이 (   )으로 나지 아니하면 (   )에 들어갈 수 없느니라”(요 3)

25. 다음 ( ) 안에 들어갈 말은 무엇입니까?

“(   )으로 난 것은 (   )이요 (   )으로 난 것은 (   )이니 내가 네게 거듭나야 하겠다 하는 말을 놀랍게 여기지 말라”(요 3)

26. 다음 ( ) 안에 들어갈 말은 무엇입니까?

“(   )이 임의로 불매 네가 그 소리는 들어도 어디서 와서 어디로 가는지 알지 못하나니 (   )으로 난 사람도 다 그러하니라”(요 3)

27. 다음 ( ) 안에 들어갈 말은 무엇입니까?

“내가 (   )을 말하여도 너희가 믿지 아니하거든 하물며 (   )을 말하면 어떻게 믿겠느냐”(요 3)

① 땅의 일 - 하늘의 일 ② 육적인 일 - 영적인 일
③ 하나님의 일 - 사탄의 일 ④ 사람의 일 - 성령의 일

28. 예수님이 믿는 자마다 영생을 얻게 하기 위해서 인자도 들려야 한다고 말씀하실 때, 예시로 제시한 구약의 사건은 무엇입니까?(요 3)

29. 다음 ( ) 안에 공통으로 들어갈 말은 무엇입니까?

"하나님이 그 아들을 세상에 보내신 것은 세상을 (　　　)하려 하심이 아니요 그로 말미암아 세상이 구원을 받게 하려 하심이라 그를 믿는 자는 (　　　)을 받지 아니하는 것이요 믿지 아니하는 자는 하나님의 독생자의 이름을 믿지 아니하므로 벌써 (　　　)을 받은 것이니라"(요 3)

요

30. "그는 흥하여야 하겠고 나는 쇠하여야 하리라"는 고백은 누가 하였습니까?(요 3)

31. 공관복음에서는 요한이 요단 강에서 세례를 베풀었다고만 보도하지만, 요한복음에서는 세례를 베푼 장소를 구체적으로 언급하고 있습니다. 요한이 세례를 베푼 곳은 어디입니까?(요 3)

32. 세례자 요한이 세례를 베풀던 시기에 그의 제자들이 와서 사람들이 요단강 저편에서 세례를 베푸는 예수님에게로 다 가고 있다고 전했을 때, 요한이 대답한 말이 아닌 것은 무엇입니까?(요 3)

① 내가 말한 바 나는 그리스도가 아니요 그의 앞에 보내심을 받은 자라고 한 것을 증언할 자는 너희니라

② 그는 흥하여야 하겠고 나는 쇠하여야 하리라

③ 신부를 취하는 자는 신랑이나 서서 신랑의 음성을 듣는 친구가 크게 기뻐하나니 나는 이러한 기쁨으로 충만하였노라

④ 진리를 따르는 자는 빛으로 오나니 이는 그 행위가 하나님 안에서 행한 것임을 나타내려 함이라

33. 다음 (　) 안에 들어갈 말은 무엇입니까?

"아버지께서 아들을 사랑하사 만물을 다 그의 손에 주셨으니 아들을 믿는 자에게는 (　　　)이 있고 아들에게 순종하지 아니하는 자는 (　　　)을 보지 못하고 도리어 (　　　)가 그 위에 머물러 있느니라"(요 3)

34. 예수님은 유대를 떠나 갈릴리로 가실 때 어느 지역을 의도적으로 통과하셨습니까?(요 4)

① 가버나움　　② 에브라임　　③ 사마리아　　④ 가이사랴

35. 예수께서 사마리아의 수가 성에 있는 야곱의 우물에 앉은 시간은 제 몇 시입니까?(요 4)

① 세 시 ② 여섯 시 ③ 아홉 시 ④ 열두 시

36. 사마리아 여자가 예수께 "당신은 유대인으로서 어찌하여 사마리아 여자인 나에게 물을 달라 하나이까"라고 말한 이유는 무엇입니까?(요 4)

37. 다음 ( ) 안에 들어갈 말은 무엇입니까?

"내가 주는 물을 마시는 자는 영원히 ( ) 아니하리니 내가 주는 물은 그 속에서 ( ) 솟아나는 ( )이 되리라"(요 4)

38. 다음 ( ) 안에 들어갈 말은 무엇입니까?

"하나님은 영이시니 예배하는 자가 ( )과 ( )로 예배할지니라"(요 4)

39. 사마리아 여자가 예수님께 한 말이 아닌 것은 무엇입니까?(요 4)

① 당신은 하나님께로부터 오신 선생인 줄 아나이다

② 내가 보니 선지자로소이다

③ 당신이 야곱보다 더 크니이까

④ 당신은 유대인으로서 어찌하여 사마리아 여자인 나에게 물을 달라 하나이까

40. 예수님이 유대에서 갈릴리로 오신 후에 행하신 두 번째 표적은 무엇입니까?(요 4)

41. 38년 된 병자가 누워 있었던 예루살렘의 양문 곁에 있는 연못의 이름은 무엇입니까?(요 5)

42. 예루살렘의 양문 곁 연못에 누워 있었던 38년 된 병자에게 예수님이 하신 첫 번째 말씀은 무엇입니까?(요 5)

① 네가 낫고자 하느냐 ② 네게 무엇을 하여 주기 원하느냐

③ 언제부터 이렇게 되었느냐　　　　④ 너는 나를 누구라 하느냐

43. 예루살렘의 양문 곁 연못에 누워 있었던 38년 된 병자에게 예수님이 하셨던 말씀이 아닌 것은 무엇입니까?(요 5)

① 네가 낫고자 하느냐　　　　② 네 믿음이 너를 구원하였다
③ 다시는 죄를 범하지 말라　　　　④ 네 자리를 들고 걸어가라

요

44. 다음 ( ) 안에 들어갈 말은 무엇입니까?

"내가 진실로 진실로 너희에게 이르노니 내 말을 듣고 또 나 보내신 이를 믿는 자는 ( )을 얻었고 ( )에 이르지 아니하나니 ( )에서 ( )으로 옮겼느니라"(요 5)

45. 다음 성경 구절은 마지막 때에 발생할 부활과 관련한 말씀입니다. ( ) 안에 들어갈 알맞은 말은 무엇입니까?

"선한 일을 행한 자는 ( )로, 악한 일을 행한 자는 ( )로 나오리라"(요 5)

46. 다음 ( ) 안에 공통으로 들어갈 말은 무엇입니까?

"너희가 성경에서 ( )을 얻는 줄 생각하고 성경을 연구하거니와 이 성경이 곧 내게 대하여 증언하는 것이니라 그러나 너희가 ( )을 얻기 위하여 내게 오기를 원하지 아니하는도다"(요 5)

47. 다음 ( ) 안에 공통으로 들어갈 사람의 이름은 무엇입니까?

"내가 너희를 아버지께 고발할까 생각하지 말라 너희를 고발하는 이가 있으니 곧 너희가 바라는 자 ( )니라 ( )를 믿었더라면 또 나를 믿었으리니 이는 그가 내게 대하여 기록하였음이라"(요 5)

48. 요한복음에 나오는 오병이어의 기적과 관련이 없는 것은 무엇입니까?(요 6)

① 디베랴의 갈릴리 바다 건너편　　　　② 삼백 데나리온
③ 유월절이 가까움　　　　④ 세상에 오실 그 선지자

49. 하나님이 주시는 떡은 하늘에서 내려와 세상에 무엇을 줍니까?(요 6)

① 생명　　②표적　　③ 배부름　　④ 평화

50. 다음 ( ) 안에 공통으로 들어갈 말은 무엇입니까?

"내가 하늘에서 내려온 것은 내 ( )을 행하려 함이 아니요 나를 보내신 이의 ( )을 행하려 함이니라 나를 보내신 이의 ( )은 내게 주신 자 중에 내가 하나도 잃어버리지 아니하고 마지막 날에 다시 살리는 이것이니라"(요 6)

51. 다음 ( ) 안에 들어갈 말은 무엇입니까?

"내가 곧 생명의 ( )이니라 너희 조상들은 광야에서 ( )를 먹었어도 죽었거니와 이는 하늘에서 내려오는 ( )이니 사람으로 하여금 먹고 죽지 아니하게 하는 것이니라"(요 6)

52. 다음 ( ) 안에 들어갈 말은 무엇입니까?

"내 ( )을 먹고 내 ( )를 마시는 자는 영생을 가졌고 마지막 날에 내가 그를 다시 살리리니 내 ( )은 참된 양식이요 내 ( )는 참된 음료로다 내 ( )을 먹고 내 ( )를 마시는 자는 내 안에 거하고 나도 그의 안에 거하나니"(요 6)

53. 다음 ( ) 안에 들어갈 말은 무엇입니까?

"살리는 것은 ( )이니 육은 무익하니라 내가 너희에게 이른 말은 영이요 ( )이라"(요 6)

54. 초막절이 되었을 때 예수의 형제들이 갈릴리에 계시던 예수께 이곳을 떠나 유대로 가라고 한 이유는 무엇입니까?(요 7)

55. 다음 성경 구절은 초막절을 지키려고 예루살렘을 방문한 유대인들에게 예수님이 하신 말씀 중 일부입니다. ( ) 안에 들어갈 말은 무엇입니까?

"예수께서 대답하여 이르시되 내 ( )은 내 것이 아니요 나를 보내신 이의 것이니라"(요 7)

① 영광 ② 뜻 ③ 길 ④ 교훈

56. 다음 ( ) 안에 들어갈 말은 무엇입니까?

"명절 끝날 곧 큰 날에 예수께서 서서 외쳐 이르시되 누구든지 목마르거든 내게로 와서 마시라 나를 믿는 자는 성경에 이름과 같이 그 배에서 ( )이 흘러나오리라 하시니"(요 7)

57. 유대인의 명절인 초막절에 예수님의 말씀을 들은 사람들 사이에서 논쟁이 벌어졌습니다. 이때 그리스도나 선지자가 어느 지역에서 나올 수 없다는 말이 반복하여 등장합니다. 이 지역은 어디입니까?(요 7)

요

58. 모세는 율법에서 간음하다 현장에서 잡힌 여인을 어떻게 하라고 하였습니까?(요 8)

① 나무에 달라 ② 마을에서 추방하라

③ 돌로 치라 ④ 회초리로 치라

59. 다음 성경 구절은 간음하다 현장에서 붙들린 여인을 용서해 주시고 난 후에 예수님이 하신 말씀입니다. ( ) 안에 들어갈 말은 무엇입니까?

"나도 너를 ( )하지 아니하노니 가서 다시는 ( )를 범하지 말라"(요 8)

60. 다음 ( ) 안에 들어갈 말은 무엇입니까?

"예수께서 또 말씀하여 이르시되 나는 ( )이니 나를 따르는 자는 ( )에 다니지 아니하고 ( )을 얻으리라"(요 8)

61. "진리를 알지니 진리가 너희를 자유롭게 하리라"는 말씀은 요한복음 몇 장 몇 절에 나옵니까?

62. 예수님의 정체를 두고 유대인들과 논쟁하실 때 하신 예수님의 말씀이 아닌 것은 무엇입니까?(요 8)

① 진리를 알지니 진리가 너희를 자유롭게 하리라

② 너희는 나를 알지 못하고 내 아버지도 알지 못하는도다

③ 너희는 이 세상에 속하였고 나는 이 세상에 속하지 아니하였느니라

④ 나를 보내신 이가 나와 함께 하시도다

⑤ 우리가 아브라함의 자손이라 남의 종이 된 적이 없거늘

63. 예수님이 자기를 믿은 유대인들에게 자유에 대해 말씀하실 때 아브라함과 관련하여 하신 말씀이 아닌 것은 무엇입니까?(요 8)

① 너희가 아브라함의 자손이면 아브라함이 행한 일들을 할 것이거늘

② 아브라함이 나기 전부터 내가 있느니라

③ 나는 우리 조상 아브라함보다 크니라

④ 너희 조상 아브라함은 나의 때 볼 것을 즐거워하다가 보고 기뻐하였느니라

⑤ 나를 죽이려 하는도다 아브라함은 이렇게 하지 아니하였느니라

64. 다음 ( ) 안에 들어갈 말은 무엇입니까?

"너희는 너희 아비 ( )에게서 났으니 너희 아비의 욕심대로 너희도 행하고자 하느니라 그는 처음부터 살인한 자요 진리가 그 속에 없으므로 진리에 서지 못하고 거짓을 말할 때마다 제 것으로 말하나니 이는 그가 ( )요 거짓의 아비가 되었음이라"(요 8)

65. 다음 ( ) 안에 공통으로 들어갈 이름은 무엇입니까?

"너희 조상 ( )은 나의 때 볼 것을 즐거워하다가 보고 기뻐하였느니라 유대인들이 이르되 네가 아직 오십 세도 못되었는데 ( )을 보았느냐 예수께서 이르시되 진실로 진실로 너희에게 이르노니 ( )이 나기 전부터 내가 있느니라 하시니 그들이 돌을 들어 치려 하거늘 예수께서 숨어 성전에서 나가시니라"(요 8)

① 아브라함 ② 이삭 ③ 야곱 ④ 세례 요한

66. 다음 ( ) 안에 공통으로 들어갈 말은 무엇입니까?

"내가 내게 ( )을 돌리면 내 ( )이 아무 것도 아니거니와 내게 ( )을 돌리시는 이는 내 아버지시니 곧 너희가 너희 하나님이라 칭하는 그이시라"(요 8)

67. 요한복음 9장에 맹인을 치료하는 사건이 나옵니다. 여기의 내용과 관계가 없는 것은 무엇입니까?(요 9)

① 이 사람이 맹인으로 태어난 것이 누구의 죄 때문입니까

② 땅에 침을 뱉어 진흙에 이겨 소경의 눈에 바름

③ 안식일에 발생함

④ 자기 아들을 예수님이 보게 만들어 주셨다고 맹인의 부모가 유대인들에게 말함

68. 실로암을 번역하면 무슨 뜻입니까?(요 9)

① 눈을 씻었다 ② 보게 되었다 ③ 보냄을 받았다 ④ 치료받았다

69. 다음 ( ) 안에 공통으로 들어갈 말은 무엇입니까?

"너희가 맹인이 되었더라면 ( )가 없으려니와 본다고 하니 너희 ( )가 그대로 있느니라"(요 9)

70. 다음 ( ) 안에 들어갈 말은 무엇입니까?

"그러므로 예수께서 다시 이르시되 내가 진실로 진실로 너희에게 말하노니 나는 양의 문이라 나보다 먼저 온 자는 다 ( )요 ( )니 양들이 듣지 아니하였느니라"(요 10)

71. 다음 중 삯꾼의 특징이 아닌 것은 무엇입니까?(요 10)

① 양을 버린다
② 양을 돌보지 아니한다
③ 양을 두고 달아난다
④ 양을 위하여 목숨을 버린다

72. 다음 ( ) 안에 공통으로 들어갈 말은 무엇입니까?

"너희가 내 ( )이 아니므로 믿지 아니하는도다 내 ( )은 내 음성을 들으며 나는 그들을 알며 그들은 나를 따르느니라"(요 10)

73. 마리아와 마르다의 오라버니인 나사로는 어디에 살고 있었습니까?(요 11)

① 벳새다 ② 베다니 ③ 욥바 ④ 가버나움

74. 베다니와 예루살렘의 거리는 얼마나 떨어졌습니까?(요 11)

① 오 리 ② 십 리 ③ 십오 리 ④ 이십 리

75. 예수님이 나사로가 병들었다는 소식을 전해 들으신 후 가장 먼저 하신 말씀은 무엇입니까?(요 11)

① 유대로 다시 가자
② 우리 친구 나사로가 잠들었도다 그러나 내가 깨우러 가노라
③ 이 병은 죽을 병이 아니라 하나님의 영광을 위함이요 하나님의 아들이 이로 말미암아 영광을 받게 하려 함이라
④ 내가 거기 있지 아니한 것을 너희를 위하여 기뻐하노니 이는 너희로 믿게 하려 함이라

요

76. "예수께서 이르시되 나는 부활이요 생명이니 나를 믿는 자는 죽어도 살겠고 무릇 살아서 나를 믿는 자는 영원히 죽지 아니하리니 이것을 네가 믿느냐"는 말씀은 요한복음 몇 장 몇 절에 나옵니까?

77. 나사로가 묻힌 베다니에 예수님이 오셔서 하신 말씀이 아닌 것은 무엇입니까?(요 11)

① 내가 여기 있었더라면 네 오라버니가 죽지 않았으리라

② 그를 어디 두었느냐

③ 돌을 옮겨 놓으라

④ 네 오라비가 다시 살아나리라

⑤ 아버지여 내 말을 들으신 것을 감사하나이다

78. 나사로는 죽은 지 며칠 만에 무덤에서 살아서 나왔습니까?(요 11)

① 하루 ② 이틀 ③ 사흘 ④ 나흘

79. 다음 ( ) 안에 들어갈 말은 무엇입니까?

"마르다가 이르되 마지막 날 부활 때에는 다시 살아날 줄을 내가 아나이다 예수께서 이르시되 나는 ( )이요 ( )이니 나를 믿는 자는 죽어도 살겠고 무릇 살아서 나를 믿는 자는 영원히 죽지 아니하리니 이것을 네가 믿느냐"(요 11)

80. 마리아는 순전한 나드 몇 근을 예수님의 발에 부었습니까?(요 12)

① 한 근 ② 두 근 ③ 세 근 ④ 네 근

81. 요한복음에서 이 향유를 "어찌하여 삼백 데나리온에 팔아 가난한 자들에게 주지 아니하였느냐"라고 항의한 제자는 누구입니까?(요 12)

① 빌립 ② 도마 ③ 가룟 유다 ④ 안드레

82. 다음 ( ) 안에 들어갈 말은 무엇입니까?

"예수께서 이르시되 그를 가만 두어 나의 ( )을 위하여 그것을 간직하게 하라 가난한 자들은 항상 너희와 함께 있거니와 나는 항상 있지 아니하리라 하시니라"(요 12)

83. 다음 (　) 안에 들어갈 말은 무엇입니까?

"내가 진실로 진실로 너희에게 이르노니 (　　　)이 땅에 떨어져 죽지 아니하면 한 알 그대로 있고 죽으면 많은 (　　　)를 맺느니라 자기의 (　　　)을 사랑하는 자는 잃어버릴 것이요 이 세상에서 자기의 (　　　)을 미워하는 자는 영생하도록 보전하리라"(요 12)

84. 다음 (　) 안에 들어갈 말은 무엇입니까?

"그 이튿날에는 명절에 온 큰 무리가 예수께서 예루살렘으로 오신다는 것을 듣고 종려나무 가지를 가지고 맞으러 나가 외치되 호산나 찬송하리로다 (　　　) 곧 (　　　)이시여 하더라"(요 12)

85. 예루살렘의 관리 중에 예수님을 믿는 자들이 많았지만 바리새인들 때문에 드러나게 말하지 못했다고 합니다. 그 이유는 무엇입니까?(요 12)

86. 다음 (　) 안에 공통으로 들어갈 말은 무엇입니까?

"내가 주와 또는 선생이 되어 너희 (　　　)을 씻었으니 너희도 서로 (　　　)을 씻어 주는 것이 옳으니라"(요 13)

87. 다음 (　) 안에 들어갈 말은 무엇입니까?

"예수께서 대답하시되 내가 떡 한 조각을 적셔다 주는 자가 그니라 하시고 곧 한 조각을 적셔서 가룟 시몬의 아들 유다에게 주시니 조각을 받은 후 곧 (　　　)이 그 속에 들어간지라"(요 13)

88. 예수님이 제자들에게 주신 새 계명은 무엇입니까?(요 13)

① 서로 사랑하라　② 진실하라　③ 성령을 받으라　④ 교회를 섬기라

89. 다음 (　) 안에 들어갈 말은 무엇입니까?

"예수께서 이르시되 내가 곧 (　　　)이요 (　　　)요 (　　　)이니 나로 말미암지 않고는 아버지께로 올 자가 없느니라"(요 14)

90. 다음 성경 구절은 예수님의 고별사 중 한 구절입니다. (　) 안에 들어갈 말은 무엇입니까?

"너희는 마음에 (　　　) 하나님을 믿으니 또 (　　　) 믿으라"(요 14)

91. 우리 곁에 서서 우리를 보호하신다는 문자적 의미를 가진 “보혜사”의 다른 호칭은 무엇입니까?(요 14)

① 성령 ② 지혜 ③ 지식 ④ 은혜

92. 다음 ( ) 안에 들어갈 말은 무엇입니까?

“나는 ( )요 내 아버지는 ( )라 무릇 내게 붙어 있어 열매를 맺지 아니하는 가지는 아버지께서 그것을 제거해 버리시고 무릇 열매를 맺는 가지는 더 열매를 맺게 하려 하여 그것을 깨끗하게 하시느니라”(요 15)

93. 다음 ( ) 안에 들어갈 말은 무엇입니까?

“나는 ( )요 너희는 ( )라 그가 내 안에, 내가 그 안에 거하면 사람이 열매를 많이 맺나니 나를 떠나서는 너희가 아무 것도 할 수 없음이라”(요 15)

94. 포도나무 비유에 따르면 사람이 친구를 위하여 보여 줄 수 있는 큰 사랑은 무엇입니까?(요 15)

① 약속을 지킨다 ② 물질을 나눈다 ③ 자기 목숨을 버린다 ④ 의리를 지킨다

95. 다음 ( ) 안에 들어갈 말은 무엇입니까?

“내가 아버지의 ( )을 지켜 그의 ( ) 안에 거하는 것 같이 너희도 내 ( )을 지키면 내 ( ) 안에 거하리라”(요 15)

96. 다음 ( ) 안에 공통으로 들어갈 말은 무엇입니까?

“너희가 나를 택한 것이 아니요 내가 너희를 택하여 세웠나니 이는 너희로 가서 ( )를 맺게 하고 또 너희 ( )가 항상 있게 하여 내 이름으로 아버지께 무엇을 구하든지 다 받게 하려 함이라”(요 15)

97. 다음 ( ) 안에 들어갈 말은 무엇입니까?

“내가 이것을 너희에게 이름은 너희로 실족하지 않게 하려 함이니 사람들이 너희를 ( )할 뿐 아니라 때가 이르면 무릇 너희를 죽이는 자가 생각하기를 이것이 하나님을 섬기는 일이라 하리라”(요 16)

98. 다음 성경 구절은 보혜사의 역할에 대해서 말하고 있습니다. ( ) 안에 들어갈 말은 무엇입니까?

“그가 와서 죄에 대하여, (　　)에 대하여, (　　)에 대하여 세상을 책망하시리라”(요 16)

99. 다음 (　) 안에 들어갈 말은 무엇입니까?

“그러나 (　　)이 오시면 그가 너희를 모든 (　　) 가운데로 인도하시리니 그가 스스로 말하지 않고 오직 들은 것을 말하며 (　　)을 너희에게 알리시리라”(요 16)

100. 다음 (　) 안에 들어갈 말은 무엇입니까?

“지금까지는 너희가 내 (　　)으로 아무 것도 구하지 아니하였으나 구하라 그리하면 받으리니 너희 (　　)이 충만하리라”(요 16)

101. 교회를 위한 예수님의 중보기도 속에서 예수님은 “영생”이 누구를 아는 것이라고 말씀하셨습니까?(요 17)

① 참 하나님과 예수 그리스도　② 예언자　③ 메시야　④ 선지자

102. 다음 (　) 안에 공통으로 들어갈 말은 무엇입니까?

“내가 세상에 속하지 아니함 같이 그들도 세상에 속하지 아니하였사옵나이다 그들을 (　　)로 거룩하게 하옵소서 아버지의 말씀은 (　　)니이다”(요 17)

103. 다음 (　) 안에 들어갈 말은 무엇입니까?

“내가 비옵는 것은 그들을 세상에서 데려가시기를 위함이 아니요 다만 (　　)에 빠지지 않게 보전하시기를 위함이니이다”(요 17)

104. 예수님을 붙잡으려고 군대와 아랫사람을 데리고 온 유다는 무엇을 가지고 왔습니까?(요 18)

① 몽둥이　② 등과 횃불과 무기　③ 은 30냥　④ 전대

105. 예수님이 체포되실 때에 베드로는 칼을 가지고 누구의 귀를 베었습니까?(요 18)

① 유두고　② 가말리엘　③ 가야바　④ 말고

106. 요한복음에 따르면 붙잡히신 예수님은 맨 처음 누구에게 끌려가셨습니까?(요 18)

① 가야바　② 헤롯　③ 빌라도　④ 안나스

107. 빌라도가 예수님을 심문할 때 한 질문은 무엇입니까?(요 18)

① 네가 유대인의 왕이냐 ② 네가 그리스도냐

③ 네가 예언자냐 ④ 네가 랍비냐

108. "네가 무엇을 하였느냐?"는 빌라도의 질문에 예수님이 하신 답변입니다. ( ) 안에 공통으로 들어갈 말은 무엇입니까?

"예수께서 대답하시되 ( )는 이 세상에 속한 것이 아니니라 만일 ( )가 이 세상에 속한 것이었더라면 내 종들이 싸워 나로 유대인들에게 넘겨지지 않게 하였으리라 이제 ( )는 여기에 속한 것이 아니니라"(요 18)

109. 빌라도가 유대인들에게 한 말이 아닌 것은 무엇입니까?(요 18~19)

① 너희가 그를 데려다가 너희 법대로 재판하라

② 보라 이 사람이로다

③ 보라 너희 왕이로다

④ 나는 그에게서 아무 죄도 찾지 못하였노라

⑤ 진리가 무엇이냐

110. 다음 ( ) 안에 들어갈 말은 무엇입니까?

"그들이 소리 지르되 없이 하소서 없이 하소서 그를 십자가에 못 박게 하소서 빌라도가 이르되 내가 너희 왕을 십자가에 못 박으랴 대제사장들이 대답하되 ( ) 하니 이에 예수를 십자가에 못 박도록 그들에게 넘겨 주니라"(요 19)

111. 예수님의 십자가 곁에 서 있지 않았던 사람은 누구입니까?(요 19)

① 글로바의 아내 마리아 ② 어머니 마리아

③ 막달라 마리아 ④ 나사로의 자매 마르다

112. 예수님이 십자가에 죽으신 뒤, 예수님의 어머니를 모신 제자는 누구입니까? (요 19)

① 베드로 ② 니고데모 ③ 사랑하시는 제자 ④ 야고보

113. 예수님의 장례식을 위해 니고데모는 무엇을 갖고 왔습니까?(요 19)

① 몰약과 침향 ② 나드 한 근 ③ 유향 ④ 백향목

114. 안식 후 첫날 예수님의 무덤에 처음 찾아간 사람은 누구입니까?(요 20)

① 베드로 ② 막달라 마리아 ③ 살로메 ④ 안드레

115. 안식 후 첫날 예수님의 무덤에 갔다가 돌이 옮겨지고 주님을 어디 두었는지 모르겠다는 막달라 마리아의 말을 듣고 무덤으로 달려간 두 제자는 누구입니까?(요 20)

요

116. 다음 성경 구절은 요한복음의 기록 목적을 말하고 있습니다. ( ) 안에 들어갈 말은 무엇입니까?

"오직 이것을 기록함은 너희로 예수께서 하나님의 아들 ( )이심을 믿게 하려 함이요 또 너희로 믿고 그 이름을 힘입어 ( )을 얻게 하려 함이니라"(요 20)

117. 예수님이 제자들에게 조반으로 먹으라고 준 음식은 무엇입니까?(요 21)

118. 부활하신 예수님이 시몬 베드로에게 세 번 질문하신 내용 중에서 첫 번째 질문은 무엇입니까?(요 21)

119. 요한복음 21장은 부활하신 예수님이 제자들을 만났던 호수의 이름을 공관복음서와 다르게 표기하고 있습니다. 요한복음 21장은 이 호수의 이름을 어떻게 표기하고 있습니까?(요 21)

120. 다음 구절은 요한복음의 저자에 관한 중요한 정보를 제공합니다. ( ) 안에 공통으로 들어갈 말은 무엇입니까?

"이 일들을 ( )하고 이 일들을 기록한 제자가 이 사람이라 우리는 그의 ( )이 참된 줄 아노라"(요 21)

사도행전

1. 사도행전의 저자가 밝힌 사도행전의 수신자는 누구입니까?(행 1)

2. 다음 구절에서 밑줄 친 "먼저 쓴 글"은 구체적으로 어떤 것을 지칭합니까?

   "내가 먼저 쓴 글에는 무릇 예수께서 행하시며 가르치시기를 시작하심부터 그가 택하신 사도들에게 성령으로 명하시고 승천하신 날까지의 일을 기록하였노라"(행 1)

3. 사도행전은 부활하신 예수님이 며칠 동안 사도들에게 나타나셔서 하나님 나라의 일들을 가르쳐 주셨다고 말합니까?(행 1)

4. 다음 ( ) 안에 들어갈 말은 무엇입니까?

   "사도와 함께 모이사 그들에게 분부하여 이르시되 예루살렘을 떠나지 말고 내게서 들은 바 아버지께서 약속하신 것을 기다리라 요한은 ( )로 세례를 베풀었으나 너희는 몇 날이 못되어 ( )으로 세례를 받으리라 하셨느니라"(행 1)

5. 다음 ( ) 안에 들어갈 말은 무엇입니까?

   "그들이 모였을 때에 예수께 여쭈어 이르되 주께서 ( )를 회복하심이 이 때니이

까 하니 이르시되 때와 시기는 아버지께서 자기의 권한에 두셨으니 너희가 알 바 아니요"(행 1)

① 하나님의 나라 ② 이스라엘 나라 ③ 다윗의 나라 ④ 세상 나라

6. 다음 ( ) 안에 들어갈 말은 무엇입니까?

"들어가 그들이 유하는 다락방으로 올라가니 베드로, 요한, 야고보, 안드레와 빌립, 도마와 바돌로매, 마태와 및 알패오의 아들 ( ), 셀롯인 시몬, 야고보의 아들 ( )가 다 거기 있어 여자들과 예수의 어머니 마리아와 예수의 아우들과 더불어 마음을 같이하여 오로지 기도에 힘쓰더라"(행 1)

행

7. 다음 ( ) 안에 들어갈 지명은 무엇입니까?

"제자들이 ( )이라 하는 산으로부터 예루살렘에 돌아오니 이 산은 예루살렘에서 가까워 안식일에 가기 알맞은 길이라"(행 1)

8. 예수님을 은 삼십에 팔아넘기고 자살한 가룟 유다를 대신해서 뽑은 사도의 이름은 무엇입니까?(행 1)

① 맛디아 ② 요셉 ③ 알패오 ④ 유스도

9. 가룟 유다를 대신할 사도를 뽑는 과정에서 사용한 방법이 아닌 것은 무엇입니까?(행 1)

① 추천 ② 기도 ③ 제비뽑기 ④ 열한 사도의 지명

10. 예수님이 승천하신 후에 다락방에 모여 마음을 같이 하여 기도한 사람은 몇 명입니까?(행 1)

① 약 100명 ② 약 110명 ③ 약 120명 ④ 약 140명

11. 다음 ( ) 안에 들어갈 유대 절기는 무엇입니까?

"( ) 날이 이미 이르매 그들이 다같이 한 곳에 모였더니 홀연히 하늘로부터 급하고 강한 바람 같은 소리가 있어 그들이 앉은 온 집에 가득하며 마치 불의 혀처럼 갈라지는 것들이 그들에게 보여 각 사람 위에 하나씩 임하여 있더니"(행 2)

① 무교절 ② 유월절 ③ 오순절 ④ 수전절

12. 오순절을 맞아 예루살렘에 머물던 경건한 유대인들이 방언으로 말하는 제자들을 보고 한 말이 아닌 것은 무엇입니까?(행 2)

① 그들이 새 술에 취하였다
② 보라 이 말하는 사람들이 다 갈릴리 사람이 아니냐
③ 형제들아 우리가 어찌할꼬
④ 우리가 우리 각 사람이 난 곳 방언으로 듣게 되는 것이 어찌 됨이냐
⑤ 우리가 다 우리의 각 언어로 하나님의 큰 일을 말함을 듣는도다

13. 다음 ( ) 안에 들어갈 말은 무엇입니까?

"때가 제 삼 시니 너희 생각과 같이 이 사람들이 취한 것이 아니라 이는 곧 선지자 ( ) 을 통하여 말씀하신 것이니 일렀으되 하나님이 말씀하시기를 말세에 내가 내 영을 모든 육체에 부어 주리니 너희의 자녀들은 예언할 것이요 너희의 젊은이들은 환상을 보고 너희의 늙은이들은 꿈을 꾸리라"(행 2)

① 에스겔 ② 다니엘 ③ 하박국 ④ 요엘

14. 베드로가 오순절 설교 중에 인용하지 않는 구약성경은 무엇입니까?(행 2)

① 이사야 53장 ② 시편 110편 ③ 시편 16편 ④ 요엘 2장

15. 오순절에 베드로의 설교를 듣고 회개한 사람은 몇 명입니까?(행 2)

① 이천 명 ② 삼천 명 ③ 사천 명 ④ 오천 명

16. 다음 ( ) 안에 들어갈 말은 무엇입니까?

"그런즉 이스라엘 온 집은 확실히 알지니 너희가 십자가에 못 박은 이 예수를 ( )이 주와 그리스도가 되게 하셨느니라 하니라"(행 2)

17. 다음 ( ) 안에 들어갈 말은 무엇입니까?

"베드로가 이르되 너희가 ( )하여 각각 예수 그리스도의 이름으로 세례를 받고 죄 사함을 받으라 그리하면 ( )의 선물을 받으리니"(행 2)

18. 다음 중 초대교회의 모습과 거리가 먼 것은 무엇입니까?(행 2)

① 모든 물건을 서로 통용함 ② 재산과 소유를 팔아 나누어 줌
③ 성전에 모이기를 힘씀 ④ 전도하기에만 힘씀

19. (　　) 안에 들어갈 말은 무엇입니까?

"베드로가 이르되 (　　　　)과 (　　　　)은 내게 없거니와 내게 있는 이것을 네게 주노니 나사렛 예수 그리스도의 이름으로 일어나 걸으라 하고"(행 3)

① 금 - 은　　② 은 - 금　　③ 동 - 돈　　④ 돈 - 동

행

20. 베드로와 요한이 기도하러 성전에 간 시간은 언제입니까?(행 3)

① 제 삼 시　　② 제 오 시　　③ 제 육 시　　④ 제 구 시

21. 예루살렘 성전 미문에 앉아서 구걸하던 사람을 베드로가 고쳐준 후 솔로몬의 행각에서 행한 설교 중 일부입니다. (　　) 안에 공통으로 들어갈 말은 무엇입니까?

"그 (　　　　)을 믿으므로 그 (　　　　)이 너희가 보고 아는 이 사람을 성하게 하였나니 예수로 말미암아 난 믿음이 너희 모든 사람 앞에서 이같이 완전히 낫게 하였느니라"(행 3)

22. 예수 그리스도의 이름으로 병자를 고친 베드로와 요한에게 제사장과 장로들은 무엇이라고 말했습니까?(행 4)

① 자유롭게 전도할 수 있도록 놓아주었다
② 너희들이 진정한 제자다
③ 예수의 이름으로 말하지도 말고 가르치지도 말라
④ 보고 들은 것을 말하지 않을 수 없다

23. 솔로몬의 행각에서 행한 설교로 인해 체포된 베드로와 요한이 심문 과정에서 한 답변이 아닌 것은 무엇입니까?(행 4)

① 너희가 회개하여 각각 예수 그리스도의 이름으로 세례를 받고 죄 사함을 받으라
② 우리는 보고 들은 것을 말하지 아니할 수 없다
③ 천하 사람 중에 구원을 받을 만한 다른 이름을 우리에게 주신 일이 없음이라
④ 하나님 앞에서 너희의 말을 듣는 것이 하나님의 말씀을 듣는 것보다 옳은가 판단하라

24. 레위 지파에 속하는 사람으로 구브로에서 출생했다고 소개된 "바나바"의 이름 뜻은 무엇입니까?(행 4)

25. 자기 땅을 팔아 받은 돈의 일부를 감추고 나머지 돈을 헌금했다가 죽음을 당한 부부의 이름은 무엇입니까?(행 5)

26. 자발적으로 땅을 팔아서 교회에 헌납하는 문제와 관련하여 베드로는 누구를 속이고 시험하려 하느냐며 아나니아와 삽비라를 강하게 책망했습니까?(행 5)

27. 다음 ( ) 안에 들어갈 말은 무엇입니까?

"심지어 병든 사람을 메고 거리에 나가 침대와 요 위에 누이고 베드로가 지날 때에 혹 그의 (   )라도 누구에게 덮일까 바라고"(행 5)

28. 바리새인이자 율법교사인 가말리엘이 사도들을 심문하는 공회 중에 한 말의 일부입니다. ( ) 안에 들어갈 말은 무엇입니까?

"이제 내가 너희에게 말하노니 이 사람들을 상관하지 말고 버려 두라 이 사상과 이 소행이 (   )으로부터 났으면 무너질 것이요 만일 (   )께로부터 났으면 너희가 그들을 무너뜨릴 수 없겠고 도리어 (   )을 대적하는 자가 될까 하노라"(행 5)

29. 예루살렘 초대교회 헬라파 유대인들이 히브리파 사람들을 원망한 이유는 무엇입니까?(행 6)

① 선교 때문에　　② 과부들에 대한 구제 때문에
③ 예배 때문에　　④ 외부의 핍박 때문에

30. 초대교회가 믿음과 성령이 충만한 일곱 집사를 선택했을 때 이 일곱 집사에 포함되지 않는 사람은 누구입니까?(행 6)

① 브로고로　② 니가노르　③ 바메나　④ 바나바

31. 사도행전에서 스데반 집사의 설교는 어디에 나옵니까?

① 3장　② 5장　③ 7장　④ 9장

32. 다음 ( ) 안에 들어갈 말은 무엇입니까?

"하나님이 또 이같이 말씀하시되 그 후손이 다른 땅에서 나그네가 되리니 그 땅 사람들이

종으로 삼아 (　　　) 동안을 괴롭게 하리라 하시고"(행 7)

① 사백 년　　② 사백삼십 년　　③ 사백오십 년　　④ 사백칠십 년

33. 다음 (　) 안에 들어갈 말은 무엇입니까?

"이스라엘 자손에 대하여 하나님이 너희 형제 가운데서 나와 같은 선지자를 세우리라 하던 자가 곧 이 모세라 시내 산에서 말하던 그 천사와 우리 조상들과 함께 (　　　) 교회에 있었고 또 살아 있는 말씀을 받아 우리에게 주던 자가 이 사람이라"(행 7)

① 홍해　　② 광야　　③ 가나안　　④ 애굽

34. 다음 (　) 안에 들어갈 말은 무엇입니까?

"그러나 지극히 높으신 이는 손으로 지은 곳에 계시지 아니하시나니 선지자가 말한 바 주께서 이르시되 하늘은 나의 (　　　)요 땅은 나의 (　　　)이니 너희가 나를 위하여 무슨 집을 짓겠으며 나의 안식할 처소가 어디냐 이 모든 것이 다 내 손으로 지은 것이 아니냐 함과 같으니라"(행 7)

35. 스데반이 자신의 설교를 듣는 유대인에게 한 책망의 내용이 아닌 것은 무엇입니까?(행 7)

① 목이 곧고 마음과 귀에 할례를 받지 못했다

② 조상들처럼 항상 성령을 거스른다

③ 의인을 잡아서 살인한 자들이 되었다

④ 성전에서 제사를 제대로 드리지 않았다

⑤ 천사가 전한 율법을 받고도 지키지 않았다

36. 스데반 집사가 순교를 당할 때 마지막으로 외친 말은 무엇입니까?(행 7)

① 이 죄를 그들에게 돌리지 마옵소서　　② 하나님, 어찌하여 나를 버리시나이까

③ 내 영혼을 구원시켜 주시옵소서　　④ 다 이루었다

37. 예루살렘 초대교회가 지방으로 흩어져 복음을 전파하는 동기를 제공한 사건은 무엇입니까?(행 8)

38. 스데반 집사의 순교 이후에 빌립은 어느 성으로 가서 복음을 전파했습니까?(행 8)

39. 빌립이 사마리아 성에서 복음을 전할 때 만났던 마술쟁이의 이름은 무엇입니까?(행 8)

40. 사마리아에서 선교할 때 빌립은 표적을 보여주는 일과 더불어 무엇에 관하여 전도했습니까?(행 8)

41. 베드로가 마술사 시몬을 저주에 가깝도록 책망한 이유는 무엇입니까?(행 8)

42. 에디오피아 여왕 간다게의 국고를 관리하는 내시에게 이사야의 말씀을 풀어 설명해 주고 세례를 베푼 사람은 누구입니까?(행 8)

43. 빌립은 에디오피아 여왕 간다게의 국고를 관리하는 내시에게 어떤 말씀을 설명하면서 예수님에 관한 복음을 가르쳤습니까?(행 8)

44. 사울의 회심이 사도행전에 세 번 나오는데, 다음 중 사울의 회심을 보도하지 않는 곳은 몇 장입니까?

① 9장 ② 12장 ③ 22장 ④ 26장

45. 사울이 "사울아 사울아 네가 어찌하여 나를 박해하느냐"라는 음성을 들은 곳은 어디입니까?(행 9)

① 사마리아 ② 예루살렘 근처
③ 다메섹 근처 ④ 길리기아 지방

46. 다메섹으로 가는 도중에 사울이 부활하신 예수님을 만났을 때 일어난 사건과 거리가 먼 것은 무엇입니까?(행 9)

① 하늘로부터 비친 홀연한 빛 ② 하늘에서 들려오는 음성
③ 사흘 동안 보지 못함 ④ 사흘 동안 듣지 못함

47. 환상 중에 "일어나 직가라 하는 거리로 가서 유다의 집에서 다소 사람 사울이라 하는 사람을 찾으라 그가 기도하는 중이니라"라는 음성을 들은 사람은 누구입니까?(행 9)

48. 회심 직후 사울이 예수님을 그리스도라 전했을 때 일어난 일과 거리가 먼 것은 무엇입니까?(행 9)

① 유대인들이 사울을 죽이기로 공모함

② 유대인들이 사울을 잡기 위해서 밤낮으로 성문을 지킴

③ 사울의 전도를 듣고 사람들이 다 놀랐음

④ 유대인들이 예수 그리스도를 영접하였음

49. 베드로가 룻다라는 지역에서 치료한 중풍병자의 이름은 무엇입니까?(행 9)

① 애니아 ② 디몬 ③ 니골라 ④ 고넬료

50. 베드로는 룻다 지역에서 죽은 여제자를 살렸는데, 이 여제자의 이름은 무엇입니까?(행 9)

① 마리아 ② 다비다 ③ 삽비라 ④ 아가보

51. 고넬료는 이달리야 부대에서 어느 직위에 있었습니까?(행 10)

52. 고넬료에 대한 이미지와 거리가 먼 것은 무엇입니까?(행 10)

① 경건한 사람 ② 하나님을 경외하는 사람

③ 교회를 핍박하는 사람 ④ 많은 사람을 구제한 사람

53. 하나님은 기도 중에 있는 고넬료에게 복음을 듣게 해 주시려고 누구를 욥바에서 데려오라고 말씀하셨습니까?(행 10)

54. 베드로는 고넬료를 만나러 가기 전에 부정한 짐승과 기는 것과 공중에 나는 것들이 담겨 있는 큰 보자기 환상을 몇 번 보았습니까?(행 10)

① 한 번 ② 두 번 ③ 세 번 ④ 네 번

55. 베드로가 고넬료를 만나러 가기 전에 하나님께서 환상 가운데 베드로에게 하신 말씀은 무엇입니까?(행 10)

① 부정한 짐승은 먹지 말라

② 속된 것은 취하지 말라

③ 하나님께서 깨끗하게 하신 것을 네가 속되다 하지 말라

④ 율법을 지켜라

56. 사도행전에 따르면 이방인에게 처음으로 성령이 임한 곳은 누구의 가정입니까?(행 10)

57. 다음 ( ) 안에 들어갈 말은 무엇입니까?

"그 때에 스데반의 일로 일어난 환난으로 말미암아 흩어진 자들이 ( )와 ( )와 ( )까지 이르러 ( )에게만 말씀을 전하는데 그 중에 구브로와 구레네 몇 사람이 안디옥에 이르러 ( )에게도 말하여 주 예수를 전파하니"(행 11)

58. 로마 황제 글라우디오 때에 천하에 큰 흉년이 들 것을 예언한 사람은 누구입니까?(행 11)

① 애니아 ② 바나바 ③ 사울 ④ 아가보

59. 유대인들에게 환심을 얻기 위해 요한의 형제 야고보를 죽이고 베드로도 잡아 죽이려고 계획한 왕은 누구입니까?(행 12)

60. 베드로가 헤롯의 군대에 잡혔으나 곧바로 처형되지 않고 옥에 갇혀 있었던 이유는 무엇입니까?(행 12)

① 민심 때문에 ② 유월절 기간이라서

③ 다른 사도들을 처형한지 얼마 되지 않아 ④ 헤롯의 생일이라서

61. 무교절 기간에 체포되어 갇혀 있던 베드로가 천사의 인도로 감옥에서 나온 후 찾아간 곳은 어디입니까?(행 12)

62. 다음 ( ) 안에 들어갈 말은 무엇입니까?

"헤롯이 영광을 하나님께로 돌리지 아니하므로 주의 사자가 곧 치니 ( )에게 먹혀 죽으니라"(행 12)

63. 안디옥 교회에서 구브로로 파송한 두 명의 선교사는 누구입니까?(행 13)

64. 다음 ( ) 안에 들어갈 말은 무엇입니까?

"안디옥 교회에 ( )과 ( )이 있으니 곧 바나바와 니게르라 하는 시므온과 구레네 사람 루기오와 분봉 왕 헤롯의 젖동생 마나엔과 및 사울이라"(행 13)

① 선지자들 - 교사들　② 장로들 - 집사들

③ 제자들 - 전도자들　④ 예언자들 - 장로들

65. 사도행전에서 사울의 호칭이 바울로 바뀌어 나타나기 시작한 곳은 몇 장입니까?

① 10장　② 11장　③ 12장　④ 13장

66. 바울이 바보 섬에서 복음을 전할 때에 방해한 거짓 선지자/마술사의 이름은 무엇입니까?(행 13)

① 엘루마　② 요한　③ 아데미　④ 헤르메스

67. 바울과 바나바가 바보 섬에서 복음을 전할 때 그들을 불러 하나님의 말씀을 듣고 결국 믿음에 이른 사람은 누구입니까?(행 13)

68. 다음 열거한 도시 중에서 바울의 1차 선교 여행지에 포함되지 않는 곳은 어디입니까?(행 13~14)

① 구브로　② 비시디아 안디옥

③ 이고니온　④ 암비볼리

69. 다음 성경 구절은 비시디아의 안디옥에서 복음을 전할 때, 사람들이 복음에 귀 기울이는 것을 본 유대인들이 비방하자 이에 바울과 바나바가 답한 내용입니다. (　) 안에 들어갈 말은 무엇입니까?

"하나님의 말씀을 마땅히 먼저 너희에게 전할 것이로되 너희가 그것을 버리고 영생을 얻기에 합당하지 않은 자로 자처하기로 우리가 (　　　)에게로 향하노라"(행 13)

70. 루스드라에서 바울이 발을 쓰지 못하는 사람을 다시 걷게 했을 때 이를 목격한 무리는 "신들이 사람의 형상으로 우리 가운데 내려오셨다"라며 소리를 질렀습니다. 이때 그들은 바울과 바나바를 각각 누구로 불렀습니까?(행 14)

71. 율법과 복음의 관계를 정립하고자 최초로 모인 예루살렘 사도회의의 모습을 소개하고 있는 곳은 사도행전 몇 장입니까?

72. 예루살렘 회의를 개최한 계기는 무엇입니까?(행 15)

73. 예루살렘 회의에서 많은 변론이 있은 후에 이방인 선교를 지지하는 설교를 한 두 지도자는 누구입니까?(행 15)

74. 예루살렘 회의에서 합의한 내용과 관련이 없는 것은 무엇입니까?(행 15)

① 우상의 더러운 것을 피함　② 음행을 멀리함
③ 목매어 죽인 것과 피를 멀리함　④ 안식일을 준수함

75. 제2차 선교 여행을 떠나기 전 바울과 바나바가 크게 다툰 뒤 결국 갈라서게 된 이유는 무엇입니까?(행 15)

76. 다음은 누구에 대한 설명입니까?

"그 어머니는 믿는 유대 여자요 아버지는 헬라인이라 디모데는 루스드라와 이고니온에 있는 형제들에게 칭찬 받는 자니 바울이 그를 데리고 떠나고자 할새 그 지역에 있는 유대인으로 말미암아 그를 데려다가 할례를 행하니 이는 그 사람들이 그의 아버지는 헬라인인 줄 다 앎이러라"(행 16)

① 바나바 ② 실라 ③ 디모데 ④ 소스네데

77. 다음 ( ) 안에 공통으로 들어갈 말은 무엇입니까?

"밤에 환상이 바울에게 보이니 ( ) 사람 하나가 서서 그에게 청하여 이르되 ( )로 건너와서 우리를 도우라 하거늘 바울이 그 환상을 보았을 때 우리가 곧 ( )로 떠나기를 힘쓰니 이는 하나님이 저 사람들에게 복음을 전하라고 우리를 부르신 줄로 인정함이러라"(행 16)

78. 두아디라에 사는 자색 옷감 장사로, 바울에게 세례를 받고 바울을 자기 집에 머물게 한 사람은 누구입니까?(행 16)

79. 두아디라에서 바울과 실라가 옥에 갇히게 된 실제 이유는 무엇입니까?(행 16)

① 로마법을 어겼기 때문에
② 이상한 풍속을 전하였기 때문에
③ 점치는 여종에게 들린 귀신을 내쫓았기 때문에
④ 마게도냐 성을 소란하게 했기 때문에

80. 바울과 실라가 감옥에서 기도하고 찬송할 때 일어난 일과 거리가 먼 것은 무엇입니까?(행 16)

① 큰 지진이 일어남 ② 옥터가 흔들림
③ 옥문이 열림 ④ 바울과 실라가 탈출함

81. "주 예수를 믿으라 그리하면 너와 네 집이 구원을 받으리라"라는 말은 바울이 누구에게 한 말입니까?(행 16)

① 빌립보 감옥의 간수 ② 마게도냐의 총독
③ 예수 그리스도의 복음에 반대하는 유대인들 ④ 데살로니가 교인들

82. 데살로니가에서 바울은 얼마 동안 복음을 전했습니까?(행 17)

① 두 안식일 동안 ② 세 안식일 동안 ③ 한 달 동안 ④ 두 해 동안

83. 다음 ( ) 안에 들어갈 말은 무엇입니까?

"( )에 있는 사람들은 데살로니가에 있는 사람들보다 더 너그러워서 간절한 마음으로 말씀을 받고 이것이 그러한가 하여 날마다 성경을 상고하므로"(행 17)

① 베뢰아 ② 밤빌리아 ③ 고린도 ④ 갈라디아

84. 다음 ( ) 안에 들어갈 말은 무엇입니까?

"바울이 ( ) 가운데 서서 말하되 아덴 사람들아 너희를 보니 범사에 종교심이 많도다 내가 두루 다니며 너희가 위하는 것들을 보다가 알지 못하는 신에게라고 새긴 단도 보았으니 그런즉 너희가 알지 못하고 위하는 그것을 내가 너희에게 알게 하리라"(행 17)

85. 바울이 아덴에서 행한 아레오바고 설교 내용 중에 그곳 사람들이 받아들이지 못한 주제는 무엇에 관한 것입니까?(행 17)

86. 본도에서 태어난 유대인으로, 바울과 생업이 같아 고린도에서 함께 일하며 고린도 교회를 세우는 일에 동력했던 부부의 이름은 무엇입니까?(행 18)

87. 바울은 하나님의 말씀을 가르치기 위해 고린도에 얼마나 머물렀습니까?(행 18)

88. 고린도에서 바울을 대적하는 유대인들이 그를 법정으로 데리고 가서 고발하려고 할 때 이를 받아주지 않고 그들을 법정에서 쫓아낸 사람은 누구입니까?(행 18)

89. 아볼로라는 인물과 거리가 먼 것은 무엇입니까?(행 18)

① 알렉산드리아 출신 ② 언변이 좋음

③ 성경에 능통함 ④ 성령 세례를 받음

90. 다음 (　) 안에 공통으로 들어갈 말은 무엇입니까?

"아볼로가 고린도에 있을 때에 바울이 윗지방으로 다녀 에베소에 와서 어떤 제자들을 만나 이르되 너희가 믿을 때에 (　　)을 받았느냐 이르되 아니라 우리는 (　　)이 계심도 듣지 못하였노라"(행 19)

91. 바울이 에베소에서 날마다 말씀을 강론한 곳은 어디입니까?(행 19)

① 연극장　② 아레오바고　③ 두란노 서원　④ 유대교 회당

92. 아데미 신상 때문에 바울의 전도가 어려움을 겪은 곳은 어디입니까?(행 19)

① 빌립보　② 데살로니가　③ 에베소　④ 고린도

93. 아데미 신상 때문에 일어난 소동과 관련이 없는 사람은 누구입니까?(행 19)

① 데메드리오　② 무명의 서기장　③ 알렉산더　④ 아볼로

94. 바울이 드로아에서 강론할 때 창에 걸터앉아 졸다가 떨어져 죽었으나 바울의 기도로 다시 살아난 사람은 누구입니까?(행 20)

95. 다음 (　) 안에 들어갈 말은 무엇입니까?

"여러분은 자기를 위하여 또는 온 양 떼를 위하여 삼가라 성령이 그들 가운데 여러분을 (　　)로 삼고 하나님이 자기 피로 사신 교회를 보살피게 하셨느니라"(행 20)

① 집사　② 선지자　③ 감독자　④ 교사

96. 다음은 바울이 밀레도에서 에베소 장로들에게 행한 고별 연설의 마지막 말입니다. (　) 안에 들어갈 말은 무엇입니까?

"범사에 여러분에게 모본을 보여준 바와 같이 수고하여 약한 사람들을 돕고 또 주 예수께서 친히 말씀하신 바 (　　) 하심을 기억하여야 할지니라"(행 20)

97. 밀레도에서 가이사랴에 도착한 바울은 누구의 집에 머물렀습니까?(행 21)

98. 야고보는 예루살렘에 도착한 바울에게 이방에 있는 유대인들에게 율법 준수의 불필요성을 가르친다는 오해를 사고 있다는 사실을 알려주면서 한 가지 대책을 제시합니다. 어떤 대책입니까?(행 21)

99. 다음은 다메섹 체험과 관련한 바울의 간증 중 일부입니다. ( ) 안에 들어갈 말은 무엇입니까?

"나는 유대인으로 길리기아 ( )에서 났고 이 성에서 자라 ( )의 문하에서 우리 조상들의 율법의 엄한 교훈을 받았고 오늘 너희 모든 사람처럼 하나님께 대하여 열심이 있는 자라"(행 22)

100. 바울이 자신은 태어나면서부터 로마 시민권을 갖고 있다고 말한 것은 사도행전 몇 장에 나옵니까?

① 9장 ② 22장 ③ 26장 ④ 28장

101. 사두개인이 주장하는 것들과 거리가 먼 것은 무엇입니까?(행 23)

① 부활이 없음 ② 천사가 없음 ③ 심판이 없음 ④ 영이 없음

102. 바울이 바리새인과 사두개인의 신학적 입장이 다른 것을 이용하여 분쟁이 일어나도록 유도한 내용은 사도행전 몇 장에 나옵니까?

103. 대제사장들과 장로들에게 가서 바울을 죽이기 전에는 먹지도 않고 마시지도 않겠다고 맹세한 사람들은 몇 명입니까?(행 23)

104. 다음은 예루살렘에 있던 로마 천부장이 가이사랴에 있는 총독 벨릭스에게 보낸 편지의 일부입니다. ( ) 안에 들어갈 말은 무엇입니까?

"이 사람이 유대인들에게 잡혀 죽게 된 것을 내가 ( )인 줄 들어 알고 군대를 거느리고 가서 구원하여다가 유대인들이 무슨 일로 그를 고발하는지 알고자 하여 그들의 공회로 데리고 내려갔더니 고발하는 것이 그들의 ( )에 관한 것뿐이요 한 가지도 죽이거나 결박할 사유가 없음을 발견하였나이다"(행 23)

105. 다음은 바울을 고발한 대제사장 아나니아의 변호사 더둘로가 벨릭스 총독 앞에서 한 말의 일부입니다. (　) 안에 들어갈 말은 무엇입니까?

"우리가 보니 이 사람은 (　　　) 같은 자라 천하에 흩어진 유대인을 다 소요하게 하는 자요 (　　)라"(행 24)

106. 바울의 고소 사건을 담당했던 두 명의 유대 총독은 누구입니까?(행 24)

107. "바울아 네가 미쳤도다 네 많은 학문이 너를 미치게 한다"라고 말한 사람은 누구입니까?(행 26)

① 아그립바　② 베스도　③ 벨릭스　④ 가이사

108. "네가 적은 말로 나를 권하여 그리스도인이 되게 하려 하는도다"라고 말한 사람은 누구입니까?(행 26)

① 아그립바　② 베스도　③ 벨릭스　④ 가이사

109. 사도행전에 따르면 바울은 로마 시민권을 몇 번 행사했습니까?(행 26)

① 한 번　② 두 번　③ 세 번　④ 네 번

110. 예루살렘에서 체포된 바울의 이야기가 나오는 곳은 사도행전 몇 장입니까?

① 20장　② 21장　③ 22장　④ 23장

111. 바울이 자신의 다메섹 체험을 설명하면서 다음과 같은 고백을 한 내용은 사도행전 몇 장에 나옵니까?

"사울아 사울아 네가 어찌하여 나를 박해하느냐 가시채를 뒷발질하기가 네게 고생이니라"

112. 바울이 로마로 압송될 때에 만난 광풍의 이름은 무엇입니까?(행 27)

113. 바울을 압송하는 배는 며칠 동안 바다에서 이리저리로 쫓겨 다녔습니까? (행 27)

① 일주일　　② 열흘　　③ 십사일　　④ 한 달

114. 바울을 압송하던 배가 광풍을 만나 바다에서 떠돌아다니다가 도착한 섬의 이름은 무엇입니까?(행 28)

① 멜리데　　② 그레데　　③ 드로아　　④ 키푸로스

115. 바울은 로마에 압송되어서도 예수 그리스도의 복음을 자유롭게 전했습니다. 다음 (　) 안에 들어갈 말은 무엇입니까?

"그들이 날짜를 정하고 그가 유숙하는 집에 많이 오니 바울이 아침부터 저녁까지 강론하여 (　　　)를 증언하고 모세의 율법과 선지자의 말을 가지고 예수에 대하여 권하더라"(행 28)

116. 로마의 감옥에서 아침부터 저녁까지 하나님 나라를 강론할 때 바울은 무엇을 가지고 예수님에 관해 설득했습니까?(행 28)

117. 바울은 자신이 증언하는 복음을 받아들이지 않고 믿지 않는 유대인들을 보면서 다음과 같이 말했습니다. (　) 안에 들어갈 말은 무엇입니까?

"그런즉 하나님의 이 구원이 (　　　)에게로 보내어진 줄 알라 그들은 그것을 들으리라" (행 28)

118. 바울이 2년 동안 로마의 셋집에 머물면서 찾아오는 사람들에게 담대하고 거침없이 가르친 말씀은 무엇입니까?(행 28)

로 마 서

1. 다음 ( ) 안에 들어갈 말은 무엇입니까?

"이 복음은 하나님이 ( )들을 통하여 그의 아들에 관하여 성경에 미리 약속하신 것이라"(롬 1)

2. 하나님의 아들은 육신으로는 누구의 혈통에서 나셨습니까?(롬 1)

① 사울 ② 다윗 ③ 요셉 ④ 마리아

3. 다음 ( ) 안에 들어갈 말은 무엇입니까?

"그의 아들에 관하여 말하면 육신으로는 ( )의 혈통에서 나셨고"(롬 1)

4. 다음 ( ) 안에 들어갈 말은 무엇입니까?

"성결의 영으로는 ( )하사 능력으로 하나님의 아들로 선포되셨으니 곧 우리 주 예수 그리스도시니라"(롬 1)

5. 다음 ( ) 안에 들어갈 말은 무엇입니까?

"헬라인이나 야만인이나 지혜 있는 자나 어리석은 자에게 다 내가 ( )라"(롬 1)

6. 다음 ( ) 안에 들어갈 말은 무엇입니까?

"내가 ( )을 부끄러워하지 아니하노니 이 ( )은 모든 믿는 자에게 구원을 주시는 ( )이 됨이라 먼저는 유대인에게요 그리고 헬라인에게로다"(롬 1)

7. 바울은 "복음에는 하나님의 의가 나타나서 믿음으로 믿음에 이르게 하나니 기록된 바 오직 의인은 믿음으로 말미암아 살리라 함과 같으니라"라고 말하면서 구약성경의 어느 구절을 인용하였습니까?(롬 1)

8. 다음 ( ) 안에 들어갈 말은 무엇입니까?

"( )가 불의로 진리를 막는 사람들의 모든 경건하지 않음과 불의에 대하여 하늘로부터 나타나나니"(롬 1)

9. 다음 ( ) 안에 들어갈 말은 무엇입니까?

"하나님을 알되 하나님을 영화롭게도 아니하며 ( )하지도 아니하고 오히려 그 생각이 허망하여지며 미련한 마음이 어두워졌나니"(롬 1)

10. 다음 ( ) 안에 들어갈 말은 무엇입니까?

"썩어지지 아니하는 하나님의 영광을 썩어질 사람과 새와 짐승과 기어다니는 동물 모양의 ( )으로 바꾸었느니라"(롬 1)

11. 하나님께서 "그들을 마음의 정욕대로 더러움에 내버려 두사" 어떻게 하게 하셨습니까?(롬 1)

12. 다음 중 부끄러운 욕심에 해당하지 않는 것은 무엇입니까?(롬 1)

① 여자들이 순리대로 쓸 것을 바꾸어 역리로 씀

② 남자들이 순리대로 여자 쓰기를 버림

③ 부부간의 성적인 관계

④ 남녀 간의 부적절한 성관계

13. 다음 ( ) 안에 들어갈 말은 무엇입니까?

"남자가 남자와 더불어 부끄러운 일을 행하여 그들의 그릇됨에 (   )을 그들 자신이 받았느니라"(롬 1)

14. 다음 (   ) 안에 들어갈 말은 무엇입니까?

"남을 판단하는 사람아, 누구를 막론하고 네가 핑계하지 못할 것은 남을 판단하는 것으로 네가 너를 (   )이니 판단하는 네가 같은 일을 행함이니라"(롬 2)

15. 다음 (   ) 안에 들어갈 말은 무엇입니까?

"하나님께서 각 사람에게 그 (   ) 대로 보응하시되"(롬 2)

16. 다음 (   ) 안에 들어갈 말은 무엇입니까?

"악을 행하는 각 사람의 영에는 환난과 곤고가 있으리니 먼저는 (   )에게요 그리고 (   )에게며 선을 행하는 각 사람에게는 영광과 존귀와 평강이 있으리니 먼저는 (   )에게요 그리고 (   )에게라"(롬 2)

17. 하나님께서 유대인이나 헬라인에게 동일하게 그 행위대로 갚으시는 이유는 무엇입니까?(롬 2)

18. 율법 없는 이방인의 본성으로 율법의 일을 행하는 기준은 무엇입니까?(롬 2)

① 사랑 ② 선 ③ 성품 ④ 양심

19. 다음 (   ) 안에 들어갈 말은 무엇입니까?

"(   )을 자랑하는 네가 율법을 범함으로 하나님을 (   )되게 하느냐"(롬 2)

20. 다음 (   ) 안에 들어갈 말은 무엇입니까?

"오직 이면적 유대인이 유대인이며 (   )는 마음에 할지니 영에 있고 율법 조문에 있지 아니한 것이라"(롬 2)

21. 다음 (   ) 안에 들어갈 말은 무엇입니까?

"그런즉 유대인의 나음이 무엇이며 할례의 유익이 무엇이냐 범사에 많으니 우선은 그들이 (   )이니라"(롬 3)

22. 다음 ( ) 안에 들어갈 말은 무엇입니까?

"사람은 다 거짓되되 오직 (   )은 참되시다 할지어다"(롬 3)

23. 사람이 하나님 앞에서 인정받기 어려운 행위는 어떤 행위입니까?(롬 3)

① 믿음의 행위 ② 사랑의 행위 ③ 율법의 행위 ④ 성결의 행위

24. 다음 ( ) 안에 들어갈 말은 무엇입니까?

"이제는 율법 외에 (   )가 나타났으니 율법과 선지자들에게 증거를 받은 것이라"(롬 3)

25. 죄인들은 그리스도 예수 안에 있는 무엇으로 말미암아 하나님의 은혜로 값없이 의롭다 하심을 얻는 자가 됩니까?(롬 3)

① 속량 ② 은혜 ③ 정의 ④ 사랑

26. 다음 ( ) 안에 들어갈 말은 무엇입니까?

"이 예수를 하나님이 그의 피로써 믿음으로 말미암는 (   )로 세우셨으니"(롬 3)

27. 다음 ( ) 안에 들어갈 말은 무엇입니까?

"그런즉 자랑할 데가 어디냐 있을 수가 없느니라 무슨 법으로냐 행위로냐 아니라 오직 (   )으로니라"(롬 3)

28. 다음 ( ) 안에 들어갈 말은 무엇입니까?

"할례자도 믿음으로 말미암아 또한 무할례자도 믿음으로 말미암아 (   ) 하실 하나님은 한 분이시니라"(롬 3)

29. 일하지 않은 자에게도 주어지는 삯은 무엇으로 여겨집니까?(롬 4)

① 보수 ② 상급 ③ 은혜 ④ 부채

30. 다음 ( ) 안에 들어갈 말은 무엇입니까?

"일을 아니할지라도 (   )를 의롭다 하시는 이를 믿는 자에게는 그의 믿음을 의로 여기시나니"(롬 4)

31. 다음 ( ) 안에 들어갈 말은 무엇입니까?

"아브라함이나 그 후손에게 세상의 상속자가 되리라고 하신 언약은 (　　　)으로 말미암은 것이 아니요 오직 (　　　)로 말미암은 것이니라"(롬 4)

32. 다음 (　) 안에 들어갈 말은 무엇입니까?

"아브라함이 바랄 수 없는 중에 바라고 믿었으니 이는 네 후손이 이같으리라 하신 말씀대로 많은 (　　　)이 되게 하려 하심이라"(롬 4)

33. 다음 (　) 안에 들어갈 말은 무엇입니까?

"예수는 우리가 범죄한 것 때문에 (　　　)이 되고 또한 우리를 의롭다 하시기 위하여 (　　　)"(롬 4)

34. 다음 (　) 안에 들어갈 말은 무엇입니까?

"그러므로 우리가 믿음으로 의롭다 하심을 받았으니 우리 주 예수 그리스도로 말미암아 하나님과 (　　　)을 누리자"(롬 5)

35. 다음 (　) 안에 들어갈 말은 무엇입니까?

"소망이 우리를 부끄럽게 하지 아니함은 우리에게 주신 성령으로 말미암아 (　　　)이 우리 마음에 부은 바 됨이니"(롬 5)

36. 다음 (　) 안에 들어갈 말은 무엇입니까?

"의인을 위하여 죽는 자가 쉽지 않고 (　　　)을 위하여 용감히 죽는 자가 혹 있거니와"(롬 5)

37. 다음 (　) 안에 들어갈 말은 무엇입니까?

"우리가 아직 죄인 되었을 때에 그리스도께서 우리를 위하여 죽으심으로 하나님께서 우리에 대한 (　　　)을 확증하셨느니라"(롬 5)

38. 한 사람으로 인하여 세상에 죄가 들어오고 죄로 말미암아 무엇이 들어왔습니까?(롬 5)

39. 죄를 죄로 여기지 않았을 때는 무엇이 없었을 때입니까?(롬 5)

① 믿음　② 율법　③ 사랑　④ 은혜

40. 다음 ( ) 안에 들어갈 말은 무엇입니까?

"율법이 들어온 것은 ( )를 더하게 하려 함이라"(롬 5)

41. 죄가 더한 곳에는 무엇이 더욱 넘쳤습니까?(롬 5)

① 사랑 ② 은혜 ③ 심판 ④ 사망

42. 다음 ( ) 안에 들어갈 말은 무엇입니까?

"심판은 한 사람으로 말미암아 정죄에 이르렀으나 ( )는 많은 범죄로 말미암아 의롭다 하심에 이름이니라"(롬 5)

43. 다음 ( ) 안에 들어갈 말은 무엇입니까?

"무릇 그리스도 예수와 합하여 세례를 받은 우리는 그의 ( )과 합하여 세례를 받은 줄을 알지 못하느냐"(롬 6)

44. 우리의 옛 사람이 예수와 함께 십자가에 못 박힌 것은 다시는 우리가 무엇에게 종 노릇 하지 않게 하려는 것입니까?(롬 6)

① 죄 ② 악 ③ 마귀 ④ 사람

45. 다음 ( ) 안에 들어갈 말은 무엇입니까?

"만일 우리가 그의 ( )과 같은 모양으로 연합한 자가 되었으면 또한 그의 ( )과 같은 모양으로 연합한 자도 되리라"(롬 6)

46. 우리의 지체를 무엇에게 불의의 무기로 내주지 말라고 하셨습니까?(롬 6)

47. 오직 너희 자신을 죽은 자 가운데서 다시 살아난 자 같이 하나님께 드리며 특별히 우리의 무엇을 의의 무기로 하나님께 드려야 합니까?(롬 6)

① 지체 ② 영혼 ③ 마음 ④ 정성

48. 다음 ( ) 안에 들어갈 말은 무엇입니까?

"죄가 너희를 주장하지 못하리니 이는 너희가 ( ) 아래에 있지 아니하고 ( ) 아래에 있음이라"(롬 6)

49. 다음 ( ) 안에 들어갈 말은 무엇입니까?

"이제는 너희가 죄로부터 해방되고 하나님께 종이 되어 ( )에 이르는 열매를 맺었으니 그 마지막은 ( )이라"(롬 6)

50. 다음 ( ) 안에 들어갈 말은 무엇입니까?

"죄의 삯은 ( )이요 하나님의 은사는 그리스도 예수 우리 주 안에 있는 ( )이니라"(롬 6)

롬

51. 다음 ( ) 안에 공통으로 들어갈 말은 무엇입니까?

"남편 있는 여인이 그 남편 생전에는 ( )으로 그에게 매인 바 되나 만일 그 남편이 죽으면 남편의 ( )에서 벗어나느니라"(롬 7)

52. 죄가 기회를 타서 계명으로 말미암아 내 속에서 온갖 무엇을 이루려고 합니까?(롬 7)

① 죄악 ② 분열 ③ 교만 ④ 탐심

53. 다음 ( ) 안에 공통으로 들어갈 말은 무엇입니까?

"전에 율법을 깨닫지 못했을 때에는 내가 살았더니 ( )이 이르매 죄는 살아나고 나는 죽었도다 생명에 이르게 할 그 ( )이 내게 대하여 도리어 사망에 이르게 하는 것이 되었도다 죄가 기회를 타서 ( )으로 말미암아 나를 속이고 그것으로 나를 죽였는지라"(롬 7)

54. 다음 ( ) 안에 들어갈 말은 무엇입니까?

"우리가 율법은 신령한 줄 알거니와 나는 육신에 속하여 ( ) 아래에 팔렸도다"(롬 7)

55. 다음 ( ) 안에 들어갈 말은 무엇입니까?

"내가 원하는 바 ( )은 행하지 아니하고 도리어 원하지 아니하는 바 ( )을 행하는도다"(롬 7)

56. 다음 ( ) 안에 들어갈 말은 무엇입니까?

"내 속사람으로는 ( )을 즐거워하되 내 지체 속에서 한 다른 법이 내 마음의 법과 싸워 내 지체 속에 있는 ( )으로 나를 사로잡는 것을 보는도다"(롬 7)

57. 다음 ( ) 안에 들어갈 말은 무엇입니까?

"이제 그리스도 예수 안에 있는 자에게는 결코 정죄함이 없나니 이는 그리스도 예수 안에 있는 생명의 ( )이 죄와 ( )에서 너를 해방하였음이라"(롬 8)

58. 다음 ( ) 안에 들어갈 말은 무엇입니까?

"율법이 육신으로 말미암아 연약하여 할 수 없는 그것을 하나님은 하시나니 곧 죄로 말미암아 ( )을 죄 있는 육신의 모양으로 보내어 육신에 죄를 정하사"(롬 8)

59. 육신의 생각과 영의 생각의 결과는 각각 무엇입니까?(롬 8)

① 죄악, 사랑 ② 사망, 생명과 평안 ③ 죽음, 화평 ④ 탐욕, 선행

60. 다음 ( ) 안에 들어갈 말은 무엇입니까?

"만일 너희 속에 하나님의 영이 거하시면 너희가 ( )에 있지 아니하고 ( )에 있나니 누구든지 그리스도의 영이 없으면 그리스도의 사람이 아니라"(롬 8)

61. 다음 ( ) 안에 들어갈 말은 무엇입니까?

"무릇 ( )으로 인도함을 받는 사람은 곧 하나님의 아들이라"(롬 8)

62. 하나님을 아빠 아버지라고 부르짖을 수 있는 것은 우리가 무엇을 받았기 때문입니까?(롬 8)

① 성령의 은사 ② 종의 영 ③ 양자의 영 ④ 마귀의 영

63. 다음 ( ) 안에 들어갈 말은 무엇입니까?

"마음을 살피시는 이가 ( )을 아시나니"(롬 8)

64. 다음 ( ) 안에 들어갈 말은 무엇입니까?

"누가 정죄하리요 죽으실 뿐 아니라 다시 살아나신 이는 그리스도 예수시니 그는 하나님 우편에 계신 자요 우리를 위하여 ( )시니라"(롬 8)

65. 다음 ( ) 안에 들어갈 말은 무엇입니까?

"누가 우리를 ( )에서 끊으리요 환난이나 곤고나 박해나 기근이나 적신이나 위험이나 칼이랴"(롬 8)

66. 바울의 고백처럼 그 어떤 피조물도 우리를 우리 주 그리스도 예수 안에 있는 무엇으로부터 끊을 수 없습니까?(롬 8)

① 하나님의 사랑 ② 하나님의 은혜 ③ 하나님의 보호 ④ 하나님의 인도

67. 다음 ( ) 안에 들어갈 말은 무엇입니까?

"아브라함의 씨가 다 그의 자녀가 아니라 오직 ( )으로부터 난 자라야 네 씨라 불리리라 하셨으니"(롬 9)

68. 다음 ( ) 안에 들어갈 말은 무엇입니까?

"육신의 자녀가 하나님의 자녀가 아니요 오직 ( )가 씨로 여기심을 받느니라"(롬 9)

69. 하나님은 누구에게 "큰 자가 어린 자를 섬기리라"고 말씀하셨습니까?(롬 9)

① 아브라함 ② 이삭 ③ 야곱 ④ 리브가

70. 다음 ( ) 안에 들어갈 말은 무엇입니까?

"( )에게 이르시되 내가 긍휼히 여길 자를 긍휼히 여기고 불쌍히 여길 자를 불쌍히 여기리라"(롬 9)

71. 다음 ( ) 안에 들어갈 말은 무엇입니까?

"토기장이가 진흙 한 덩이로 하나는 ( )을, 하나는 ( )을 만들 권한이 없느냐"(롬 9)

72. 다음 ( ) 안에 들어갈 말은 무엇입니까?

"의를 따르지 아니한 이방인들이 의를 얻었으니 곧 ( )에서 난 의요 의의 법을 따라간 이스라엘은 율법에 이르지 못하였으니 어찌 그러하냐 이는 그들이 ( )을 의지하지 않고 ( )를 의지함이라 부딪칠 돌에 부딪쳤느니라"(롬 9)

73. 우리가 만일 우리 입으로 예수를 주로 시인하며 또 하나님께서 그를 죽은 자 가운데서 살리신 것을 마음에 믿으면 무엇을 받게 됩니까?(롬 10)

① 생명 ② 구원 ③ 상급 ④ 영생

74. 다음 ( ) 안에 들어갈 말은 무엇입니까?

"누구든지 ( )을 부르는 자는 구원을 받으리라"(롬 10)

75. 다음 (　) 안에 들어갈 말은 무엇입니까?

"그러므로 믿음은 들음에서 나며 들음은 (　　)으로 말미암았느니라"(롬 10)

76. 다음 (　) 안에 들어갈 말은 무엇입니까?

"나도 이스라엘인이요 아브라함의 씨에서 난 자요 (　　) 지파라"(롬 11)

77. 다음 (　) 안에 공통으로 들어갈 말은 무엇입니까?

"그런즉 이와 같이 지금도 (　　)로 택하심을 따라 남은 자가 있느니라 만일 (　　)로 된 것이면 행위로 말미암지 않음이니 그렇지 않으면 (　　)가 (　　) 되지 못하느니라"(롬 11)

78. 다음 (　) 안에 들어갈 말은 무엇입니까?

"내가 이방인인 너희에게 말하노라 내가 (　　)인 만큼 내 (　　)을 영광스럽게 여기노니"(롬 11)

79. 다음 (　) 안에 들어갈 말은 무엇입니까?

"그러므로 하나님의 (　　)과 (　　)을 보라 넘어지는 자들에게는 (　　)이 있으니 너희가 만일 하나님의 (　　)에 머물러 있으면 그 인자가 너희에게 있으리라 그렇지 않으면 너도 찍히는 바 되리라"(롬 11)

80. 다음 (　) 안에 들어갈 말은 무엇입니까?

"너희 몸을 하나님이 기뻐하시는 (　　)로 드리라 이는 너희가 드릴 (　　)니라"(롬 12)

81. 다음 (　) 안에 들어갈 말은 무엇입니까?

"너희는 이 (　　)를 본받지 말고 오직 (　　)을 새롭게 함으로 변화를 받아 하나님의 선하시고 기뻐하시고 온전하신 뜻이 무엇인지 분별하도록 하라"(롬 12)

82. 다음 (　) 안에 들어갈 말은 무엇입니까?

"마땅히 생각할 그 이상의 생각을 품지 말고 오직 하나님께서 각 사람에게 나누어 주신 (　　)대로 지혜롭게 생각하라"(롬 12)

83. 다음 (　) 안에 들어갈 말은 무엇입니까?

"할 수 있거든 너희로서는 모든 사람과 더불어 (　　)하라"(롬 12)

84. 우리가 한 몸에 많은 지체를 가졌으나 모든 지체가 함께 가질 수 없는 것은 무엇입니까?(롬 12)

① 능력 ② 사명 ③ 권능 ④ 기능

85. 로마서 12장에서는 은사의 다양성을 무엇에 비유했습니까?(롬 12)

롬

86. 바울은 우리를 박해하는 자를 어떻게 하라고 했습니까?(롬 12)

① 축복 ② 사랑 ③ 용서 ④ 기도

87. 다음 ( ) 안에 들어갈 말은 무엇입니까?

"악에게 지지 말고 ( )으로 ( )을 이기라"(롬 12)

88. 다음 ( ) 안에 공통으로 들어갈 말은 무엇입니까?

"각 사람은 위에 있는 ( )들에게 복종하라 ( )는 하나님으로부터 나지 않음이 없나니 모든 ( )는 다 하나님께서 정하신 바라"(롬 13)

89. 다음 ( ) 안에 들어갈 말은 무엇입니까?

"사랑은 이웃에게 ( )을 행하지 아니하나니 그러므로 사랑은 ( )의 완성이니라"(롬 13)

90. 다음 ( ) 안에 들어갈 말은 무엇입니까?

"밤이 깊고 낮이 가까웠으니 그러므로 우리가 ( )을 벗고 ( )을 입자"(롬 13)

91. 오직 주 예수 그리스도로 옷 입고 정욕을 위하여 무엇을 도모하지 말아야 합니까?(롬 13)

① 육신의 일 ② 악한 일 ③ 세상적인 일 ④ 죄악된 일

92. 다음 ( ) 안에 들어갈 말은 무엇입니까?

"믿음이 연약한 자를 너희가 받되 그의 ( )을 비판하지 말라"(롬 14)

93. 다음 ( ) 안에 들어갈 말은 무엇입니까?

"우리 중에 누구든지 (   ) 사는 자가 없고 (   ) 죽는 자도 없도다 우리가 살아도 (   ) 살고 죽어도 (   ) 죽나니 그러므로 사나 죽으나 우리가 주의 것이로다"(롬 14)

94. 다음 ( ) 안에 들어갈 말은 무엇입니까?

"만일 음식으로 말미암아 네 형제가 (   )하게 되면 이는 네가 (   )으로 행하지 아니함이라"(롬 14)

95. 다음 ( ) 안에 들어갈 말은 무엇입니까?

"음식으로 말미암아 (   )을 무너지게 하지 말라"(롬 14)

96. 의심하고 먹는 자는 정죄되었나니 이는 무엇을 따라 하지 않았기 때문입니까?(롬 14)

① 사랑 ② 소망 ③ 믿음 ④ 율법

97. 다음 ( ) 안에 들어갈 말은 무엇입니까?

"믿음을 따라 하지 아니하는 것은 다 (   )니라"(롬 14)

98. 바울은 그리스도의 이름을 부르는 곳에는 무엇을 전하지 않기를 힘썼다고 하였습니까?(롬 15)

① 사랑 ② 복음 ③ 물질 ④ 돈

99. 예루살렘부터 일루리곤까지 그리스도의 복음을 다 전한 바울은 이제 로마를 거쳐 어디로 가고자 합니까?(롬 15)

100. 다음 ( ) 안에 들어갈 말은 무엇입니까?

"마게도냐와 아가야 사람들이 (   ) 성도 중 가난한 자들을 위하여 기쁘게 얼마를 연보하였음이라"(롬 15)

101. 바울은 예루살렘 교회를 위한 마게도냐와 아가야 사람들의 연보가 가지는 의미를 설명하고 있습니다. ( ) 안에 들어갈 말은 무엇입니까?

"저희가 기뻐서 하였거니와 또한 저희는 그들에게 빚진 자니 만일 이방인들이 그들의 (　　　)을 나눠 가졌으면 (　　　)으로 그들을 섬기는 것이 마땅하니라"(롬 15)

102. 뵈뵈는 어느 교회의 일꾼입니까?(롬 16)

103. 바울을 위하여 자기들의 목까지도 내놓았던 바울의 동역자들은 누구입니까?(롬 16)

① 뵈뵈　② 에베네도　③ 브리스가와 아굴라　④ 안드로니고

롬

고린도전서

1. 고린도 교회의 성도들에게 은혜와 평강을 빈 사람은 바울과 누구입니까?(고전 1)

2. 다음 중 바울이 고린도 교인들을 두고 항상 하나님께 감사한 이유로 적절치 못한 것은 무엇입니까?(고전 1)

① 구제의 풍족함 ② 언변의 풍족함 ③ 지식의 풍족함 ④ 은사의 풍족함

3. 다음 ( ) 안에 들어갈 말은 무엇입니까?

"내가 이것을 말하거니와 너희가 각각 이르되 나는 바울에게, 나는 아볼로에게, 나는 게바에게, 나는 ( )에게 속한 자라 한다는 것이니"(고전 1)

4. 다음 ( ) 안에 들어갈 말은 무엇입니까?

"내 형제들아 글로에의 집 편으로 너희에 대한 말이 내게 들리니 곧 너희 가운데 ( )이 있다는 것이라"(고전 1)

5. 다음 ( ) 안에 공통으로 들어갈 말은 무엇입니까?

"바울이 너희를 위하여 십자가에 못 박혔으며 바울의 이름으로 너희가 ( )를 받았느냐 나는 그리스보와 가이오 외에는 너희 중 아무에게도 내가 ( )를 베풀지 아니

한 것을 감사하노니 이는 아무도 나의 이름으로 (   )를 받았다 말하지 못하게 하려 함이라"(고전 1)

6. 바울은 그리스도께서 자신을 파송하신 이유가 무엇을 하도록 하기 위함이라고 말합니까?(고전 1)

7. 다음 (   ) 안에 들어갈 말은 무엇입니까?

"십자가의 도가 멸망하는 자들에게는 (   )이요 구원을 받는 우리에게는 (   )이라"(고전 1)

8. 하나님은 무엇으로 믿는 자들을 구원하시기를 기뻐하셨습니까?(고전 1)

① 율법   ② 지식   ③ 전도   ④ 예정

9. 다음 (   ) 안에 들어갈 말은 무엇입니까?

"예수는 하나님으로부터 나와서 우리에게 (   )와 의로움과 (   )과 구원함이 되셨으니"(고전 1)

10. 다음 (   ) 안에 들어갈 말은 무엇입니까?

"형제들아 내가 너희에게 나아가 (   )를 전할 때에 말과 지혜의 아름다운 것으로 아니하였나니"(고전 2)

11. 바울은 고린도 교인들에게 자신이 무엇 이외에는 아무것도 알지 않기로 작정했다고 고백했습니까?(고전 2)

① 말과 지혜

② 예수 그리스도와 그가 십자가에 못 박힌 것

③ 성령과 부활

④ 은사와 사랑

12. 다음 (   ) 안에 들어갈 말은 무엇입니까?

"너희 믿음이 (   )에 있지 아니하고 다만 하나님의 능력에 있게 하려 하였노라"(고전 2)

고전

13. 다음 (　) 안에 공통으로 들어갈 말은 무엇입니까?

"사람의 일을 사람의 속에 있는 (　　) 외에 누가 알리요 이와 같이 하나님의 일도 하나님의 (　　) 외에는 아무도 알지 못하느니라"(고전 2)

14. 다음 중 세상의 영과 대비되는 개념은 무엇입니까?(고전 2)

① 하늘의 영　② 성도의 영　③ 하나님의 영　④ 천사의 영

15. 다음 (　) 안에 들어갈 말은 무엇입니까?

"육에 속한 사람은 하나님의 (　　)의 일들을 받지 아니하나니 이는 그것들이 그에게는 어리석게 보임이요"(고전 2)

16. 심은 자가 바울이고 물을 준 이가 아볼로라면, 자라나게 하는 이는 누구입니까?(고전 3)

17. 각 사람의 공적이 무엇인지를 시험하는 것은 무엇입니까?(고전 3)

① 물　② 불　③ 성령　④ 사탄

18. 다음 (　) 안에 들어갈 말은 무엇입니까?

"만일 누구든지 그 위에 세운 공적이 그대로 있으면 (　　)을 받고 누구든지 그 공적이 불타면 (　　)를 받으리니 그러나 자신은 (　　)을 받되 불 가운데서 받은 것 같으리라"(고전 3)

19. 다음 (　) 안에 들어갈 말은 무엇입니까?

"누구든지 (　　)을 더럽히면 하나님이 그 사람을 멸하시리라"(고전 3)

20. 자기 스스로 지혜가 있다고 생각하는 자는 어떻게 해야 지혜로운 자가 됩니까?(고전 3)

① 말씀을 가까이 하라　② 기도를 많이 하라
③ 성령을 받아라　④ 어리석은 자가 되어라

21. 다음 (　) 안에 들어갈 말은 무엇입니까?

"사람이 마땅히 우리를 ( )이요 ( )을 맡은 자로 여길지어다 그리고 맡은 자들에게 구할 것은 ( )이니라"(고전 4)

22. 다음 ( ) 안에 들어갈 말은 무엇입니까?

"내가 생각하건대 하나님이 사도인 우리를 죽이기로 작정된 자 같이 ( )에 두셨으매 우리는 세계 곧 천사와 사람에게 ( )가 되었노라"(고전 4)

23. 다음 ( ) 안에 들어갈 말은 무엇입니까?

"그리스도 안에서 일만 스승이 있으되 ( )는 많지 아니하니 그리스도 예수 안에서 내가 ( )으로써 너희를 낳았음이라"(고전 4)

24. 바울의 사랑하고 신실한 아들은 누구를 가리킵니까?(고전 4)

① 요한 ② 실라 ③ 디모데 ④ 두기고

25. 다음 ( ) 안에 공통으로 들어갈 말은 무엇입니까?

"너희 중에 심지어 ( )이 있다 함을 들으니 그런 ( )은 이방인 중에서도 없는 것이라"(고전 5)

26. 다음 ( ) 안에 들어갈 말은 무엇입니까?

"이러므로 우리가 명절을 지키되 묵은 누룩으로도 말고 악하고 악의에 찬 누룩으로도 말고 누룩이 없이 오직 ( )과 ( )의 떡으로 하자"(고전 5)

27. 다음 ( ) 안에 들어갈 말은 무엇입니까?

"너희 중에 누가 다른 이와 더불어 ( )이 있는데 구태여 불의한 자들 앞에서 고발하고 성도 앞에서 하지 아니하느냐"(고전 6)

28. 바울은 고린도 교회가 세상 사건이 있을 때 어떤 자들을 세웠음을 꾸짖었습니까?(고전 6)

① 재판관 ② 변호사 ③ 불의한 자 ④ 경히 여김을 받는 자

29. 다음 ( ) 안에 들어갈 말은 무엇입니까?

"불의한 자가 ( )를 유업으로 받지 못할 줄을 알지 못하느냐"(고전 6)

30. 고린도전서 6장에서는 그리스도의 지체와 누구의 지체를 대비하고 있습니까?

31. 사람이 범하는 죄마다 몸 밖에 있거니와 음행하는 자는 무엇에게 죄를 범하게 됩니까?(고전 6)

① 자기의 마음　② 자기의 몸
③ 자기의 양심　④ 자기의 영혼

32. 다음 ( ) 안에 들어갈 말은 무엇입니까?

"모든 것이 내게 가하나 다 ( )한 것이 아니요"(고전 6)

33. 다음 ( ) 안에 들어갈 말은 무엇입니까?

"너희 몸은 너희가 하나님께로부터 받은 바 너희 가운데 계신 ( )인 줄을 알지 못하느냐 너희는 너희 자신의 것이 아니라"(고전 6)

34. 음행을 피하기 위해 남자나 여자가 해야 할 일은 무엇입니까?(고전 7)

35. 바울이 고린도 교인들에게 서로 분방하지 말라고 한 것은 무슨 까닭입니까?(고전 7)

① 부부간의 도리 때문　② 이혼의 빌미
③ 사탄의 시험　④ 자녀 교육

36. 다음 ( ) 안에 공통으로 들어갈 말은 무엇입니까?

"각 사람은 ( )을 받은 그 ( ) 그대로 지내라"(고전 7)

37. 다음 ( ) 안에 들어갈 말은 무엇입니까?

"주 안에서 부르심을 받은 자는 종이라도 주께 속한 ( )이요"(고전 7)

38. 바울이 처녀와 과부에게 준 권면은 주의 계명입니까, 아니면 바울의 의견입니까?(고전 7)

39. 바울이 처녀에 대하여 결혼하기보다 그냥 지내는 것이 좋다고 생각한 까닭은 무엇입니까?(고전 7)

① 임박한 재림 ② 임박한 종말 ③ 임박한 환난 ④ 임박한 주의 날

40. 다음 ( ) 안에 공통으로 들어갈 말은 무엇입니까?

"장가 간 자는 ( )을 염려하여 어찌하여야 아내를 기쁘게 할까 하여 마음이 갈라지며 … 시집 간 자는 ( )을 염려하여 어찌하여야 남편을 기쁘게 할까 하느니라"(고전 7)

41. 다음 ( ) 안에 들어갈 말은 무엇입니까?

"그러나 우리에게는 한 하나님 곧 아버지가 계시니 ( )이 그에게서 났고 ( )도 그를 위하여 있고 또한 한 주 예수 그리스도께서 계시니 ( )이 그로 말미암고 ( )도 그로 말미암아 있느니라"(고전 8)

42. 다음 ( ) 안에 들어갈 말은 무엇입니까?

"어떤 이들은 지금까지 우상에 대한 습관이 있어 우상의 제물로 알고 먹는 고로 그들의 ( )이 약하여지고 더러워지느니라"(고전 8)

43. 다음 ( ) 안에 들어갈 말은 무엇입니까?

"만일 음식이 내 형제를 실족하게 한다면 나는 영원히 ( )를 먹지 아니하여 내 형제를 실족하지 않게 하리라"(고전 8)

44. 다음 ( ) 안에 들어갈 말은 무엇입니까?

"다른 사람들에게는 내가 사도가 아닐지라도 너희에게는 사도이니 나의 사도 됨을 주 안에서 ( )이 너희라"(고전 9)

45. 모세의 율법에는 곡식을 밟아 떠는 소에게 무엇을 씌우지 말라고 기록되어 있습니까?(고전 9)

① 멍에 ② 망 ③ 천 ④ 자루

46. 다음 ( ) 안에 들어갈 말은 무엇입니까?

"우리가 이 권리를 쓰지 아니하고 범사에 참는 것은 ( )에 아무 장애가 없게 하려 함이로다"(고전 9)

47. 다음 (　) 안에 공통으로 들어갈 말은 무엇입니까?

"그런즉 내 상이 무엇이냐 내가 (　　　)을 전할 때에 값없이 전하고 (　　　)으로 말미암아 내게 있는 권리를 다 쓰지 아니하는 이것이로다"(고전 9)

48. 바울이 유대인들에게 유대인과 같이 된 것은 누구를 얻기 위함이라고 하였습니까?(고전 9)

49. 바울은 왜 날마다 자신의 몸을 쳐서 복종하게 했습니까?(고전 9)

① 게을러질까 봐　② 교만해질까 봐　③ 어리석어질까 봐　④ 버림을 당할까 봐

50. 다음 (　) 안에 들어갈 말은 무엇입니까?

"내가 여러 사람에게 여러 모습이 된 것은 아무쪼록 몇 사람이라도 (　　　)하고자 함이니"(고전 9)

51. 이기기를 다투는 자마다 모든 일에 어떻게 해야 한다고 했습니까?(고전 9)

52. 다음 (　) 안에 들어갈 말은 무엇입니까?

"내가 내 몸을 쳐 복종하게 함은 내가 남에게 (　　　)한 후에 자신이 도리어 버림을 당할까 두려워함이로다"(고전 9)

53. 신령한 반석은 누구를 가리킵니까?(고전 10)

54. 우상을 숭배하던 자들이 음행하다가 하루에 몇 명이나 죽었습니까?(고전 10)

① 이만 명　② 이만 천 명　③ 이만 이천 명　④ 이만 삼천 명

55. 다음 (　) 안에 들어갈 말은 무엇입니까?

"사람이 (　　　) 밖에는 너희가 당한 것이 없나니"(고전 10)

56. 다음 (　) 안에 들어갈 말은 무엇입니까?

"너희가 주의 잔과 귀신의 잔을 겸하여 마시지 못하고 주의 식탁과 (   )에 겸하여 참여하지 못하리라"(고전 10)

57. 다음 (   ) 안에 들어갈 말은 무엇입니까?

"모든 것이 가하나 모든 것이 (   )은 아니요 모든 것이 가하나 모든 것이 (   )은 아니니 누구든지 자기의 유익을 구하지 말고 남의 유익을 구하라"(고전 10)

58. 무릇 시장에서 파는 것을 무엇을 위하여 묻지 말고 먹으라 하였습니까?(고전 10)

① 율법 ② 양심 ③ 구원 ④ 복음

59. 다음 (   ) 안에 들어갈 말은 무엇입니까?

"우리가 축복하는 바 축복의 잔은 (   )에 참여함이 아니며 우리가 떼는 떡은 (   )에 참여함이 아니냐"(고전 10)

60. 다음 (   ) 안에 들어갈 말은 무엇입니까?

"그런즉 너희가 먹든지 마시든지 무엇을 하든지 다 (   )을 위하여 하라"(고전 10)

61. 다음 (   ) 안에 공통으로 들어갈 말은 무엇입니까?

"내가 그리스도를 (   )가 된 것 같이 너희는 나를 (   )가 되라"(고전 11)

62. 다음 (   ) 안에 들어갈 말은 무엇입니까?

"각 남자의 머리는 (   )요 여자의 머리는 남자요 그리스도의 머리는 (   )이시라"(고전 11)

63. 다음 (   ) 안에 공통으로 들어갈 말은 무엇입니까?

"주 예수께서 잡히시던 밤에 떡을 가지사 축사하시고 떼어 이르시되 이것은 너희를 위하는 내 몸이니 이것을 행하여 (   ) 하시고 식후에 또한 그와 같이 잔을 가지시고 이르시되 이 잔은 내 피로 세운 새 언약이니 이것을 행하여 마실 때마다 (   ) 하셨으니"(고전 11)

64. 다음 (   ) 안에 들어갈 말은 무엇입니까?

"주의 몸을 분별하지 못하고 먹고 마시는 자는 (   )를 먹고 마시는 것이니라"(고전 11)

65. 바울이 고린도 교인들에게 누구든지 시장하거든 집에서 먹으라고 한 이유는 무엇입니까?(고전 11)

① 죄 짓지 않기 위해 ② 가난한 자들을 위해
③ 부자들을 위해 ④ 판단하지 않기 위해

66. 다음 ( ) 안에 들어갈 말은 무엇입니까?

"( )으로 말하는 자는 누구든지 예수를 저주할 자라 하지 아니하고 또 ( )으로 아니하고는 누구든지 예수를 ( )시라 할 수 없느니라"(고전 12)

67. 다음 ( ) 안에 들어갈 말은 무엇입니까?

"은사는 여러 가지나 ( )은 같고 직분은 여러 가지나 ( )는 같으며"(고전 12)

68. 다음 ( ) 안에 들어갈 말은 무엇입니까?

"유대인이나 헬라인이나 종이나 자유인이나 다 한 성령으로 ( )를 받아 한 몸이 되었고 또 다 한 성령을 마시게 하셨느니라"(고전 12)

69. 다음 ( ) 안에 들어갈 말은 무엇입니까?

"하나님이 교회 중에 몇을 세우셨으니 첫째는 ( )요 둘째는 선지자요 셋째는 ( )요"(고전 12)

70. 다음 ( ) 안에 들어갈 말은 무엇입니까?

"너희는 더욱 큰 ( )를 사모하라 내가 또한 가장 ( )을 너희에게 보이리라"(고전 12)

71. 다음 ( ) 안에 들어갈 말은 무엇입니까?

"사랑은 언제까지나 떨어지지 아니하되 ( )도 폐하고 ( )도 그치고 ( )도 폐하리라"(고전 13)

72. 고린도전서 13장에 나타난 사랑의 정의에 속하지 않는 것은 무엇입니까? (고전 13)

① 모든 것을 참으며 ② 모든 것을 믿으며
③ 모든 것을 구하며 ④ 모든 것을 바라며

73. 다음 (　) 안에 들어갈 말은 무엇입니까?

"내가 어렸을 때에는 (　　　)이 어린 아이와 같고 (　　　)이 어린 아이와 같고 생각하는 것이 어린 아이와 같다가 장성한 사람이 되어서는 어린 아이의 일을 버렸노라"(고전 13)

74. 다음 (　) 안에 들어갈 말은 무엇입니까?

"예언하는 자는 사람에게 말하여 (　　　)을 세우며 권면하며 (　　　)하는 것이요"(고전 14)

75. 방언을 말하는 자는 자기의 덕을 세우며 예언하는 자는 누구의 덕을 세운다고 했습니까?(고전 14)

① 성도　　② 회중　　③ 교회　　④ 타인

76. 다음 (　) 안에 들어갈 말은 무엇입니까?

"이와 같이 너희도 혀로써 알아 듣기 쉬운 말을 하지 아니하면 그 말하는 것을 어찌 알리요 이는 (　　　)에다 말하는 것이라"(고전 14)

77. 다음 (　) 안에 들어갈 말은 무엇입니까?

"만일 누가 방언으로 말하거든 두 사람이나 많아야 세 사람이 차례를 따라 하고 한 사람이 (　　　)할 것이요"(고전 14)

78. 다음 (　) 안에 들어갈 말은 무엇입니까?

"예언하는 자는 둘이나 셋이나 말하고 다른 이들은 (　　　)할 것이요"(고전 14)

79. 다음 (　) 안에 들어갈 말은 무엇입니까?

"예언하는 자들의 영은 예언하는 자들에게 제재를 받나니 하나님은 (　　　)의 하나님이 아니시요 오직 (　　　)의 하나님이시니라"(고전 14)

80. 다음 (　) 안에 들어갈 말은 무엇입니까?

"그런즉 내 형제들아 예언하기를 (　　　)하며 방언 말하기를 (　　　) 말라"(고전 14)

81. 다음 (　) 안에 공통으로 들어갈 말은 무엇입니까?

"내가 받은 것을 먼저 너희에게 전하였노니 이는 (　　　) 그리스도께서 우리 죄를 위하여 죽으시고 장사 지낸 바 되셨다가 (　　　) 사흘 만에 다시 살아나사 게바에게 보이시고"(고전 15)

82. 다음 ( ) 안에 공통으로 들어갈 말은 무엇입니까?

"내가 나 된 것은 하나님의 ( )로 된 것이니 내게 주신 그의 ( )가 헛되지 아니하여 내가 모든 사도보다 더 많이 수고하였으나 내가 한 것이 아니요 오직 나와 함께 하신 하나님의 ( )로라"(고전 15)

83. 다음 ( ) 안에 들어갈 말은 무엇입니까?

"그리스도께서 만일 다시 살아나지 못하셨으면 우리가 전파하는 것도 헛것이요 또 너희 ( )도 헛것이며"(고전 15)

84. 장사 후 사흘 만에 부활하신 예수님이 나타내 보이신 사람으로 언급되지 않은 사람은 누구입니까?(고전 15)

① 바울 ② 바나바 ③ 게바 ④ 열두 제자

85. 다음 ( ) 안에 들어갈 말은 무엇입니까?

"그리스도께서 죽은 자 가운데서 다시 살아나사 잠자는 자들의 ( )가 되셨도다"(고전 15)

86. 다음 ( ) 안에 들어갈 말은 무엇입니까?

"( ) 안에서 모든 사람이 죽은 것 같이 ( ) 안에서 모든 사람이 삶을 얻으리라"(고전 15)

87. 다음 ( ) 안에 들어갈 말은 무엇입니까?

"육의 몸으로 심고 ( )으로 다시 살아나나니"(고전 15)

88. 다음 ( ) 안에 들어갈 말은 무엇입니까?

"첫 사람은 ( )에서 났으니 흙에 속한 자이거니와 둘째 사람은 ( )에서 나셨느니라 … 우리가 ( )에 속한 자의 형상을 입은 것 같이 또한 ( )에 속한 이의 형상을 입으리라"(고전 15)

89. 다음 ( ) 안에 들어갈 말은 무엇입니까?

"혈과 육은 ( )를 이어 받을 수 없고 또한 썩는 것은 썩지 아니하는 것을 ( )으로 받지 못하느니라"(고전 15)

90. 다음 (   ) 안에 공통으로 들어갈 말은 무엇입니까?

"사망아 너의 승리가 어디 있느냐 사망아 네가 쏘는 것이 어디 있느냐 사망이 쏘는 것은 (   )요 (   )의 권능은 율법이라"(고전 15)

91. 고린도 교회에 갈 것을 권면받았지만 지금은 갈 뜻이 없는 바울의 동역자는 누구입니까?(고전 16)

① 디도　　② 디모데　　③ 뵈뵈　　④ 아볼로

92. 다음 (   ) 안에 들어갈 말은 무엇입니까?

"만일 누구든지 주를 (   )하지 아니하면 (   )를 받을지어다"(고전 16)

93. 성도를 위하는 연보에 관하여 바울은 어느 교회들에게 명한 것 같이 하라고 하였습니까?(고전16)

① 갈라디아 교회　　② 고린도 교회

③ 에베소 교회　　④ 예루살렘 교회

고전

고린도후서

1. 다음 ( ) 안에 들어갈 말은 무엇입니까?

"형제들아 우리가 ( )에서 당한 환난을 너희가 모르기를 원하지 아니하노니"(고후 1)

2. 다음 ( ) 안에 들어갈 말은 무엇입니까?

"우리에게 기름을 부으신 이는 하나님이시니 그가 또한 우리에게 인치시고 보증으로 우리 마음에 ( )을 주셨느니라"(고후 1)

3. 바울이 힘에 겹도록 심한 고난을 당하여 살 소망까지 끊어질 정도가 되었던 곳은 어디입니까?(고후 1)

4. 마음에 큰 눌림과 걱정이 있었을 때 바울은 무엇으로 고린도 교회에 편지를 썼습니까?(고후 2)

① 위로의 말 ② 평안의 말 ③ 많은 눈물 ④ 소망

5. 다음 ( ) 안에 들어갈 말은 무엇입니까?

"우리는 구원 받는 자들에게나 망하는 자들에게나 하나님 앞에서 ( )니"(고후 2)

6. 다음 (   ) 안에 들어갈 말은 무엇입니까?

"너희는 우리로 말미암아 나타난 (   )니 이는 먹으로 쓴 것이 아니요 오직 살아 계신 하나님의 영으로 쓴 것이며"(고후 3)

7. 다음 (   ) 안에 들어갈 말은 무엇입니까?

"주는 영이시니 주의 영이 계신 곳에는 (   )가 있느니라"(고후 3)

8. 다음 (   ) 안에 들어갈 말은 무엇입니까?

"우리가 항상 (   )을 몸에 짊어짐은 (   )이 또한 우리 몸에 나타나게 하려 함이라"(고후 4)

고후

9. 다음 (   ) 안에 들어갈 단어를 알맞게 짝지은 것은 무엇입니까?

"그러므로 우리가 낙심하지 아니하노니 우리의 (   )은/는 낡아지나 우리의 (   )은/는 날로 새로워지도다"(고후 4)

① 몸 - 영
② 외모 - 마음
③ 겉사람 - 속사람
④ 지식 - 지혜

10. 다음 (   ) 안에 들어갈 말은 무엇입니까?

"그런즉 (   )은 우리 안에서 역사하고 (   )은 너희 안에서 역사하느니라"(고후 4)

11. 다음 (   ) 안에 들어갈 말은 무엇입니까?

"우리가 잠시 받는 (   )의 경한 것이 지극히 크고 영원한 (   )의 중한 것을 우리에게 이루게 함이니"(고후 4)

12. 다음 (   ) 안에 들어갈 말은 무엇입니까?

"만일 땅에 있는 우리의 (   )이 무너지면 하나님께서 지으신 집 곧 손으로 지은 것이 아니요 하늘에 있는 (   )이 우리에게 있는 줄 아느니라"(고후 5)

13. 다음 (   ) 안에 공통으로 들어갈 말은 무엇입니까?

"모든 것이 하나님께로서 났으며 그가 그리스도로 말미암아 우리를 자기와 (   )하게 하시고 또 우리에게 (   )하게 하는 직분을 주셨으니"(고후 5)

14. 다음 (　) 안에 들어갈 말은 무엇입니까?

"하나님이 죄를 알지도 못하신 이를 우리를 대신하여 죄로 삼으신 것은 우리로 하여금 그 안에서 (　　)가 되게 하려 하심이라"(고후 5)

15. 바울은 우리에게 하나님의 무엇을 헛되이 받지 말라고 경고하고 있습니까? (고후 6)

① 말씀　② 능력　③ 은사　④ 은혜

16. 다음 (　) 안에 들어갈 말이 적절하게 짝지어진 것은 무엇입니까?

"우리는 속이는 자 같으나 참되고 무명한 자 같으나 유명한 자요 죽은 자 같으나 보라 우리가 살아 있고 (　　)을/를 받는 자 같으나 죽임을 당하지 아니하고 근심하는 자 같으나 항상 (　　) 가난한 자 같으나 많은 사람을 부요하게 하고 아무 것도 없는 자 같으나 모든 것을 가진 자로다"(고후 6)

① 고난 - 평안하고　② 징계 - 기뻐하고

③ 사형 - 담대하고　④ 미움 - 즐거워하고

17. 다음 (　) 안에 들어갈 말은 무엇입니까?

"하나님의 성전과 (　　)이 어찌 일치가 되리요"(고후 6)

18. "하나님의 뜻대로 하는 근심은 후회할 것이 없는 (　　)에 이르게 하는 회개를 이루는 것이요"라는 말씀에서 (　　) 안에 들어갈 말은 무엇입니까?(고후 7)

① 영생　② 구원　③ 상급　④ 성화

19. 바울이 자신의 동료요 고린도 교인들을 위한 바울의 동역자라고 언급한 사람으로, 고린도후서를 들고 간절함과 자원함으로 고린도 교회에 찾아간 사람은 누구입니까?(고후 8)

① 요한 마가　② 디도　③ 누가　④ 바나바

20. 다음 (　) 안에 들어갈 말은 무엇입니까?

"하나님은 즐겨 내는 자를 (　　)하시느니라"(고후 9)

21. 다음 (   ) 안에 들어갈 말은 무엇입니까?

"우리의 싸우는 무기는 육신에 속한 것이 아니요 오직 어떤 견고한 진도 무너뜨리는 (   )이라"(고후 10)

22. 다음 (   ) 안에 들어갈 말은 무엇입니까?

"여러 사람이 (   )을 따라 자랑하니 나도 자랑하겠노라"(고후 11)

23. 바울은 부득불 자랑한다고 하면서 자신의 무엇을 자랑한다고 말합니까?(고후 11)

① 사도가 된 것　② 약한 것　③ 율법을 지키며 산 것　④ 육신

24. 바울은 자신이 가진 육체의 가시를 다른 무엇으로 표현하고 있습니까?(고후 12)

25. 다음 (   ) 안에 들어갈 말은 무엇입니까?

"그러므로 내가 그리스도를 위하여 약한 것들과 능욕과 궁핍과 박해와 곤고를 기뻐하노니 이는 내가 (   ) 그 때에 (   )이라"(고후 12)

26. 바울은 육체의 가시가 자기에게서 떠나가게 하려고 몇 번이나 주께 간구하였습니까?(고후 12)

① 한 번　② 두 번　③ 세 번　④ 네 번

고후

갈라디아서

1. 바울은 자신이 예수님을 믿고 난 후 다른 사도들을 만나러 예루살렘에 가지 않고 이곳으로 먼저 갔다고 말합니다. 이곳은 어디입니까?(갈 1)

① 다메섹 ② 시리아 ③ 갈라디아 ④ 아라비아

2. 바울은 하늘에서 온 천사라고 해도 자신이 전한 복음 외에 다른 복음을 전하면 이것을 받을 것이라고 합니다. 이것은 무엇입니까?(갈 1)

3. 바울은 자기가 전한 복음은 사람들에게서 받거나 배운 것이 아닌 예수 그리스도의 이것으로 말미암은 것이라고 말합니다. 이것은 무엇입니까?(갈 1)

4. 이방인들과 함께 식사를 하던 베드로는 유대인들이 오자 이방인들과 어울린다는 책망을 들을까 두려워 급히 피했고, 이 사실로 인해 바울에게 책망을 들었습니다. 이 사건은 어디에서 일어난 일입니까?(갈 2)

① 갈라디아 ② 안디옥 ③ 빌립보 ④ 예루살렘

5. 바울이 14년 뒤에 예루살렘으로 다시 올라갔을 때 바나바와 함께 이 사람을 데리고 갔습니다. 이 사람은 누구입니까?(갈 2)

① 디모데 ② 디도 ③ 실라 ④ 베드로

6. 다음 ( ) 안에 들어갈 말은 무엇입니까?

"사람이 의롭게 되는 것은 ( )로 말미암음이 아니요 오직 ( )으로 말미암는 줄 알므로"(갈 2)

7. 다음 ( ) 안에 들어갈 말은 무엇입니까?

"너희에게 성령을 주시고 너희 가운데서 ( )을 행하시는 이의 일이 율법의 행위에서냐 혹은 듣고 믿음에서냐"(갈 3)

갈

8. 믿음이 오기 전까지 율법은 우리를 그리스도께로 인도하는 이것이 되어서 우리가 믿음으로 말미암아 의롭다 함을 얻게 했다고 바울은 말합니다. 이것은 무엇입니까?(갈 3)

① 초등교사 ② 걸림돌 ③ 채찍 ④ 올무

9. 바울은 믿음이 오기 전에는 우리가 이것 아래에 매였었다고 말합니다. 이것은 무엇입니까?(갈 3)

10. 다음 ( ) 안에 들어갈 말은 무엇입니까?

"그러므로 네가 이 후로는 종이 아니요 아들이니 아들이면 하나님으로 말미암아 ( )을 받을 자니라"(갈 4)

11. 다음 ( ) 안에 들어갈 말은 무엇입니까?

"그리스도 예수 안에서는 할례나 무할례나 효력이 없으되 ( )으로써 역사하는 믿음뿐이니라"(갈 5)

12. 다음 ( ) 안에 공통으로 들어갈 말은 무엇입니까?

"육체의 소욕은 ( )을 거스르고 ( )은 육체를 거스르나니 이 둘이 서로 대적함으로 너희가 원하는 것을 하지 못하게 하려 함이니라 너희가 만일 성령의 인도하시는 바가 되면 율법 아래에 있지 아니하리라"(갈 5)

13. 다음 (　) 안에 공통으로 들어갈 말은 무엇입니까?

"자기의 육체를 위하여 심는 자는 육체로부터 썩어질 것을 거두고 (　　　　　)을 위하여 심는 자는 (　　　　　)으로부터 영생을 거두리라"(갈 6)

14. 다음 (　) 안에 들어갈 말은 무엇입니까?

"너희가 짐을 서로 지라 그리하여 (　　　)을 성취하라"(갈 6)

15. 다음 (　) 안에 들어갈 말은 무엇입니까?

"우리가 (　　　)을 행하되 낙심하지 말지니 포기하지 아니하면 때가 이르매 거두리라" (갈 6)

에베소서

1. 다음 (   ) 안에 들어갈 말은 무엇입니까?

   "우리는 그리스도 안에서 그의 은혜의 풍성함을 따라 그의 피로 말미암아 속량 곧 (   ) 을 받았느니라"(엡 1)

2. 우리는 전에 육체의 욕심을 따라 지내며 육체와 마음이 하고자 하는 대로 행한 본질적으로 '이런 사람'이었습니다. 이런 사람이란 어떤 사람을 말합니까?(엡 2)

   ① 진노의 자녀 ② 육의 자녀 ③ 마귀의 자녀 ④ 세상의 자녀

3. 다음 (   ) 안에 들어갈 말은 무엇입니까?

   "이제는 전에 멀리 있던 너희가 그리스도 예수 안에서 (   )로 가까워졌느니라"(엡 2)

4. 다음 (   ) 안에 들어갈 말은 무엇입니까?

   "우리가 그 안에서 그를 믿음으로 말미암아 담대함과 (   )을 가지고 하나님께 나아감을 얻느니라"(엡 3)

5. 바울은 복음을 위하여 그의 능력이 역사하시는 대로 자신에게 주신 하나님의 무엇을 따라 일꾼이 되었다고 하였습니까?(엡 3)

   ① 사랑의 은총 ② 성령의 능력 ③ 은혜의 선물 ④ 성령의 은혜

6. 다음 (　) 안에 들어갈 말은 무엇입니까?

"모든 겸손과 온유로 하고 오래 참음으로 (　　　) 가운데서 서로 용납하고 (　　　)의 매는 줄로 성령이 하나 되게 하신 것을 힘써 지키라"(엡 4)

7. 성령이 우리를 하나 되게 하신 것은 성도들을 온전하게 하여 봉사의 일을 하게 하며 그리스도의 무엇을 세우려 하심입니까?(엡 4)

① 교회　② 집　③ 성전　④ 몸

8. 다음 (　) 안에 들어갈 말은 무엇입니까?

"하나님의 (　　　)을/를 근심하게 하지 말라 그 안에서 너희가 구원의 날까지 인치심을 받았느니라"(엡 4)

① 마음　② 사도　③ 자녀　④ 성령

9. 다음 (　) 안에 들어갈 말은 무엇입니까?

"음행과 온갖 더러운 것과 (　　)은 너희 중에서 그 이름조차도 부르지 말라 이는 (　　) 에게 마땅한 바니라"(엡 5)

10. 다음 (　) 안에 들어갈 말은 무엇입니까?

"빛의 열매는 모든 (　　　)과 의로움과 (　　　)에 있느니라"(엡 5)

11. 다음 (　) 안에 들어갈 말은 무엇입니까?

"술 취하지 말라 이는 방탕한 것이니 오직 (　　　)으로 충만함을 받으라"(엡 5)

12. 다음은 하나님의 전신 갑주에 대한 비유입니다. 틀리게 짝지어진 것은 무엇입니까?(엡 6)

① 진리 - 허리띠　② 믿음 - 방패
③ 구원 - 호심경　④ 하나님의 말씀 - 성령의 검

13. 다음 중 우리의 씨름 상대가 아닌 것은 무엇입니까?(엡 6)

① 혈과 육　② 통치자들
③ 권세들　④ 어둠의 세상 주관자들

빌립보서

1. 다음 ( ) 안에 들어갈 말은 무엇입니까?

"너희 안에서 ( )을 시작하신 이가 그리스도 예수의 날까지 이루실 줄을 우리는 확신하노라"(빌 1)

2. 다음 ( ) 안에 들어갈 말은 무엇입니까?

"오직 너희는 ( )에 합당하게 생활하라 이는 내가 너희에게 가 보나 떠나 있으나 너희가 한마음으로 서서 한 뜻으로 복음의 신앙을 위하여 협력하는 것과 무슨 일에든지 대적하는 자들 때문에 두려워하지 아니하는 이 일을 듣고자 함이라 이것이 그들에게는 ( )의 증거요 너희에게는 ( )의 증거니 이는 하나님께로부터 난 것이라"(빌 1)

3. 예수님은 하나님의 본체시나 하나님과 동등됨을 취할 것으로 여기지 아니하시고 오히려 자기를 비워 무엇을 가지사 사람들과 같이 되셨습니까?(빌 2)

① 사람의 마음 ② 사람의 모양 ③ 종의 형체 ④ 종의 마음

4. 다음은 바울이 자신에 관해 설명한 내용입니다. 틀린 것은 무엇입니까?(빌 3)

① 팔일 만에 할례를 받았다 ② 베냐민 지파 소속이다
③ 히브리인 중의 히브리인이다 ④ 율법으로는 사두개인이다

5. 바울은 자신에게 유익하던 것을 그리스도를 위해 다 해로 여긴다고 하면서 그 이유는 이것을 얻고자 함이라고 말합니다. 이것은 무엇입니까?(빌 3)

① 구원 ② 그리스도 ③ 부활 ④ 기쁨

6. 바울은 빌립보 교회에서 갈등을 벌이는 두 사람에게 주 안에서 같은 마음을 품으라고 권고합니다. 이 두 사람은 누구입니까?(빌 4)

① 유오디아, 순두게 ② 유오디아, 글레멘드

③ 루디아, 에바브라디도 ④ 순두게, 루디아

7. 바울이 감옥에 갇혔다는 소식을 듣고 그를 돌보기 위해 빌립보 교회에서 파송받아 바울에게 물품을 전달해 주고 그의 옥중 수발을 든 사람은 누구입니까?(빌 4)

① 디모데 ② 디도 ③ 에바브로디도 ④ 루디아

8. 다음 ( ) 안에 들어갈 말은 무엇입니까?

"나는 비천에 처할 줄도 알고 풍부에 처할 줄도 알아 모든 일 곧 배부름과 배고픔과 풍부와 궁핍에도 처할 줄 아는 일체의 비결을 배웠노라 내게 (   ) 주시는 자 안에서 내가 모든 것을 할 수 있느니라"(빌 4)

골로새서

1. 이 사람은 골로새 지역 교회 출신으로, 바울의 동역자입니다. 그는 골로새 지역의 교회에서 교인들을 가르쳤고 그리스도의 신실한 일꾼으로서 골로새 지역 교회의 소식을 바울에게 전해주었습니다. 이 사람은 누구입니까?(골 1, 4)

   ① 디모데　② 에바브라　③ 디도　④ 두기고

2. 다음 ( ) 안에 공통으로 들어갈 말은 무엇입니까?

   "( )이 그에게서 창조되되 하늘과 땅에서 보이는 것들과 보이지 않는 것들과 혹은 왕권들이나 주권들이나 통치자들이나 권세들이나 ( )이 다 그로 말미암고 그를 위하여 창조되었고 또한 그가 ( )보다 먼저 계시고 ( )이 그 안에 함께 섰느니라"(골 1)

3. 다음 ( ) 안에 들어갈 말은 무엇입니까?

   "누가 ( )과 헛된 속임수로 너희를 사로잡을까 주의하라"(골 2)

4. 골로새 교회에 들어온 거짓 교사들은 여러 가지 문제로 골로새 교인들을 흔들어 놓았습니다. 다음 중 거짓 교사들이 문제 삼은 내용이 아닌 것은 무엇입니까?(골 2)

   ① 먹고 마시는 문제　② 천사 숭배 문제　③ 안식일 문제　④ 구제 문제

5. 다음 (　) 안에 들어갈 말은 무엇입니까?

"(　　　)을 생각하고 (　　　)을 생각하지 말라"(골 3)

6. 다음 (　) 안에 들어갈 말은 무엇입니까?

"그러므로 너희는 하나님이 택하사 거룩하고 사랑 받는 자처럼 (　　　)과 자비와 (　　　)과 온유와 오래 참음을 옷 입고"(골 3)

7. 바울은 골로새 교인들에게 무슨 일을 하든지 마음을 다하여 주께 하듯 하고 누구에게 하듯 하지 말라고 하였습니까?(골 3)

① 사탄　　② 임금　　③ 사람　　④ 종

8. 다음 (　) 안에 들어갈 말은 무엇입니까?

"너희는 평강을 위하여 한 몸으로 부르심을 받았나니 너희는 또한 (　　　)가 되라"(골 3)

9. 다음 (　) 안에 들어갈 말은 무엇입니까?

"우리를 위하여 기도하되 하나님이 (　　　)을 우리에게 열어 주사 그리스도의 비밀을 말하게 하시기를 구하라"(골 4)

10. 너희 말을 항상 은혜 가운데서 무엇으로 맛을 냄과 같이 하라고 하였습니까?(골 4)

① 소금　　② 사랑　　③ 은혜　　④ 말씀

11. 골로새서를 골로새 지역 교인들에게 전달하는 임무를 받은 바울의 동역자로, 사랑받는 형제요 신실한 일꾼이요 주 안에서 함께 종이 된 사람으로 소개된 사람은 누구입니까?(골 4)

데살로니가전서

1. 데살로니가 교인들은 마게도냐와 어디에 있는 모든 믿는 자의 모범이 되었습니까?(살전 1)

2. 바울은 데살로니가 교인들의 하나님을 향한 무슨 소문이 각처에 퍼져 있다고 칭찬하고 있습니까?(살전 1)

① 믿음 ② 소망 ③ 사랑 ④ 감사

3. 데살로니가 교인들은 누구에게 고난을 받았습니까?(살전 2)

4. 데살로니가 교인들은 바울이 말씀을 전할 때 그것을 사람의 말로 받지 않고 무엇으로 받았다고 바울은 말합니까?(살전 2)

① 천사의 말 ② 예수 그리스도의 말씀
③ 하나님의 말씀 ④ 사도의 말씀

5. 바울이 데살로니가 교회의 성도들을 잠시 떠난 것은 얼굴이요 무엇은 아니라고 말하고 있습니까?(살전 2)

① 정신　　② 영혼　　③ 마음　　④ 생각

6. 복음을 전하는 하나님의 일꾼으로 데살로니가 교회에 보내진 사람은 누구입니까?(살전 3)

7. 다음 ( ) 안에 들어갈 말은 무엇입니까?

"하나님이 우리를 부르심은 부정하게 하심이 아니요 (　　　　)하게 하심이니 그러므로 저버리는 자는 사람을 저버림이 아니요 너희에게 그의 (　　　　)을/를 주신 하나님을 저버림이니라"(살전 4)

8. 다음 ( ) 안에 들어갈 말은 무엇입니까?

"주의 날이 밤에 (　　　) 같이 이를 줄을 너희 자신이 자세히 알기 때문이라"(살전 5)

9. 다음 ( ) 안에 들어갈 말은 무엇입니까?

"범사에 헤아려 (　　　)을 취하고 (　　　)은 어떤 모양이라도 버리라"(살전 5)

10. 다음 ( ) 안에 들어갈 말은 무엇입니까?

"우리는 낮에 속하였으니 정신을 차리고 믿음과 사랑의 호심경을 붙이고 구원의 (　　　)의 투구를 쓰자"(살전 5)

데살로니가후서

1. 다음 ( ) 안에 들어갈 말은 무엇입니까?

"너희로 환난을 받게 하는 자들에게는 환난으로 갚으시고 환난을 받는 너희에게는 우리와 함께 ( )으로 갚으시는 것이 하나님의 공의시니"(살후 1)

2. 다음 ( ) 안에 들어갈 말은 무엇입니까?

"영으로나 또는 말로나 또는 우리에게서 받았다 하는 편지로나 ( )이 이르렀다고 해서 쉽게 마음이 흔들리거나 두려워하거나 하지 말아야 한다는 것이라"(살후 2)

3. 다음 ( ) 안에 들어갈 말은 무엇입니까?

"악한 자의 나타남은 ( )의 활동을 따라 모든 능력과 표적과 거짓 기적과 불의의 모든 속임으로 ( )하는 자들에게 있으리니"(살후 2)

4. 바울은 누구든지 일하기 싫어하거든 무엇도 말게 하라 하였습니까?(살후 3)

① 쉬지도 ② 자지도 ③ 먹지도 ④ 놀지도

5. 다음 ( ) 안에 공통으로 들어갈 말은 무엇입니까?

"( )의 주께서 친히 때마다 일마다 너희에게 ( )을 주시고 주께서 너희 모든 사람과 함께 하시기를 원하노라"(살후 3)

디모데전서

1. 다음 ( ) 안에 들어갈 말은 무엇입니까?

"내가 전에는 ( )요 박해자요 ( )였으나 도리어 긍휼을 입은 것은 내가 믿지 아니할 때에 알지 못하고 행하였음이라"(딤전 1)

2. 다음 중 율법을 세운 목적과 거리가 먼 사람은 누구입니까?(딤전 1)

① 불법한 사람 ② 복종치 아니하는 사람 ③ 죄인 ④ 옳은 사람

3. 다음 ( ) 안에 들어갈 말은 무엇입니까?

"미쁘다 모든 사람이 받을 만한 이 말이여 그리스도 예수께서 ( )을 구원하시려고 세상에 임하셨다 하였도다 죄인 중에 내가 괴수니라"(딤전 1)

4. 양심을 버리고 믿음에 파선한 자로 언급된 두 사람의 이름은 무엇입니까?(딤전 1)

5. 다음 ( ) 안에 들어갈 말은 무엇입니까?

"하나님과 사람 사이에 ( )도 한 분이시니 곧 사람이신 그리스도 예수라"(딤전 2)

6. 바울은 자신이 사도로 세움을 입은 것은 참말이요 거짓말이 아니라고 하면서 믿음과 진리 안에서 자신이 무엇이 되었다고 주장합니까?(딤전 2)

① 유대인의 스승 ② 이방인의 스승 ③ 복음의 증인 ④ 예수의 종

7. 다음 ( ) 안에 들어갈 말은 무엇입니까?

"또 이와 같이 여자들도 단정하게 옷을 입으며 소박함과 정절로써 자기를 단장하고 땋은 머리와 금이나 진주나 값진 옷으로 하지 말고 오직 ( )으로 하기를 원하노라"(딤전 2)

8. 하나님은 모든 사람이 구원을 받으며 무엇을 아는 데에 이르기를 원하십니까?(딤전 2)

9. 다음 ( ) 안에 들어갈 말은 무엇입니까?

"그러므로 ( )은 책망할 것이 없으며 한 아내의 남편이 되며 절제하며 신중하며 단정하며 나그네를 대접하며 가르치기를 잘하며"(딤전 3)

10. 다음 ( ) 안에 들어갈 말은 무엇입니까?

"너로 하여금 하나님의 집에서 어떻게 행하여야 할지를 알게 하려 함이니 이 집은 살아 계신 하나님의 교회요 ( )과 터니라"(딤전 3)

딤전

11. 바울은 디모데에게 무엇을 버리고 경건에 이르도록 자신을 연단하라고 하였습니까?(딤전 4)

① 망령되고 허탄한 생각 ② 허황하고 허망된 생각
③ 망령되고 허탄한 신화 ④ 망령된 생각

12. 다음 ( ) 안에 들어갈 말은 무엇입니까?

"네가 이것으로 형제를 깨우치면 그리스도 예수의 좋은 ( )이 되어 믿음의 말씀과 네가 따르는 좋은 ( )으로 양육을 받으리라"(딤전 4)

13. 바울은 디모데에게 모든 일에 전심 전력하며, 무엇을 모든 사람에게 나타나게 하라고 하였습니까?(딤전 4)

① 성장함 ② 성숙함 ③ 경건함 ④ 인내함

14. 바울은 육체의 연단은 약간의 유익이 있으나 경건은 범사에 유익하니 금생과 내생에 무엇이 있다고 하였습니까?(딤전 4)

15. 다음 ( ) 안에 들어갈 말은 무엇입니까?

"( )에 대한 고발은 두세 증인이 없으면 받지 말 것이요"(딤전 5)

16. 다음 ( ) 안에 들어갈 말은 무엇입니까?

"부하려 하는 자들은 시험과 올무와 여러 가지 어리석고 해로운 ( )에 떨어지나니 곧 사람으로 파멸과 멸망에 빠지게 하는 것이라"(딤전 6)

17. 다음 ( ) 안에 들어갈 말은 무엇입니까?

"돈을 사랑함이 ( )의 뿌리가 되나니"(딤전 6)

디모데후서

1. 하나님이 우리에게 주신 것은 두려워하는 마음이 아니요 오직 능력과 사랑과 어떤 마음이라고 하셨습니까?(딤후 1)

① 인내 ② 사랑 ③ 절제 ④ 속죄

2. 디모데의 외조모와 어머니의 이름은 각각 무엇입니까?(딤후 1)

① 유오디아, 순두게 ② 로이스, 유니게
③ 뵈뵈, 압비아 ④ 다비다, 도르가

3. 바울은 이 복음을 위해 선포자와 사도와 또 무엇으로 세우심을 입었다고 했습니까?(딤후 1)

① 예언자 ② 교사 ③ 목사 ④ 사역자

4. 바울은 디모데후서에서 자신이 로마에 갇혔을 때 그것을 부끄러워하지 않고 자신을 자주 찾아오고 격려해 주었으며, 에베소에서 많은 봉사를 한 사람으로 이 사람을 지목합니다. 이 사람은 누구입니까?(딤후 1)

① 에바브로디도 ② 마가 ③ 오네시보로 ④ 아킵보

5. 다음 ( ) 안에 들어갈 말은 무엇입니까?

"병사로 복무하는 자는 ( )에 얽매이는 자가 하나도 없나니 이는 병사로 모집한 자를 기쁘게 하려 함이라"(딤후2)

6. 다음 ( ) 안에 들어갈 말은 무엇입니까?

"너는 진리의 말씀을 옳게 분별하며 부끄러울 것이 없는 ( )으로 인정된 자로 자신을 하나님 앞에 드리기를 힘쓰라"(딤후 2)

7. 망령되고 헛된 말을 하는 사람의 말은 악성 종양이 퍼져나감과 같은데, 그중에 누가 있다고 했습니까?(딤후 2)

① 후메내오 ② 빌레도 ③ 후메내오와 빌레도 ④ 알렉산더

8. 다음 ( ) 안에 들어갈 말은 무엇입니까?

"망령되고 ( )을 버리라 그들은 경건하지 아니함에 점점 나아가나니"(딤후 2)

9. 다음 ( ) 안에 공통으로 들어갈 말은 무엇입니까?

"주의 종은 마땅히 다투지 아니하고 모든 사람에 대하여 ( )하며 가르치기를 잘하며 참으며 거역하는 자를 ( )함으로 훈계할지니"(딤후 2)

10. 다음 ( ) 안에 들어갈 말은 무엇입니까?

"너는 이것을 알라 말세에 고통하는 때가 이르러 사람들이 ( )를 사랑하며 ( )을 사랑하며 자랑하며 교만하며 비방하며 부모를 거역하며 감사하지 아니하며 거룩하지 아니하며"(딤후 3)

11. 경건의 모양은 있으나 경건의 능력을 부인하는 자들에게 어떻게 하라고 했습니까?(딤후 3)

① 대적하라 ② 돌아서라 ③ 경고하라 ④ 권면하라

12. 다음 ( ) 안에 들어갈 말은 무엇입니까?

"성경은 능히 너로 하여금 그리스도 예수 안에 있는 믿음으로 말미암아 ( )에 이르는 지혜가 있게 하느니라"(딤후 3)

13. 다음 중 바울이 박해와 고난을 당한 장소로 언급된 지역끼리 짝지어진 것은 무엇입니까?(딤후 3)

① 안디옥 - 이고니온 - 루스드라

② 아시아 - 안디옥 - 이고니온

③ 고린도 - 이고니온 - 루스드라

④ 이고니온 - 루스드라 - 아시아

14. 다음 (　) 안에 들어갈 말은 무엇입니까?

"때가 이르리니 사람이 바른 (　　　　)을 받지 아니하며 귀가 가려워서 자기의 사욕을 따를 (　　　　)을 많이 두고"(딤후 4)

15. 다음 (　) 안에 들어갈 말은 무엇입니까?

"그러나 너는 모든 일에 신중하여 (　　　　)을 받으며 전도자의 일을 하며 네 (　　　　)를 다하라"(딤후 4)

16. 바울은 자신이 선한 싸움을 싸우고 달려갈 길을 마치고 믿음을 지켰기에 이제 후로는 자신을 위하여 무엇이 예비되었다고 믿고 있습니까?(딤후 4)

① 의의 면류관 ② 영광의 면류관

③ 생명의 면류관 ④ 존귀의 면류관

17. 바울은 디모데후서 마지막 부분에서 세상을 사랑하여 데살로니가로 바울을 버리고 떠난 이 사람과, 바울에게 해를 많이 입힌 구리 세공업자인 이 사람을 언급합니다. 이 두 사람은 누구입니까?(딤후 4)

① 데마, 알렉산더 ② 드로비모, 그레스게

③ 두기고, 가보 ④ 에라스도, 드로비모

디도서

1. 바울은 디도로 하여금 남은 일을 정리하고 각 성에 장로들을 세우게 하기 위해 그를 어디에 남겨 두었습니까?(딛 1)

① 에베소　② 고린도　③ 그레데　④ 이고니온

2. 바울은 자신이 사도가 된 것이 하나님이 택하신 자들의 믿음과 경건함에 속한 진리의 지식, 그리고 이것의 소망을 위한 것이라고 말합니다. 거짓이 없으신 하나님이 영원 전부터 약속하신 이것은 무엇입니까?(딛 1)

3. 다음 (　) 안에 들어갈 직분은 무엇입니까?

"(　　)은 하나님의 청지기로서 책망할 것이 없고 제 고집대로 하지 아니하며"(딛 1)

① 목사　② 장로　③ 집사　④ 감독

4. 다음 (　) 안에 들어갈 말은 무엇입니까?

"너는 이와 같이 젊은 남자들을 신중하도록 권면하되 범사에 네 자신이 (　　)의 본을 보이며 교훈에 부패하지 아니함과 단정함과 책망할 것이 없는 (　　)을 하게 하라"(딛 2)

5. 다음 ( ) 안에 들어갈 말은 무엇입니까?

"우리를 구원하시되 우리가 행한 바 ( )로 말미암지 아니하고 오직 그의 ( )을 따라 중생의 씻음과 성령의 새롭게 하심으로 하셨나니"(딛 3)

6. 다음 ( ) 안에 들어갈 말은 무엇입니까?

"이단에 속한 사람은 한두 번 ( )한 후에 멀리하라"(딛 3)

7. 우리로 그의 은혜를 힘입어 의롭다 하심을 얻어 무엇을 따라 상속자가 되게 하려 하셨습니까?(딛 3)

① 구원의 소망 ② 영생의 소망

③ 장래의 소망 ④ 천국의 소망

빌레몬서

1. 빌레몬의 종으로 바울이 갇힌 중에 영적으로 낳은 아들의 이름은 무엇입니까?(몬 1)

2. 다음은 빌레몬서에 소개된 사람들입니다. 바울이 이들을 부르는 명칭이 적절하게 짝지어진 사람은 누구입니까?(몬 1)

① 나와 함께 갇힌 자 아킵보
② 함께 병사가 된 빌레몬
③ 동역자 에바브라
④ 바울의 심복 오네시모

3. 다음 ( ) 안에 들어갈 말은 무엇입니까?

"이 후로는 종과 같이 대하지 아니하고 종 이상으로 곧 사랑 받는 ( )로 둘 자라"(몬 1)

4. 다음 ( ) 안에 들어갈 말은 무엇입니까?

"그러므로 네가 나를 ( )로 알진대 그를 영접하기를 내게 하듯 하고"(몬 1)

5. 다음 ( ) 안에 들어갈 말은 무엇입니까?

"그가 전에는 네게 ( )하였으나 이제는 나와 네게 ( )하므로 네게 그를 돌려 보내노니"(몬 1)

히브리서

1. 다음 ( ) 안에 들어갈 말은 무엇입니까?

"옛적에 ( )을 통하여 여러 부분과 여러 모양으로 우리 조상들에게 말씀하신 하나님이 이 모든 날 마지막에는 아들을 통하여 우리에게 말씀하셨으니 이 아들을 ( )로/으로 세우시고 또 그로 말미암아 모든 세계를 지으셨느니라"(히 1)

① 제사장들, 우리의 구세주 ② 선지자들, 만유의 상속자
③ 천사들, 장자 ④ 표적들, 높으신 주님

2. 다음 ( ) 안에 들어갈 말은 무엇입니까?

"그가 ( )보다 훨씬 뛰어남은 그들보다 더욱 아름다운 이름을 기업으로 얻으심이니"(히 1)

① 왕 ② 제사장 ③ 천사 ④ 선지자

3. 다음 ( ) 안에 들어갈 말은 각각 무엇입니까?

"또 그가 ( )을/를 이끌어 세상에 다시 들어오게 하실 때에 하나님의 모든 천사들은 그에게 경배할지어다 말씀하시며 또 천사들에 관하여는 그는 그의 천사들을 ( )으로, 그의 사역자들을 ( )으로 삼으시느니라 하셨으되 아들에 관하여는 하나님이여 주의 보좌는 영영하며 주의 나라의 규는 공평한 규이니이다"(히 1)

① 맏아들, 바람, 불꽃 ② 아들, 불꽃, 바람
③ 메시아, 바람, 불꽃 ④ 인자, 불꽃, 바람

4. 다음 ( ) 안에 들어갈 말은 무엇입니까?

"주여 태초에 주께서 땅의 기초를 두셨으며 하늘도 주의 손으로 지으신 바라 그것들은 ( )할 것이나 오직 주는 ( )할 것이요"(히 1)

5. "그러므로 우리는 ( ) 것에 더욱 유념함으로 우리가 흘러 떠내려가지 않도록 함이 마땅하니라"라는 말씀에서 ( ) 안에 들어갈 말은 무엇입니까?(히 2)

① 읽은 ② 들은 ③ 본 ④ 맛본

6. 다음 ( ) 안에 들어갈 말은 무엇입니까?

"하나님도 표적들과 기사들과 여러 가지 능력과 및 자기의 뜻을 따라 ( )이 나누어 주신 것으로써 그들과 함께 증언하셨느니라"(히 2)

7. "그를 잠시 동안 천사보다 못하게 하시며 영광과 존귀로 관을 씌우시며 만물을 그 발 아래에 복종하게 하셨느니라"라는 본문에서 "그"는 누구를 가리킵니까?(히 2)

① 모세 ② 성령 ③ 예수 ④ 바울

8. 다음 ( ) 안에 들어갈 말은 각각 무엇입니까?

"그러므로 만물이 그를 위하고 또한 그로 말미암은 이가 많은 아들들을 이끌어 ( )에 들어가게 하시는 일에 그들의 구원의 ( )를 고난을 통하여 온전하게 하심이 합당하도다"(히 2)

9. 다음 ( ) 안에 들어갈 말은 무엇입니까?

"그러므로 함께 하늘의 부르심을 받은 거룩한 형제들아 우리가 믿는 도리의 ( )이시며 ( )이신 예수를 깊이 생각하라"(히 3)

① 아들, 구세주 ② 사도, 대제사장
③ 말씀, 주님 ④ 보좌, 대제사장

10. 다음 ( ) 안에 들어갈 말은 무엇입니까?

"그는 모세보다 더욱 ( )을 받을 만한 것이 마치 집 지은 자가 그 집보다 더욱 ( ) 같으니라"(히 3)

① 영광, 거룩함 ② 영광, 존귀함
③ 칭송, 거룩함 ④ 칭송, 존귀함

11. 다음 ( ) 안에 들어갈 말은 무엇입니까?

"우리가 소망의 확신과 자랑을 끝까지 굳게 잡고 있으면 우리는 그의 ( )이라"(히 3)

12. 광야에서 시험하던 날에 거역하던 것 같이 너희 마음을 어떻게 하지 말라고 하였습니까?(히 3)

① 악하게 ② 완고하게 ③ 피곤하게 ④ 교만하게

13. 다음 ( ) 안에 들어갈 말은 무엇입니까?

"우리가 시작할 때에 ( ) 것을 끝까지 ( ) 잡고 있으면 그리스도와 함께 참여한 자가 되리라"(히 3)

14. 다음 ( ) 안에 들어갈 말은 무엇입니까?

"형제들아 너희는 삼가 혹 너희 중에 누가 믿지 아니하는 ( )을 품고 살아 계신 하나님에게서 떨어질까 조심할 것이요"(히 3)

15. 히브리서 기자는 모세 시대에 애굽에서 나온 자들이 범죄한 것을 말하면서 "그들이 ( ) 아니하므로" 안식에 들어가지 못했다고 말합니다. ( ) 안에 들어갈 말은 무엇입니까?(히 3)

① 알지 ② 믿지 ③ 깨닫지 ④ 듣지

16. 다음 ( ) 안에 들어갈 말은 무엇입니까?

"그러므로 우리는 두려워할지니 그의 ( )에 들어갈 약속이 남아 있을지라도 너희 중에는 혹 이르지 못할 자가 있을까 함이라"(히 4)

① 안식 ② 나라 ③ 보좌 ④ 천국

17. 다음 ( ) 안에 들어갈 말은 무엇입니까?

"하나님의 말씀은 살아 있고 활력이 있어 좌우에 날선 어떤 검보다도 예리하여 혼과 영과 및 ( )과 ( )를 찔러 쪼개기까지 하며 또 마음의 생각과 뜻을 판단하나니"(히 4)

18. 다음 ( ) 안에 들어갈 말은 무엇입니까?

"그러므로 우리에게 큰 대제사장이 계시니 승천하신 이 곧 하나님의 아들 예수시라 우리가 믿는 ( )을/를 굳게 잡을지어다"(히 4)

① 원리 ② 도리 ③ 마음 ④ 생각

19. 하나님께 속한 일에 사람을 위하여 예물과 속죄하는 제사를 드리는 사람은 누구입니까?(히 5)

① 대제사장 ② 선지자 ③ 중보자 ④ 보혜사

20. 다음 ( ) 안에 들어갈 말은 무엇입니까?

"그가 아들이시면서도 받으신 고난으로 ( )을 배워서 온전하게 되셨은즉"(히 5)

21. 하나님은 예수님을 '어떤 인물의 반차를 따른 대제사장'이라고 칭하셨는데, 여기서 그 인물의 이름은 무엇입니까?(히 5)

22. 히브리서는 "한 번 빛을 받고 하늘의 은사를 맛보고 성령에 참여한 바 되고 … 타락한 자들은 다시 새롭게 하여 ( )하게 할 수 없나니"라고 말합니다. 여기서 ( ) 안에 들어갈 말은 무엇입니까?(히 6)

① 구원 ② 부활 ③ 믿게 ④ 회개

23. 다음 ( ) 안에 공통으로 들어갈 말은 무엇입니까?

"사람들은 자기보다 더 큰 자를 가리켜 ( )하나니 ( )는 그들이 다투는 모든 일의 최후 확정이니라"(히 6)

24. 하나님은 약속을 기업으로 받는 자들에게 그 뜻이 변하지 않음을 충분히 나타내시려고 그 일을 무엇으로 보증하셨습니까?(히 6)

① 피 ② 돌비 ③ 말 ④ 맹세

25. 다음 ( ) 안에 들어갈 말은 무엇입니까?

"우리가 이 소망을 가지고 있는 것은 ( ) 같아서 튼튼하고 견고하여 휘장 안에 들어가나니"(히 6)

26. 다음 ( ) 안에 들어갈 말은 무엇입니까?

"이 멜기세덱은 ( ) 왕이요 지극히 높으신 하나님의 제사장이라"(히 7)

27. 다음 ( ) 안에 들어갈 말은 무엇입니까?

"우리 주께서는 ( )로부터/으로부터 나신 것이 분명하도다 이 지파에는 모세가 제사장들에 관하여 말한 것이 하나도 없고 멜기세덱과 같은 별다른 한 제사장이 일어난 것을 보니 더욱 분명하도다"(히 7)

① 레위 ② 아론 ③ 유다 ④ 멜기세덱

28. 다음 ( ) 안에 들어갈 말은 무엇입니까?

"날마다 제사 드리는 것과 같이 할 필요가 없으니 이는 그가 단번에 ( )을/를 드려 이루셨음이라"(히 7)

① 양 ② 자기 ③ 희생제사 ④ 제물

29. 과거 모세 때에 사람들이 섬긴 것은 "하늘에 있는 것의 ( )과 ( )"라고 할 때, ( ) 안에 각각 들어갈 말은 무엇입니까?(히 8)

30. 다음 ( ) 안에 들어갈 말은 무엇입니까?

"그 날 후에 내가 이스라엘 집과 맺을 언약은 이것이니 내 법을 그들의 생각에 두고 그들의 ( )에 이것을 기록하리라"(히 8)

① 책 ② 집 ③ 장막 ④ 마음

31. 다음 ( ) 안에 들어갈 말은 무엇입니까?

"예비한 첫 장막이 있고 그 안에 등잔대와 상과 ( )이 있으니 이는 성소라 일컫고" (히 9)

히

32. 그리스도는 장래 좋은 일의 대제사장으로 오셔서 손으로 짓지 아니한 것, 곧 이 창조에 속하지 아니한 더 크고 온전한 ( )으로 말미암아 오직 자기의 피로 영원한 속죄를 이루셨는데, 여기서 ( ) 안에 들어갈 말은 무엇입니까?(히 9)

33. 그리스도는 "자기를 단번에 제물로 드려 죄를 없이 하시려고 ( )에 나타나셨느니라"라는 말씀에서 ( ) 안에 들어갈 말은 무엇입니까?(히 9)

① 세상 끝 ② 세상의 중심 ③ 백성 앞 ④ 이스라엘 가운데

34. 다음 ( ) 안에 들어갈 말은 무엇입니까?

"율법은 장차 올 좋은 일의 ( )일 뿐이요 참 형상이 아니므로 해마다 늘 드리는 같은 제사로는 나아오는 자들을 언제나 온전하게 할 수 없느니라"(히 10)

35. 우리가 성소에 들어갈 담력을 얻을 수 있는 것은 무엇을 힘입었기 때문입니까?(히 10)

① 은혜 ② 은사 ③ 속죄 ④ 예수의 피

36. 다음 ( ) 안에 들어갈 말은 무엇입니까?

"그 길은 우리를 위하여 휘장 가운데로 열어 놓으신 새로운 살 길이요 휘장은 곧 그의 ( )니라"(히 10)

37. 다음 ( ) 안에 들어갈 말은 무엇입니까?

"우리는 뒤로 물러가 멸망할 자가 아니요 오직 영혼을 구원함에 이르는 ( )을/를 가진 자니라"(히 10)

① 믿음 ② 소망 ③ 증거 ④ 약속

38. 다음 ( ) 안에 들어갈 말은 각각 무엇입니까?

"믿음은 바라는 것들의 ( )이요 보이지 않는 것들의 ( )니 ( )들이 이로써 증거를 얻었느니라"(히 11)

39. 무엇이 없이는 하나님을 기쁘시게 하지 못한다고 하였습니까?(히 11)

40. 믿음으로 더 나은 제사를 드려 의로운 자라 하시는 증거를 얻은 사람은 누구입니까?(히 11)

① 아벨 ② 에녹 ③ 노아 ④ 아브라함

41. 그리스도를 위해 받는 수모를 애굽의 모든 보화보다 더 큰 재물로 여기며 하나님께서 상 주실 것을 바랐던 사람은 누구입니까?(히 11)

42. 히브리서 기자는 우리에게 믿음의 주요 또 온전하게 하시는 이인 “누구”를 바라보자고 권면하고 있습니까?(히 12)

① 하나님 ② 예수 ③ 성령 ④ 영원한 분

43. 다음 ( ) 안에 공통으로 들어갈 말은 무엇입니까?

“내 아들아 주의 ( )하심을 경히 여기지 말며 그에게 꾸지람을 받을 때에 낙심하지 말라 … ( )은/는 다 받는 것이거늘 너희에게 없으면 사생자요 친아들이 아니니라”(히 12)

① 권면 ② 충고 ③ 징계 ④ 시험

44. 다음 ( ) 안에 들어갈 말은 각각 무엇입니까?

“무릇 ( )가 당시에는 즐거워 보이지 않고 슬퍼 보이나 후에 그로 말미암아 연단 받은 자들은 의와 ( )의 열매를 맺느니라”(히 12)

45. 히브리서 기자는 경건함과 두려운 마음으로 하나님을 기쁘시게 섬겨야 한다고 가르치면서 “우리 하나님은 ( )하는 불이심이라”라고 선언합니다. ( ) 안에 들어갈 말은 무엇입니까?(히 12)

① 징계 ② 소멸 ③ 인도 ④ 말씀

46. 예수님은 자기 피로써 백성을 거룩하게 하려고 성문 밖에서 고난을 받으셨습니다. “우리도 그의 ( )을/를 짊어지고 영문 밖으로 그에게 나아가자”라는 말씀에서 ( ) 안에 들어갈 말은 무엇입니까?(히 13)

① 치욕 ② 고난 ③ 징계 ④ 십자가

히

47. 다음 ( ) 안에 들어갈 말은 무엇입니까?

“그러므로 우리는 예수로 말미암아 항상 ( )를 하나님께 드리자 이는 그 이름을 증언하는 입술의 열매니라”(히 13)

야고보서

1. 야고보서는 야고보가 누구에게 쓴 편지입니까?(약 1)

① 갈라디아 교회　② 예루살렘 교회　③ 열두 지파　④ 이방인

2. 다음 (　) 안에 들어갈 말은 무엇입니까?

"하나님 아버지 앞에서 정결하고 더러움이 없는 경건은 곧 (　　)와 (　　)를 그 환난 중에 돌보고 또 자기를 지켜 세속에 물들지 아니하는 그것이니라"(약 1)

3. 다음 (　) 안에 들어갈 말은 무엇입니까?

"네가 하나님은 한 분이신 줄을 믿느냐 잘하는도다 귀신들도 믿고 떠느니라 아아 허탄한 사람아 (　　)이 없는 믿음이 헛것인 줄을 알고자 하느냐"(약 2)

4. 다음 (　) 안에 들어갈 말은 무엇입니까?

"화평하게 하는 자들은 화평으로 심어 (　　)의 열매를 거두느니라"(약 3)

5. 다음 (　) 안에 들어갈 말은 무엇입니까?

"너희가 얻지 못함은 구하지 아니하기 때문이요 구하여도 받지 못함은 (　　)으로 쓰려고 잘못 구하기 때문이라"(약 4)

6. 다음 (   ) 안에 들어갈 말은 무엇입니까?

"너희 중에 고난 당하는 자가 있느냐 그는 (   )할 것이요 즐거워하는 자가 있느냐 그는 (   )할지니라"(약 5)

7. 바울은 형제들에게 심판을 면하려면 서로 무엇을 하지 말아야 한다고 했습니까?(약 5)

① 원망　　② 불평　　③ 시기　　④ 질투

8. 다음 (   ) 안에 들어갈 말은 무엇입니까?

"그러므로 너희 죄를 서로 고백하며 병이 낫기를 위하여 서로 기도하라 (   )의 간구는 역사하는 힘이 큼이니라"(약 5)

① 사랑　　② 믿음　　③ 의인　　④ 회개

약

베드로전후서

1. 다음 ( ) 안에 들어갈 말은 무엇입니까?

"예수를 너희가 보지 못하였으나 사랑하는도다 이제도 보지 못하나 믿고 말할 수 없는 영광스러운 즐거움으로 기뻐하니 믿음의 결국 곧 ( )을 받음이라"(벧전 1)

2. "보배로운 산 돌"은 누구를 가리킵니까?(벧전 2)

① 하나님 ② 예수 ③ 성령 ④ 베드로

3. 다음 ( ) 안에 들어갈 말은 무엇입니까?

"너희가 전에는 양과 같이 길을 잃었더니 이제는 너희 ( )와 감독 되신 이에게 돌아왔느니라"(벧전 2)

4. 다음 ( ) 안에 들어갈 말은 무엇입니까?

"선을 행함으로 고난 받는 것이 ( )일진대 악을 행함으로 고난 받는 것보다 나으니라"(벧전 3)

5. 다음 ( ) 안에 들어갈 말은 무엇입니까?

"물은 예수 그리스도께서 부활하심으로 말미암아 이제 너희를 구원하는 표니 곧 (   )라 이는 육체의 더러운 것을 제하여 버림이 아니요 하나님을 향한 선한 양심의 간구니라"(벧전 3)

6. 다음 ( ) 안에 들어갈 말은 무엇입니까?

"만물의 마지막이 가까이 왔으니 그러므로 너희는 정신을 차리고 (   )하여 기도하라 무엇보다도 뜨겁게 서로 사랑할지니 사랑은 허다한 (   )를 덮느니라"(벧전 4)

7. 베드로가 자신의 아들이라고 일컫는 사람은 누구입니까?(벧전 5)

① 마가 ② 누가 ③ 디모데 ④ 디도

8. 다음 ( ) 안에 들어갈 말은 무엇입니까?

"먼저 알 것은 (   )은 사사로이 풀 것이 아니니"(벧후 1)

9. 하나님이 보배롭고 지극히 큰 약속을 우리에게 주신 것은 이 약속으로 말미암아 정욕 때문에 세상에서 썩어질 것을 피하여 신성한 무엇에 참여하는 자가 되게 하려 하심입니까?(벧후 1)

① 자격 ② 성품 ③ 약속 ④ 소망

10. 다음 ( ) 안에 들어갈 말은 무엇입니까?

"그러나 백성 가운데 또한 거짓 (   )들이 일어났었나니 이와 같이 너희 중에도 거짓 (   )들이 있으리라"(벧후 2)

11. 주의 날은 무엇 같이 온다고 하였습니까?(벧후 3)

요한일이삼서

1. 요한 장로는 하나님은 빛이시라는 소식을 전하며 그에게는 무엇이 조금도 없다고 했습니까?(요일 1)

① 미움 ② 불의 ③ 어둠 ④ 거짓

2. 다음 ( ) 안에 들어갈 말은 무엇입니까?

"만일 우리가 우리 죄를 ( )하면 그는 미쁘시고 의로우사 우리 죄를 사하시며 우리를 모든 ( )에서 깨끗하게 하실 것이요"(요일 1)

3. 다음 ( ) 안에 들어갈 말은 무엇입니까?

"이 세상도, 그 정욕도 지나가되 오직 ( )을/를 행하는 자는 영원히 거하느니라"(요일 2)

4. 죄를 짓는 자마다 불법을 행하나니 죄는 무엇이라고 했습니까?(요일 3)

① 불법 ② 불의 ③ 악행 ④ 사망

5. 다음 ( ) 안에 들어갈 말은 무엇입니까?

"누가 이 세상의 재물을 가지고 형제의 ( )을 보고도 도와 줄 마음을 닫으면 하나님의 사랑이 어찌 그 속에 거하겠느냐"(요일 3)

6. 다음 (   ) 안에 들어갈 말은 무엇입니까?

"자녀들아 우리가 말과 혀로만 사랑하지 말고 (   )과 (   )으로 하자"(요일 3)

7. 다음 (   ) 안에 공통으로 들어갈 말은 무엇입니까?

"(   ) 안에 두려움이 없고 온전한 (   )이 두려움을 내쫓나니"(요일 4)

8. 예수께서 그리스도이심을 믿는 자마다 누구로부터 난 자라고 하였습니까?(요일 5)

① 하나님 ② 성령 ③ 존귀한 분 ④ 거룩한 자

9. 다음 (   ) 안에 공통으로 들어갈 말은 무엇입니까?

"무릇 하나님께로부터 난 자마다 (   )을 이기느니라 (   )을 이기는 승리는 이것이니 우리의 믿음이니라"(요일 5)

10. 다음 (   ) 안에 들어갈 말은 무엇입니까?

"미혹하는 자가 세상에 많이 나왔나니 이는 예수 그리스도께서 (   )로 오심을 부인하는 자라 이런 자가 미혹하는 자요 적그리스도니"(요이 1)

11. 요한이서의 수신자들은 누구입니까?(요이 1)

12. 교훈 안에 거하는 사람은 아버지와 아들을 모시지만 그리스도의 교훈 안에 거하지 아니하는 자는 무엇을 모시지 못한다고 했습니까?(요이 1)

① 성령 ② 예수님 ③ 하나님 ④ 말씀

13. 예수 그리스도께서 육체로 오심을 부인하는 자는 미혹하는 자요 또 어떤 사람이라고 했습니까?(요이 1)

요일이삼

14. 요한삼서의 수신자는 누구입니까?(요삼 1)

15. 뭇 사람에게도, 진리에게서도 증거를 받은 사람은 누구입니까?(요삼 1)

유 다 서

1. 유다서에 나오는 천사장의 이름은 무엇입니까?(유 1)

2. 유다서의 저자 유다의 형제는 누구입니까?(유 1)

3. 다음 (　) 안에 들어갈 말은 무엇입니까?

"또 어떤 자를 (　　)에서 끌어내어 (　　)하라 또 어떤 자를 그 육체로 더럽힌 옷까지도 미워하되 두려움으로 긍휼히 여기라"(유 1)

4. 음란하며 다른 육체를 따라가다 영원한 불의 형벌을 받음으로 거울이 된 도시들의 이름은 무엇입니까?(유 1)

요한계시록

1. 다음 중 아시아에 있는 일곱 교회가 아닌 것은 무엇입니까?(계 1)
   ① 에베소 ② 사데 ③ 고린도 ④ 버가모

2. 다음 ( ) 안에 들어갈 말은 무엇입니까?
   "네가 본 것은 내 오른손의 ( )의 비밀과 또 ( )라"(계 1)

3. 발람의 교훈을 지키는 자들이 있다는 책망을 들은 교회는 어느 교회입니까?(계 2)

4. "살았다 하는 이름은 가졌으나 죽은 자로다"라는 책망을 들은 교회는 어느 교회입니까?(계 3)
   ① 에베소 ② 사데 ③ 버가모 ④ 두아디라

5. "뜨겁지도 아니하고 차지도 아니하니 내 입에서 너를 토하여 버리리라"라는 책망을 들은 교회는 어느 교회입니까?(계 3)
   ① 에베소 ② 버가모 ③ 두아디라 ④ 라오디게아

6. 다음 (　) 안에 들어갈 말은 무엇입니까?

"하늘에 보좌를 베풀었고 그 보좌 위에 앉으신 이가 있는데 앉으신 이의 모양이 벽옥과 홍보석 같고 또 (　　)가 있어 보좌에 둘렸는데 그 모양이 녹보석 같더라"(계 4)

7. 다음 (　) 안에 들어갈 말은 무엇입니까?

"그 두루마리를 취하시매 네 생물과 이십사 장로들이 그 (　　) 앞에 엎드려 각각 거문고와 향이 가득한 금 대접을 가졌으니 이 향은 성도의 (　　)들이라"(계 5)

8. 보좌와 생물들과 장로들을 둘러 선 많은 천사의 수는 얼마나 되었습니까?(계 5)

① 만만이요 천천　② 천천　③ 만만　④ 수천 수만

9. 다음 (　) 안에 들어갈 말은 무엇입니까?

"장로 중의 한 사람이 내게 말하되 울지 말라 (　　) 다윗의 뿌리가 이겼으니 그 두루마리와 그 일곱 인을 떼시리라 하더라"(계 5)

10. 다음 (　) 안에 들어갈 말은 무엇입니까?

"이에 내가 보니 흰 말이 있는데 그 탄 자가 활을 가졌고 (　　)을 받고 나아가서 이기고 또 이기려고 하더라"(계 6)

11. 다음 (　) 안에 들어갈 말은 무엇입니까?

"셋째 인을 떼실 때에 내가 들으니 셋째 생물이 말하되 오라 하기로 내가 보니 검은 말이 나오는데 그 탄 자가 손에 (　　)을 가졌더라"(계 6)

12. 이스라엘 자손의 각 지파 중에서 인침을 받은 자들은 모두 몇 명입니까?(계 7)

① 일만 사천　② 십이만 이천　③ 십사만 이천　④ 십사만 사천

13. 다음 (　) 안에 들어갈 말은 무엇입니까?

"첫째 천사가 나팔을 부니 피 섞인 (　　)과 불이 나와서 땅에 쏟아지매"(계 8)

14. 다음 (　) 안에 들어갈 말은 무엇입니까?

"일곱째 인을 떼실 때에 하늘이 반 시간쯤 고요하더니 내가 보매 하나님 앞에 일곱 (　　)가 서 있어 일곱 (　　)을 받았더라"(계 8)

15. 히브리어로는 아바돈이요 헬라어로는 아볼루온으로 불리는 왕은 누구입니까? (계 9)

① 천국의 사자 ② 무저갱의 사자 ③ 지옥의 사자 ④ 황충

16. 다음 ( ) 안에 들어갈 말은 무엇입니까?

"내가 천사의 손에서 ( )를 갖다 먹어 버리니 내 입에는 꿀 같이 다나 먹은 후에 내 배에서는 쓰게 되더라"(계 10)

17. 다음 ( ) 안에 들어갈 말은 무엇입니까?

"또 내게 지팡이 같은 ( )를 주며 말하기를 일어나서 하나님의 ( )과 제단과 그 안에서 경배하는 자들을 측량하되"(계 11)

18. 하늘의 전쟁에서 용과 그의 사자들을 물리쳐 하늘에서 쫓아낸 용사들은 누구입니까?(계 12)

① 미가엘 천사 ② 미가엘과 그의 사자들
③ 루시퍼 ④ 천사들

19. 다음 ( ) 안에 들어갈 말은 무엇입니까?

"또 짐승이 과장되고 신성모독을 말하는 입을 받고 또 ( ) 동안 일할 권세를 받으니라"(계 13)

① 일곱 달 ② 열두 달 ③ 스물 네 달 ④ 마흔 두 달

20. 다음 ( ) 안에 공통으로 들어갈 말은 무엇입니까?

"보라 ( )이 시온 산에 섰고 그와 함께 십사만 사천이 서 있는데 그들의 이마에는 ( )의 이름과 그 아버지의 이름을 쓴 것이 있더라"(계 14)

21. 다음 ( ) 안에 들어갈 말은 무엇입니까?

"세 영이 히브리어로 ( )이라 하는 곳으로 왕들을 모으더라"(계 16)

22. 천사의 대접과 재앙이 잘못 짝지어진 것은 무엇입니까?(계 16)

① 첫째 천사 - 종기 재앙 ② 셋째 천사 - 피로 변한 강물 재앙
③ 넷째 천사 - 불로 태우는 재앙 ④ 여섯째 천사 - 피바다 재앙

23. 한 시간에 심판이 이르러 땅의 상인들이 울고 애통하게 되는 크고 견고한 성은 어느 성입니까?(계 18)

① 로마 ② 앗수르 ③ 예루살렘 ④ 바벨론

24. 다음 ( ) 안에 들어갈 말은 무엇입니까?

"그에게 빛나고 깨끗한 세마포 옷을 입도록 허락하셨으니 이 세마포 옷은 성도들의 ( )이로다 하더라"(계 19)

25. 다음 중 살아서 그리스도와 더불어 천 년 동안 왕 노릇을 할 사람들에 해당되지 않는 것은 무엇입니까?(계 20)

① 예수를 증언한 사람
② 짐승에게 경배하지 않은 사람
③ 하나님 말씀 때문에 순교한 사람
④ 이마와 손에 짐승의 표를 받은 사람

26. 다음 ( ) 안에 들어갈 말은 무엇입니까?

"또 내가 보매 거룩한 성 새 ( )이 하나님께로부터 하늘에서 내려오니 그 준비한 것이 신부가 남편을 위하여 단장한 것 같더라"(계 21)

27. 요한이 본 새 하늘과 새 땅에는 두 가지가 없습니다. 이 두 가지는 무엇입니까?(계 21)

28. 다음 ( ) 안에 들어갈 말은 무엇입니까?

"이것들을 ( )하신 이가 이르시되 내가 진실로 속히 오리라 하시거늘 아멘 주 예수여 오시옵소서"(계 22)

암송성구

구약성경

1. 창 1:1

1　태초에 하나님이 천지를 창조하시니라

2. 창 1:27~28

27　하나님이 자기 형상 곧 하나님의 형상대로 사람을 창조하시되 남자와 여자를 창조
하시고
28　하나님이 그들에게 복을 주시며 하나님이 그들에게 이르시되 생육하고 번성하여
땅에 충만하라, 땅을 정복하라, 바다의 물고기와 하늘의 새와 땅에 움직이는 모든
생물을 다스리라 하시니라

3. 창 2:3

3　하나님이 그 일곱째 날을 복되게 하사 거룩하게 하셨으니 이는 하나님이 그 창조
하시며 만드시던 모든 일을 마치시고 그 날에 안식하셨음이니라

4. 창 2:7

7　여호와 하나님이 땅의 흙으로 사람을 지으시고 생기를 그 코에 불어넣으시니 사람
이 생령이 되니라

5. 창 12:1~2

1　여호와께서 아브람에게 이르시되 너는 너의 고향과 친척과 아버지의 집을 떠나 내
가 네게 보여 줄 땅으로 가라
2　내가 너로 큰 민족을 이루고 네게 복을 주어 네 이름을 창대하게 하리니 너는 복이
될지라

6. 출 3:14

14　하나님이 모세에게 이르시되 나는 스스로 있는 자이니라 또 이르시되 너는 이스라
엘 자손에게 이같이 이르기를 스스로 있는 자가 나를 너희에게 보내셨다 하라

7. 출 13:3

3 모세가 백성에게 이르되 너희는 애굽 곧 종 되었던 집에서 나온 그 날을 기념하여
유교병을 먹지 말라 여호와께서 그 손의 권능으로 너희를 그 곳에서 인도해 내셨
음이니라

8. 출 14:13~14

13 모세가 백성에게 이르되 너희는 두려워하지 말고 가만히 서서 여호와께서 오늘 너
희를 위하여 행하시는 구원을 보라 너희가 오늘 본 애굽 사람을 영원히 다시 보지
아니하리라
14 여호와께서 너희를 위하여 싸우시리니 너희는 가만히 있을지니라

9. 출 19:5~6

5 세계가 다 내게 속하였나니 너희가 내 말을 잘 듣고 내 언약을 지키면 너희는 모든
민족 중에서 내 소유가 되겠고
6 너희가 내게 대하여 제사장 나라가 되며 거룩한 백성이 되리라 너는 이 말을 이스
라엘 자손에게 전할지니라

10. 출 20:2

2 나는 너를 애굽 땅, 종 되었던 집에서 인도하여 낸 네 하나님 여호와니라

11. 출 23:16

16 맥추절을 지키라 이는 네가 수고하여 밭에 뿌린 것의 첫 열매를 거둠이니라 수장절
을 지키라 이는 네가 수고하여 이룬 것을 연말에 밭에서부터 거두어 저장함이니라

12. 레 18:4

4 너희는 내 법도를 따르며 내 규례를 지켜 그대로 행하라 나는 너희의 하나님 여호
와이니라

13. 레 19:2

2 너는 이스라엘 자손의 온 회중에게 말하여 이르라 너희는 거룩하라 이는 나 여호
와 너희 하나님이 거룩함이니라

14. 레 19:18

18 원수를 갚지 말며 동포를 원망하지 말며 네 이웃 사랑하기를 네 자신과 같이 사랑
하라 나는 여호와이니라

15. 민 6:23~26

23 아론과 그의 아들들에게 말하여 이르기를 너희는 이스라엘 자손을 위하여 이렇게
축복하여 이르되
24 여호와는 네게 복을 주시고 너를 지키시기를 원하며
25 여호와는 그의 얼굴을 네게 비추사 은혜 베푸시기를 원하며
26 여호와는 그 얼굴을 네게로 향하여 드사 평강 주시기를 원하노라 할지니라 하라

16. 민 23:19

19 하나님은 사람이 아니시니 거짓말을 하지 않으시고 인생이 아니시니 후회가 없으
시도다 어찌 그 말씀하신 바를 행하지 않으시며 하신 말씀을 실행하지 않으시랴

17. 민 35:34

34 너희는 너희가 거주하는 땅 곧 내가 거주하는 땅을 더럽히지 말라 나 여호와는 이
스라엘 자손 중에 있음이니라

18. 신 6:4~5

4 이스라엘아 들으라 우리 하나님 여호와는 오직 유일한 여호와이시니
5 너는 마음을 다하고 뜻을 다하고 힘을 다하여 네 하나님 여호와를 사랑하라

19. 신 8:2

2 네 하나님 여호와께서 이 사십 년 동안에 네게 광야 길을 걷게 하신 것을 기억하라
이는 너를 낮추시며 너를 시험하사 네 마음이 어떠한지 그 명령을 지키는지 지키
지 않는지 알려 하심이라

20. 신 15:11

11 땅에는 언제든지 가난한 자가 그치지 아니하겠으므로 내가 네게 명령하여 이르노
니 너는 반드시 네 땅 안에 네 형제 중 곤란한 자와 궁핍한 자에게 네 손을 펼지
니라

21. 신 28:1

1 네가 네 하나님 여호와의 말씀을 삼가 듣고 내가 오늘 네게 명령하는 그의 모든 명
령을 지켜 행하면 네 하나님 여호와께서 너를 세계 모든 민족 위에 뛰어나게 하실
것이라

22. 신 32:39

39 이제는 나 곧 내가 그인 줄 알라 나 외에는 신이 없도다 나는 죽이기도 하며 살리
기도 하며 상하게도 하며 낫게도 하나니 내 손에서 능히 빼앗을 자가 없도다

23. 수 1:8~9

8 이 율법책을 네 입에서 떠나지 말게 하며 주야로 그것을 묵상하여 그 안에 기록된
대로 다 지켜 행하라 그리하면 네 길이 평탄하게 될 것이며 네가 형통하리라
9 내가 네게 명령한 것이 아니냐 강하고 담대하라 두려워하지 말며 놀라지 말라 네
가 어디로 가든지 네 하나님 여호와가 너와 함께 하느니라 하시니라

24. 수 11:23

23 이와 같이 여호수아가 여호와께서 모세에게 말씀하신 대로 그 온 땅을 점령하여
이스라엘 지파의 구분에 따라 기업으로 주매 그 땅에 전쟁이 그쳤더라

25. 수 24:15

15 만일 여호와를 섬기는 것이 너희에게 좋지 않게 보이거든 너희 조상들이 강 저쪽
에서 섬기던 신들이든지 또는 너희가 거주하는 땅에 있는 아모리 족속의 신들이든
지 너희가 섬길 자를 오늘 택하라 오직 나와 내 집은 여호와를 섬기겠노라 하니

26. 삿 3:7

7 이스라엘 자손이 여호와의 목전에 악을 행하여 자기들의 하나님 여호와를 잊어버
리고 바알들과 아세라들을 섬긴지라

27. 삿 13:7

7 그가 내게 이르기를 보라 네가 임신하여 아들을 낳으리니 이제 포도주와 독주를
마시지 말며 어떤 부정한 것도 먹지 말라 이 아이는 태에서부터 그가 죽는 날까지
하나님께 바쳐진 나실인이 됨이라 하더이다 하니라

28. 삿 21:25

25 그 때에 이스라엘에 왕이 없으므로 사람이 각기 자기의 소견에 옳은 대로 행하였
더라

29. 룻 1:16

16 룻이 이르되 내게 어머니를 떠나며 어머니를 따르지 말고 돌아가라 강권하지 마옵
소서 어머니께서 가시는 곳에 나도 가고 어머니께서 머무시는 곳에서 나도 머물겠
나이다 어머니의 백성이 나의 백성이 되고 어머니의 하나님이 나의 하나님이 되시
리니

30. 룻 2:12

12 여호와께서 네가 행한 일에 보답하시기를 원하며 이스라엘의 하나님 여호와께서
그의 날개 아래에 보호를 받으러 온 네게 온전한 상 주시기를 원하노라 하는지라

31. 룻 4:17

17 그의 이웃 여인들이 그에게 이름을 지어 주되 나오미에게 아들이 태어났다 하여
그의 이름을 오벳이라 하였는데 그는 다윗의 아버지인 이새의 아버지였더라

32. 삼상 2:26

26 아이 사무엘이 점점 자라매 여호와와 사람들에게 은총을 더욱 받더라

33. 삼상 2:30

30 그러므로 이스라엘의 하나님 나 여호와가 말하노라 내가 전에 네 집과 네 조상의
집이 내 앞에 영원히 행하리라 하였으나 이제 나 여호와가 말하노니 결단코 그렇
게 하지 아니하리라 나를 존중히 여기는 자를 내가 존중히 여기고 나를 멸시하는
자를 내가 경멸하리라

34. 삼상 3:10~11

10 여호와께서 임하여 서서 전과 같이 사무엘아 사무엘아 부르시는지라 사무엘이 이
르되 말씀하옵소서 주의 종이 듣겠나이다 하니
11 여호와께서 사무엘에게 이르시되 보라 내가 이스라엘 중에 한 일을 행하리니 그것
을 듣는 자마다 두 귀가 울리리라

35. 삼상 12:23~24

23 나는 너희를 위하여 기도하기를 쉬는 죄를 여호와 앞에 결단코 범하지 아니하고
선하고 의로운 길을 너희에게 가르칠 것인즉
24 너희는 여호와께서 너희를 위하여 행하신 그 큰 일을 생각하여 오직 그를 경외하
며 너희의 마음을 다하여 진실히 섬기라

36. 삼상 15:22

22 사무엘이 이르되 여호와께서 번제와 다른 제사를 그의 목소리를 청종하는 것을 좋
아하심 같이 좋아하시겠나이까 순종이 제사보다 낫고 듣는 것이 숫양의 기름보다
나으니

37. 삼상 15:29

29 이스라엘의 지존자는 거짓이나 변개함이 없으시니 그는 사람이 아니시므로 결코
변개하지 않으심이니이다 하니

38. 삼하 7:22

22 그런즉 주 여호와여 주는 위대하시니 이는 우리 귀로 들은 대로는 주와 같은 이가
없고 주 외에는 신이 없음이니이다

39. 삼하 22:2

2 이르되 여호와는 나의 반석이시요 나의 요새시요 나를 위하여 나를 건지시는 자
시요

40. 삼하 22:29

29 여호와여 주는 나의 등불이시니 여호와께서 나의 어둠을 밝히시리이다

41. 왕상 8:39

39 주는 계신 곳 하늘에서 들으시고 사하시며 각 사람의 마음을 아시오니 그들의 모
든 행위대로 행하사 갚으시옵소서 주만 홀로 사람의 마음을 다 아심이니이다

42. 대상 4:10

10 야베스가 이스라엘 하나님께 아뢰어 이르되 주께서 내게 복을 주시려거든 나의 지

역을 넓히시고 주의 손으로 나를 도우사 나로 환난을 벗어나 내게 근심이 없게 하옵소서 하였더니 하나님이 그가 구하는 것을 허락하셨더라

43. 대상 29:12

12 부와 귀가 주께로 말미암고 또 주는 만물의 주재가 되사 손에 권세와 능력이 있사오니 모든 사람을 크게 하심과 강하게 하심이 주의 손에 있나이다

44. 대하 1:11

11 하나님이 솔로몬에게 이르시되 이런 마음이 네게 있어서 부나 재물이나 영광이나 원수의 생명 멸하기를 구하지 아니하며 장수도 구하지 아니하고 오직 내가 네게 다스리게 한 내 백성을 재판하기 위하여 지혜와 지식을 구하였으니

45. 욥 23:10

10 그러나 내가 가는 길을 그가 아시나니 그가 나를 단련하신 후에는 내가 순금 같이 되어 나오리라

46. 시 1:1

1 복 있는 사람은 악인들의 꾀를 따르지 아니하며 죄인들의 길에 서지 아니하며 오만한 자들의 자리에 앉지 아니하고

47. 시 18:2

2 여호와는 나의 반석이시요 나의 요새시요 나를 건지시는 이시요 나의 하나님이시요 내가 그 안에 피할 나의 바위시요 나의 방패시요 나의 구원의 뿔이시요 나의 산성이시로다

48. 시 19:8

8 여호와의 교훈은 정직하여 마음을 기쁘게 하고 여호와의 계명은 순결하여 눈을 밝게 하시도다

49. 시 27:4

4 내가 여호와께 바라는 한 가지 일 그것을 구하리니 곧 내가 내 평생에 여호와의 집에 살면서 여호와의 아름다움을 바라보며 그의 성전에서 사모하는 그것이라

50. 시 34:10

10 젊은 사자는 궁핍하여 주릴지라도 여호와를 찾는 자는 모든 좋은 것에 부족함이
없으리로다

51. 시 42:11

11 내 영혼아 네가 어찌하여 낙심하며 어찌하여 내 속에서 불안해 하는가 너는 하나
님께 소망을 두라 나는 그가 나타나 도우심으로 말미암아 내 하나님을 여전히 찬
송하리로다

52. 시 50:23

23 감사로 제사를 드리는 자가 나를 영화롭게 하나니 그의 행위를 옳게 하는 자에게
내가 하나님의 구원을 보이리라

53. 시 51:10

10 하나님이여 내 속에 정한 마음을 창조하시고 내 안에 정직한 영을 새롭게 하소서

54. 시 65:4

4 주께서 택하시고 가까이 오게 하사 주의 뜰에 살게 하신 사람은 복이 있나이다 우
리가 주의 집 곧 주의 성전의 아름다움으로 만족하리이다

55. 시 73:28

28 하나님께 가까이 함이 내게 복이라 내가 주 여호와를 나의 피난처로 삼아 주의 모
든 행적을 전파하리이다

56. 시 84:10

10 주의 궁정에서의 한 날이 다른 곳에서의 천 날보다 나은즉 악인의 장막에 사는 것
보다 내 하나님의 성전 문지기로 있는 것이 좋사오니

57. 시 90:10

10 우리의 연수가 칠십이요 강건하면 팔십이라도 그 연수의 자랑은 수고와 슬픔뿐이
요 신속히 가니 우리가 날아가나이다

58. 시 100:4

4 감사함으로 그의 문에 들어가며 찬송함으로 그의 궁정에 들어가서 그에게 감사하며 그의 이름을 송축할지어다

59. 시 103:5

5 좋은 것으로 네 소원을 만족하게 하사 네 청춘을 독수리 같이 새롭게 하시는도다

60. 시 107:9

9 그가 사모하는 영혼에게 만족을 주시며 주린 영혼에게 좋은 것으로 채워주심이로다

61. 시 119:71

71 고난 당한 것이 내게 유익이라 이로 말미암아 내가 주의 율례들을 배우게 되었나이다

62. 시 119:103

103 주의 말씀의 맛이 내게 어찌 그리 단지요 내 입에 꿀보다 더 다니이다

63. 시 126:5

5 눈물을 흘리며 씨를 뿌리는 자는 기쁨으로 거두리로다

64. 시 127:1

1 여호와께서 집을 세우지 아니하시면 세우는 자의 수고가 헛되며 여호와께서 성을 지키지 아니하시면 파수꾼의 깨어 있음이 헛되도다

65. 시 146:5

5 야곱의 하나님을 자기의 도움으로 삼으며 여호와 자기 하나님에게 자기의 소망을 두는 자는 복이 있도다

66. 잠 1:7

7 여호와를 경외하는 것이 지식의 근본이거늘 미련한 자는 지혜와 훈계를 멸시하느니라

67. 잠 3:6

6 너는 범사에 그를 인정하라 그리하면 네 길을 지도하시리라

68. 잠 4:23

23 모든 지킬 만한 것 중에 더욱 네 마음을 지키라 생명의 근원이 이에서 남이니라

69. 잠 15:16

16 가산이 적어도 여호와를 경외하는 것이 크게 부하고 번뇌하는 것보다 나으니라

70. 잠 16:3

3 너의 행사를 여호와께 맡기라 그리하면 네가 경영하는 것이 이루어지리라

71. 잠 16:18

18 교만은 패망의 선봉이요 거만한 마음은 넘어짐의 앞잡이니라

72. 잠 16:32

32 노하기를 더디하는 자는 용사보다 낫고 자기의 마음을 다스리는 자는 성을 빼앗는 자보다 나으니라

73. 잠 17:22

22 마음의 즐거움은 양약이라도 심령의 근심은 뼈를 마르게 하느니라

74. 잠 31:30

30 고운 것도 거짓되고 아름다운 것도 헛되나 오직 여호와를 경외하는 여자는 칭찬을 받을 것이라

75. 전 1:2

2 전도자가 이르되 헛되고 헛되며 헛되고 헛되니 모든 것이 헛되도다

76. 전 3:1

1 범사에 기한이 있고 천하 만사가 다 때가 있나니

77. 전 3:11

11 하나님이 모든 것을 지으시되 때를 따라 아름답게 하셨고 또 사람들에게는 영원을
사모하는 마음을 주셨느니라 그러나 하나님이 하시는 일의 시종을 사람으로 측량
할 수 없게 하셨도다

78. 전 7:14

14 형통한 날에는 기뻐하고 곤고한 날에는 되돌아 보아라 이 두 가지를 하나님이 병
행하게 하사 사람이 그의 장래 일을 능히 헤아려 알지 못하게 하셨느니라

79. 전 11:1

1 너는 네 떡을 물 위에 던져라 여러 날 후에 도로 찾으리라

80. 사 1:18

18 여호와께서 말씀하시되 오라 우리가 서로 변론하자 너희의 죄가 주홍 같을지라도
눈과 같이 희어질 것이요 진홍 같이 붉을지라도 양털 같이 희게 되리라

81. 사 9:6

6 이는 한 아기가 우리에게 났고 한 아들을 우리에게 주신 바 되었는데 그의 어깨에
는 정사를 메었고 그의 이름은 기묘자라, 모사라, 전능하신 하나님이라, 영존하
시는 아버지라, 평강의 왕이라 할 것임이라

82. 사 26:3

3 주께서 심지가 견고한 자를 평강하고 평강하도록 지키시리니 이는 그가 주를 신뢰
함이니이다

83. 사 40:8

8 풀은 마르고 꽃은 시드나 우리 하나님의 말씀은 영원히 서리라 하라

84. 사 40:31

31 오직 여호와를 앙망하는 자는 새 힘을 얻으리니 독수리가 날개치며 올라감 같을
것이요 달음박질하여도 곤비하지 아니하겠고 걸어가도 피곤하지 아니하리로다

85. 사 42:3

3 상한 갈대를 꺾지 아니하며 꺼져가는 등불을 끄지 아니하고 진실로 정의를 시행할
것이며

86. 사 43:21

21 이 백성은 내가 나를 위하여 지었나니 나를 찬송하게 하려 함이니라

87. 사 53:5

5 그가 찔림은 우리의 허물 때문이요 그가 상함은 우리의 죄악 때문이라 그가 징계
를 받으므로 우리는 평화를 누리고 그가 채찍에 맞으므로 우리는 나음을 받았도다

88. 사 55:1

1 오호라 너희 모든 목마른 자들아 물로 나아오라 돈 없는 자도 오라 너희는 와서 사
먹되 돈 없이, 값 없이 와서 포도주와 젖을 사라

89. 사 55:6

6 너희는 여호와를 만날 만한 때에 찾으라 가까이 계실 때에 그를 부르라

90. 사 58:6

6 내가 기뻐하는 금식은 흉악의 결박을 풀어 주며 멍에의 줄을 끌러 주며 압제 당하
는 자를 자유하게 하며 모든 멍에를 꺾는 것이 아니겠느냐

91. 사 64:8

8 그러나 여호와여, 이제 주는 우리 아버지시니이다 우리는 진흙이요 주는 토기장
이시니 우리는 다 주의 손으로 지으신 것이니이다

92. 렘 29:11

11 여호와의 말씀이니라 너희를 향한 나의 생각을 내가 아나니 평안이요 재앙이 아니
니라 너희에게 미래와 희망을 주는 것이니라

93. 렘 29:13

13 너희가 온 마음으로 나를 구하면 나를 찾을 것이요 나를 만나리라

94. 렘 33:3

3 너는 내게 부르짖으라 내가 네게 응답하겠고 네가 알지 못하는 크고 은밀한 일을
네게 보이리라

95. 겔 36:26

26 또 새 영을 너희 속에 두고 새 마음을 너희에게 주되 너희 육신에서 굳은 마음을
제거하고 부드러운 마음을 줄 것이며

96. 단 12:3

3 지혜 있는 자는 궁창의 빛과 같이 빛날 것이요 많은 사람을 옳은 데로 돌아오게 한
자는 별과 같이 영원토록 빛나리라

97. 호 6:1

1 오라 우리가 여호와께로 돌아가자 여호와께서 우리를 찢으셨으나 도로 낫게 하실
것이요 우리를 치셨으나 싸매어 주실 것임이라

98. 호 6:3

3 그러므로 우리가 여호와를 알자 힘써 여호와를 알자 그의 나타나심은 새벽 빛 같
이 어김없나니 비와 같이, 땅을 적시는 늦은 비와 같이 우리에게 임하시리라 하
니라

99. 호 6:6

6 나는 인애를 원하고 제사를 원하지 아니하며 번제보다 하나님을 아는 것을 원하
노라

100. 욜 2:13

13 너희는 옷을 찢지 말고 마음을 찢고 너희 하나님 여호와께로 돌아올지어다 그는
은혜로우시며 자비로우시며 노하기를 더디하시며 인애가 크시사 뜻을 돌이켜 재
앙을 내리지 아니하시나니

101. 욜 2:28~29

28 그 후에 내가 내 영을 만민에게 부어 주리니 너희 자녀들이 장래 일을 말할 것이며

너희 늙은이는 꿈을 꾸며 너희 젊은이는 이상을 볼 것이며
29 그 때에 내가 또 내 영을 남종과 여종에게 부어 줄 것이며

102. 나 1:7

7 여호와는 선하시며 환난 날에 산성이시라 그는 자기에게 피하는 자들을 아시느니라

103. 합 3:18

18 나는 여호와로 말미암아 즐거워하며 나의 구원의 하나님으로 말미암아 기뻐하리로다

104. 습 3:17

17 너의 하나님 여호와가 너의 가운데에 계시니 그는 구원을 베푸실 전능자이시라 그가 너로 말미암아 기쁨을 이기지 못하시며 너를 잠잠히 사랑하시며 너로 말미암아 즐거이 부르며 기뻐하시리라 하리라

105. 말 3:10

10 만군의 여호와가 이르노라 너희의 온전한 십일조를 창고에 들여 나의 집에 양식이 있게 하고 그것으로 나를 시험하여 내가 하늘 문을 열고 너희에게 복을 쌓을 곳이 없도록 붓지 아니하나 보라

신약성경

1. 마 1:21

21 아들을 낳으리니 이름을 예수라 하라 이는 그가 자기 백성을 그들의 죄에서 구원
할 자이심이라 하니라

2. 마 5:16

16 이같이 너희 빛이 사람 앞에 비치게 하여 그들로 너희 착한 행실을 보고 하늘에 계
신 너희 아버지께 영광을 돌리게 하라

3. 마 5:20

20 내가 너희에게 이르노니 너희 의가 서기관과 바리새인보다 더 낫지 못하면 결코
천국에 들어가지 못하리라

4. 마 5:43~44

43 또 네 이웃을 사랑하고 네 원수를 미워하라 하였다는 것을 너희가 들었으나
44 나는 너희에게 이르노니 너희 원수를 사랑하며 너희를 박해하는 자를 위하여 기도
하라

5. 마 6:20

20 오직 너희를 위하여 보물을 하늘에 쌓아 두라 거기는 좀이나 동록이 해하지 못하
며 도둑이 구멍을 뚫지도 못하고 도둑질도 못하느니라

6. 마 6:33

33 그런즉 너희는 먼저 그의 나라와 그의 의를 구하라 그리하면 이 모든 것을 너희에
게 더하시리라

7. 마 7:7

7 구하라 그리하면 너희에게 주실 것이요 찾으라 그리하면 찾아낼 것이요 문을 두드
리라 그리하면 너희에게 열릴 것이니

8. 마 7:12

12 그러므로 무엇이든지 남에게 대접을 받고자 하는 대로 너희도 남을 대접하라 이것
이 율법이요 선지자니라

9. 마 11:28~30

28 수고하고 무거운 짐 진 자들아 다 내게로 오라 내가 너희를 쉬게 하리라
29 나는 마음이 온유하고 겸손하니 나의 멍에를 메고 내게 배우라 그리하면 너희 마
음이 쉼을 얻으리니
30 이는 내 멍에는 쉽고 내 짐은 가벼움이라 하시니라

10. 마 16:16

16 시몬 베드로가 대답하여 이르되 주는 그리스도시요 살아 계신 하나님의 아들이시
니이다

11. 마 16:25

25 누구든지 제 목숨을 구원하고자 하면 잃을 것이요 누구든지 나를 위하여 제 목숨
을 잃으면 찾으리라

12. 마 18:4

4 그러므로 누구든지 이 어린 아이와 같이 자기를 낮추는 사람이 천국에서 큰 자니라

13. 마 21:22

22 너희가 기도할 때에 무엇이든지 믿고 구하는 것은 다 받으리라 하시니라

14. 마 28:19~20

19 그러므로 너희는 가서 모든 민족을 제자로 삼아 아버지와 아들과 성령의 이름으로
세례를 베풀고
20 내가 너희에게 분부한 모든 것을 가르쳐 지키게 하라 볼지어다 내가 세상 끝날까
지 너희와 항상 함께 있으리라 하시니라

15. 막 1:15

15 이르시되 때가 찼고 하나님의 나라가 가까이 왔으니 회개하고 복음을 믿으라 하시

더라

16. 막 2:27~28

27 또 이르시되 안식일이 사람을 위하여 있는 것이요 사람이 안식일을 위하여 있는
것이 아니니
28 이러므로 인자는 안식일에도 주인이니라

17. 막 9:23

23 예수께서 이르시되 할 수 있거든이 무슨 말이냐 믿는 자에게는 능히 하지 못할 일
이 없느니라 하시니

18. 막 12:17

17 이에 예수께서 이르시되 가이사의 것은 가이사에게, 하나님의 것은 하나님께 바
치라 하시니 그들이 예수께 대하여 매우 놀랍게 여기더라

19. 눅 4:18~19

18 주의 성령이 내게 임하셨으니 이는 가난한 자에게 복음을 전하게 하시려고 내게
기름을 부으시고 나를 보내사 포로 된 자에게 자유를, 눈 먼 자에게 다시 보게 함
을 전파하며 눌린 자를 자유롭게 하고
19 주의 은혜의 해를 전파하게 하려 하심이라 하였더라

20. 눅 9:23

23 또 무리에게 이르시되 아무든지 나를 따라오려거든 자기를 부인하고 날마다 제 십
자가를 지고 나를 따를 것이니라

21. 눅 22:42

42 이르시되 아버지여 만일 아버지의 뜻이거든 이 잔을 내게서 옮기시옵소서 그러나
내 원대로 마시옵고 아버지의 원대로 되기를 원하나이다 하시니

22. 요 1:12

12 영접하는 자 곧 그 이름을 믿는 자들에게는 하나님의 자녀가 되는 권세를 주셨으니

23. 요 1:29

29 이튿날 요한이 예수께서 자기에게 나아오심을 보고 이르되 보라 세상 죄를 지고
가는 하나님의 어린 양이로다

24. 요 3:5

5 예수께서 대답하시되 진실로 진실로 네게 이르노니 사람이 물과 성령으로 나지 아
니하면 하나님의 나라에 들어갈 수 없느니라

25. 요 3:16

16 하나님이 세상을 이처럼 사랑하사 독생자를 주셨으니 이는 그를 믿는 자마다 멸망
하지 않고 영생을 얻게 하려 하심이라

26. 요 4:14

14 내가 주는 물을 마시는 자는 영원히 목마르지 아니하리니 내가 주는 물은 그 속에
서 영생하도록 솟아나는 샘물이 되리라

27. 요 5:24

24 내가 진실로 진실로 너희에게 이르노니 내 말을 듣고 또 나 보내신 이를 믿는 자는
영생을 얻었고 심판에 이르지 아니하나니 사망에서 생명으로 옮겼느니라

28. 요 6:53

53 예수께서 이르시되 내가 진실로 진실로 너희에게 이르노니 인자의 살을 먹지 아니
하고 인자의 피를 마시지 아니하면 너희 속에 생명이 없느니라

29. 요 7:37~38

37 명절 끝날 곧 큰 날에 예수께서 서서 외쳐 이르시되 누구든지 목마르거든 내게로
와서 마시라
38 나를 믿는 자는 성경에 이름과 같이 그 배에서 생수의 강이 흘러나오리라 하시니

30. 요 11:25~26

25 예수께서 이르시되 나는 부활이요 생명이니 나를 믿는 자는 죽어도 살겠고
26 무릇 살아서 나를 믿는 자는 영원히 죽지 아니하리니 이것을 네가 믿느냐

31. 요 14:6

6 예수께서 이르시되 내가 곧 길이요 진리요 생명이니 나로 말미암지 않고는 아버지
께로 올 자가 없느니라

32. 행 1:8

8 오직 성령이 너희에게 임하시면 너희가 권능을 받고 예루살렘과 온 유대와 사마리
아와 땅 끝까지 이르러 내 증인이 되리라 하시니라

33. 행 4:12

12 다른 이로써는 구원을 받을 수 없나니 천하 사람 중에 구원을 받을 만한 다른 이름
을 우리에게 주신 일이 없음이라 하였더라

34. 행 16:31

31 이르되 주 예수를 믿으라 그리하면 너와 네 집이 구원을 받으리라 하고

35. 롬 1:17

17 복음에는 하나님의 의가 나타나서 믿음으로 믿음에 이르게 하나니 기록된 바 오직
의인은 믿음으로 말미암아 살리라 함과 같으니라

36. 롬 8:1~2

1 그러므로 이제 그리스도 예수 안에 있는 자에게는 결코 정죄함이 없나니
2 이는 그리스도 예수 안에 있는 생명의 성령의 법이 죄와 사망의 법에서 너를 해방
하였음이라

37. 고전 9:16

16 내가 복음을 전할지라도 자랑할 것이 없음은 내가 부득불 할 일임이라 만일 복음
을 전하지 아니하면 내게 화가 있을 것이로다

38. 고후 5:17

17 그런즉 누구든지 그리스도 안에 있으면 새로운 피조물이라 이전 것은 지나갔으니
보라 새 것이 되었도다

39. 고후 13:5

5 너희는 믿음 안에 있는가 너희 자신을 시험하고 너희 자신을 확증하라 예수 그리
스도께서 너희 안에 계신 줄을 너희가 스스로 알지 못하느냐 그렇지 않으면 너희
는 버림 받은 자니라

40. 갈 2:20

20 내가 그리스도와 함께 십자가에 못 박혔나니 그런즉 이제는 내가 사는 것이 아니
요 오직 내 안에 그리스도께서 사시는 것이라 이제 내가 육체 가운데 사는 것은 나
를 사랑하사 나를 위하여 자기 자신을 버리신 하나님의 아들을 믿는 믿음 안에서
사는 것이라

41. 갈 5:22~23

22 오직 성령의 열매는 사랑과 희락과 화평과 오래 참음과 자비와 양선과 충성과
23 온유와 절제니 이같은 것을 금지할 법이 없느니라

42. 엡 2:8~9

8 너희는 그 은혜에 의하여 믿음으로 말미암아 구원을 받았으니 이것은 너희에게서
난 것이 아니요 하나님의 선물이라
9 행위에서 난 것이 아니니 이는 누구든지 자랑하지 못하게 함이라

43. 엡 4:22~24

22 너희는 유혹의 욕심을 따라 썩어져 가는 구습을 따르는 옛 사람을 벗어 버리고
23 오직 너희의 심령이 새롭게 되어
24 하나님을 따라 의와 진리의 거룩함으로 지으심을 받은 새 사람을 입으라

44. 엡 4:30

30 하나님의 성령을 근심하게 하지 말라 그 안에서 너희가 구원의 날까지 인치심을
받았느니라

45. 빌 3:12

12 내가 이미 얻었다 함도 아니요 온전히 이루었다 함도 아니라 오직 내가 그리스도
예수께 잡힌 바 된 그것을 잡으려고 달려가노라

46. 빌 4:6~7

6 아무 것도 염려하지 말고 다만 모든 일에 기도와 간구로, 너희 구할 것을 감사함
으로 하나님께 아뢰라
7 그리하면 모든 지각에 뛰어난 하나님의 평강이 그리스도 예수 안에서 너희 마음과
생각을 지키시리라

47. 골 3:1

1 그러므로 너희가 그리스도와 함께 다시 살리심을 받았으면 위의 것을 찾으라 거기
는 그리스도께서 하나님 우편에 앉아 계시느니라

48. 골 3:13~14

13 누가 누구에게 불만이 있거든 서로 용납하여 피차 용서하되 주께서 너희를 용서하
신 것 같이 너희도 그리하고
14 이 모든 것 위에 사랑을 더하라 이는 온전하게 매는 띠니라

49. 살전 5:23

23 평강의 하나님이 친히 너희를 온전히 거룩하게 하시고 또 너희의 온 영과 혼과 몸
이 우리 주 예수 그리스도께서 강림하실 때에 흠 없게 보전되기를 원하노라

50. 딤전 6:11~12

11 오직 너 하나님의 사람아 이것들을 피하고 의와 경건과 믿음과 사랑과 인내와 온
유를 따르며
12 믿음의 선한 싸움을 싸우라 영생을 취하라 이를 위하여 네가 부르심을 받았고 많
은 증인 앞에서 선한 증언을 하였도다

51. 딤후 1:13~14

13 너는 그리스도 예수 안에 있는 믿음과 사랑으로써 내게 들은 바 바른 말을 본받아
지키고
14 우리 안에 거하시는 성령으로 말미암아 네게 부탁한 아름다운 것을 지키라

52. 딤후 3:16~17

16 모든 성경은 하나님의 감동으로 된 것으로 교훈과 책망과 바르게 함과 의로 교육

하기에 유익하니
17 이는 하나님의 사람으로 온전하게 하며 모든 선한 일을 행할 능력을 갖추게 하려
함이라

53. 딤후 4:1~2

1 하나님 앞과 살아 있는 자와 죽은 자를 심판하실 그리스도 예수 앞에서 그가 나타
나실 것과 그의 나라를 두고 엄히 명하노니
2 너는 말씀을 전파하라 때를 얻든지 못 얻든지 항상 힘쓰라 범사에 오래 참음과 가
르침으로 경책하며 경계하며 권하라

54. 히 4:12

12 하나님의 말씀은 살아 있고 활력이 있어 좌우에 날선 어떤 검보다도 예리하여 혼과
영과 및 관절과 골수를 찔러 쪼개기까지 하며 또 마음의 생각과 뜻을 판단하나니

55. 히 11:6

6 믿음이 없이는 하나님을 기쁘시게 하지 못하나니 하나님께 나아가는 자는 반드
시 그가 계신 것과 또한 그가 자기를 찾는 자들에게 상 주시는 이심을 믿어야 할
지니라

56. 약 1:5

5 너희 중에 누구든지 지혜가 부족하거든 모든 사람에게 후히 주시고 꾸짖지 아니하
시는 하나님께 구하라 그리하면 주시리라

57. 벧전 2:9

9 그러나 너희는 택하신 족속이요 왕 같은 제사장들이요 거룩한 나라요 그의 소유가
된 백성이니 이는 너희를 어두운 데서 불러 내어 그의 기이한 빛에 들어가게 하신
이의 아름다운 덕을 선포하게 하려 하심이라

58. 벧후 3:9

9 주의 약속은 어떤 이들이 더디다고 생각하는 것 같이 더딘 것이 아니라 오직 주께
서는 너희를 대하여 오래 참으사 아무도 멸망하지 아니하고 다 회개하기에 이르기
를 원하시느니라

59. 요일 2:15~16

15 이 세상이나 세상에 있는 것들을 사랑하지 말라 누구든지 세상을 사랑하면 아버지
의 사랑이 그 안에 있지 아니하니
16 이는 세상에 있는 모든 것이 육신의 정욕과 안목의 정욕과 이생의 자랑이니 다 아
버지께로부터 온 것이 아니요 세상으로부터 온 것이라

60. 요일 3:9

9 하나님께로부터 난 자마다 죄를 짓지 아니하나니 이는 하나님의 씨가 그의 속에
거함이요 그도 범죄하지 못하는 것은 하나님께로부터 났음이라

61. 계 3:20

20 볼지어다 내가 문 밖에 서서 두드리노니 누구든지 내 음성을 듣고 문을 열면 내가
그에게로 들어가 그와 더불어 먹고 그는 나와 더불어 먹으리라

62. 계 21:3~4

3 보라 하나님의 장막이 사람들과 함께 있으매 하나님이 그들과 함께 계시리니 그들
은 하나님의 백성이 되고 하나님은 친히 그들과 함께 계셔서
4 모든 눈물을 그 눈에서 닦아 주시니 다시는 사망이 없고 애통하는 것이나 곡하는
것이나 아픈 것이 다시 있지 아니하리니 처음 것들이 다 지나갔음이러라

해답

구약성경

창세기

1 태초, 천지, 혼돈, 공허, 깊음, 하나님의 영
2 ④
3 우리의 형상, 우리의 모양, 사람, 다스리게
4 씨 맺는 모든 채소, 씨 가진 열매 맺는 모든 나무
5 생명나무, 선악을 알게 하는 나무
6 에덴 동산을 경작하고 지키는 일
7 ②
8 부모, 합, 한 몸
9 ③
10 ②
11 ①
12 ①
13 ②
14 므두셀라, 동행, 동행, 세상
15 969세
16 500세, 함, 야벳
17 ③
18 ③
19 600세 되던 해, 40일 동안
20 ③
21 ②
22 무지개
23 ②
24 ①
25 ④
26 ②
27 ①
28 ③
29 ① 데라, ② 하란
30 ④
31 ②
32 ④
33 방패, 상급
34 이스마엘, 들나귀
35 언약
36 많은 무리의 아버지
37 ①
38 ④
39 아브라함, 10명
40 소알
41 ④
42 ①
43 브엘세바
44 에셀나무
45 창세기 22장
46 아브라함을 시험하시려고
47 ④
48 복, 별, 모래, 복
49 헤브론(옛 이름은 기럇아르바)
50 ②
51 막벨라 굴
52 ③
53 발꿈치를 잡았다
54 붉음, 에돔
55 ①
56 ④
57 벧엘, 루스
58 ④
59 ③
60 ②
61 마하나임
62 550마리
63 17세, 30세
64 아스낫
65 므낫세, 에브라임
66 시므온
67 유다

68 하나님, 해, 선, 생명

출애굽기

1 70명
2 ②
3 물에서 건져 냄
4 르우엘, 이드로
5 게르솜
6 가나안 족속, 헷 족속, 아모리 족속, 브리스 족속, 히위 족속, 여부스 족속
7 스스로 있는 자
8 입, 혀, 입, 입
9 아므람, 요게벳
10 전능, 여호와
11 ①
12 물이 피로 변함, 처음 난 것들의 죽음
13 ②
14 ①
15 ②
16 ③
17 가만히
18 구름 기둥
19 미리암
20 ③
21 ④
22 ②
23 맛사 또는 므리바
24 아론과 훌
25 ②
26 ①
27 언약, 소유, 제사장, 거룩한
28 20장
29 제4계명-안식일을 기억하여 거룩하게 지키라, 제8계명-도둑질하지 말라
30 ③
31 ③
32 ④
33 고아, 과부
34 ③
35 ③
36 무교절, 맥추절, 수장절
37 우림-빛, 둠밈-완전함
38 ①
39 ③
40 ③
41 안식일
42 ④
43 ②
44 ②
45 은혜, 긍휼히
46 40주야
47 ①
48 번제단, 물두멍
49 ①-㉢, ②-㉣, ③-㉠, ④-㉡
50 증거판
51 ④
52 ③

레위기

1 번제, 소제, 화목제, 속죄제, 속건제
2 번제
3 소제
4 소제물, 화제
5 소제
6 ③
7 기름, 피
8 ④
9 속죄제
10 ①
11 ④
12 ④
13 불
14 피
15 ④
16 ①-㉢, ②-㉣, ③-㉡, ④-㉤, ⑤-㉠

해답 구약성경

17 우림, 둠밈
18 모세
19 희생제, 소제
20 포도주, 독주
21 ②
22 굽이 갈라진 쪽발이 면서 새김질도 하는 짐승
23 지느러미와 비늘이 있는 것
24 거룩
25 8일
26 ①
27 제사장
28 ④
29 ①
30 ③
31 ④
32 일곱째 달 10일 (유대력 티쉬리월 10일 / 태양력 9~10월 10일-레 16:29, 23:27, 25:9)
33 대속죄일(Yom Kippur)
34 피
35 ①
36 가난한 사람과 거류민
37 ②
38 공경, 경외
39 죽일지니
40 소유, 구별
41 ①
42 ④
43 ①
44 ① 토지 ② 피 ③ 희년 ④ 원수
45 ①
46 무교절
47 초막절
48 ②
49 ③
50 안식
51 ③
52 자유, 희년
53 ④
54 규례, 계명, 산물, 열매
55 하나님, 백성
56 ①
57 ③
58 십분의 일, 십분의 일, 성물

민수기

1 20세 이상으로 싸움에 나갈 자, 군대를 편성하기 위하여
2 ③
3 ①
4 에브라임, 므낫세
5 ③
6 ①
7 ①
8 ①-㉡, ②-㉠, ③-㉢
9 30~50세
10 ③
11 ④
12 ③
13 은혜, 평강
14 ③
15 그들의 직임대로
16 증거궤, 속죄소, 그릅
17 레위 지파
18 ④
19 ②
20 ③
21 시내 광야, 약 1년
22 구름이 성막에서 떠오르면 출발하고, 구름이 머무르면 멈추었다
23 은 나팔 두 개
24 ④
25 만나
26 ②

27 구스 여자를 취한 모세를 비방했기 때문에
28 온유함
29 ①
30 에브라임 지파, 눈
31 12명, 40일
32 포도송이, 석류, 무화과
33 여호수아, 갈렙
34 ①
35 고라
36 ③
37 갈라진 땅 속에 빠져 죽었다
38 아론
39 ①
40 ②
41 ②
42 모세가 에돔 왕에게
43 아론의 아들 엘르아살
44 여호와를 믿지 않고, 이스라엘 자손의 목전에서 여호와의 거룩함을 나타내지 않아서
45 ③
46 장대 위에 매달린 놋뱀을 쳐다보는 일
47 시혼, 옥
48 브올의 아들 발람, 이스라엘 백성을 저주하기 위해서
49 저주
50 복, 저주
51 ④
52 ②
53 요게벳
54 ①
55 ③
56 ④
57 상번제
58 흠 없는 숫양
59 서원, 서약
60 ④
61 갓 자손, 르우벤 자손, 므낫세 반 지파
62 ③
63 ④
64 엘림
65 ②
66 ①
67 ②
68 ④
69 피
70 ②

신명기

1 모세, 모압 땅
2 지혜, 천부장, 백부장, 십부장, 조장
3 ④
4 ④
5 ①
6 법도, 기업, 지혜, 지식
7 불, 질투
8 도피성
9 네 이웃에 대하여 거짓 증거하지 말지니라
10~11 여호와, 유일한, 마음, 뜻, 힘, 마음, 집, 길, 강론, 손목, 미간, 문설주
12 헷, 기르가스, 아모리, 가나안, 브리스, 히위, 여부스
13 ②
14 사십, 광야, 시험, 명령
15 만나, 떡, 여호와, 말씀
16 의복, 발
17 교만

18 40일

19 이스라엘 백성이 금송아지를 만들어 여호와께서 명령하신 도를 떠났기 때문이다

20 ①

21 70, 별

22 ①

23 청종, 사랑, 이른, 늦은

24 그리심 산, 에발 산

25 복

26 ④

27 ④

28 ②

29 ①

30 ②

31 초막절

32 그 사람을 죽여 이스라엘 중에서 악을 제하여야 한다

33 ①

34 기업

35 증험, 성취함

36 경계표

37 두, 세

38 ④

39 ①

40 ④

41 의복, 의복, 가증한

42 ④

43 ④

44 ②

45 이자

46 나그네, 고아, 과부

47 저주

48 성읍, 들, 자녀, 소산

49 놋, 철, 티끌, 모래

50 입, 마음

51 생명, 사망, 사랑, 규례, 번성, 복

52 증거, 사망, 저주, 생명, 청종, 장수

53 ③

54 ①

55 비, 이슬, 비, 단비

56 ④

57 ③

58 ②

59 ①

60 ③

61 ③

62 ④

여호수아

1 눈

2 ③

3 ③

4 라합

5 ③

6 ②

7 ①

8 ②

9 ①

10 ④

11 ②

12 여호와의 손이 강하신 것을 알게 하며, 하나님 여호와를 항상 경외하게 하려고

13 하나님께서 애굽의 수치를 이스라엘에게서 떠나가게 하셨다

14 거룩

15 ③

16 ②

17 ①

18 ④

19 기생 라합의 가족들과 그에게 속한 모든 자들

20 ③

21 ④

22 ①

23 아간

24 ①

25 ①
26 ④
27 ④
28 기브온, 달, 아얄론
29 두려워하지, 강하고, 여호와
30 이스라엘
31 ④
32 가드
33 하솔 왕 야빈
34 ②
35 ③
36 ①
37 가데스 바네아
38 ②
39 ④
40 ④
41 ③
42 ①
43 ③
44 ③
45 실로
46 ④
47 단 지파
48 ①
49 ③
50 ④
51 ②
52 ④
53 48
54 ②
55 ③
56 섬길, 여호와, 신, 하나님
57 세겜
58 ④
59 ①
60 ④

사사기

1 ①
2 ②
3 ①
4 악사
5 ④
6 호르마
7 여호와, 여호와, 일
8 사사들
9 옷니엘
10 ②
11 ③
12 ③
13 ④
14 ①
15 ④
16 드보라
17 ①
18 바락
19 ②
20 ①
21 ③
22 7년
23 ①
24 ①
25 므낫세 지파, 아비에셀 사람
26 큰 용사
27 여호와 살롬
28 여룹바알, 바알이 그와 더불어 다툴 것이라
29 ①
30 하롯 샘 곁
31 ①
32 ①
33 ①
34 ④
35 ②
36 ②
37 ④
38 ④
39 ④
40 ③
41 ②
42 ①
43 ④
44 음란, 올무
45 ③
46 ④

47 요담

48 ②

49 ④

50 ②

51 ③

52 ①

53 ④

54 ③

55 ③

56 ②

57 ④

58 ④

59 ②

60 ③

61 ①

62 ①

63 ③

64 ④

65 ②

66 들릴라

67 ①

68 ②

69 ①

70 ④

71 ③

72 ①

73 ②

74 ④

75 자기의 소견에 옳은 대로 행동하였다

룻기

1 ②

2 ④

3 ③

4 ①

5 ③

6 ④

7 ④

8 보아스

9 에바(1/10 호멜, 약 22리터. 출 29:40, 룻 2:17)

10 ④

11 ③

12 기업 무를 자, 유명

13 ②

14 증조할아버지

15 오벳

사무엘상

1 ①

2 엘가나

3 홉니와 비느하스

4 실로

5 뿔, 입, 구원

6 하나님의 사람이 엘리에게

7 ①, ②, ④

8 목, 98세

9 영광이 떠남

10 에벤에셀 근처

11 다곤 신전

12 아비나답

13 엘리아살

14 도움의 돌: 여호와께서 여기까지 우리를 도우셨다

15 ③

16 ③

17 벧엘, 길갈, 미스바

18 베냐민 지파, 기스의 아들

19 ④

20 베냐민 사람, 미약

21 ①

22 사무엘

23 일, 많고 적음

24 ①

25 ④

26 아각

27 사울, 후회, 따르지, 명령

28 거역, 완고

29 빛, 눈, 얼굴, 기름

30 8형제, 엘리압

31 다윗

32 악령

33 만군의 여호와,

하나님
34 천천, 만만
35 라마 나욧
36 아히멜렉
37 아둘람 굴
38 ②
39 아비가일
40 ④
41 생명, 생명, 환난
42 ④
43 시글락
44 ③
45 길보아 전투

사무엘하

1 아말렉
2 활, 야살
3 독수리, 사자
4 유다 족속
5 ③
6 이스보셋
7 ④
8 바알브라심
9 헤브론
10 만군, 강성
11 30세
12 ④
13 ①
14 ④
15 사울의 딸 미갈
16 이름, 견고
17 ①
18 밧세바
19 나단
20 솔로몬, 여디디야
21 제6계명(우리아를 죽게 한 살인죄), 제7계명(간음죄), 제10계명(이웃의 아내를 탐낸 죄)
22 ②
23 ①
24 ①
25 암논
26 드고아 여인
27 ④
28 ②
29 아히마아스, 요나단
30 ①
31 ②
32 ③
33 ②
34 ③
35 ①
36 비그리의 아들 세바
37 아마사
38 ③
39 리스바
40 반석, 요새, 구원의 뿔, 구원자
41 ①
42 반석, 공의, 해, 구름, 광선
43 ②
44 브나야
45 9개월 20일, 이스라엘에서 80만 명, 유다에서 50만 명
46 아라우나의 타작 마당
47 ③
48 ①
49 ②
50 ④

열왕기상

1 아비삭
2 아도니야
3 ①
4 ③
5 ①
6 제단 뿔을 잡았다
7 ②
8 ③
9 헤브론
10 ④
11 ③
12 아나돗

13 ②
14 사독
15 ②
16 ②
17 듣는
18 ①
19 ④
20 ①
21 ①
22 ④
23 ③
24 ④
25 두로 왕 히람
26 ②
27 아도니람
28 ③
29 히람
30 히람
31 사백팔십
32 육십
33 ①
34 ④
35 ②
36 12마리
37 보아스, 야긴
38 열 개(내소 앞에 좌우로 다섯씩)
39 두 돌판
40 ④
41 하늘
42 ④
43 ③
44 ②
45 솔로몬이 성전과 왕궁 건축을 마친 때
46 ③
47 ①
48 히람
49 ②
50 ④
51 ②
52 ②
53 ②
54 ④
55 그모스
56 하닷
57 르손
58 여로보암
59 40년
60 세겜
61 오늘, 영원히
62 전갈 채찍
63 다윗
64 남 왕국-르호보암, 북 왕국-여로보암
65 벧엘과 단
66 ②
67 요시야
68 ○
69 ×
70 ×
71 나답
72 아히야
73 애굽의 시삭
74 암몬
75 아사
76 아사
77 오므리
78 시므리
79 이세벨
80 그릿 시냇가
81 사르밧 과부, 수넴 여인
82 오바댜
83 엘리야
84 450명, 400명
85 ②
86 예후
87 벤하닷
88 나봇
89 두 사람
90 이스르엘
91 미가야
92 시드기야

열왕기하

1 아하시야
2 ②
3 갑절

4 겉옷
5 당신의 성령이 하시는 역사가 갑절이나 있기를 요구하였다
6 소금
7 42명
8 그의 맏아들
9 엘리사
10 100명
11 게하시
12 요단강에서 가서 몸을 일곱번 씻으라
13 ③
14 ①
15 ④
16 게하시
17 엘리사
18 아람
19 네 명
20 아람
21 수넴 여인
22 게하시
23 하사엘
24 예후
25 예후
26 요람(이스라엘 왕), 아하시야(유다 왕)
27 ④
28 여호나답
29 칠십 명
30 ④
31 성전
32 여호야다
33 ②
34 여호야다
35 ④
36 엘리사
37 곧 회생하여 일어섰다
38 아마샤
39 여로보암(2세)
40 아사랴
41 므나헴
42 아하스
43 디글랏 빌레셀(=불)
44 우리야
45 호세아, 앗수르
46 ②
47 호세아
48 사마리아
49 히스기야
50 느후스단
51 랍사게
52 이사야
53 ④
54 산헤립
55 에살핫돈
56 15년
57 ②
58 므낫세
59 아몬
60 율법책
61 요시야
62 사반
63 유월절
64 므깃도
65 맛다니야
66 여호아하스
67 바벨론 왕 느부갓네살
68 시드기야
69 그달리야
70 이스마엘
71 여호야긴

역대상

1 ③
2 다말
3 ③
4 야베스
5 요셉
6 ③
7 ①
8 베냐민
9 ④
10 ④
11 ③
12 여부스
13 ①

14 잇사갈
15 ③
16 ②
17 미갈
18 ④
19 ①
20 ④
21 하눈
22 ②
23 ①
24 갓
25 ③
26 ④
27 ②
28 사독
29 ①
30 ④
31 ②
32 ③
33 ④
34 ①
35 40년

역대하

1 지혜
2 두로 왕 후람(=히람)
3 ④
4 야긴, 보아스
5 ①
6 지성소
7 영광
8 ③
9 마음
10 20년
11 ④
12 여로보암
13 하도람
14 유다, 베냐민
15 ②
16 놋 방패
17 ④
18 ④
19 ①
20 ④
21 하나니
22 ③
23 ②
24 여호사밧
25 예후
26 ④
27 에시온게벨
28 ②
29 ①
30 ③
31 요아스
32 ③
33 요아스
34 ②
35 ③
36 웃시야
37 ④
38 ④
39 히스기야
40 히스기야
41 ④
42 산헤립
43 이사야
44 므낫세
45 므낫세
46 ③
47 ②
48 느고
49 시드기야

에스라

1 ③
2 ②
3 ③
4 ④
5 ④
6 ③
7 ①
8 학개, 스가랴
9 ③
10 에스라
11 ④
12 ④
13 ②

느헤미야

1 ④
2 ①
3 ③
4 ④
5 ②
6 도비야, 산발랏, 게셈
7 ④
8 ④
9 ④
10 도비야
11 ①
12 ②
13 ③
14 ③
15 ①
16 ④
17 느헤미야
18 ③
19 ④
20 ①
21 ②
22 아론
23 ③
24 ④

에스더

1 바사 왕 아하수에로
2 ①
3 ④
4 ③
5 ②
6 ④
7 하만
8 모르드개
9 ④
10 ④
11 역대 일기
12 하만
13 ③
14 에스더
15 모르드개
16 이틀(아달월 14일과 15일)
17 ①
18 ①

욥기

1 경외, 악
2 ②
3 ③
4 알몸, 알몸, 여호와, 여호와
5 그의 생명은 해하지 말라
6 ④
7 엘리바스, 빌닷, 소발
8 ②
9 욥, 예레미야
10 ④
11 ①
12 ①
13 ①
14 ②
15 ④
16 ①
17 ③
18 ③
19 ④
20 ②
21 ④
22 ②
23 ④
24 ④
25 ③
26 ①
27 욥이 친구들에게
28 ①
29 ④
30 ③
31 ③
32 ②
33 ①

34 ②
35 빌닷
36 하나님
37 ④
38 빌닷
39 소발
40 ②
41 ①
42 ③
43 ③
44 ②
45 ①
46 고아, 과부
47 ②
48 ②
49 지혜와 명철
50 ③
51 ①
52 활시위
53 전능자
54 ①
55 ②
56 ③
57 ④
58 ③
59 ②
60 ④
61 ③
62 무지한 말로 생각을 어둡게 하는 자가 누구냐
63 ①
64 ①
65 말
66 ④
67 ②
68 리워야단(악어)
69 ③
70 ②
71 ④
72 ① ○ ② × ③ × ④ ×
73 ③
74 ③
75 아들 일곱, 딸 셋
76 ②

시편

1 5권 150편
2 겨
3 ④
4 ④
5 방패
6 ①
7 포도주
8 ③
9 ①
10 ④
11 관
12 ②
13 ①
14 하늘
15 여호와의 말씀
16 ②
17 서원
18 구역
19 ③
20 ①-㉡, ②-㉢, ③-㉠, ④-㉣
21 여호와의 법
22 ③
23 ①
24 원수, 기름
25 ④
26 ①
27 양심
28 여호와
29 ③
30 물
31 잠깐
32 진실
33 죄
34 찬송
35 여호와
36 거짓말
37 ①
38 ③
39 ③
40 ②

41 반석
42 교훈
43 소망
44 ④
45 ①
46 ②
47 멸망
48 감사
49 시편 51편
50 ③
51 ③
52 ②
53 ①
54 ④
55 ④
56 ①
57 ④
58 요새
59 ②
60 ④
61 도
62 ②
63 ①
64 ④
65 ③
66 ④
67 서원
68 ①
69 광야
70 ④

71 ②
72 지푸라기
73 문지기
74 방패
75 ④
76 ③
77 ①
78 모세
79 지혜
80 이름
81 뜰
82 듣지
83 ④
84 ②
85 이름
86 하나님, 백성
87 ④
88 풀
89 ③
90 ③
91 뼈
92 새벽 이슬
93 ④
94 도움
95 ②
96 시편 117편
97 머릿돌
98 ①
99 말씀
100 주의 율례를 배우게 됨

101 176절
102 ④
103 밤의 달
104 ③
105 예루살렘
106 ④
107 ②
108 ②
109 ①
110 아론
111 그 인자하심이 영원함이로다
112 ④
113 영
114 ③
115 상처
116 ④
117 ③
118 나팔, 소고, 비파, 수금, 퉁소, 제금
119 ②
120 ①-㉡, ②-㉠, ③-㉣, ④-㉢

잠언

1 ④
2 여호와를 경외하는 것

3 ②
4 ③
5 ②
6 장수
7 ①
8 지혜(혹은 지혜를 얻은 자)
9 겸손
10 ②
11 ④
12 ③
13 ①
14 군사
15 증인
16 ①
17 사랑
18 ②
19 샘
20 허물
21 근심
22 ④
23 ①
24 ③
25 매
26 ②
27 공의
28 과격
29 기도
30 근심
31 사랑
32 ③
33 경영, 길
34 ①
35 ③
36 ④
37 ①, ②
38 ③
39 ②
40 ①
41 발
42 채찍
43 여호와
44 ①
45 ④
46 ④
47 혀
48 경외함
49 ①
50 ③
51 ②
52 ④
53 ④
54 자랑
55 ①
56 사자
57 그물
58 묵시
59 아굴
60 ④
61 ②
62 ④
63 경외

전도서

1 솔로몬
2 ④
3 근심
4 ④
5 ④
6 ②
7 ③
8 ①
9 ③
10 때
11 ②
12 ②
13 ③
14 ③
15 ④
16 악인
17 ②
18 개
19 ①
20 ①
21 창조주

아가

1 ①

2 비둘기

3 ①

4 ②

5 혼인날, 왕관

6 ②

7 레바논

8 ④

9 몰약

10 ③

11 ③

12 합환채

13 사랑

14 ④

이사야

1 ③, ④

2 ③

3 고아, 과부

4 ①

5 ④

6 의인, 악인

7 기록, 사람

8 ④

9 ②

10 스랍

11 ①

12 그루터기

13 ②

14 연기, 부지깽이

15 ③

16 ①

17 기묘자, 모사, 하나님, 아버지, 왕

18 ㉮-②, ㉯-③

19 ③

20 ①

21 ③

22 ①

23 여호와, 날

24 ②

25 소돔, 고모라

26 바벨론

27 ③

28 ③

29 ③

30 ③

31 ①

32 애굽

33 애굽

34 사르곤

35 이사야는 3년 동안 벗은 몸과 벗은 발로 다녔다

36 셉나

37 엘리야김

38 ④

39 ④, ⑦

40 ③

41 ㉮-하나님, ㉯-여호와

42 ④

43 ①

44 ②

45 ③

46 ②

47 ②

48 ②

49 입, 입술

50 ①

51 우상

52 ③

53 공의, 정의

54 ④

55 ②

56 ①

57 책

58 ①

59 ③

60 유다, 아람

61 ①

62 ①

63 ④

64 히스기야 자신과 예루살렘을 앗수르 왕의 손에서 건져내시고 보호하실 것이라는 약속

65 자신의 얼굴을 벽으로 향하여 하나님께

해답 구약성경

기도하였다
66 ②
67 ②
68 환관
69 ④
70 너희는 광야에서 여호와의 길을 예비하라 사막에서 우리 하나님의 대로를 평탄하게 하라
71 ③
72 우상
73 앙망하는 자
74 ㉰-㉯-㉮-㉲-㉱-㉳
75 갈대, 등불, 정의
76 찬송
77 ④
78 빛, 어둠, 평안, 환난
79 ①
80 벨, 느보
81 ②
82 처음, 마지막
83 ③
84 ①
85 ②
86 ①
87 ②
88 허물, 죄악
89 ③
90 ②
91 ②
92 노아의 홍수
93 예루살렘
94 ④
95 ②
96 이방인
97 집, 만민, 기도, 집
98 ④
99 악인
100 금식
101 ①
102 ㉯-㉲-㉮-㉱-㉳-㉰
103 ①
104 ②
105 성문
106 포도즙틀
107 모세
108 아버지
109 ②
110 아버지, 토기장이
111 돼지
112 ④
113 하늘, 땅
114 새 하늘, 새 땅

예레미야

1 베냐민, 아나돗
2 요시야
3 ②
4 ①
5 죄악
6 ②
7 악, 선
8 혼돈, 공허
9 ①
10 ①
11 평강
12 여호와의 성전
13 ②
14 ③
15 ②
16 ④
17 ②
18 ④
19 혀, 입
20 ①
21 ④
22 ③
23 ③
24 ④
25 ①
26 ①
27 선지자
28 우상

29 ②
30 ②
31 ②
32 아내, 자녀
33 ①
34 ③
35 안식일
36 ②
37 바알
38 ①
39 바스훌
40 생일
41 ②
42 ④
43 ①
44 요시야
45 레바논
46 ①
47 ③
48 ②
49 ②
50 ②
51 ①
52 ②
53 ②
54 ①
55 ②
56 ③
57 우리야
58 줄과 멍에를 만들어 자신의 목에 걸었다
59 ①
60 ④
61 유다 백성이 바벨론 왕을 섬기지 않을 것이다
62 하나냐
63 ②
64 ①
65 ③
66 평안, 재앙, 미래, 희망
67 시드기야, 아합
68 멍에, 포박
69 진노
70 ②
71 ①
72 언약
73 ②
74 젖, 꿀
75 ①
76 ②
77 네가 알지 못하는 크고 은밀한 일을 네게 보이리라
78 ③
79 칠 년, 육 년
80 레갑
81 ①
82 ②
83 ①
84 ①
85 ③
86 바벨론 왕에게 항복하는 것
87 시드기야
88 ④
89 ②
90 ①
91 ④
92 미스바
93 애굽
94 ②
95 서원
96 ①
97 ①
98 ②
99 바벨론
100 ②
101 ②
102 ①
103 에돔
104 ②
105 ①
106 ①
107 ③
108 ③
109 ①

예레미야애가

1 예루살렘
2 선지자
3 절기, 안식일
4 예레미야 자신
5 ①
6 소돔
7 ②
8 ③, ④
9 ②
10 면류관
11 고아, 과부
12 ③

에스겔

1 여호야긴
2 ①
3 ③
4 인자
5 ②
6 ②
7 ①
8 ②
9 ③
10 머리털, 수염
11 ①
12 ③
13 ③
14 ①
15 ②
16 태양
17 ①
18 ③
19 ①
20 ④
21 문지방
22 ①
23 ③
24 행장
25 ②
26 ④
27 ②
28 노아, 다니엘, 욥
29 ③
30 ①
31 가나안, 아모리, 헷
32 ③
33 ①
34 ④
35 ①
36 그물, 올무
37 영혼
38 ㉮-악인, ㉯-의인
39 ③
40 ③
41 젖, 꿀
42 ①
43 ①
44 풀무
45 ④
46 ㉮-④, ㉯-②
47 앗수르, 바벨론
48 ④
49 에스겔의 아내
50 ①, ③
51 ②, ④
52 ④
53 ②
54 ③
55 두로, 시돈
56 ①
57 팔
58 레바논 백향목
59 ①
60 ①
61 할례
62 ②
63 ②
64 ②
65 목자
66 ④, ⑤
67 ④
68 ②
69 ①
70 ③
71 ③
72 ②
73 ①

74 ④
75 ①
76 ③
77 잔치
78 종려나무
79 ①
80 제사장
81 ①
82 팔꿈치, 손가락, 손바닥
83 ③
84 ③
85 ①
86 ①
87 ①
88 안식일
89 ③
90 희년
91 ②
92 ②

다니엘

1 ⑤
2 ④
3 ③
4 ②
5 벨드사살
6 ②
7 ③
8 ③
9 ③
10 ②
11 ①
12 왕
13 하늘의 왕
14 벨사살
15 ①
16 ③
17 ③
18 ④
19 ①
20 헬라
21 ②
22 기름 부음
23 미가엘
24 ③
25 ③
26 ②
27 ②

호세아

1 여로보암(2세)
2 ③
3 ①
4 암미, 루하마
5 ②
6 아골
7 남편, 바알
8 ④
9 ②
10 ②
11 ①
12 ③
13 ②
14 사생아
15 ②
16 ③, ④
17 아담
18 ②
19 ①
20 ②
21 ①, ④
22 ①, ③
23 광야
24 ④
25 ③
26 ③
27 ①
28 ③
29 우상
30 ①
31 ①
32 ①

요엘

1 ③
2 ②

3 여호와의 날
4 ④-①-⑥-⑤-②-③
5 이른 비, 늦은 비
6 ①-④-③-⑤-⑥-②
7 ④
8 여호사밧, 심판
9 애굽, 에돔

아모스

1 ③
2 ②
3 ③
4 ①
5 ④
6 ④
7 ③
8 선지자, 나실
9 ④
10 ③
11 ②
12 ②
13 ②
14 ①
15 사십
16 ①
17 ②
18 ②
19 아마샤
20 ②
21 ③
22 월삭, 안식일
23 ①
24 스올, 하늘
25 ④

오바댜

1 에돔
2 ④
3 ②
4 ④

요나

1 ②
2 ④
3 스올
4 서원
5 사흘
6 ③
7 ③
8 은혜, 자비, 인애
9 초막
10 ③
11 ②

미가

1 ①
2 ②
3 ③
4 우두머리, 통치자
5 평강, 전쟁, 영
6 ②, ④
7 시온, 예루살렘
8 ③
9 ①
10 ①
11 발락, 발람
12 ①
13 ②
14 ②
15 야곱, 아브라함

나훔

1 니느웨
2 보복, 진노
3 멍에, 결박
4 우상
5 ①
6 강들
7 피의 성
8 ③
9 ②

하박국

1 ②
2 ③
3 그물, 투망
4 ③
5 ①
6 나무, 돌
7 ①
8 ②
9 ④

스바냐

1 ②
2 ②
3 ②, ④, ⑥, ⑧, ⑨
4 ④
5 소돔, 고모라
6 앗수르, 니느웨
7 ②
8 ①, ③
9 남은 자
10 여호와

학개

1 예루살렘 성전 재건
2 스룹바벨, 여호수아
3 ①
4 영광
5 ②
6 ②
7 예루살렘 성전 재건이 일시적으로 중단되었던 때

스가랴

1 ④
2 다리오
3 ④
4 측량줄
5 천사, 사탄
6 ②
7 다림줄
8 ①
9 ②
10 ③
11 ③
12 ②
13 대제사장 여호수아
14 싹
15 ④
16 금강석
17 ②
18 ①
19 ④
20 ①
21 ①
22 ①
23 은 삼십 개, 토기장이
24 은총, 연합
25 하늘, 땅
26 므깃도
27 ③
28 ③
29 삼분의 이, 삼분의 일
30 ①
31 예루살렘
32 ④

말라기

1 나의 사자(使者)
2 ③
3 식탁
4 ③
5 ③
6 ①
7 ②
8 십일조
9 ②
10 ㉮-②, ㉯-④
11 호렙
12 ②

신약성경

마태복음

1 아브라함, 다윗
2 임마누엘
3 ②
4 ④
5 황금, 유향, 몰약
6 베들레헴, 목자
7 ③
8 ④
9 ①
10 ①
11 40일
12 ③
13 빛
14 베드로(시몬), 안드레, 야고보, 요한
15 사람
16 5~7장
17 땅
18 ④
19 ③
20 하나님
21 화평
22 ①
23 ④
24 빛
25 율법, 선지자
26 ②
27 ①
28 ④
29 ②
30 ③
31 ①
32 ③
33 온전
34 상
35 ②
36 ④
37 ③
38 보물
39 마음
40 재물
41 ①
42 ②
43 들풀
44 ②
45 티, 들보
46 ③
47 떡, 생선
48 ②
49 ②
50 ③
51 ②
52 ④
53 ①
54 ①
55 굴, 거처
56 ②
57 ①
58 ①
59 마태
60 의사
61 생베 조각
62 새 포도주, 새 부대
63 ①
64 ①
65 ②
66 목자
67 ④
68 ②
69 ④
70 ①
71 ①
72 뱀, 비둘기
73 ④
74 이스라엘, 인자
75 머리털
76 화평, 검
77 ③
78 요한, 엘리야

79 ④
80 친구, 지혜
81 자비
82 ③
83 ②
84 ①
85 ③
86 ④
87 ①
88 ③
89 ①
90 ③
91 ①
92 ①
93 ②
94 ④
95 ③
96 ③
97 ①
98 ④
99 ②
100 음부의 권세
101 ②
102 ①
103 ③
104 믿음
105 ②
106 ②
107 ①
108 ④
109 ②
110 음행
111 ④
112 ③
113 낙타, 바늘귀
114 뜻, 악
115 ②
116 호산나
117 ③
118 강도의 소굴
119 열매
120 모퉁이의 머릿돌
121 ②
122 가이사, 가이사, 하나님, 하나님
123 아브라함, 이삭, 야곱, 살아 있는 자
124 ④
125 ①
126 ②
127 암탉
128 ④
129 ④
130 인자
131 노아
132 ③
133 ①
134 ④
135 장례
136 ①
137 죄 사함, 언약
138 ②
139 ①
140 사흘
141 ②
142 ③
143 ④
144 ④
145 아리마대의 부자 요셉
146 갈릴리

마가복음

1 ②
2 ④
3 ②
4 복음
5 ④
6 ②
7 ④
8 ②
9 ④
10 ②
11 ④
12 아비아달
13 ③
14 ③
15 보아너게

16 ②
17 ③
18 ①
19 ③
20 ②
21 ①
22 ①
23 ②
24 믿음
25 ③
26 ②
27 목수
28 ②
29 ④
30 열두
31 ③
32 ②(마가복음 6, 8장)
33 ②
34 물
35 고르반
36 수로보니게
37 ④
38 ①
39 열리라
40 ③
41 ④
42 ①
43 ④
44 ①
45 ①

46 ④
47 ①
48 첫째, 끝
49 ③
50 ④
51 ③(막 8, 9, 10장)
52 ①
53 잔, 세례
54 바디매오
55 ②
56 ③
57 ④
58 ③
59 ②
60 ②
61 주
62 ②
63 ③
64 권능, 영광
65 밤중, 새벽
66 ③
67 ③
68 ①
69 ②
70 ③
71 ①
72 ④
73 ④
74 ④
75 ③

76 ①
77 ④
78 그릇
79 두, 세
80 ②
81 ①
82 아빠
83 ③
84 베드로
85 그리스도
86 ①
87 ②
88 ①
89 ①
90 ④
91 ①
92 브라이도리온
93 ④
94 ①
95 ①
96 ①
97 ②
98 ③
99 ②
100 ②
101 ②
102 ①
103 갈릴리
104 ③
105 ④

누가복음

1 ③
2 가브리엘
3 ②
4 성령
5 ②
6 ②
7 ③
8 ④
9 ①
10 심령
11 베들레헴
12 ②
13 ①
14 ①
15 안나
16 지혜, 하나님의 은혜
17 ②
18 ③
19 ①
20 ①
21 ①
22 ④
23 하나님
24 ②
25 ④
26 ③
27 ④
28 ③
29 ②
30 ③
31 ①
32 ②
33 레위
34 ①
35 진설병
36 ③
37 ④
38 ①
39 ①
40 ③
41 무화과, 포도
42 ②
43 ①
44 ④
45 ②
46 시몬
47 요안나
48 ③
49 등경
50 ③
51 ①
52 ④
53 ④
54 ①
55 ④
56 ①
57 ①
58 ③
59 ④
60 ②
61 70(칠십)명
62 ③
63 하늘
64 ④
65 ②
66 사마리아 사람
67 ③
68 ④
69 마르다
70 ②
71 ②
72 좋은 것, 성령
73 ④
74 ③
75 지식의 열쇠
76 ②
77 ②
78 영혼
79 ②
80 ④
81 ②
82 ①
83 ③
84 ③
85 ①
86 하나님의 나라
87 헤롯 또는 헤롯 안

티파스(안디바)
88 ③
89 ④
90 ④
91 누가복음 15장
92 죄인, 의인
93 ④
94 쥐엄 열매
95 ①
96 하나님, 재물
97 ②
98 ③
99 바다
100 무익한 종
101 ③
102 ①
103 ④
104 ④
105 ③
106 ③
107 ①
108 절반, 네 갑절
109 ①
110 ①
111 ②
112 ④
113 ③
114 ①
115 ②
116 주
117 ②
118 성전(예루살렘 성전)
119 ①
120 ④
121 ②
122 핏방울
123 ③
124 ②
125 ①
126 유대인의 왕
127 (아리마대 사람)요셉
128 ③
129 향품과 향유
130 ①
131 글로바
132 ②
133 ②
134 ②

요한복음

1 ②
2 어둠
3 ①
4 그 이름을 믿는 자들
5 ④
6 독생하신 하나님
7 모세, 예수 그리스도
8 하나님의 어린 양
9 ②
10 ②
11 ④
12 ⑤
13 무엇을 구하느냐, 와서 보라
14 메시야, 메시야, 그리스도
15 ③
16 ④
17 ①
18 ②
19 첫 표적
20 내 아버지, 장사하는
21 사흘
22 자기 육체
23 ④
24 물과 성령, 하나님의 나라
25 육, 육, 영, 영
26 바람, 성령
27 ①
28 모세가 광야에서 뱀을 든 일
29 심판
30 세례 요한
31 애논
32 ④

33 영생, 영생, 하나님의 진노
34 ③
35 ②
36 유대인이 사마리아인과 상종하지 않기 때문에
37 목마르지, 영생하도록, 샘물
38 영, 진리
39 ①
40 왕의 신하의 아들을 고치셨다
41 베데스다
42 ①
43 ②
44 영생, 심판, 사망, 생명
45 생명의 부활, 심판의 부활
46 영생
47 모세
48 ②
49 ①
50 뜻
51 떡, 만나, 떡
52 살, 피, 살, 피, 살, 피
53 영, 생명
54 예수께서 지금 하시는 일을 세상에 나타내야 하기 때문에
55 ④
56 생수의 강
57 갈릴리
58 ③
59 정죄, 죄
60 세상의 빛, 어둠, 생명의 빛
61 8장 32절
62 ⑤
63 ③
64 마귀, 거짓말쟁이
65 ①
66 영광
67 ④
68 ③
69 죄
70 절도, 강도
71 ④
72 양
73 ②
74 ①
75 ③
76 11장 25~26절
77 ①
78 ④
79 부활, 생명
80 ①
81 ③
82 장례할 날
83 한 알의 밀, 열매, 생명, 생명
84 주의 이름으로 오시는 이, 이스라엘의 왕
85 출교를 당할까 두려워했기 때문이다
86 발
87 사탄
88 ①
89 길, 진리, 생명
90 근심하지 말라, 나를
91 ①
92 참포도나무, 농부
93 포도나무, 가지
94 ③
95 계명, 사랑, 계명, 사랑
96 열매
97 출교
98 의, 심판
99 진리의 성령, 진리, 장래 일
100 이름, 기쁨
101 ①
102 진리
103 악
104 ②

105 ④

106 ④

107 ①

108 내 나라

109 ⑤

110 가이사 외에는 우리에게 왕이 없나이다

111 ④

112 ③

113 ①

114 ②

115 베드로와 예수께서 사랑하시던 그 다른 제자

116 그리스도, 생명

117 떡과 생선

118 "네가 이 사람들보다 나를 더 사랑하느냐?"

119 디베랴(호수)

120 증언

사도행전

1 데오빌로

2 누가복음

3 사십 일

4 물, 성령

5 ②

6 야고보, 유다

7 감람원

8 ①

9 ④

10 ③

11 ③

12 ③

13 ④

14 ①

15 ②

16 하나님

17 회개, 성령

18 ④

19 ②

20 ④

21 이름

22 ③

23 ①

24 위로의 아들

25 아나니아와 삽비라

26 주의 영(성령)

27 그림자

28 사람, 하나님, 하나님

29 ②

30 ④

31 ③

32 ①

33 ②

34 보좌, 발등상

35 ④

36 ①

37 스데반의 순교와 초대교회의 박해

38 사마리아 성

39 시몬

40 하나님 나라와 예수 그리스도의 이름

41 안수하여 성령을 받게 하는 권능을 돈으로 사려고 했기 때문이다

42 빌립

43 이사야 53장

44 ②

45 ③

46 ④

47 아나니아

48 ④

49 ①

50 ②

51 백부장

52 ③

53 베드로(베드로라 하는 시몬)

54 ③

55 ③

56 고넬료의 가정

57 베니게, 구브로, 안디옥, 유대인,

헬라인
58 ④
59 헤롯
60 ②
61 마가라 하는 요한의 어머니 마리아의 집
62 벌레
63 바나바와 사울
64 ①
65 ④
66 ①
67 총독 서기오 바울
68 ④
69 이방인
70 바나바-제우스, 바울-헤르메스
71 15장
72 어떤 사람들이 유대로부터 안디옥으로 내려와서 모세의 법대로 할례를 받지 않으면 구원을 받을 수 없다고 가르쳤기 때문에
73 베드로와 (주의 형제) 야고보
74 ④
75 제1차 선교 여행 당시 중도에 자신들을 떠난 요한 마가를 대동하는 문제를 놓고 의견이 달랐기 때문에
76 ③
77 마게도냐
78 루디아
79 ③
80 ④
81 ①
82 ②
83 ①
84 아레오바고
85 죽은 자의 부활
86 아굴라와 브리스길라
87 일 년 육 개월
88 아가야 총독 갈리오
89 ④
90 성령
91 ③
92 ③
93 ④
94 유두고
95 ③
96 주는 것이 받는 것보다 복이 있다
97 전도자 빌립
98 서원한 네 사람을 데리고 함께 결례를 행하고 그들을 위하여 비용을 내어 머리를 깎게 하는 것
99 다소, 가말리엘
100 ②
101 ③
102 23장
103 사십여 명
104 로마 사람, 율법 문제
105 전염병, 나사렛 이단의 우두머리
106 벨릭스와 베스도
107 ②
108 ①
109 ②
110 ②
111 26장
112 유라굴로
113 ③
114 ①
115 하나님의 나라
116 모세의 율법과 선지자의 말
117 이방인
118 하나님의 나라와 주 예수 그리스도

로마서

1 선지자

2 ②
3 다윗
4 죽은 자들 가운데서 부활
5 빚진 자
6 복음, 복음, 하나님의 능력
7 하박국 2장 4절
8 하나님의 진노
9 감사
10 우상
11 그들의 몸을 서로 욕되게 하셨다
12 ③
13 상당한 보응
14 정죄함
15 행한
16 유대인, 헬라인, 유대인, 헬라인
17 하나님께서 외모로 사람을 취하지 않으시기 때문이다
18 ④
19 율법, 욕
20 할례
21 하나님의 말씀을 맡았음
22 하나님
23 ③
24 하나님의 한 의
25 ①
26 화목제물
27 믿음의 법
28 의롭다
29 ③
30 경건하지 아니한 자
31 율법, 믿음의 의
32 민족의 조상
33 내줌, 살아나셨느니라
34 화평
35 하나님의 사랑
36 선인
37 자기의 사랑
38 사망
39 ②
40 범죄
41 ②
42 은사
43 죽으심
44 ①
45 죽으심, 부활
46 죄
47 ①
48 법, 은혜
49 거룩함, 영생
50 사망, 영생
51 법
52 ④
53 계명
54 죄
55 선, 악
56 하나님의 법, 죄의 법
57 성령의 법, 사망의 법
58 자기 아들
59 ②
60 육신, 영
61 하나님의 영
62 ③
63 성령의 생각
64 간구하시는 자
65 그리스도의 사랑
66 ①
67 이삭
68 약속의 자녀
69 ④
70 모세
71 귀히 쓸 그릇, 천히 쓸 그릇
72 믿음, 믿음, 행위
73 ②
74 주의 이름
75 그리스도의 말씀
76 베냐민
77 은혜
78 이방인의 사도, 직분
79 인자하심, 준엄하

심, 준엄하심, 인자하심
80 거룩한 산 제물, 영적 예배
81 세대, 마음
82 믿음의 분량
83 화목
84 ④
85 몸
86 ①
87 선, 악
88 권세
89 악, 율법
90 어둠의 일, 빛의 갑옷
91 ①
92 의견
93 자기를 위하여, 자기를 위하여, 주를 위하여, 주를 위하여
94 근심, 사랑
95 하나님의 사업
96 ③
97 죄
98 ②
99 서바나
100 예루살렘
101 영적인 것, 육적인 것
102 겐그레아 교회
103 ③

고린도전서

1 소스데네
2 ①
3 그리스도
4 분쟁
5 세례
6 오직 복음을 전하게 하려 하심
7 미련한 것, 하나님의 능력
8 ③
9 지혜, 거룩함
10 하나님의 증거
11 ②
12 사람의 지혜
13 영
14 ③
15 성령
16 하나님
17 ②
18 상, 해, 구원
19 하나님의 성전
20 ④
21 그리스도의 일꾼, 하나님의 비밀, 충성
22 끄트머리, 구경거리
23 아버지, 복음
24 ③
25 음행
26 순전함, 진실함
27 다툼
28 ④
29 하나님의 나라
30 창녀
31 ②
32 유익
33 성령의 전
34 남자는 자기 아내를 두고 여자는 자기 남편을 둘 것
35 ③
36 부르심
37 자유인
38 바울의 의견
39 ③
40 세상 일
41 만물, 우리, 만물, 우리
42 양심
43 고기
44 인친 것
45 ②
46 그리스도의 복음
47 복음
48 유대인

49 ④
50 구원
51 절제
52 전파
53 그리스도
54 ④
55 감당할 시험
56 귀신의 식탁
57 유익한 것, 덕을 세우는 것
58 ②
59 그리스도의 피, 그리스도의 몸
60 하나님의 영광
61 본받는 자
62 그리스도, 하나님
63 나를 기념하라
64 자기의 죄
65 ④
66 하나님의 영, 성령, 주
67 성령, 주
68 세례
69 사도, 교사
70 은사, 좋은 길
71 예언, 방언, 지식
72 ③
73 말하는 것, 깨닫는 것
74 덕, 위로
75 ③
76 허공
77 통역
78 분별
79 무질서, 화평
80 사모, 금하지
81 성경대로
82 은혜
83 믿음
84 ②
85 첫 열매
86 아담, 그리스도
87 신령한 몸
88 땅, 하늘, 흙, 하늘
89 하나님 나라, 유업
90 죄
91 ④
92 사랑, 저주
93 ①

고린도후서

1 아시아
2 성령
3 아시아
4 ③
5 그리스도의 향기
6 그리스도의 편지
7 자유
8 예수의 죽음, 예수의 생명
9 ③
10 사망, 생명
11 환난, 영광
12 장막 집, 영원한 집
13 화목
14 하나님의 의
15 ④
16 ②
17 우상
18 ②
19 ②
20 사랑
21 하나님의 능력
22 육신
23 ②
24 사탄의 사자
25 약한, 강함
26 ③

갈라디아서

1 ④
2 저주
3 계시
4 ②
5 ②
6 율법의 행위, 예수 그리스도를 믿음
7 능력

8 ①
9 율법
10 유업
11 사랑
12 성령
13 성령
14 그리스도의 법
15 선

에베소서

1 죄 사함
2 ①
3 그리스도의 피
4 확신
5 ③
6 사랑, 평안
7 ④
8 ④
9 탐욕, 성도
10 착함, 진실함
11 성령
12 ③
13 ①

빌립보서

1 착한 일
2 그리스도의 복음, 멸망, 구원
3 ③
4 ④
5 ②
6 ①
7 ③
8 능력

골로새서

1 ②
2 만물
3 철학
4 ④
5 위의 것, 땅의 것
6 긍휼, 겸손
7 ③
8 감사하는 자
9 전도할 문
10 ①
11 두기고

데살로니가전서

1 아가야
2 ①
3 동족
4 ③
5 ③
6 디모데
7 거룩, 성령
8 도둑
9 좋은 것, 악
10 소망

데살로니가후서

1 안식
2 주의 날
3 사탄, 멸망
4 ③
5 평강

디모데전서

1 비방자, 폭행자
2 ④
3 죄인
4 후메내오와 알렉산더
5 중보자
6 ②
7 선행
8 진리
9 감독
10 진리의 기둥
11 ③
12 일꾼, 교훈
13 ②
14 약속

15 장로
16 욕심
17 일만 악

디모데후서

1 ③
2 ②
3 ②
4 ③
5 자기 생활
6 일꾼
7 ③
8 헛된 말
9 온유
10 자기, 돈
11 ②
12 구원
13 ①
14 교훈, 스승
15 고난, 직무
16 ①
17 ①

디도서

1 ③
2 영생
3 ④
4 선한 일, 바른 말
5 의로운 행위, 긍휼하심
6 훈계
7 ②

빌레몬서

1 오네시모
2 ④
3 형제
4 동역자
5 무익, 유익

히브리서

1 ②
2 ③
3 ①
4 멸망, 영존
5 ②
6 성령
7 ③
8 영광, 창시자
9 ②
10 ②
11 집
12 ②
13 확신한, 견고히
14 악한 마음
15 ②
16 ①
17 관절, 골수
18 ②
19 ①
20 순종함
21 멜기세덱
22 ④
23 맹세
24 ④
25 영혼의 닻
26 살렘
27 ③
28 ②
29 모형, 그림자
30 ④
31 진설병
32 장막
33 ①
34 그림자
35 ④
36 육체
37 ①
38 실상, 증거, 선진
39 믿음
40 ①
41 모세
42 ②
43 ③
44 징계, 평강
45 ②

46 ①

47 찬송의 제사

야고보서

1 ③

2 고아, 과부

3 행함

4 의

5 정욕

6 기도, 찬송

7 ①

8 ③

베드로전후서

1 영혼의 구원

2 ②

3 영혼의 목자

4 하나님의 뜻

5 세례

6 근신, 죄

7 ①

8 성경의 모든 예언

9 ②

10 선지자, 선생

11 도둑

요한일이삼서

1 ③

2 자백, 불의

3 하나님의 뜻

4 ①

5 궁핍함

6 행함, 진실함

7 사랑

8 ①

9 세상

10 육체

11 택하심을 받은 부녀와 그의 자녀들

12 ③

13 적그리스도

14 가이오

15 데메드리오

유다서

1 미가엘

2 야고보

3 불, 구원

4 소돔과 고모라

요한계시록

1 ③

2 일곱 별, 일곱 금촛대

3 버가모 교회

4 ②

5 ④

6 무지개

7 어린 양, 기도

8 ①

9 유대 지파의 사자

10 면류관

11 저울

12 ④

13 우박

14 천사, 나팔

15 ②

16 작은 두루마리

17 갈대, 성전

18 ②

19 ④

20 어린 양

21 아마겟돈

22 ④

23 ④

24 옳은 행실

25 ④

26 예루살렘

27 바다, 성전

28 증언

NEW 성경문제집

발 행 일 | 2025년 4월 18일

제35회 총회 교역자수급 및 고시위원회

발 행 인 | 김정석
편 집 인 | 김정수

발 행 처 | 도서출판kmc
서울특별시 종로구 세종대로149 감리회관 16층
(재)기독교대한감리회 도서출판kmc
전화 02-399-2008 팩스 02-399-2085
www.kmcpress.co.kr
디자인·인쇄 | 디자인통

ISBN 978-89-8430-948-7 03230

• 값은 뒤표지에 있습니다.
• 파본은 구입처에서 교환해 드립니다.